孙昌武文集
20

解说观音

中华书局

图书在版编目(CIP)数据

解说观音/孙昌武著. —北京:中华书局,2022.1
(孙昌武文集)
ISBN 978-7-101-15452-8

Ⅰ.解…　Ⅱ.孙…　Ⅲ.观音-宗教文化-文集　Ⅳ.B94-52

中国版本图书馆 CIP 数据核字(2021)第 235010 号

书　　　名	解说观音
著　　　者	孙昌武
丛 书 名	孙昌武文集
责任编辑	高　天
出版发行	中华书局
	(北京市丰台区太平桥西里 38 号　100073)
	http://www.zhbc.com.cn
	E-mail:zhbc@zhbc.com.cn
印　　　刷	北京市白帆印务有限公司
版　　　次	2022 年 1 月北京第 1 版
	2022 年 1 月北京第 1 次印刷
规　　　格	开本/920×1250 毫米　1/32
	印张 13　插页 2　字数 330 千字
印　　　数	1-3000 册
国际书号	ISBN 978-7-101-15452-8
定　　　价	78.00 元

孙昌武文集

出版说明

孙昌武先生，一九三七年生，辽宁省营口市人。南开大学教授，曾在亚欧和中国港台地区多所大学担任教职和从事研究工作。

孙先生治学集中在两个领域：中国古典文学和中国宗教文化。孙先生学术视野广阔，熟谙传统典籍和佛、道二藏，勤于著述，多有建树，形成鲜明的学术特色。所著《柳宗元传论》(人民文学出版社，1982)、《佛教与中国文学》(上海人民出版社，1988)、《道教与唐代文学》(人民文学出版社，2001)、《中国佛教文化史》(中华书局，2010)、《禅宗十五讲》(中华书局，2017)等推进了相关学术领域研究，在国内外广有影响；作为近几十年来中国传统文化研究成果，世所公认，垂范学林。

孙先生已年逾八秩。为总结并集中呈现孙先生学术成就，兹编辑出版《孙昌武文集》。文集收录孙先生已出版专著、论文集；另增加未曾出版的专著《文苑杂谈》、《解说观音》、《僧诗与诗僧》三种；孙先生在国内外学术刊物发表的论文未曾辑入论文集的，另编为若干集收入。孙先生整理的古籍、翻译的外国学者著作，不包括在本文集内。中华书局编辑部对文字重新进行了审核、校订，庶作为孙先生著作定本呈献给读者。

北京横山书院热心襄助文化公益事业，文集出版得其资助，谨致谢忱。

中华书局编辑部

二〇一九年五月

目　　录

前　言

一

已经是二十几年前的事了，周绍良先生命我写一本介绍观音的书。当时我很踌躇。一是自知佛教学术根底不够，虽然多年对佛教感兴趣，读过一些佛教的书，写过有关文字，但终究不是科班出身，没曾打下坚实的佛学基础；再则周先生是虔诚的护法居士，而我不是佛教徒，深恐写出来见解有所抵牾不恭。但周先生认为我写过《中国文学中的维摩与观音》那样的书，应当掌握一些材料；又说写作内容、观点不必有所顾虑，可随自己的心得书写、发挥。先生当时年近八旬，又在暑天，枉顾舍下，谆谆告命，不得不从。在写作过程中，周先生多有指教，屡次惠赐资料。如今我还保留先生一封信，其中除了谈别的事，又写到他的近况并告知转赠日本学者镰田茂雄新著事：

> ……自从病后，脑血管硬化日益显著，日常如在醉中，几至无法工作，颇为苦恼也。兹接到友人镰田茂雄所著《观音》一书，尚有参考价值，兹由邮寄上，敬乞　查收为感。
>
> 匆此，即颂
>
> 撰祺！
>
> 绍良合掌　九七，三，四。

先生病中还这样关心我的写作，让我备受激励。1999年初稿完成后，呈送先生审阅，也还表示满意。周先生病体一直没有恢复。直到2005年往生，书稿也就一直搁置那里。又是十几年过去了，我年已衰迈。每看见电脑里的书稿，就想起先生的嘱托，当年写作又确实付出相当精力，觉得应当整理出来面世为好。中华书局上下多年一直支持我的工作。当我和当时总编顾青先生提起这部书稿，他一口答应还是由他们出版。这样就促使我对书稿再做一番修订，形成呈现在读者面前的这一部书，也算了却我报答故人的一件心事。自己是否愧对周先生的嘱托，也只能凭读者的评价了。

通俗地说，佛教是信仰佛陀的宗教，是教导人成佛的宗教。佛教信仰的核心是所谓"三宝"：佛、法、僧，当然其中"佛"是中心。佛教又是多神教。"佛"本来指佛陀释迦牟尼，广义的佛教信仰对象还包含三世十方无数的佛和菩萨、罗汉，例如阿弥陀佛、弥勒佛、文殊菩萨、普贤菩萨、罗汉迦叶、罗汉阿难，等等。"法"指教理、教义，体现在文字记录的佛教经典里和僧侣、居士的说法之中；就中国佛教的经典说，包括翻译的和本土创作的，数量众多。"僧"，狭义指出家的男女僧众，男性称为比丘，女性称为比丘尼；就广义说，"在家"的男女居士也可以包括在内。在中国佛教长期发展、复杂多变的历史过程中，论信仰者所持守的偶像，观音菩萨毫无疑问是主要的一位；宣说观音的典籍，包括外来翻译的和本土创作的，是佛教典籍中传播最广的部分之一；而僧、俗信徒，不论在哪个历史时期，也不论属于哪个学派、哪个宗派，大体普遍地信仰观音（禅宗的情况比较复杂，另当别论）。

观音和观音经典在佛教输入的早期传入中国，迅速吸引中土民众的虔诚信仰。继而观音作为外来菩萨在中国的思想文化土壤中不断变化。随着佛教"中国化"，观音也逐渐演变成为高度民族化的、扎根广大民众心灵的神明。直到如今，在中国广袤土地上，从通都大邑到穷乡僻壤，几乎处处都可以看到观音道场；在中国稍具规模的寺院里,大抵都有专门供奉观音的大悲殿、观音殿、圆通殿之类殿堂,而且那里往往是香火旺盛的地方;在中国的佛教信徒中,对观音的信仰又可以说不次于甚或超越对佛陀的信仰。这样,这位菩萨无论是作为佛教神明,还是作为文化载体,从古及今,一直在直接或间接地对中国人的社会生活和精神世界发挥重大的影响。从这样的意义说,要了解中国佛教,必须了解观音;要了解中国人的宗教信仰,也必须了解观音;进而认识中国传统文化,观音和观音信仰也是不可忽视的内容。

二

《红楼梦》第五十回《芦雪庭争联即景诗,暖香阁雅制春灯谜》里,写李纨带众姐妹猜谜:

> 李纨笑道:"'观音未有世家传。'打《四书》一句。"湘云接着就说道:"'在止于至善。'"宝钗笑道:"你也想一想'世家传'三个字的意思再猜。"李纨笑道:"再想。"黛玉笑道:"我猜罢。可是'虽善无征'?"众人都笑道:"这句是了。"①

这里写的是贵族仕女生活的一个小插曲:不知道"观音未有世家传"这个谜面是不是李纨自己制作的,意思是说观音在中国没有如《史记》的"世家"那样正式的记载。黛玉的谜底"虽善无征"取自《礼记·中庸》"上焉者虽善无征,无征不信;不信,民弗从"一句,原来是孔子论"礼"的一句话。根据郑玄注:"上,谓君也。君虽善,善无明征,则其善不信也。"②黛玉取字面意思,是说观音虽然是"上焉

---

① 《红楼梦》中册第 541 页,人民文学出版社,1957 年。
② 《礼记正义》卷五三《中庸》,《十三经注疏》下册第 1634 页,中华书局,1980 年。

者",但却没有"明征",正和谜面意思相合。

　　小说里这个情节无关信仰,但贾府这几位有相当文化素养的姊妹显然熟悉观音这位"神明",并且能够把他和中国传世经典联系起来,这就成为观音信仰深深融入人们日常生活的典型细节。所以谈论观音影响的普及和巨大,往往提到这个例子。

　　"观音未有世家传"这个谜语确也说明一个事实,就是观音这位神通广大、声名远播的"人物",在中土堆积如山的典籍里(佛教经典除外)真切记述确实不多,特别是作为历史现象认真加以研究的论著更少。

　　观音本是印度佛教里的菩萨①。在中国,观音信仰得以弘传,发挥广泛的社会影响,是在竺法护于晋太康七年(286)译出《正法华经》之后②。佛经汉译,文献上做出确切记载而又有译本传世,是从东汉后期安世高开始的。如今有年代可考的最早译成汉语的佛典是安世高于东汉桓帝元嘉元年(151)所出《明度五十校计经》。在这以后,即安世高从事译经活动到东汉末短短几十年间,留下多少不等译绩的译师有支娄迦谶、竺佛朔、支曜、严佛调、安玄、康孟祥、竺大理、昙果等多人。从佛教在中国传播的角度看,这还是初步介绍的初传阶段。这一时期佛教在社会上的影响,特别是在民众中发挥影响还很有限。经过百余年,到竺法护(231—308)于晋武帝在位时期(265—290)从敦煌(今甘肃敦煌市)来到都城长安

---

①"印度佛教"是约定俗成的概念。佛教教主释迦牟尼出生在今尼泊尔境内喜马拉雅山南麓迦毗罗卫国(Kapilavastu),今提罗拉克特附近,生前活跃于中印和西北印。他创建的佛教在南亚和中亚广大地区传布、发展。佛教初传中国的路线有陆路和海上两说。无论实情如何,自西域东传是历史上佛教长期传播的主要路径,而西域东传的佛教包括南亚、中亚广大地区发展的佛教的内容。

②本书讨论的是"汉传佛教"的观音信仰。藏传佛教、南传佛教的观音信仰另有复杂、丰富的内容,应在另外的题目下讨论。又按约定俗成的说法,书中所说"中国佛教""中土佛教"指利用汉语佛典、主要流行于"汉地"的汉传佛教。

（今陕西西安市），创建一批寺院，从事规模更大的翻译事业，佛教
始传播渐广。随后晋惠帝即位（290），"八王之乱"，"五胡乱华"，北
方民族大举南下，国土分崩，百姓流移，竺法护率领门徒避地东下，
最后逝世于渑池（今河南渑池县）。他活动的这个阶段，适逢乱世，
苦难的现实给佛教传播与发展提供了适宜土壤。这又正是印度大
乘佛教兴盛时期，内容丰富、新鲜的大量梵（胡）本佛典东传，给从
事翻译提供了丰厚资源。正是在这样的环境下，竺法护开展有规
模的弘法活动，度僧建寺，大力从事翻译事业。幸运的是，他所翻
译的经典又正适应了佛教在中土迅速发展的需要。《正法华经》就
是这样一部经典。日本佛教学者横超慧日则指出：

> 无论是在译经的数量方面，还是初期向中国介绍大乘佛
> 教方面，功劳卓著的人里竺法护都是不可低估的。后来鸠摩
> 罗什翻译的经典，如《法华经》《般若经》《维摩经》《十住经》等，
> 不少是竺法护译过而又重译的。如此得以重译，可知这些经
> 典在印度广受推重，也可见在中国研究者确实切望加以
> 重译。①

《正法华经》十卷，被称为"诸佛之秘藏，众经之实体"②，是早期大乘
佛教具有总结意义的经典。竺法护所出是该经汉译第一个译本，
奠定了此后重译的基础。关于《法华经》的结集、内容、价值及其汉
译、在中国佛教中发挥的作用、影响等等，是十分复杂的课题，这里
不容细叙。对于本书讨论的观音信仰至关重要的，是这部经卷十
的《光世音普门品》，第一次向中土介绍了观音菩萨。据今存《光世
音应验记》，其中辑录观音灵验传说七条，第一条竺长舒事，据传发

---

① 《翻譯者としての鳩摩羅什》，《人物　中国の仏教・羅什》第 30 页，大藏出
版，1982 年。
② 僧叡《法华经后序》，僧祐《出三藏记集》卷八，第 306 页，苏晋仁、萧炼子点
校，中华书局，1995 年。

生在惠帝元康(291—299)中,即《正法华经》译出后的十年左右。在如此短的时间里,民间就创作、流传出这类传说,可见这位外来"神明"在中土流传之迅速与受到欢迎的程度。

关于"光世音"这个译名,下面还将讨论。鸠摩罗什开创译经史上的"旧译"时期,他重译《妙法莲华经》,更改竺法护译《正法华经》里的译名"光世音"为"观世音",后世什译《法华》流行,也就遵行他勘定的简化为"观音"的译名。在当时佛教勃兴的形势下,《法华经》的《观世音普门品》又很快被独立出来,以《观世音经》名目作为单经流通,有助于推动观音信仰的传播。晋、宋之际的宗炳(375—443)说:

> 有危迫者,一心称观世音,略无不蒙济,皆向所谓生蒙灵援,死则清升之符也。①

大体同时,何尚之(382—460)对答宋文帝(424—453在位)说:

> 且观世大士所降近验,并即表身世,众目共睹,祈求之家其事相继。所以为劝诚,所以为深功……②

在分裂割据、争战连年的乱世,对于在生死线上挣扎的民众来说,"救苦救难"是普遍的现实需求。观音信仰正可以满足这样的需求。从此"救苦救难观世音"也就成了一个通行的称谓。

前面引述宗炳和何尚之的话,他们都活动在南朝。南北朝时期,南、北方佛教发展形势不同。大体是南方重义理,北方重践行。就观音信仰的实践层面说,北方较南方更为兴盛和虔诚。现存北方佛教造像是反映民众信仰状态的实物。侯旭东曾调查1437种六朝后期造像内容,对这些造像中四个主要信仰对象做数量统计,

---

① 《明佛论》,《弘明集》卷二,《大正藏》第52卷第16页上。
② 《何令尚之答宋文皇帝赞扬佛教事》,《弘明集》卷一一,《大正藏》第52卷第70页上。

结果列表如下：

时间	释迦	弥勒	观世音	无量寿
440—449		1		
450—459	1		1	
460—469		3		1
470—479	4	6	4	
480—489	5	6	4	2
490—499	8	8	3	
500—509	16	16	4	
510—519	13	20	12	2
520—529	22	29	22	5
530—539	25	16	20	3
540—549	18	11	26	1
550—559	6	10	37	3
560—569	19	6	34	8
570—579	21	5	16	8[①]

这个统计表明，从公元 440 年（北魏太武帝太平真君元年）到公元
500 年（北魏宣武帝景明元年），佛教造像逐渐增多，表明民众信仰
活动渐趋活跃，信仰对象则集中于释迦、弥勒和观音；对比之下，对
于无量寿佛的信仰即净土信仰则欠发达。公元 500 年龙门石窟创
始，标志着北魏迁都洛阳后大兴造像之风，其后直到隋朝建立
（581，隋文帝开皇元年），这是中国佛教造像兴盛时期。在这八十
年间，造像题材仍然是以释迦、弥勒和观音为主；不过到北齐、北周

①侯旭东《五、六世纪北方民众佛教信仰：以造像记为中心的考察》第 105 页，
　本表截取表 B2—1《主要造像题材时间分布表》一部分，中国社会科学出版
　社，1998 年。

时期(北齐文宣帝天保元年立国,550;北周闵帝元年立国,557),弥勒造像数量逐渐下降,表明这一信仰衰落的趋势,而无量寿造像数量则在提升,不过仍然有限;相对照之下,观音造像则一直保持兴盛状态。又从各种造像总计看,观音占第一位,一百八十三尊;下面依次是:释迦,一百五十八尊;弥勒,一百三十七尊;无量寿,三十三尊。20世纪前期,日本学者塚本善隆(1898—1980)对龙门石窟自北魏后期(495—534)至唐高宗、武后时期(650—705)这一个半世纪里的造像也曾做过一个统计。他考察的对象还包括多宝佛、定光佛、阿弥陀佛、地藏,又把观世音和救苦观音分列为两项。具体统计数字,释迦分别是四十三尊和九尊,弥勒是三十五尊和十一尊,观音是十九尊和三十四尊。这些数字显示的佛教造像发展趋势和侯旭东的结论大体一致。塚本曾就观音信仰加以分析说:

> 唐代的观世音造像,虽然是承前代而继续兴盛,但其信仰倾向已经发生显著变化,即不只是信仰《法华经》观世音,还信仰净土教的观世音,后者和地藏菩萨一起是与死后往生净土信仰紧密结合的。要而言之,在唐代龙门造像中,相对于前代的释迦、弥勒此土佛、菩萨的信仰,对以阿弥陀佛为中心的彼土佛、菩萨的信仰成为新势力而勃兴起来,以至形成了压倒之势。这是从各种造像的总体可以确认的。[①]

步入隋唐,宗派佛教大兴,中国佛教步入发展的鼎盛期。在唐、宋历史发展的巨大转型阶段,作为汉代以来历朝统治意识形态的儒家经学发生转变,"新儒学"即理学兴起。理学把关注重点由传统的天人关系转移到人的性理上来,实现了中国思想发展历史的重大转变。而这一演变是汲取佛、道二教的理论成果实现的,又反过来批判和抵制佛、道二教。随着理学兴盛,佛、道二教大幅度地退

---

① 《中国淨土教史研究》,《塚本善隆著作集》第4卷第594页,大东出版社,1976年。

出高水平的思想、文化领域,后来主要在民间寻求发展生机。道教演变为具有浓厚"融合三教"特色的以全真道为代表的"新道教",佛教则是理论内涵单薄的"禅净合一"形态成为信仰的主导潮流。宋、元以降的佛教,一方面得力于士大夫居士阶层的支持,而居士佛教主要是从前代特别是从唐代禅宗积累的成果中汲取滋养;另一方面,则仰赖民众信仰活动的大力支持。这一时期观音信仰和净土信仰乃是民众信仰的主要内容。"家家阿弥陀,户户观世音"成为普遍的社会风气。观音广泛传布世间,普及到民众日常生活之中,更超越佛教而融入道教和各种民间宗教、民间信仰之中,成为"泛宗教"的神通无限广大的神明。

就这样,本是佛教菩萨、教主佛陀辅佐的观音,在中国的发展中成为广大民众虔诚信奉的,地位、威望和影响不亚于佛陀的救济神明、受苦受难民众的守护神。

三

观音这位外来菩萨输入中土,在民众中很快树立起信仰核心的位置,这个现象与中国宗教信仰传统、与佛教在中国发展的总体形势有密切关系,又体现中国佛教的一些重要特点。

佛教作为外来宗教,谋求在中国传播、扎根、发展,必须实现"中国化"。而佛教输入的汉魏时期的中国已经建立起牢固的统一、专制政治体制,又已形成丰厚、优秀并十分稳固的思想、文化传统。在中国,不可能存在超然独立于现实统治之上的启示型宗教(如犹太教、基督教),也不可能存在超然于世俗社会之外的修道型宗教(如印度佛教)。外来佛教谋求在中国生存,必须实现"中国化"。而这种"中国化",不仅仅是宗教传播的一般的"民族化",还必须把它的组织、教义、信仰实践等纳入中国固有政治体制、文化传统和社会生活之中，担负起维护世俗统治、辅助教化的作用。东晋释道安（314—385）是中国佛教早期发展中一位承前启后的里程碑式的人物，他已明确提出"不依国主，则法事难立"①，表明当时的佛门精英已清楚意识到佛教必须自觉地受庇并服务于皇权，才有生存和发展的可能。因而佛教逐步深入"中国化"的过程，必然又是"政治化""御用化"的过程。中国佛教史上标榜"抗礼万乘，高尚其事"②的高僧并不少见，也确有很多僧、俗信徒隐居修道，不涉世务。但从总体看，不论主观意愿如何，历代上层僧团基本都依附社会统治权威，成为其附庸和臣属。南北朝时期佛教大发展，地位显赫的高僧、名僧居止、活动在南、北方诸大寺，不少人径直成为皇室或贵族的"家僧"；那些敕建大型"官寺""国寺"，则主要履行为朝廷祀祷祝祭、赐福消灾的功能。与这种状况相应，受到朝廷荫庇、倚重的上层佛教僧侣又已经严重腐化了。人数众多的僧团、规模庞大的寺院，成为社会统治体制的重要构成部分。佛教史上有所谓"皇室佛教""贵族佛教"之类称呼，主要指的就是这一类型佛教。历朝统治又都倚重这种佛教，与儒、道（道家和道教）两者并用，采取"三教并立"方针，形成"儒以治国，佛以治心，道以治身"的思想统治格局。值得重视的是，相对这种"政治化""御用化"的大趋势，佛教在中国的发展中又形成文化人类学上所说的"小传统"，即在社会底层涌动另一种形态更朴实、态度更虔诚、更注重信仰实践的传统。统治阶层及其知识精英与一般民众在信仰、组织与实践活动形态等方面明显分化。观音菩萨寄托着民众获得救济、摆脱苦难的愿望与需求，受到广大民众的欢迎和支持，聚集起强大的能

①《高僧传》卷五《晋长安五级寺释道安传》，汤用彤校注，第178页，中华书局，1992年。
②慧远《沙门不敬王者论·求宗不顺化第三》，《弘明集》卷五，《大正藏》第52卷第30页下。

量,正体现这种"小传统"的生命力。佛教在中国发展起伏兴衰,先后形成诸多学派、宗派,其中相当一部分并没有造成巨大影响乃至终归湮灭,而观音信仰却一直兴盛不衰,成为延续佛陀慧命的重要力量,正由于得到广大民众虔诚的支撑。

与上一点相关联的,是中国佛教发展中义理研究层面与信仰实践层面的分化。印度佛教是南亚、中亚悠久而丰厚的文化积累的载体,大量经典具有极其丰富的思想、学术内涵。而中国本来具有高度发达的思想、学术传统。佛教输入,实现这两大传统的交流与融合,佛教经典的翻译和教理的研究得到重视是理所当然。翻译经典给中国佛教提供理论典据,几部重要僧传都把"译经"即介绍从事翻译活动的译师置于第一部类。经典译出后,下一步工作就是对其中的内容加以研究、理解、消化、应用。中国本来有尊崇经典、重视学术的传统,佛教经典的研究也就得到特别重视。这方面工作主要是那些具有高度文化教养的"义学沙门"("义学"指对佛教经论的研究,主要形式一方面是学僧的讲论经典,另一方面是对经典加以注疏、著述,成为义疏一体文书)和贵族居士进行的。本来印度佛教长期发展中有小乘、大乘的不同,有部派、学派的不同,不同时期结集的经典内容极其纷杂,矛盾百出。中国僧、俗面对这大量翻译经典感到困惑是可以想象的。这样,僧、俗中许多人从事佛教经典和教理的研究,也就造就了一大批专精于专经专论的佛学家。例如研究《成实论》的"成实师",研究《涅槃经》的"涅槃师",还有"毗昙师""地论师""摄论师""俱舍师"等,他们分别专精《阿毗昙》《地论》《摄大乘论》和《俱舍论》等。这些人讲解、疏释经典,写成文字,成为"义疏"一类著作;他们教导后学,形成所谓"师说",从而创造出一批中国佛学学派①。南北朝时期中国文化发展

---

① 关于哪些人的著述可称为"师说",已经形成"学派",说法不一。这里是根据中国佛教协会编《中国佛教》(一),知识出版社,1980年。

重心在南方,佛教义学的研究也兴盛于南方。到齐、梁时期,这种义学研究形成高潮。这种研究无论是对于推进中国佛教的发展,还是对于中国思想、学术的进展,作用与贡献都是相当巨大的。但是,"义学沙门"这种经院式的研究与教学,又具有严重弊端:繁琐的概念辨析和学理思辨在相当程度上疏离了信仰实践,削弱了宗教抚慰人心的基本功能。广大民众的信仰实践本是宗教生存的基础。而与上述义学教学成为鲜明对照,观音信仰主要体现为简易的、日常的、在社会广泛层面普及的实践活动。特别是对于身陷困顿、无所告语、在死亡线上挣扎的下层民众来说,如《观音经》那样篇幅简短、明晰易懂的经典更容易被接受;如称呼名号那种简单的修持方式也更容易流行;而观音大慈大悲,威力无穷,对每一个信仰者都会平等地闻声响应,友善相助,也就更易于受到苦难民众的欢迎。和南北朝兴盛一时的义学"师说"相比较,观音和观音信仰体现出明显的普及民间的优势,因而无论后世佛教兴衰变化如何,观音信仰一直受到民众的支持而长盛不衰。

　　观音信仰的核心内容主要是两点:一是他力救济,一是现世利益。这两项正是中国传统思想、学术所缺乏的,在整个佛教教理体系中又是十分特异的。殷、周以来,社会统治思想的核心是先验的"天命"观。后来儒家讲"生死有命,富贵在天"①,"莫之为而为者,天也;莫之致而致者,命也"②。道家主张"天法道",而"道无常为而无不为"③;"生死、存亡、穷达、富贵、贤不肖、毁誉、饥渴、寒暑,是事之变,命也"④,因而要"无以人灭天,无以故灭命"⑤。作为"显学"之一的墨家主张"非命",又承认"天志"。到了荀子,提出了"制天

①《论语注疏》卷一二《颜渊第十二》,《十三经注疏》下册第2503页。
②《孟子注疏》卷九下《万章上》,《十三经注疏》下册第2738页。
③王弼注《老子注》第二十五、三十七章。
④王先谦《庄子集解》卷二《德充符第五》。
⑤《庄子集解》卷四《秋水第十七》。

命而用之"的"勘天"思想,反对"蔽于天而不知人"①,但还是不能否定"命"的决定作用,主张"知命者不怨天"。尽管在春秋、战国动乱之际出现了"惟命不于常"②,"天道远,人道迩"③那样重"人事"的观念,进而又有"以德配天"、强调"德"的作用的主张,但"天命观"一直没有从根本上动摇。到汉代的董仲舒,进一步对意志之"天"作出哲学的与神学的论证,"天不变,道亦不变"④遂成为后世历代王朝实施统治的信条与依据。另一方面,就佛教基本教理看,现世人的苦难,乃是历劫轮回中所作"业"("业"是梵文 Karma 的意译,音译为"羯磨",意指身心活动;一般分身、口、意"三业")的果报。佛陀以一大事因缘示现于世,他不是造物主,也不是救世主,他只是指示人从轮回苦难中解脱的道路和方法,启发人的"觉悟":知苦(人生之苦,有"四苦""八苦"之说)、断集("集"指"苦"的集起,归结到"缘起法")、证灭("灭","寂灭","涅槃")、修道("八正道":正见、正思维、正语、正业、正命、正精进、正念、正定),这就是"四圣谛"。而能否"觉悟"则主要靠"自力"修行,当然并不否定佛陀的慈悲加持。经典里的"本生"故事讲佛教前世轮回中的善行,表现他如何在历劫轮回中刻苦修行,成就佛果,就是给人树立"自力"修道的榜样。后来中国高僧慧远(334—416)为"轮回报应"说做辩护,提出报应是通过去、现世、未来三世的,也是说要靠一辈辈轮回、长期刻苦地修行得到善果。与中国传统的"天命"论和佛教一般的"轮回报应"说相比较,观音施于人捷如影响的"他力"救济,允诺赐予人现实利益,这就一方面弥补了中土传统"天命"观缺乏救济意识的不足,另一方面又发展了大乘佛教的救度思想。这样,无论是从宗

①王先谦《荀子集解》卷一五《解蔽第二十一》。

②《春秋左传注・成公十六年》(修订本)第 2 册第 890 页,杨伯峻编著,中华书局,1990 年第 2 版。

③《春秋左传注・昭公十八年》(修订本)第 4 册第 1395 页。

④董仲舒《贤良策三》,《汉魏六朝百三家集》卷三《董仲舒集》。

教作为信仰实践活动的本质特征看，还是从满足民众救济需求的角度说，显然都体现了突出的特点和优长。

这样，观音信仰允诺赐人以"他力救济""现世利益"，具有鲜明、突出的实践品格，正因此，内含观音信仰的《正法华经》一经传译，这位菩萨就迅速受到热烈欢迎，在民众中形成强大的信仰潮流。

四

印度佛教的观音和观音信仰不断发展变化，内容极其复杂、丰富。在中国传播，无论是这位菩萨体现的思想观念还是信仰实践，又适应中土民众的需求而不断演变与充实。这也是观音信仰在历史上一直保持旺盛势头、持续发挥巨大影响的根本原因之一。

如上所述，西晋武帝太康七年（286）竺法护传译《正法华经》，其中有《光世音普门品》，是为中土观音信仰的滥觞。在这之后的第四年，晋惠帝即位，次年皇后贾氏诛杀太傅杨骏，夷三族，又相继杀太宰汝南王司马亮、太保司马玮，引发长达十六年的"八王之乱"。本来汉末以来，匈奴等北方民族已大批入居内地，至此更乘机大举内侵。同室操戈的"八王"先后败灭，晋室南渡，建立东晋（317），历史进入南北分裂割据的"东晋十六国时期"。当时中原诸族混斗，战争、灾疫连年。原住民向江南、河西和辽东逃散。东晋政权偏安南方，势屠力弱，佛、道二教因而得到社会上下的倚重。在北方，南下各民族建立起来的割据政权旋起旋灭，各族民众随着这些政权的兴灭频繁地流动播迁，陷入苦难深重、无所告语的境地。观音大慈大悲，具有无比强大的救济威力，自然受到南北各族民众的欢迎。后来鸠摩罗什重译《法华经》，勘定"观世音"译名，这就是以救苦救难为基本功德的"救苦观音",也是中国佛教源远流长、延续不绝的观音信仰的正体。

印度大乘佛教发展,不断出现新的信仰潮流、新的经典。净土信仰是其中广有影响的一个。在结集于公元1—2世纪的、早期净土信仰的代表性经典《无量寿经》里,已经把观音与"净土成佛"思想结合起来①。其中观音和势至都是无量寿佛国的"于此国土修菩萨行,命终转化生彼佛国"的菩萨。无量寿佛即阿弥陀佛。到了约于4世纪结集成的《观无量寿经》里②,观音和势至正式作为阿弥陀佛的胁侍出现,观音从而被赋予引导人往生净土的"接引佛"的性格。这就是"净土观音"。西方阿弥陀佛净土本是替这"五浊恶世"信徒准备下的理想的"往生""佛国",净土观音接引众生"往生"净土,解决人们的"生死大事",他的救济功德也就被延伸到来世。净土经典和净土信仰,包括净土观音信仰同样受到中土人士的热诚欢迎。据统计,全部汉译大、小乘经共九百余部,其中宣扬净土的即达近三百部。在中国,东晋的竺法旷已经倡导净土信仰③。名僧慧远更以聚集僧俗结社修习净土著名。北魏的昙鸾、隋唐之际的道绰、唐初的善导等,进一步发展了新的净土法门,倡导一种依靠

①据日本学者春日井考定,《无量寿经》是公元1—2世纪化地部教团结集成的(《原始〈無量壽經〉思想形態推定への課題》,《仏教文化研究》1952年第2期)。该经在中土据传有十二译,五存七缺,译出和所传情况颇为复杂。被认为是早出的题支娄迦谶汉译《无量清净平等觉经》、题支谦吴译《阿弥陀三耶三佛萨楼佛檀过度人道经》、题康僧铠魏译《无量寿经》(这是流行的经本)译者都有问题。流行的是传为康僧铠于魏嘉平四年(252)所出译本。但是从译语看,此本或出于宝云或竺法护,目前迄无定说。参阅中国佛教协会编《中国佛教》(三)《中国佛教经籍》,知识出版社,1989年;藤田宏达《原始淨土思想の研究》第一章《淨土經典と關係資料》,岩波书店,1986年。
②《观无量寿经》大行于西域,据考或结成于西域地方,参阅春日井等《淨土經典の形成》,《仏教の根本真理》,三省堂,1957年。该经为畺良耶舍于宋元嘉年间(424—453)所出。
③《高僧传》卷五《晋於潜青山竺法旷传》,第205—206页。

佛的愿力加持"念佛往生"的"易行道"。又要求人修行一切善行，把净土信仰进一步与中土伦理协调起来。一般确认隋唐创立的中国宗派佛教有八宗，净土是其中之一。不过实际净土信仰和净土修习法门是中国佛教的普遍内容，而组织起作为宗派的净土宗法系已迟至宋代。因而学术界有人主张不存在净土宗，或者称净土宗为"寓宗"。宋、元以降，"禅净合一"成为中国佛教的基本形态，净土信仰在民间得到更加广泛的普及。"净土观音"与"救苦观音"担任不同职能，共同扩展了观音在民众信仰活动中的地位、作用与影响。

　　在印度大乘佛教早期本来有重视经咒、仪轨的古密教一派。这是汲取古婆罗门教（古印度一种宗教，以《吠陀》经典天启，三大主神梵天、毗湿奴、湿婆为主的祭祀万能，婆罗门种姓至上为纲领）和古代民间信仰的诸多因素形成、发展起来的。观音是古密教里的一位重要神祇。东晋时，竺难提译出《请观世音菩萨消伏毒害陀罗尼咒经》，这是一部古密教经典，宣扬称名、诵咒，观音即可显化而施救，是为"密教观音"。北周耶舍崛多译出的《佛说十一面观音神咒经》，列举一系列"神力最为上首"的观音咒，指示供养一种变形观音十一面观音的仪轨。梁、陈以来，密咒进一步普及。唐初，智通译出《千眼千臂观世音菩萨陀罗尼神咒经》，传入另一种变形观音千手千眼观音俗称"大悲观音"信仰。这部经后来有诸多译本，而伽梵达摩于永徽年间（650—655）所出《千手千眼观世音菩萨广大圆满无碍大悲心陀罗尼经》广为流通，即是直到今天流传僧俗中、作为寺院日课的《大悲咒》所从出。在此前后，其他变形观音如不空羂索观音、如意轮观音、马头观音也陆续传入中土。至开元年间，善无畏、金刚智、不空等"三大士"来华，传译印度新一代密教经典，创建起中土密教即宗派佛教的密宗。密教张扬经咒和仪轨的诡异神通和特殊威力，其变形观音更以无边法力实现更为普遍的现实利益，并特别突显镇护国土、维护皇权的功能，因而得到唐王朝的倚重和加护。在中晚唐时期，"大悲观音"等密教观音信仰兴盛一时。后来明成祖朱棣在《大悲总持经咒序》中说：

> 又况如来化导，首重忠孝，凡忠臣孝子，能尽心以事君，竭力以事亲，所作所为，无私智陂行，广积阴功，济人利物。又能持诵是经咒，则跬步之间，即见如来。①

这就道出了密教观音得到统治阶级信重的根本原因。密教变形观音形成中国佛教观音信仰的另一个系统。虽然后来密宗很快衰落了，但密教的某些经咒、仪轨却被传承下来并融入佛教整体之中。变形观音造像华丽诡异，特别是俗称"千手千眼佛"的，直到今天仍广泛供奉在各地寺庙之中。

　　两宋以降，中土佛教逐步衰败。如前所述，观音信仰具有深厚的群众基础，特别是在民间，其流行声势一直兴盛不减。不过随着佛教整体发展形势的演变，观音作为"神格"急速地"俗神化"了。早在南北朝时期，某些中土僧、俗已被视为观音显化。例如被禅宗奉为祖师的菩提达摩、梁"神僧"宝志和居士傅大士、唐僧伽等都被看作观音化身。大约在唐、宋之际，观音的形象由男相演变为女相，对于后来其传播与发展影响更十分深远。女相观音端妍妙丽的造型更能够凸显出温存慈善的性格，也更容易赢得广大女性信徒的欢迎，从而更广泛、深入地普及到民众日常生活之中。又《普门品》里讲到观音以三十三个应化身示现于世，密教输入一批变形观音，唐宋以来民间又陆续创造出一批本土的变形观音。其中少数有经典经轨为依据，大部分则是伴随着相关传说创作的。后来有人加以整理，也凑成"三十三"之数，绘图成书，流行民间。中土创造的这类变形观音远不止三十三个，例如广受民众欢迎的送子观音就不在其中。这庞大的观音队伍，已逐渐演化为赐福消灾的

---

① 许明编著《中国佛教经论序跋记集》第 3 册第 1301 页，上海辞书出版社，2002 年。

善神、福神和家庭、人身的守护神,进而又被纳入各种民间信仰、民间宗教之中了。

陈寅恪曾指出:

> 故治魏晋南北朝思想史,而不究家世信仰问题,则其所言恐不免皮相。[①]

小南一郎认为"纪元百年以后到后汉王朝崩溃的后汉时代后半,是中国宗教史上值得特别注目的时期……这是人们对应新的精神状态从事各种各样宗教尝试的时期"[②]。从更广阔的视野看,晋、宋以来佛、道二教的勃兴乃是当时整个思想潮流的一部分。佛教菩萨思想、菩萨信仰反映民众对于现实救济的需求,体现强烈的生命意识,有力地刺激了"人的觉醒";另一方面,佛、道二教对于打破儒家经学的一统天下,促成思想意识领域的纷争与活跃起了重大作用。正是这种思想活跃局面给后来隋、唐思想、文化大繁荣打下了基础。就这样的意义说,佛、道二教大发展,包括观音信仰勃兴的历史作用与意义是应当充分予以肯定的。

本书拟按历史发展轨迹来追寻、描述观音信仰在中国传播、演变过程的实态。这是一个内容广泛、涉及领域广阔的课题。如前所说,观音信仰主要体现为广大民众的实践活动,而民众的活动在历代史籍的载纪中是被严重忽略的。如今可供挖掘的有关观音信仰的史料有限,加上本书作者学养的限制,所作的描述必然是简单、粗略的。敬祈读者谅察、教正。

[①] 陈寅恪《陶渊明之思想与清谈之关系》,《金明馆丛稿初编》第 200 页,上海古籍出版社,1980 年。
[②]《漢代の祖靈觀念》,《東方學報　京都》第 66 册第 28—29、55—56 页,京都大学人文科学研究所,1994 年。

第一章　菩萨思想与观音信仰

一

观世音,或简化称为"观音",是一位菩萨。他所求为菩萨道,所行为菩萨行。他在大乘佛教发展的早期出现,其形成与大乘佛教教理体系的整体发展有直接关系。他伴随着译经输入中土,在广泛社会阶层中迅速弘传、发展,如前所述,既和佛教在中国传播的形势相关,又是中国历史发展的社会背景和思想环境决定的。

菩萨是菩提萨埵(bodhi sattva)音译的简化,古译有"觉有情""开士"等,后来又译为"道心众生"等。"菩萨"译名是旧译时期勘定的①。鸠摩罗什译《大智度论》卷四四解释说:

> 问曰:"何等是菩萨句义?"答曰:"天竺语法,众字和合成语,众语和合成句。如'菩'为一字,'提'为一字,是二不合则

---

① 中国译经史划分佛典汉译为三个大的阶段,从东汉后期安世高译经到东晋十六国时期鸠摩罗什来华(姚秦弘始三年,东晋隆安五年,401)这两个半世纪的译绩称为"古译";到玄奘贞观十九年(645)回国另一个近一个半世纪的译绩称为"旧译";玄奘以后的译绩称为"新译"。

无语；若和合名为'菩提'，秦言'无上智慧'；萨埵或名'众生'，或是'大心'，为无上智慧故，出大心，名为'菩提萨埵'。愿欲令众生行无上道，是名'菩提萨埵'。"①

鸠摩罗什弟子僧肇（384—414）的解释更简要：

"菩萨"，正音云"菩提萨埵"。"菩提"，佛道名也；"萨埵"，秦言"大心众生"。有大心入佛道名"菩提萨埵"。②

《法华经》上说：

若有众生，从佛世尊闻法信受，勤修精进，求一切智、佛智、自然智、无师智、如来知见、力、无所畏，悯念安乐无量众生，利益天人，度脱一切，是名大乘。菩萨求此乘故，名为摩诃萨。③

"摩诃萨"是 māha sattva 的音译，旧译"大心""大心众生"，新译"大有情"，也被当作菩萨的通称。这里是说，菩萨所求为大乘道，求大乘道所以这样称为菩萨，"菩萨"与"大乘"又是相互包容的概念。菩萨思想、菩萨信仰是大乘佛教的重要内容；肯定菩萨的存在、价值与意义是大乘佛教区别于小乘佛教的主要标志之一。在大乘佛教里，菩萨与声闻、辟支佛（辟支、辟支迦佛陀）是严格区别、相互对立的概念。声闻指曾经聆听佛陀教化的弟子，辟支佛指未经师友化导、独观内外因缘而觉悟得佛果的人。这些都是小乘佛教僧伽（僧团）成员、出家信徒。而菩萨是"众生"、俗人、在家信徒。但他不同于沉溺五浊世界、生死轮回之中的一般人，而是已经觉悟了的人，是大乘佛教理想的人格④。

①《大正藏》第 25 卷 380 页下。
②僧肇《注维摩诘经》，《大正藏》第 38 卷第 238 页中。
③鸠摩罗什译《妙法莲华经》卷二《譬喻品第三》，《大正藏》第 9 卷第 13 页中。
④参阅平川彰《大乘仏教の特質》，平川彰等编《大乘仏教》第 1 卷《大乘仏教とは何か》，春秋社，1995 年。

　　佛教是具有精深庞大的教理体系的宗教。在传入中土初期，
大、小乘，各部派的经典陆续传译。汉末安世高主要翻译了小乘禅
数一系经典，稍后的支娄迦谶则翻译了大乘经，其中最重要的是反
映大乘基本教理的《道行般若经》。这是后来陆续传翻的各种大、
小《般若》类经典的第一部。接着，众多宣扬菩萨包括冠以菩萨名
号的经、论大量译成汉语。这些经典有表现大乘菩萨观念的，也有
反映菩萨修行次第的；有描述具体菩萨行的，也有借用某菩萨的名
义来阐扬大乘教理、教义的。在中国历史上，这类经典乃是佛教信
仰和佛教教义中广受欢迎的部分，对推动佛教在中土的传播和发
展起了巨大作用。

　　包括《道行般若经》在内的《般若经》是长短不等、为数众多的
庞大的经典群。它们在早期中土译经中占了重要分量。汉末与安
世高并称的支娄迦谶翻译了《道行般若经》和另外一些大乘经，是
他的主要译绩。在这些经典里，已经包含关于菩萨的专门章节。
接着对于宣扬大乘菩萨思想做出巨大贡献的，应推竺法护。他生
卒年不详，但可确切知道他译经的年代在晋武帝泰始二年(266)到
怀帝永嘉二年(308)之间，共计译出经典一百五十余部三百余卷①。
慧皎称赞他"孜孜所务，唯以弘通为业。终身写译，劳不告倦。经
法所以广流中华者，护之力也"②。在他所传译的经典里，关于菩萨
和菩萨思想的占有相当大的比重，他本人也被称为"菩萨人"③。前
面已说过，他翻译了《正法华经》，其中的《普门品》是第一次向中土
介绍观音信仰。这部经里还有另外的《常不轻菩萨品》《药王菩萨

---

① 据僧佑《出三藏记集》卷二著录 154 部 309 卷；另据智昇《开元释教录》卷二
　为 175 部 354 卷。但其中部分已经逸失，详目参阅任继愈主编《中国佛教
　史》第一卷附录《西晋、东晋十六国译经表》，第 703—714 页，中国社会科学
　出版社,1985 年。
②《高僧传》卷一《晋长安竺昙摩罗刹传》，第 23 页。
③《出三藏记集》卷九《渐备经十住梵名并书叙第三》，第 332 页。

本事品》《妙音菩萨品》《普贤菩萨劝发品》等,相当全面地介绍了众
多菩萨的行相和灵迹。他翻译的经典集中地反映菩萨思想并突出
体现在家居士思想的,还有另一部具有代表性的大乘经《维摩经》。
他的这部经的译本是现存三个译本的第一译。法国著名汉学家戴
密微说这部经"无疑是少数在印度佛教中占有重要地位,而又完全
融入中国文化遗产的佛典之一"①。这部经典一个重大特色是它的
实际说法者不是一般佛经里的佛陀,而是"长者""白衣居士"维摩
诘。他深谙大乘教理,又辩才无碍,以风趣凌厉的言辞对代表小乘
的声闻弟子进行尖锐批判。维摩诘居士乃是大乘菩萨的典型,他
的行迹和言说体现了菩萨思想的革新内容和意义②。竺法护还翻
译了《渐备一切智德经》③。这是大本《华严经》的《十地品》的异译。
这部经阐述菩萨修行次第,具体指示菩萨修行的内容、方法和途
径。此外还有《郁迦罗越问菩萨行经》一卷、《须摩提菩萨经》一卷、
《阿阇世王女阿述达菩萨经》一卷、《慧上菩萨问大善权经》二卷等,
后来被编入唐菩提流志编译的《大宝积经》,都是阐扬菩萨道、菩萨
行、菩萨修行次第的经典。在鸠摩罗什以前,竺法护是大乘佛典最
重要的译家。他对菩萨经典的重视,反映了当时的社会需要,对于
推动菩萨思想和菩萨信仰的传播与发展发挥了巨大作用。后来

---

①Paul Demieville, *Vimalakirti en Chine*(《中国的维摩》), *Appendise dans L'Enseignement de vimalakirti*, traduit et annote par Etienne Lamotte, Louvain,1962。

②关于《维摩诘经》在中国的弘传,参阅拙著《中国文学中的维摩与观音》,高等教育出版社,1996年;天津教育出版社,2005年。

③《渐备一切智德经》五卷,勘同佛驮跋陀罗译《大方广佛华严经》六十卷的第二十二品《十地品》,另有异译单行姚秦鸠摩罗什共佛陀耶舍译《十住经》四卷。印度大乘论师世亲听其兄讲《十地经》有省,著《十地经论》,北魏时由勒那摩提、菩提流支译出,十二卷。后来专门研习这部论书,形成"地论师"学派。又六十《华严》有《入法界品》,另有异译乞伏秦圣坚译《佛说罗摩伽经》三卷,唐般若译《大方广佛华严经》四十卷;又唐地婆诃罗译《大方广佛华严经入法界品》一卷续旧译《华严》缺文。

《华严经》《大涅槃经》《大宝积经》等大乘经陆续译出,菩萨思想是
这些经典的重要内容。《华严经》里的《入法界品》描写一位善财童
子在文殊菩萨的启示下遍访五十三位"善知识""求菩萨道"的历
程,创造一位菩萨修行实践的典型人物,对于中土菩萨信仰的发展
发挥了重要作用。

佛教在中土扎根、在中土民众间弘传的过程中,宣扬菩萨思想
的经典是广受民众普遍欢迎的部分。按佛教的说法,这显示众多
菩萨包括观音无疑是最与此方土地"有缘"的,而观音菩萨在涌入
中国的众多菩萨中更广受中土民众的欢迎。

二

印度大乘佛教的形成与传播是个复杂的历史过程,是社会发
展和佛教自身演进的必然结果。大乘佛教发展以般若空观为核心
的教理体系,思想、践行与保守的僧侣主义、繁琐的教条主义相对
立。菩萨作为理想的人格,充分体现大乘佛教济世度人的本怀,显
示其弘通、开放的精神与思想境界的高远。

在部派佛教结集起来的本生故事里,"菩萨"本来是前世历劫轮
回中的佛陀的称谓。昙无谶(385—433)所出《大般涅槃经》里说:

> 何等名为阐陀伽经? 如佛世尊,本为菩萨,修诸苦行。
> 所谓比丘当知,我于过去作鹿、作罴、作獐、作兔、作粟散王、
> 转轮圣王、龙、金翅鸟,诸如是等,行菩萨道时所可受身,是名
> 阐陀伽。①

----

① 昙无谶译《大般涅槃经》卷一五《梵行品第八之一》,《大正藏》第 12 卷第 452
页上。

在同是部派佛教时期结集起来的佛传里,菩萨又是释迦族"太子"修行成佛之前的称呼。这是小乘佛教追求自证成佛的菩萨观。大乘佛教兴起,佛陀观发生根本变化,菩萨观念也随之变化。大乘佛教作为佛教的革新潮流,其兴盛与在家信徒势力扩展有直接关系。

印度佛教发展早期,即公元纪元前后大乘佛教形成以前的阶段,学术界一般又划分为佛陀在世到寂灭后百年的"原始佛教"和之后到大乘佛教形成之前的"部派佛教"两个时期,被后来兴起的大乘佛教徒称为"小乘"佛教。这个称呼后来被沿用下来。小乘讲"四谛":苦、集、灭、道;修证实践则要知苦、断集、证灭、修道。修道的最好方式是超然出世,割断情缘,因此重出家;小乘修证求得的最高果位称阿罗汉,汉译简称"罗汉"。这一概念的内涵有杀贼(杀尽一切烦恼之贼)、应供(应受天、人供养)、不生(进入不生不灭的涅槃境界)三义。这是要信仰者追求从轮回中解脱出来,进入不生不灭的永恒、绝对境界。这样,小乘追求的是自我解脱即所谓"自度",把出家为僧视为修道的最好途径。这是典型的僧侣主义。部派佛教的各部派发挥自己一派教义,专注于繁琐细密的名相分析和学理思辨,又形成脱离信仰实践的教条主义倾向。

大乘佛教教理的形成与古印度社会发展及佛教自身的教团构成与活动方式的变化有密切关系。如前所述,佛陀创建的教团由男女出家修道者即比丘、比丘尼组成,由男女在家信徒即优婆塞、优婆夷作为外护。随着社会经济发展,城市繁荣,商人、手工业者势力扩大,在家信徒中优婆塞、优婆夷的人数急剧增加,势力增强。在早期佛典里经常提到"长者",即是在家的广有资产的信徒,包括富商①。社会地位决定这一阶层具有更为开放、通达的入世性格。他们以在历劫轮回中修行的佛陀为榜样,自称"菩萨",并组成新型

① 参阅季羡林《商人与佛教》,《季羡林学术论著自选集》第 416—538 页,北京师范学院出版社,1991 年。

的由"菩萨"构成的僧伽①，逐渐扩展成为大乘佛教的重要势力。小乘教徒攻击"大乘非佛说"，实则大乘居士自认为其革新教义是真正回归佛陀本怀的。就是在这样的背景下，菩萨思想和菩萨信仰迅速发展起来。

当初佛陀创建佛教，从婆罗门教吸收了"业"的观念。根据"业报"说，人在现世的生存状态是前世历劫轮回所造的"业"决定的；要改变自己的命运，则要靠自身的精进努力。这是个历劫轮回的长远、刻苦的过程。这样，现世的人要改变自己的命运，只能寄希望于久远的未来。部派佛教里的大众部和从它分化出来的一说部、说出世部、鸡胤部具有革新倾向，主张"心性本净，客随烦恼之所杂染，说为不净"②，并把这种清净自性作为人得救、成佛的根据，即后来所谓成佛的"正因"。依照这样的观念，现世中的菩萨本来具有清净佛性，只是他们"不起欲想、恚想、害想。菩萨为欲饶益有情，愿生恶趣，随意能往"③，即他们为了济度众生而"愿生"于恶趣之中。由此进一步发展，形成具有进步意义的菩萨思想。后来《维摩经》把这种境界概括为"不舍道法而现凡夫事""不断烦恼而得涅槃"④，体现在家信徒更为积极、入世的立场，也是一种立足现世、执着人生的态度。

菩萨是自愿"住世"的。就是说，他已经开悟即已达到成佛的境界，但对众生沦落其中的五浊世界并不"厌患"。《宝女所问经》里宝女对答舍利弗，与声闻相对比，说明菩萨这种思想境界：

　　　　声闻之家所可秽厌，其诸菩萨不以患难。声闻之家何所

---

① 参阅金冈秀友《大乘仏教——その行動と思想》第57—62页，东京评论社，1975年。

② 玄奘译《异部宗轮论》，《大正藏》第49卷第15页下。

③《异部宗轮论》，《大正藏》第49卷第15页下。

④ 鸠摩罗什译《维摩诘所说经》卷上《弟子品第三》，《大正藏》第14卷第539页下。

秽厌？五阴、四大、衰、入之事，声闻所患；菩萨执持五阴、四大、六入之事，不以为患。声闻秽厌所生周旋及受吾我；菩萨受身无所患厌。诸声闻众恶受生死；菩萨游入无量终始，不以患厌。声闻秽厌所生众难；菩萨所生而无患难。声闻懈厌功德之业；菩萨积累众德，不以厌足，亦无患难。声闻恶厌在于众会；菩萨开化群黎之党，不以患难。声闻秽厌郡国、县邑；菩萨普入郡国、县邑、州域、大邦，不以恶厌。声闻秽厌己身尘劳；菩萨不患一切众生尘劳之欲。唯，舍利弗，声闻之家所可秽厌，菩萨大士无所患难。①

这是说，声闻以现实世界的一切为苦，因此要尽力摆脱，从中解脱出来，而菩萨则相反，能够安然对待，"无所患厌"。

为什么？因为在对待佛陀教法中有关世界观、人生观的几个根本观念上，菩萨的看法与声闻截然不同。居士维摩诘与佛弟子迦旃延辩论，说明小乘与大乘思想观念的不同：小乘观一切法生灭，是为"无常"，而菩萨则认为"诸法毕竟不生不灭，是无常义"；小乘以受（感触，感受；这里的"受"和下面的"阴"，都是"缘起法"的一个环节）、阴（这里的"阴"指"五阴"，同"五蕴"：色、受、想、行、识；"人我"为五蕴和合而成）起则众苦生，是为"苦"义，菩萨则以为"五受阴洞达空无所起，是苦义"；小乘观法缘起（"缘起"，谓一切诸法是内因、外缘和合而成）、内无真主（这里所说"真主"指实在的精神主体）为"空"义，菩萨则以为"诸法究竟无所有，是空义"；小乘以"我"为累，以为"人我"本五蕴和合而成，故说"无我"，菩萨则"于我、无我而不二，是无我义"；小乘追求灰心灭智的寂灭即涅槃，菩萨则以为"法本不然，今则无灭，是寂灭义"②。这样，小乘所观限于

<hr/>

①竺法护译《宝女所问经》卷二《问宝女品第四》，《大正藏》第 13 卷第 460 页中—下。
②参阅《维摩诘所说经》卷上《弟子品第三》，《大正藏》第 14 卷第 541 页上。

"人我"，厌苦自我的轮回，力求从中解脱；而大乘则基于般若空观，认为空、有不二乃是"诸法实相"，追求对于"诸法实相"的更深一层的觉悟。

在这种觉悟的基础上，菩萨树立起解救世人的行愿。他不是只求自度，而是"上求菩提"，更要济度他人，"下化众生"。《法华经·譬喻品》用大小不同的车子作比说：

> 若有众生，内有智性，从佛世尊闻法信受，殷勤精进，欲速出三界，自求涅槃，是名声闻乘，如彼诸子为求羊车出于火宅；若有众生，从佛世尊闻法信受，殷勤精进，求自然慧，乐独善寂，深知诸法因缘，是名辟支佛乘，如彼诸子为求鹿车出于火宅；若有众生，从佛世尊闻法信受，勤修精进，求一切智、佛智、自然智、无师智、如来知见、力、无所畏，愍念、安乐无量众生，利益天人，度脱一切，是名大乘，菩萨求此乘故，名为摩诃萨，如彼诸子为求牛车、出于火宅。①

《维摩经》里居士维摩诘"示疾"，即用示现有"疾"的方便来阐扬佛法。其中的《文殊师利问疾品》里维摩诘与文殊师利辩论，解释"示疾"的缘由，比喻更为亲切：

> 从痴有爱则我病生，以一切众生病，是故我病；若一切众生病灭，则我病灭。所以者何？菩萨为众生故入生死，有生死则有病；若众生得离病者，则菩萨无复病。譬如长者，唯有一子，其子得病，父母亦病；若子病愈，父母亦愈。菩萨如是，于诸众生爱之若子，众生病则菩萨病；众生病愈，菩萨亦愈。②

这样，菩萨乃是佛陀大慈大悲的真正的实践者。

---

① 《妙法莲华经》卷二《譬喻品第三》，《大正藏》第 9 卷第 13 页中。
② 《维摩诘所说经》卷中《文殊师利问疾品第五》，《大正藏》第 14 卷第 544 页中。

作为菩萨慈悲的具体表现,在早期翻译的般若类经典如《道行般若经》和《放光般若经》里,已列举出某些具体誓愿。如《道行般若经》指出:

> 菩萨摩诃萨度不可计阿僧祇人,悉令般泥洹,无不般泥洹一人也。菩萨闻是,不恐不畏,不悉不舍,去就余道。知是则为摩诃僧那僧涅。①

这里还只是突出救度众人一项,这也是菩萨行愿的关键一项。《法华经·药草喻品》里佛陀有"未度者令度,未解者令解,未安者令安,未涅槃者令得涅槃"等四个志愿,还有被称为"菩萨总愿"的"四弘"或称"四弘誓愿",即"众生无边誓愿度,烦恼无尽誓愿断,法门无量誓愿学,佛道无上誓愿成"。《华严经·十地品》里提出了菩萨的十大愿,其基本精神是"我当于一切众生中为首、为胜、为大、为妙、为上、为无上、为导、为将、为帅、为尊,乃至于一切众生中为依止者"②。所谓"依止",即可以仰赖,施以救护。净土信仰的根本经典《无量寿经》的主人公法藏菩萨,即阿弥陀佛的前身,未成佛前在所谓"因地"(指凡夫从"初发心"学佛到成佛前的阶段)时发出四十八个大愿③,其中前三愿即"国无恶趣愿"("恶趣",指三恶道:地狱、恶鬼、畜生)、"不堕恶趣愿""悉皆金色愿"(这里"皆金色"指全都成佛)是诸愿基本内容的概括。这三愿的核心内容是:

> 设我得佛,国有地狱、饿鬼、畜生者,不取正觉;
> 设我得佛,国中人、天寿终之后,复更三恶道者,不取

---

① 支娄迦谶译《道行般若经》卷一《道行品第一》,《大正藏》第 8 卷第 427 页下。
② 佛陀跋陀罗译《华严经》卷二三《十地品第二十二》,《大正藏》第 9 卷第 547 页中。
③ 《无量寿经》的形成经过一个过程,在其"愿"的数目中表现出来。在不同经本里,"愿"数有二十四、三十六、四十八等种种不同。魏康僧铠译"四十八愿"是完成期的经本,也是中土流行的译本。

正觉；

设我得佛，国中人、天不悉真金色者，不取正觉。①

法藏菩萨这四十八大愿是菩萨本愿观念的更充分的发挥，其根本精神在众生未成佛前不取正觉。按经中所说，他的愿力成为众生往生净土的巨大助力，他本身也成为体现佛陀济世弘愿的典范。

这样，菩萨怀抱慈、悲、喜、舍"四无量心"，身处"一生补处"（eka-jāti-pratiboddha），即虽然已经成就佛道，却自愿一生候补佛处，坚持安住在五浊世界里，实践济度一切众生、众生不成佛则自己不取正觉的宏愿。在《维摩经》里，那些只求自我解脱的声闻弟子被讥讽是无可挽救的"败种""根败之士"，因为狭隘的个人主义是与佛陀教法根本背离的。只有实践济世弘愿的行动，才真正体现佛陀创教的救世本怀和精义。大乘佛教创造出阿閦菩萨、弥勒菩萨、法藏菩萨、势至菩萨等一大批为成就佛道而修菩萨行、行菩萨道的菩萨。在大乘经典描绘的佛陀说法的法会上，这些菩萨成为接受佛陀教诲，实践和宣扬佛陀真实教法的主要角色。

观音就是这样的菩萨队伍里的大菩萨，他典型地体现了大乘佛教菩萨思想的精神。

三

如前所述，菩萨经典传译到中土，菩萨思想、菩萨信仰广泛传播，决定于社会和思想环境，包括汉末以来宗教发展状况。

自东汉末年，中国历史进入一个漫长的苦难深重时期。朝廷

---

①康僧铠译《佛说无量寿经》卷上，《大正藏》第12卷第267页下。

外戚专政，宦官弄权，地方豪族侵夺，加上灾荒饥馑，造成农村破产，人们奔走逃亡，终于引发黄巾起义。起义被平定后，继之以董卓之乱和军阀混战，形成三国鼎立局面（220—280）。《后汉书》桓、灵二帝纪里留下不少"六州大水""七州蝗""死相枕藉""民相食"之类记载。董卓之乱（189），军队撤出洛阳，部兵焚烧洛阳城外百里，董卓自将兵烧南北宫及宗庙、府库、民家，城内扫地殄尽。后来曹操和陶谦作战，"京、雒遭董卓之乱，民流移东出，多依徐土，遇操至，坑杀男女数十万口于泗水，水为不流。操攻郯不能克，乃去，攻取虑、睢陵、夏丘，皆屠之，鸡犬亦尽，墟邑无复行人"①。曹操本人的《蒿里行》写到董卓之乱情形：

> ……铠甲生虮虱，万姓以死亡。白骨露于野，千里无鸡鸣。生民百遗一，念之断人肠。②

诗人王粲（177—217）的《七哀诗三首》这样抒写他东汉末离开长安时的印象：

> 西京乱无象，豺虎方遘患。复弃中国去，远身适荆蛮。亲戚对我悲，朋友相追攀。出门无所见，白骨蔽平原。路有饥妇人，抱子弃草间。顾闻号泣声，挥涕独不还。未知身死处，何能两相完。驱马弃之出，不忍听此言。南登霸陵岸，还首望长安。悟彼下泉人，喟然伤心肝。③

战乱破坏之严重从历史记载的部分统计数字可以推测：涿郡旧有民户十万，口六十三万，到了曹魏时期，仅"领户三千，孤寡之家，三

---

①《资治通鉴》卷六〇《汉纪五十二·献帝初平四年》，第 1945 页，"标点资治通鉴小组"标点，中华书局，1956 年。
②《先秦汉魏晋南北朝诗·魏诗》卷一，上册第 347 页，逯钦立辑校，中华书局，1983 年。
③《先秦汉魏晋南北朝诗·魏诗》卷二，上册第 365 页。

居其半"①；而"鄢陵旧五六万户，闻今裁有数百"②。州县残破、人
烟萧条严重情形如此。而自公元 2 世纪 20 年代以来，连续百余年
间，中原一带又流行严重疠疫。魏文帝曹丕说到建安二十二年
(217)的"大疫"："昔年疾疫，亲故多离其灾，徐、陈、应、刘，一时俱
逝。"③这里指的是徐幹、陈琳、应玚、刘桢，即"建安七子"里的四个
人，他们都死在这次疫病流行之中。可知当时人所说"死者相枕"
"死有灭户""家家有僵尸之痛，室室有号泣之哀"④等等的真实不
虚。经过三国鼎立、战乱连年之后，西晋短暂统一，但西晋末又有
这样记载：

> 怀帝永嘉四年(310)五月，大蝗，自幽、并、司、冀至于秦、
> 雍，草木牛马毛鬣皆尽。是时，天下兵乱，渔猎黔黎……⑤

接着是北方民族大举南下，迎来"东晋十六国"南北分裂混斗局面。
特别是在北方，南下诸族渠帅建立的政权旋起旋灭，如史书所说
"刘元海、石勒、王弥、李雄之徒，贼害百姓，血流成泥"⑥，民众流徙
逃亡，在死亡线上挣扎。

　　面对生死抉择的险恶现实、尖锐矛盾，每个人，不论属于什么
社会阶层，都要寻求得以解脱的出路。汉武帝"罢黜百家，独尊儒
术"，东汉以来"儒术"演变为谶纬神学，成为替统治阶级制造幻想
的工具；魏晋时期，再"玄学化"，空谈玄理，不涉世务，这样的"儒

---

①《三国志》卷二四《魏志·崔林传》注引《魏名臣奏》，第 680 页。本书引用《二
　十四史》，均据中华书局点校本，1959—1977 年。

②《晋书》卷五〇《庾峻传》，第 1392 页。

③《又与吴质书》，严可均校辑《全上古三代秦汉三国六朝文·全三国文》卷七，
　第 1089 页，中华书局，1958 年。

④曹植《说疫气》，《太平御览》卷七四二《疾病部五》，第 4 册第 3294 页，中华书
　局，1960 年。

⑤《晋书》卷二九《五行志下》，第 881 页。

⑥《晋书》卷二八《五行志中》，第 839 页。

术"显然无力助人摆脱面临的现实苦难。伴随着社会发展的巨大
转折,民众宗教活动空前活跃起来。本来在佛教传入之前,在中国
不存在组织化、制度化的全民性质的宗教①。到东汉末年,一批分
散的原始道教教派活跃起来。范晔(398—445)记述说:

> 安(汉安帝刘祐,公元 106—125 年在位)、顺(汉顺帝刘
> 保,公元 125—144 年在位)以后,风威稍薄,寇攘寖横,缘隙而
> 生。剽人盗邑者不阙时月;假署皇王者盖以十数。或托验神
> 道,或矫妄冕服……②

"矫妄冕服"是指结集群众进行武装反抗;"托验神道"则指祈灵于
神明的民间宗教活动。原始民间道教教派正是在这样的条件下兴
起起来的。汉顺帝时张陵(34—156)在巴蜀创立五斗米道,稍后汉
灵帝时建宁、熹平年间(168—178)张角在华北创立太平道,成为民
间道教的两大势力。汉末,张陵孙张鲁曾建立起割据政权,雄踞巴
蜀垂三十年;太平道则掀起席卷中原的黄巾起义。后汉末宦官张
钧上表说:

> 窃惟张角所以能兴兵作乱,万人所以乐附之者,其源皆由
> 十常侍多放父兄、子弟、婚亲、宾客典据州郡,辜榷财利,侵掠
> 百姓。百姓之冤无所告诉,因谋议不轨,聚为盗贼……③

人们找不到现实力量去对抗人为的和自然的灾祸,"无所告诉",遂
求助宗教力量。道教因而得以迅速扩展势力。但是这一时期的道

---

① 余敦康、吕大吉、牟钟鉴、张践《中国宗教与中国文化》(四卷本)提出夏、商、
周三代以来建立起"以'敬天法祖'为基本内容的宗法性宗教作为以宗法血
缘关系为基础的国家的国家宗教",上册第 6 页,中国社会科学出版社,2005
年。提出"宗法性宗教""国家宗教"概念,用以区分组织化、制度化的宗教,
可备有关中国上古宗教现象一说。
② 《后汉书》卷三八《论》,第 1288 页。
③ 《后汉书》卷一〇八《宦者传·张让传》,第 2535 页。

教更多凝聚了民间反抗现实统治体制的力量,分散的活动往往带有社会动乱性质。且这些教派又还没有形成严密的教理体系,这也限制了它的发展。直到南北朝前期,寇谦之和陆修静在南、北方分别"清整"道教,把道教纳入统治体制之中,道教才得到在主流社会大发展的机会。

正是在这种对于宗教需求急切的形势下,佛教输入。与当时的民间道教相比较,佛教显示明显的优势。胡适当年讲佛教在中国早期传播情形指出:

> 佛教入中国的前期史迹现在只存几根记里的大石柱子:
> (一)第一世纪中叶,楚王英奉佛一案。
> (二)第二世纪中叶,桓帝在宫中祠祀浮屠老子。
> (三)同时(一六六),襄楷上书称引佛教典故。
> (四)第二世纪晚年,长江下游,扬州徐州一带,有笮融大宣佛教,大作佛事。
> (五)同时,交州有牟子理惑论的护教著作。
> 这三期的五事,我们应该明白承认作记里的石柱,可以用来评判别的史料,而不用别的史料来怀疑这五根石柱……
> 我的看法是,我们应该把这三期五事排成时间与空间的五座记里柱:时间自下而上推,空间则自南而北推,然后可以推知佛教初来中国时的史迹大概。①

上述"三期五事"都是有关佛教在朝廷和统治阶层中传播的记载。限于当时的资料,胡适对早期佛教的概括并不全面。20世纪后半叶在四川、山东、内蒙古等地发现许多东汉时期的佛教造像遗

---

①《〈牟子理惑论〉时代考》附录二《胡适先生讨论函》,《周一良集》第3卷第189页,辽宁教育出版社,1998年。又姜义华编《胡适学术文集·中国佛学史》据《胡适手稿》第八集卷一整理稿《从〈牟子理惑论〉推论佛教初入中国的史迹》,文字有不同,第265—269页,中华书局,1997年。

迹，表明当时佛教在全国广大地区广泛流传情形。但胡适的"五根石柱"也确切表明，佛教甫入中土就被统治阶级上层所容纳，赢得上自朝廷、下至地方权要的支持。其处境和道教截然不同。不言而喻，在古代专制政治体制下，得到统治阶层的支持对于宗教的生存和发展是至关重要的。又王国维描述佛教初传中土的情况时说：

> 自汉以后……儒家唯以抱残守缺为事，其为诸子之学者，亦但守其师说，无创作之思想，学界稍稍停滞矣。佛教之东，适值吾国思想凋散之后。当此之时，学者见之，如饥者之得食，渴者之得饮……①

佛教具有十分完整的教理体系，包含丰富的思想、文化内容，其中许多可补中国固有传统的不足，或提供发展本土思想、文化的资源和借鉴。佛教这种对中国思想的影响基本是知识阶层的事。而作为大乘佛教发展新潮流的菩萨和菩萨信仰，特别是最能集中菩萨思想的观音信仰输入中国，则正适应社会的迫切需要，它所体现的"他力救济"和"现世利益"观念正是处在水深火热之中的民众所欢迎的。民众的信仰实践是宗教生存、发展的基础，也是其动力。观音信仰的持续兴盛对于中国佛教的发展是十分重要的。

汉末、魏晋时期可称为中国历史上的"宗教时期"。民间道教教派整合为道教，外来佛教输入，弥补了中国缺少组织化、制度化宗教的空白，中国历史进入宗教兴旺发达的时期。道教和佛教都是多神信仰的宗教，同时还存在传统的和新生的众多民间信仰的神明。但是在众多神明中，观音这个外来菩萨却得到民众更热烈的欢迎、更虔诚的信仰。具体情形如何？下面加以解说。

---

① 《论近年之学术界》，《静安文集》，《王国维全集》第 1 卷第 121 页，浙江教育出版社、广东教育出版社，2010 年。

第二章　观音名号与《观音经》

一

观音（Avalokiteśvara）名号众多。在佛教诸佛、菩萨中,甚至在中国宗教的所有神祇中,他的名号之多都显得十分突出。观音名号可分为两大类:一类是翻译的,一类是本土的。

翻译的又可分为两类:一类是意译,如"光世音""观音""观世音""观自在""观世自在"等;一类是音译,如"阿缚卢枳多伊湿伐罗""阿婆卢吉低舍婆罗"等;还有个别音、意合译的,如"盧楼亘菩萨"。

本土的,如"白衣大士""送子娘娘""观音老母"等。

这还不算许多特殊类型的观音名号。其中也有翻译的,如"千手观音""如意轮观音"等;和本土的,如"香山观音""马郎妇观音"等。

南北朝造像记里还有"观世音佛"的称呼,则是体现当时人独特信仰观念的特例,表明已把观音等同于佛陀了。

仅从名号之众多,就可以看出这位佛教神明在中国历史上影响之巨大和深广。

　　有关这些名号,古人和今人作出许多解说,还有很多争论。这在世界宗教史上也是鲜见其例的。这些解说和争论大体又可分为两个层面:就翻译名号说,原文是什么? 翻译得对还是不对? 这当然也涉及这位神明的性质、功能及其在佛教中的地位等等;就本土名号说,是如何确定的? 有什么内涵? 表达了什么宗教意识? 等等。

　　所以观音名号乃是了解这位神明的不可忽视的问题,也是一个很有趣的问题。

　　"古译"时期没有确定的观音译名。考察现有文献,有音译"庐楼亘菩萨"(传为支娄迦谶译《无量寿平等觉经》,东汉末)①,意译"观音"(后汉支曜译《成具光明定意经》,中平二年,185)②、"窥音"(安玄译《法镜经》,约光和四年,181;吴支谦译《维摩诘经》,黄武二年至建兴二年,223—253)③、"观世音"(曹魏康僧铠译《郁伽长者所问经》等,嘉平四年,252)④、"光世音"(西晋竺法护译《正法华经》等,太康七年,286)、"现音声"(西晋无罗叉译《放光般若经》,元康元年,291)等⑤。与竺法护大体同时的聂道真所作经录(《聂道真录》)记载元康年间(291—299)昙无竭出《观世音受记经》⑥;又其所

――――――――――

①"佛言:'其世间人民,善男子、善女人,若有一急恐怖、遭县官事者,但自归命是庐楼亘菩萨,无所不得解脱者也。'"《大正藏》第 12 卷第 290 页上。

②"……次复名善观,次复名观音,如是众名,各各别异。"《大正藏》第 15 卷第451 行下。

③"……菩萨三万二千,皆神通菩萨……窥音菩萨……"《大正藏》第 14 卷第519 页上—中。

④《大宝积经》卷八三《郁伽长者会第十九》:"菩萨五千人……观世音菩萨……",《大正藏》第 11 卷第 472 页中。

⑤《放光般若经》卷一《摩诃般若波罗蜜放光品第一》:"诸菩萨者德皆如是,其名曰……现音声菩萨……",《大正藏》第 8 卷第 1 页上—中。

⑥智昇《开元释教录》卷二,《大正藏》第 55 卷第 495 页中;又见《出三藏记集》卷二,第 56 页。

译《文殊师利般涅槃经》①《无垢施菩萨应辩经》②里也都有"观世音"译名。上述这些"观音""观世音"称呼应当不是原初译名，而是后世传写过程中更动过的。

　　"观音""观世音"名号是"旧译"勘定、统一的，有一种看法认为前者乃是后者的省略。实则两个名号含义不同，并不是繁简关系。鸠摩罗什"旧译"《妙法莲华经》（弘始八年，406）是该经后世流通的译本，其中的《观世音普门品》用"观世音"取代了竺法护《正法华》的"光世音"。罗什门下高足竺道生（355—434）的《法华经疏》里有《观世音品》，该品同时使用"观音""观世音"二者③；后来求那跋摩译《龙树菩萨为禅陀迦王说法要偈》则只使用"观音"④。"旧译"时期的重要译家、译籍如北凉昙无谶译的《悲华经》（玄始八年，419）、东晋佛陀跋陀罗译的《华严经》（元熙三年，420）、宋畺良耶舍译的《观无量寿经》（元嘉七年，430）、宋昙无竭译的《观世音菩萨授记经》（元嘉三十年，453）等，都是两个译语并用的，从而确定了汉语里"观音"两个同义名号。

　　僧肇注释《维摩诘经·佛国品》里的菩萨名号"观世音菩萨"说："世有危难称名自归，菩萨观其音声即得解脱也，亦名'观世念'，亦名'观自在'也。"⑤"观世念"名号后来没有流通；"观自在"则成为"新译"通用的称呼。6世纪初，北魏菩提流支译《胜思惟梵天

---

① 《佛说文殊师利般涅槃经》："……复有他方菩萨千二百人，观世音菩萨而为上首。"《大正藏》第 14 卷第 480 页中。
② 《大宝积经》卷一〇〇《无垢施菩萨应辩会》："尔时大德舍利弗……观世音菩萨……如是等八大菩萨及八大声闻，晨朝执持衣钵，欲入舍卫城乞食。"《大正藏》第 11 卷第 556 页上。
③ 《法华经疏》卷下《观世音品第二十四》，《续藏经》第 85 卷第 193 页上。
④ 《龙树菩萨为禅陀迦王说法要偈》："王当仰学诸贤圣，如观音等度众生。"《大正藏》第 32 卷第 747 页下。
⑤ 《注维摩诘经》卷一《佛国品第一》，《大正藏》第 38 卷第 331 页上。

所问经》①、北魏般若流支译《不必定入定入印经》②、北齐那连提耶
舍译《大集经》等，这些北朝译经里已经出现"观世自在菩萨"名
号③。还有阇那崛多、佛陀扇多等也曾使用过这一称呼。后来在玄
奘的译籍《大般若波罗蜜多经》（龙朔三年，663）、《解深密经》等里
使用这一译名时去掉"世"字，作"观自在"。此后"新译"诸家两者
并用。如实叉难陀《华严经》（证圣元年至圣历二年，695—699）、菩
提流志《大宝积经》（神龙二年至先天二年，706—713)用"观自在"；
沿用"观世自在"的，如善无畏《大毗卢遮那成佛神变加持经》（开元
十二年，724）。不过"新译"这类译名，在以后译经中并没能替换掉
"观音""观世音"。据日本学者的雅庆场考察，唐代三十五位译家，
兼用两者的十九人，而主要还是使用后者④。如题为般刺密帝所出
的《首楞严经》（神龙元年，705），是否中土伪撰多有争论，但其影响
广泛、巨大则是事实，即使用"观世音"译名⑤，不过赋予了另外一种
意义。这样，"观自在""观世自在"如"新译"的许多译名一样，并没
有被普遍接受而广泛流通。

关于"观音"外来词的语源问题，自古以来就有不同说法。"新
译"勘定为"观自在"，玄奘（602—664）《大唐西域记》注文里说明理

①《胜思惟梵天所问经》卷四："观世自在菩萨言：若菩萨众生见者，即得必定于
　阿耨多罗三藐三菩提。"《大正藏》第 15 卷第 80 页下—81 页上。
②《不必定入定入印经》："一时婆伽婆住王舍城耆阇山中……六十亿百千那
　由他菩萨，其名曰……观世自在菩萨摩诃萨……"，《大正藏》第 15 卷第
　699 页中。
③《大集经》卷五一《月藏分第十四诸恶鬼神得敬信品第八之二》："于此四天下
　所有菩萨摩诃萨，安住如是甚深出世间法器清净平等三昧，其名曰众自在菩
　萨……观世自在菩萨……"《大正藏》第 13 卷第 340 页上。
④参阅的场庆雅《唐代における観世音菩薩信仰について——観世音と観自
　在をめぐる一考察——》，《印度學仏教學研究》1981 年第 1 期。
⑤《首楞严经》作为在中国佛教中影响深远的秘籍，自古就有人怀疑为中土所
　造，下面还将具体说明。参阅周叔迦《楞严经》，中国佛教协会编《中国佛教》
　（三）第 81—86 页。

由是：

> 唐言观自在。合字连声，梵语如上；分文散音，即阿缚卢
> 枳多，译曰观，伊湿伐罗，译曰自在。旧译为光世音，或云观世
> 音，或观世自在，皆讹谬也。

这是根据梵文原文指出"旧译""光世音"或"观世音"为"误译"，季
羡林校注认为玄奘的说法是"正确的"[①]。唐代著名佛教语言学家
玄应看法相同：

> 梵言"阿婆卢吉伍舍婆罗"，此译云"观世自在"，旧译云
> "观世音"，或言"光世音"，并讹也。又寻天竺多罗叶本，皆云
> "舍婆罗"，则译为"自在"。雪山以来经本皆云"婆娑罗"，则译
> 为"音"。当以舍、婆两声相近，遂致讹失也。[②]

法藏（643—712）则提出另一种说法：

> 观世音者，有名"光世音"，有名"观自在"。梵名"逋卢羯
> 底摄伐罗"。"逋卢羯底"，此云"观"；"毗卢"此云"光"。以声
> 字相近，是以有翻为"光"。"摄伐罗"，此云"自在"；"摄多"，此
> 云"音"。勘梵本诸经中有作"摄多"，有"摄伐罗"，是以翻译不
> 同也。[③]

这是说"光世音"和"观自在"是根据不同的原文翻译的。1927 年米
罗诺夫（Mironov）报告称[④]，旅顺博物馆所藏和新疆和田出土的《法
华经》梵本残片是公元 5、6 世纪遗物，上面有 Avalokiteśvara，为
"观世音"梵名，其中的 avalokita 意思是"看见"，svara 意思是"音"，

---

①《大唐西域记校注》第 288—289 页，季羡林等校注，中华书局，1985 年。
②玄应《一切经音义（第一卷—第十五卷）》卷五，《中华大藏经》第 56 册第 900
　页中。
③《华严经探玄记》卷一九《尽第六地知识》，《大正藏》第 35 卷第 471 页下。
④Mironov, *Avalokiteśvara-Kuan-yin*, J. R. A. S, pp. 241-252, 1927.

所以古译为"阒音""现音声",证明法藏的看法是合乎实际的。此后学者们根据在中国的新疆、尼泊尔等地发现的《法华经》古写本,对词语的原文加以复原,对"观音"不同译名加以考察、解说。最新的成果,有日本学者辛嶋静志的《〈法华经〉的文献学研究——观音的语义解释》(《中华文史论丛》第 95 期,上海古籍出版社,2009 年第 3 期),可以参看①。

对于中国佛教,重要的是作为神格的"观音"名称本土人士如何理解,这种理解又体现了中国人观音信仰怎样的内容。对于佛教概念的解释,有"事释"和"理释"之说。所谓"事释"指对名相、文句字面的解释,"理释"则指对文字背后的深妙含义的解说,是对名相、文句所含义理的理解。涉及信仰层面,"理释"显然比"事释"更为重要。

先来看看什译《妙法莲华经·普门品》开头写的佛陀如何解释观世音名号:

> 尔时无尽意菩萨即从座起,偏袒右肩,合掌向佛,而作是言:"世尊,观世音菩萨以何因缘名观世音?"佛告无尽意菩萨:"善男子,若有无量百千万亿众生受诸苦恼,闻是观世音菩萨,一心称名,观世音菩萨即时观其音声,皆得解脱……"②

①辛嶋推测,竺法护译《正法华经》,用的是类似犍陀罗语言的底本,是使用佉卢字母写的。在犍陀罗语里,-bh-和-v-几乎没有区别,记录这种语言的佉卢字母又没有长短音之分,因而把 Avalokitesvara 的字头 ava 理解为梵语的 abha(光),译为"光",把 lokita 和梵语的 loka 相混淆,译为"世",剩下 svara,从而整个词语译作"光世音"。他又推测竺法护译经,聂道真是作为助译的笔受,后者自己也从事翻译,显然懂得梵文。他帮助竺法护译《正法华经》,用"光世音"译名;自己译经,同一个菩萨则用"观世音",受到前者影响留下"世"字,结果出现了"有些莫名其妙的'观世音'。这一翻译被鸠摩罗什和法显所继承,至 5 世纪成为翻译经典的主流"。
②《妙法莲华经》卷七《观世音菩萨普门品第二十五》,《大正藏》第 9 卷第 56 页下。

同一段话,在竺法护译的《正法华经》里不同:

> 于是无尽意菩萨即从座起,偏露右臂,长跪叉手,前白佛言:"唯然,世尊,所以名之光世音乎,义何所趣耶?"佛告无尽意曰:"此族姓子,若有众生,遭亿百千姟困厄患难,苦毒无量,适闻光世音菩萨名者,辄得解脱,无有众恼,故名光世音……"①

两相比较,除了"观世音""光世音"名号不同外,早出的《正法华经》是说"众生""闻光世音菩萨名"得以解脱,而什译《法华经》则是"观世音""观其音声,皆得解脱"。这样,后出什译本把菩萨和众生间的关系从根本上转化了。在前者,主动者是众生;在后者,主动者是观世音。后者体现了观音"闻声往救"信仰。观世音大慈大悲、有求必应、无所不在、无所不能的神格从而被突出地表现出来。这样,"观世音"这个名号本身,在中土人士的理解里,就表示他能"观"世间之"音",君临众人之上,以无限悲悯听取众生的呼声,体察人世苦难,并即时前往解救。观音作为菩萨的现世救济功德就这样在汉语名号里被突显出来了。后世中土佛教大师们正是利用汉语训诂方法来解释、认识"观音"的。如梁法云(467—529)说:

> 观世音者可有四名:一名观世音,正言观世间音声而度脱之也;二名观世音身,即是观众生身业而度脱之;三言观世意,即是观众生意业而度脱之也;四者名观世业,此则通前三种。②

隋天台智颧(538—597)说:

> 今言观世音者,西土正音名"阿耶婆娄吉低输",此言"观世音",能、所圆融,有、无兼畅,照穷正性,察其本末,故称"观"也;"世音"者,是所观之境也。万像流动,隔别不同,类音殊唱,俱蒙离苦,菩萨弘慈,一时普救,皆令解脱,故曰"观世音"。

①《正法华经》卷一〇《光世音普门品第二十三》,《大正藏》第9卷第128页下。
②《妙法莲华经义记》卷八《观世音品第二十四》,《大正藏》第33卷第678页上。

此即境、智双举,能、所合标。经者由义,文理表发,织成行者之心,故曰经。①

唐吉藏(549—623)则说得更为概括:

观音,人、法两举也……观音,能、所合目:观是能观之智,世音为所观之境也……观音用名为佛事。②

如此把"观""音"分开来加以解释,从翻译原文本义讲,当然是疏释者的自说自话,和译语的本义及翻译准确与否毫无关系,但却说出了本土人士对"观音"的理解,即强调观音的救济功德。

《楞严经》是属于秘密部的典籍,关于译者及其是否本土伪撰古代经录记述不同。《开元释教录》上记载谓释怀迪和不知名的梵僧共译,《宋高僧传》上记载般剌蜜帝和弥伽释迦、房融共译。关于这部经唐时已有人疑为伪经,近人更多以为是唐人撰述。但宋代以来流通甚广,影响很大。其中写观世音往昔修习耳根圆通三昧(梵文 samādhi 的音译,意译作"定"):

尔时观世音菩萨即从座起,顶礼佛足而白佛言:"世尊,忆念我昔无数恒河沙劫,于时有佛出现于世,名观世音。我于彼佛发菩提心,彼佛教我从闻、思、修入三摩地,初于闻中入流亡所。所入既寂,动、静二相了然不生,如是渐增,闻、所闻尽,尽闻不住;觉、所觉空,空觉极圆;空、所空灭,生灭既灭,寂灭现前,忽然超越世出世间,十方圆明,获二殊胜:一者上合十方诸佛本妙觉心,与佛如来同一慈力;二者下合十方一切六道众生,与诸众生同一悲仰。"③

①《观音玄义》卷上,《大正藏》第 34 卷第 877 页上。
②《法华玄论》卷一〇《论分别功德品生数义》,《大正藏》第 34 卷第 446 页下。
③般剌蜜帝译《大佛顶如来密因修证了义诸菩萨万行首楞严经》卷六,《大正藏》第 19 卷第 128 页中。

这样,"观世音"的"观"不是观世间声音,而是耳根修习的法门了。

宋代法云的《翻译名义集》是一本解释佛教翻译词语的专门辞书。其中的"阿那婆娄吉低输"条引用玄奘勘定"观自在"的理由,又引述了玄奘对他所勘定的"观自在"的解说:

> 《无量清净平等觉经》名"卢鸽楼亘",此云"光世音"。《(大唐)西域记》云:"阿缚卢枳多伊湿伐罗,唐言'观自在',合字连声,梵语如上。分大散音即'阿缚卢枳多',译曰'观','伊湿伐罗',译曰'自在'。旧译为'光世音'或'世自在',皆讹谬也。"唐奘三藏云:"观有不住有,观空不住空。闻名不惑于名,见相不没于相。心不能动,境不能随。动随不乱其真,可谓无碍智慧也。"①

按佛教教理,菩萨名号有微妙甚深含义。中土佛门大师对"观音"这个译名除了探讨外文原意,更对于其微妙甚深含义自主地进行阐释。这些释义虽然有所不同,但基本点是一致的,即都肯定观音能够观察世间疾苦;他对苦难民众普遍地关爱,有大慈大悲之心;他具有解救众生疾苦的神通、能力;他能够施展种种神通、捷如影响地闻声往救。这样,"观音""观世音"名号就表明他乃是充分体现大乘佛教救世度人精神的神明,是众生可以仰赖的大菩萨。

二

如上所说,就印度佛教发展史看,观音和观音信仰是在早期大乘佛教发展中出现的新的内容。在印度本土,无论是这个神祇的

① 法云编《翻译名义集》卷一《菩萨别名篇地流》,《大正藏》第 54 卷第 1061 页下—1062 页上。

地位与作用,还是信仰的兴盛程度,都远不能和后来在中国的情形相比较。从一定意义上说,中土传播与发展的观音信仰乃是佛教"中国化"的重大发展,在相当程度上体现了中国佛教的特质。另一方面,观音和观音信仰在中土的传播与兴盛,也从一个侧面反映了佛教"中国化"的深入进程及其成果。

印度大乘佛教的产生和发展情况复杂。一般说来,大乘是由部派佛教的大众部发展而来(佛灭后一段时期,教团分裂为大众部和上座部,印度佛教史上称为"根本分裂"。大众部教理反映更广大的下层僧众的信仰,体现更为开放、激进的性格),又接受了古印度婆罗门教和民间信仰以及外来宗教包括西亚宗教的影响。观音信仰即是在大乘兴盛起来的潮流中,接受这些影响形成的①。其形成的具体脉络、时间和地点已难以确考。德国著名印度学家奥登堡(Hermann Oldenberg,1854—1920)依据犍陀罗(今巴基斯坦白沙瓦谷地、阿富汗东部一带,公元1世纪中期到3世纪中叶在这里建立的贵霜王朝信仰佛教,是犍陀罗佛教艺术鼎盛时期)佛像进行研究,认为观音信仰应出现于公元纪元前后。在公元1至2世纪结集成的较早层次的大乘经如《维摩诘经》和《无量寿经》等经典里,观音已被写作参与佛陀法会的菩萨②。其时正是大乘佛教兴盛起来的时候。法显《佛国记》里记载摩头罗国(今印度北方邦马土拉Muttra西南五里处的马霍里Maholi)地方"摩诃衍人则供养……

①印度上古婆罗门教《吠陀》中描写一对孪生的双马神童,是力大无边的救苦救难的善神,后来对这一神祇的信仰在中亚流传甚广。有的学者认为这一神格就是密教里作为观音显化的马头明王或马头观音的原型,或据以径直寻求作为善神的他与观音的关系。参阅张总《说不尽的观世音》第27—30页,上海辞书出版社,2002年。
②早期大乘经出现的层次是:最早是长短不等的《般若经》群,应结集于公元纪元前后;然后出现发展大乘思想的《法华经》和《华严经》的《十地品》;到1世纪至2世纪出现了宣扬居士思想的《维摩经》和宣扬观佛思想的《无量寿经》等。

观世音等"①,据考这是公元纪元 1 世纪末,至迟 2 世纪初的事。
1976 年曾在印度西部古城塔克西拉发现一尊残缺不全的西方三圣
像,观音位于阿弥陀佛的左侧,且有一段佉卢体(佉卢文是曾通用
于印度西北部、巴基斯坦、阿富汗一带的书写符号,至公元 3 世纪
时逐渐消失)铭文,据考是 2 世纪遗物②。如上所述,3 世纪后期,
竺法护已经把包括宣扬观音信仰的《光世音普门品》的《正法华经》
译为汉语。到 4 世纪初,法显西行求法,写《佛国记》,其中详细记
述了他航海途中得到观音救济的灵迹。这些资料表明,观音信仰
伴随着大乘佛教发展的潮流勃兴,这正是中国佛教积极传译外来
佛教经典、接受外来滋养的时期。中国传翻《正法华经》这一包含
宣扬观音信仰的专门一品经典之后,陆续有更多颂扬观音的经典
输入。观音信仰随之在中国广泛流传并兴盛起来。

　　《华严经》中说观世音住在光明山西阿③,又说山在南方。光明
山(Potalaka),音译作"补陀洛(落)迦(伽)""普陀洛(落)伽""补陀
洛""逋多罗"等;俗称"海岛山""小花树山"等,后世文献里这一译
名使用了不同的汉字同音字译名。《华严经》新译里有偈说"海上
有山多圣贤,众宝所成极清净"④。《大唐西域记》南印度《秣罗矩咤
国》条记载:"国南滨海,有秣剌耶山……秣剌耶山东有布呾洛迦
山……山顶有池……池侧有石天宫,观自在菩萨往来游舍。"⑤有的
学者认为 Potalaka 是"港"的古语,因而把它比拟为南印或斯里兰
卡某个海港。《开元释教录》记载金刚智是"南印度摩赖邪国人",

①《法显传校注》第 55 页,章巽校注,上海古籍出版社,1985 年。
②于君方《观音——菩萨中国化的演变》第 20 页,商务印书馆,2012 年。
③佛驮跋陀罗译《大方广佛华严经》卷五一《入法界品第三十四之八》:"(善财
　童子)至光明山,登彼山上,周遍推求,见观世音菩萨住山西阿。"《大正藏》第
　9 卷第 718 页上。
④实叉难陀译《华严经》卷六八《入法界品第五十九之九》,《大正藏》第 10 卷第
　366 页下。
⑤《大唐西域记校注》卷一〇《秣罗矩咤国》,第 859—861 页。

注谓"此云光明国,其国近观音宫殿补陀落山"①。"摩赖邪国"即今
南印东海岸摩赖耶(Malaya)地方,据此"补陀落山"被比定为秣刺
耶山以东的巴波那桑山(Papanasam)。这样,观音信仰就可能起源
于南印海滨地区,本是一种海上守护神的神格。在后来有关传说
中,包括法显《佛国记》以及中土普陀山等诸传说,有不少海上救难
故事。在《普门品》所述的"七难"里,"大水所漂"是其中的第二项。
观音的普遍的救济品格,有可能是从具体的海上救难发展而来的。
后来由现世救济延伸出作为西方净土接引功德,则是性质上的巨
大转变。观音信仰又成为净土信仰的一部分了。

　　考察观音信仰的内容,这个神格在一些根本点上体现对于早
期佛教教理具有根本意义的重大发挥,体现佛教信仰的新思想、新
潮流。

　　观音和观音信仰包含的追求"现世利益"的观念,反映了处在
社会下层的苦难信众的现实需求,发挥了大乘佛教积极入世、关注
人生的精神。按佛陀根本教义的"四谛"里的第一"苦谛",是说人
生是苦。此"苦"有"逼迫"义,即是不可逃避的。苦的根本在"人
我"乃五蕴(色、受、想、行、识)和合而成,处在六道(天、人、阿修罗、
地狱、恶鬼、畜生)轮回之中。因而即使是世俗认为是人生之"乐"
的,实则也是"苦"。这样就要追求寂灭,从轮回中解脱出来。这反
映了佛陀教法悲观厌世的一面。但是现世的人不但要求宗教提供
精神上的慰藉,更希望它能够解救现世苦难,满足生存的需求,得
到现世福利。对于身处患难之中的民众来说,精神的济度显得虚
无缥缈,满足现实欲求的愿望更为强烈和迫切。佛教当然也面对
这样的要求。特别是对于在家信徒来说,更执着现实生活,也更注
重现世利益。随着大乘佛教发展,居士阶层势力扩大,"现世利益"
观念也随之更加强化起来。这在公元2世纪著名大乘论师也是佛

────────────────

①智昇《开元释教录》卷九《总括群经录上之九》,《大正藏》55卷第571页中。

教文学家马鸣的著作里已有十分显著的表现。例如一般认为是他所撰集譬喻故事集《大庄严论经》卷四里讲到施舍，就有偈说"施为善种子，能生诸利乐，是故应修施，莫如我受苦"；又说到"造业既不同，受报亦复异"，而这"受报"的"利乐"则是"富贵饶财宝"①。他还发挥了"福田"观念。所谓"福田"（puṇya-kṣetra），指的是佛、法、僧，取意他们乃是能生福德的田地，应当加以供养。《大庄严论经》里还有这样的故事，说有位画师出外打工，挣了三十金，回家途中全部都施舍给僧侣法会了，为这个妻子和他争吵，两人到断事官那里评理，断事官被画师行为感动，把"诸璎珞及以鞍马，尽赐彼人"，画师"欢喜踊跃，着其衣服，乘此鞍马，便还其家"，让家人惊惧不已，画师有偈说："福田极良美，果报方在后。"②这里的福田则具体指衣服、鞍马等财物。这部经里的许多譬喻故事就这样不是宣扬出家求解脱，而是讲行善得好报，而得到的则是现世的福利。马鸣活动的公元2世纪，正是印度大乘佛教兴盛时期，他的作品体现大乘佛教注重"现世利益"的新潮流。这个潮流也在观音和观音信仰里突出表现出来。

在大乘佛教兴盛潮流中又出现强调"他力救济"一派观念。基于这种观念发展出具有重大革新意义的菩萨"本愿"思想。关于"本愿"观念的渊源，学术界一般认为是接受了印度教"诚信"观念的影响③。"本愿"（pūrva-praṇidhāna）全称"本弘誓愿"，又作"本誓""宿愿"，指佛和菩萨在过去世没有成就佛果以前即在所谓"因位"（指从发菩提心到成就佛果的阶段，处在修行佛因之位）为救度众生所发的誓愿。本来根据佛陀教法，处在流转轮回之中的人的命运是由历劫所作的"业"决定的（关于这个论回"主体"的有无及

---

①鸠摩罗什译《大庄严论经》卷四，《大正藏》第4卷第276页上。
②《大庄严论经》卷四，《大正藏》第4卷第279页上—中。
③参阅岩本裕《仏教説話研究》第三卷《仏教説話の傳承と信仰》第34页，东京开明书院，1978年。

其性质在佛教教理中存在突出矛盾，也是长期争论的问题，此不具述），非外力所可改变。佛陀示现于世，只是示人以"法"。他作为导师与慈航，给人提供修道、成道、弘道的榜样。他既不是造物主，也不是救世主。人求得解脱，只能靠自己，即所谓"自力""自度"，佛陀的慈悲加持只是助力。基于这种观念，人的命运的改变是不能靠"他力"的。但大乘菩萨不仅要"上求菩提"，还要"下化众生"；不仅要"自度"，还要"度人"。他一生补佛处、"普度众生"乃是弘愿。这样，大乘佛教发展"本愿"观念，主张人可以依靠佛、菩萨救世愿力得度，成就佛果。突出表现这种"本愿"观念的是阿弥陀净土信仰：法藏菩萨曾立下四十八大愿，其核心内容是世界上所有众生不得度则自己永不成佛。观音慈悲为怀，以无数化身对苦难众生施行救济，乃是具体实现菩萨救苦救难本愿、施行"他力救济"的典型。

又大乘佛教的"佛身"论，即佛有法、报、化三身（"法身"，又称"自性身"，以法成身，指佛性、法性；"报身"，修行得果成就的佛，如阿弥陀佛；"化身"，示现于世的佛，如释迦牟尼。"三身"有其他说法，不赘），而化身是无限的。这种神秘的变化示现于世的观念本来源自婆罗门教。婆罗门教主神湿婆为了拯救诸神和世人多次化为鱼、龟、野猪、人师、倭人、持斧罗摩、罗摩、黑天、佛陀（婆罗门教里也有"佛陀"，不过不是指佛教教主佛陀。印度古代把修道有成就者都称为佛陀）、伽尔基等十身。佛身变化观念拓展出观音化身无数的开阔天地。在《普门品》里，观音示现为三十三身。这三十三身实际代表数量无限的变化身，体现这位菩萨任意权变、实施救助的神奇功德。这是大乘"佛身"观念的发挥。观音信仰在中土传播、发展，中土信众又创造出各种各样、形貌各异的变形观音。特别是观音作为菩萨，本来是金刚身，应示现为男性，但在中国，大约从中唐开始观音形象逐渐女性化。到宋代，中国佛教的观音已转变为女相。观音示现为美妇人，突显出这位大慈大悲的神明温婉妩媚、亲切近人的性格。观音形貌如此变化无限,成为他最让人心仪、引人崇信的一个原因。

这样,中土观音信仰发挥了大乘佛教发展中形成的注重"现世利益"、祈求"他力救济"一派新的思想潮流,发展了中土传统缺乏的救济观念,树立起专司救苦救难的"观音菩萨"这一救济神明的典型。

<h1 style="text-align:center">三</h1>

如上所述,观音的名字最早出现在东汉末年支娄迦谶所出《无量寿经》初译《佛说无量清净平等觉经》里,作"庐楼亘菩萨",是音译。以后又以不同译名陆续出现在古译《维摩诘经》等经典中。但那些只是参与佛陀说法法会的成员,在列举菩萨名号时提出来的。这也表明,在印度早期大乘佛教里,观音是众多菩萨当中的一位。事实上直到后来,印度的观音信仰既没有取得汉传佛教里那样重要的地位,内容更没有在中国发展得那样丰富多彩。

中土的观音信仰有个长期、复杂的演化过程。早期流行的是主要以《法华经·普门品》为典据的救苦观音,这也确定了中土观音的基本性格。普门品观音就是所谓"正观音",贯穿中国观音信仰传播、发展的始终,显示其基本功德的也是救苦观音。这也体现中国观音信仰注重"现世利益"和"他力救济"的基本性格。

《法华经》是早期大乘佛教最重要的经典之一。其结集时间约在公元1世纪中期至2世纪中期,与在家信徒的活动特别是菩萨思想的兴盛、发展有相当密切的关系。像许多大部大乘经一样,它的结集有个过程,翻译成汉语又被重新编辑。《法华经》原典首先结集成的是自第一《序品》到第二十一《嘱累品》(这是按汉译原初状态的二十七品本,后人将南齐法献共达摩摩提(法意)所译《妙法莲华经·提婆达多品》编入为第十二品,成二十八品本,这样计算到《嘱累品》则是二十二品)。就是说,第二十二品以后的各品,包括编在第二十四品(中土通行本是第二十五品)的《观世音菩萨普门品》,是在前述主体部分结集以后陆续编入的①。这也就可以解释《法华经》阐发的思想观念前后各品之所以多有矛盾的原因。《法华经》的基本内容有三个方面:一是发展了大乘般若空观,阐明"空"为"诸法实相",即是佛的法身,也是永久的本佛,这是对大乘"空"观根本教理的发挥;二是阐发菩萨思想,宣扬修菩萨道、行菩萨行,这是实践大乘教理的方式与途径。在上述前二十一品中,大体以第十品《法师品》为界,分别侧重阐述这两方面内容。三是调和大、小乘各派教理而赞扬大乘,提出以实践菩萨行为核心来实现"三乘归一",这体现了大乘佛教发展中要求教理统一的新动向。《嘱累品》以后的各品内容相当庞杂。其中《观世音普门品》不论从思想观念看,还是从组织结构看,都不能与全经的基本思想相吻合,在许多方面甚至是与之相枘凿的。因此可以推断,《观世音普门品》本来是一部单行经典,是在《法华经》的主体部分集成以后附入其中的。因为活动在公元2、3世纪的印度论师龙树已引用过二十七品构成的《法华经》,可以推断这一品附入应在他之前,即可以确定《普门品》结集并编入《法华经》在2世纪之前。自19世纪末已在尼泊尔、克什米尔和中亚发现许多《法华经》梵语写本残卷,最早的有公元5、6世纪的。相对于那些原典尽失或逸存不多的经典,这给研究原典情况提供了实证材料。

　　在中国汉译《法华经》据传六出三存。三存的译本是:西晋竺法护《正法华经》十卷二十七品,太康七年(286)出;后秦鸠摩罗什《妙法莲华经》七卷二十七品,弘始八年(406)出;隋阇那崛多和达

①参阅田村芳朗《法華經》第43—56页,中央公论社,1974年。

摩笈多《添品妙法莲华经》七卷二十七品，仁寿元年（601）出。另有早期异译失译《萨昙分陀利经》，大约出在公元 220 年以前，内容相当于《见宝塔品》和《提婆达多品》的一部分。《开元释教录》载三个缺本，即《法华三昧经》六卷、《萨芸芬陀利经》六卷和《方等法华经》五卷①。但后人多以为记载出于误传。现存三个译本内容基本相同，通行的是什译本。应附带说明的是，几部重要大乘经在前人"旧译"后，玄奘又曾"新译"，而后世流行的却是"旧译"本。这和"旧译"早出，在教内、外已经熟悉有关；更主要的是"旧译"特别是什译文质相应，表达精粹流畅，而玄奘的"新译"虽然简洁精赅，却不便诵读。还有一点，什译为代表的"旧译"往往为适应中土人士思想观念，照顾中土传统思维方式和表达习惯，对原典内容和表述加以增删变动。这对于翻译来说是为取得"达"与"雅"的效果而忽略了"信"，但却又是让接受者更容易接受的权宜办法。实际这也成为佛教"中国化"的一种途径。

又后来传世什译本《法华经》加入了上述南齐法献共达摩摩提翻译的《菩提达多品》和玄奘译的《药王菩萨咒》，在《普门品》里加入了北周阇那崛多翻译的《普门品偈》，是为直到如今的通行本。本来《普门品》只有长行即散文叙述，隋译附入的《普门品偈》包含一些新的思想内容，这就不只是经文组织的变化了。增加这一部分反映了观音信仰的新发展，这在下面还将提到。

从前面的介绍中可以知道，在什译出现以前，观音信仰已经流行。当时依据的是竺法护译本。据现存资料，在东晋时，《正法华经》的《普门品》已经以《光世音经》的名目流通。有资料记载，晋孝武帝太元十一年（386），徐义为后燕慕容永所俘，以诵《观世音经》得脱。其时在罗什译《法华经》之前，《观世音经》名目应是后人改

①《开元释教录》卷二著录《萨昙分陀利经》注谓："旧录云《萨芸芬陀利经》，亦直云《分陀利经》，是《法华经》《宝塔》《天授》二品各少分异译。"《大正藏》第 55 卷第 501 页下。

动的①。又下面将介绍,在晋隆安三年(399)之前,已经有专门的观音灵验故事集——谢敷的《光世音应验记》,其时距离《正法华经》译出也只百年左右。这些都表明,《普门品》在《法华经》竺法护翻译之后的短时期已经作为单经流通。其后它一直继续作为单经在僧俗间流传,直到如今。

《普门品》观音信仰主要有三方面内容:

第一是"普门"救济。按中土人士的理解即普遍的救济。"普门",梵名是 Samanta-mukha,意思是"无量门",是说观音开无量门,现种种身,拔众生苦以成就菩提。这个词和观音另一个名号"十一面观音"相关联。十一面观音取义面向东、西、南、北、东北、东南、西北、西南、上、下十方,加上本来的一面,成十一面。具体形相则正三面慈悲面,左三面嗔怒面,右三狗牙上出面,后一暴恶大笑面,顶上佛面②。这也是观音无限救济能力的具象化,象征"菩萨于一切有情慈悲普遍"③。"普门"译语从竺法护开始使用,什译沿用下来。如果按汉语字面语义理解,"普"指遍,"门"指门户,"普门"就是遍及一切方面的门户。用来形容观音性格,表明观音实行救济的普遍性。天台智颛解释"普门"说:

①隋费长房《历代三宝记》卷六列举竺法护所出经:"《光世音经》一卷,用《正法华经》。"又参阅周一良《魏晋南北朝史札记·观世音经》,第114—115页,中华书局,1985年。据《出三藏记集》卷四,还有失译《光世音经》和《观世音经》各一卷,则单本《观音经》曾有多种流传。又《续高僧传》卷三《梁扬都庄严寺沙门释僧旻传》:"又尝于讲日谓众曰:'昔弥天释道安每讲于定坐后,常使都讲等为含灵转经三契,此事久废。既是前修胜业,欲屈大众各诵《观世音经》一遍。'于是合坐欣然,远近相习。尔后道俗舍物乞讲前诵经,由此始也。"《续高僧传》上册第158页,郭绍林点校,中华书局,2014年。僧旻是梁武帝宫廷名僧。这也是当时《观世音经》流行情形一例。

②关于"十一面观音"的起源还有别的说法,例如望月信亨《佛教大辞典》条目认为源自婆罗门教的"十一荒神",见下文。

③《大般若波罗蜜多经》卷四〇三《第二分观照品第三之二》,《大正藏》第7卷第16页中。

　　至理非数，赴缘利物，或作一二之名，或至无量，广略宜然。且存中适十义：一慈悲普，二弘誓普，三修行普，四断惑普，五入法门普，六神通普，七方便普，八说法普，九供养诸佛普，十成就众生普。上过途普门已约法竟，此十普门皆约修行，福德庄严。①

智𫖮在《妙法莲华经文句》里对于这"十法明普"有详细解说，文烦不具引②。这类解说当然不是"普门"原语本义，而是中土人士"理释"的发挥。中国佛教大师的这类理解，可以表明中土人士观音信仰的内容。

本品一开始，即是佛告无尽意菩萨（如上指出，竺法护译《光世音经》与什译《妙法莲华经》的《普门品》内容基本相同，以下引据通行本什译《普门品》，版本、页码不另注出）：

　　善男子，若有百千万亿众生，受诸苦恼，闻是观世音菩萨，一心称名，观世音菩萨即时观其音声，皆得解脱。

如上所说，从佛教发展看，佛陀在世时本来是反对使用咒术的。如此遇到任何苦难只要"一心称名"即得解脱，仿佛咒术，突显观音救济的普遍和全能。前面又已说过，按佛陀本来教法，他不是救世主，也没有"他力救济"的能力。后来大乘佛教发展了"本愿"思想，形成对于"他力救济"的信仰。如东汉支娄迦谶所出《道行般若经》提出五愿：即一、"令我刹中无有禽兽道"；二、"令我刹中无有盗贼"；三、"使我刹中皆有水浆，令我刹中人悉得萨芸若八味水"；四、"使我刹中终无谷贵，令我刹中人在所愿所索饮食悉在前，如忉利天上食饮"；五、"令我刹中无有恶岁疾疫者，必当降伏魔官属"③。

---

①《观音玄义》卷上，《大正藏》第 34 卷第 888 页上。
②《妙法莲华经文句》卷一〇下《释观世音菩萨普门品》，《大正藏》第 34 卷第 145 页中。
③《道行般若经》卷七，《大正藏》第 8 卷第 457 页下—458 页上。

这五项的内容又集中在"我刹"即"国土"上,即立下誓愿替众生建设清净美好的佛国土。西晋无罗叉出《放光般若经》扩展为二十八愿①。随着新的信仰潮流出现,又形成一批施行具体"救济"项目的菩萨。如著名的阿弥陀佛,是引导人到西方极乐世界的"接引佛";药师如来侧重"令诸疾病皆得除愈"②;地藏菩萨则能够令众生"超越四十劫生死重罪"③,救拔地狱之苦;等等。而观音的救济则侧重在现世苦难,而且是无条件的,遍及一切人、一切时、一切事。他作为菩萨,本是佛门弟子,却以佛陀所不具备的力量来实现佛陀拯救世人的理想,因而在与世人的关系上显得比佛陀更为亲近。这种性格特征,使他在众生心中争得相对于佛教诸佛、菩萨的更为优胜的地位,也发挥更为独特的作用,对于民众也就具有异常强大的吸引力。

《普门品》第二方面内容是观世音拔苦济难的现实性及其简易与方便。经中佛陀对无尽意具体说明观音解脱诸苦的具体内容:

> 若有持是观世音菩萨名者,设入大火,火不能烧,由是菩萨威神力故;若为大水所漂,称其名号,即得浅处;若有百千万亿众生为求金、银、琉璃、车渠、马瑙、珊瑚、虎珀、真珠等宝,入于大海,假使黑风吹其船舫,漂堕罗刹鬼国,其中若有乃至一人称观世音菩萨名者,是诸人等皆得解脱罗刹之难,以是因缘,名观世音;若复有人临当被害,称观世音菩萨名者,彼所持刀杖寻段段坏而得解脱;若三千大千国土满中夜叉、罗刹欲来

①详见无罗叉译《放光般若经》卷一三,第 8 卷第 92 页中—93 页下。
②帛尸梨蜜多罗译《佛说灌顶拔除过罪生死得脱经》,《大正藏》第 21 卷第 532页下。《药师经》不同译本文字不同。比较初译《佛说灌顶拔除过罪生死得脱经》和隋译《药师如来本愿经》,后出者显然文字更为明晰雅驯,更易于普及流通。
③实叉难陀译《地藏菩萨本愿经》卷下《称佛名号品第九》,《大正藏》第 13 卷第786 页上。

恼人,闻其称观世音菩萨名者,是诸恶鬼尚不能以恶眼视之,况复加害;设复有人,若有罪,若无罪,杻械枷锁检系其身,称观世音菩萨名者,皆悉断坏,即得解脱;若三千大千国土满中怨贼,有一商主将诸商人赍持重宝经过险路,其中一人作是唱言:"诸善男子,勿得恐怖,汝等应当一心称观世音菩萨名号,是菩萨能以无畏施于众生,汝等若称名者,于此怨贼当得解脱。"众商人闻,具发声言"南无观世音菩萨",称其名故,即得解脱。无尽意,观世音菩萨摩诃萨威神之力,巍巍如是。

以上是所谓"济七难",即遭遇水、火、罗刹、刀杖、恶鬼、枷锁、怨贼等灾难施与救济。接着又说:

若有众生多于淫欲,常念恭敬观世音菩萨,便得离欲;若多嗔恚,常念恭敬观世音菩萨,便得离嗔;若多愚痴,常念恭敬观世音菩萨,便得离痴。无尽意,观世音菩萨有如是等大威神力,多所饶益,是故众生常应心念。

这是所谓"离三毒":贪、嗔、痴。这三者佛法指为"根本烦恼",是作为轮回流转总根源"无明"的具体表现。再接下来又说:

若有女人设欲求男,礼拜供养观世音菩萨,便生福德智慧之男;设欲求女,便生端正有相之女。宿植德本,众人爱敬。无尽意,观世音菩萨有如是力,若有众生恭敬礼拜观世音菩萨,福不唐捐,是故众生皆应受持观世音菩萨名号。

这是所谓"满二求":求男得男,求女得女。

这些救济功德,遍及宗教修持和现实生活的方方面面,又是以现世利益为首位的,即以"救"现世之"苦"为主要内容;"离三毒"是抽象的宗教修持目标,排在次要位置;"满二求"十分适应中国宗法传宗接代观念,后来观音在中土被当作"送子"的生育之神而受到欢迎。救苦的七项(或加上"风",八项)内容实际只是灾难的举例。

不过这七个方面又确实是世人经常面临的灾害。其中有自然灾害
大水、大火；有当时人迷信的罗刹、恶鬼；而更重要的是社会灾难，
刀杖、枷锁是统治者加给民众的，怨贼是社会环境造成的。又，从
"救七难""离三毒""满二求"整体内容分析，观音施与救济的项目
列在前面的不是宗教的解脱，而是纾解现实中面临的患难；即不是
重在救济人的灵魂，而是保障人的生存活路；不是应许来世的美好
前景，而是给人以现世福利；不是让人得到虚幻的许诺和慰藉，而
是立即施与捷如影响的实际救济。而且这种"他力救济"和"现世
利益"又是遍及一切人、没有等差的。按中国传统，《左传》上说：
"神不歆非类，民不祀非族。"①孔子也说："非其鬼而祭之，谄也。"②
在严格的等级制度下，祭祀鬼神是有等级的，寻求鬼神的护佑当然
也是有等级的。观音这种普遍的救济观念与实践必然受到处在水
深火热之中的困苦无告的民众的欢迎。

后来附入的北周阇那崛多所译《普门品偈》对于观音救济思想
又有发挥，偈文如下：

世尊妙相具，我今重问彼，佛子何因缘，名为观世音？具
足妙相尊，偈答无尽意：

汝听观音行，善应诸方所。弘誓深如海，历劫不思议，侍
多千亿佛，发大清净愿。我为汝略说，闻名及见身，心念不空
过，能灭诸有苦。

假使兴害意，推落大火坑，念彼观音力，火坑变成池；或飘流
巨海，龙鱼诸鬼难，念彼观音力，波浪不能没；或在须弥峰，为人
所推堕，念彼观音力，如日虚空住；或为恶人逐，堕落金刚山，念
彼观音力，不能损一毛；或值怨贼绕，各执刀加害，念彼观音力，
咸即起慈心；或遭王难苦，临刑欲寿终，念彼观音力，刀寻段段

---

① 《春秋左传注·僖公十年》（修订本）第 1 册第 334 页。
② 《论语注疏》卷二《为政第二》，《十三经注疏》下册第 2463 页。

坏;或囚禁枷锁,手足被杻械,念彼观音力,释然得解脱;咒诅诸
毒药,所欲害身者,念彼观音力,还著于本人;或遇恶罗刹,毒龙
诸鬼等,念彼观音力,时悉不敢害;若恶兽围绕,利牙爪可怖,念彼
观音力,疾走无边方;蚖蛇及蝮蝎,气毒烟火燃,念彼观音力,寻声
自回去;云雷鼓掣电,降雹澍大雨,念彼观音力,应时得消散。

　　众生被困厄,无量苦逼身,观音妙智力,能救世间苦。具足
神通力,广修智方便,十方诸国土,无刹不现身。种种诸恶趣,地
狱鬼畜生,生老病死苦,以渐悉令灭。真观清净观,广大智慧观,
悲观及慈观,常愿常瞻仰。无垢清净光,慧日破诸暗,能伏灾风
火,普明照世间。悲体戒雷震,慈意妙大云,澍甘露法雨,灭除烦
恼焰。诤讼经官处,怖畏军阵中,念彼观音力,众冤悉退散。

　　妙音观世音,梵音海潮音,胜彼世间音,是故须常念。念
念勿生疑,观世音净圣,于苦恼死厄,能为作依怙。具一切功
德,慈眼视众生,福聚海无量,是故应顶礼。

在佛典里偈颂一般是重述前面散体长行的。但这段偈文为后来附
入,内容与前面长行有所不同。偈文中间济难部分发展为十二难,
后面总结部分首先强调"众生被困厄,无量苦逼身,观音妙智力,能
救世间苦",对于长行里的"离三毒"则只用"灭除烦恼焰"一句概
括。这样就更加突出了观音的"救苦"功德,更明确地体现中土观
音信仰的侧重点和实际需求。还有一点值得注意,就是偈文里不
断重复"念彼观音力",突出"念"的意义。辛嶋静志指出长行里的
"声、音"与偈颂里的"念"二者语义是不同的。形成这种分歧的原
因,他根据现存写本残卷加以分析,认为偈颂原典应是更早形成
的。北印犍陀罗语 Avalokiteśvara 里的 svara(声、音)由梵语的
smara(念)转化而来,兼有"声、音"和"念"两个意思①。这样,偈颂

──────────

① 参阅辛嶋静志《〈法华经〉的文献学研究——观音的语义解释》,《中华文史论
　丛》2009 年第 3 期。

里不断重复"念"观音，观念上就是与长行强调观音的"观"世音不同的。而早自僧肇（384—414）《维摩经注》"观世音菩萨"一语已经说到：

> 世有危难，称名自归，菩萨观其声音即得解脱也。亦名观世念，亦名观自在也。[1]

可能鸠摩罗什当初翻译《法华经》，已经认识到 Avalokitesvara 兼有"见声者"和"见念者"两种含义。而偈颂里重复"念"观音，在观音与众生的关系中，显然更突出了祈救者这一方面的作用，更注重信仰者诵念的效应。这长远地影响了中土观音信仰发展的形态，也推动中国佛教称名念佛仪轨的形成和流行。所以在《法华经》的《普门品》里附入这个偈，不是无谓的重复，是具有一定意义又发挥了重大实际影响的。

第三是化身示现，即观世音施设方便，以三十三化身为众生说法。这三十三化身是：佛身、辟支佛身、声闻身、梵王身、帝释身、自在天身、大自在天身、天大将军身、毗沙门身、小王身、长者身、居士身、宰官身、婆罗门身、比丘身、比丘尼身、优婆塞身、优婆夷身、长者妇女身、居士妇女身、宰官妇女身、婆罗门妇女身、童男身、童女身、天身、龙身、夜叉身、乾闼婆身、阿修罗身、迦楼罗身、紧那罗身、摩睺罗身、执金刚神身等。如上指出，这是大乘佛教化身观念的具体发挥，充分显示了观音的神变与方便。实际上三十三身也只是列举例子。如经文中佛所说：

> ……是观世音菩萨成就如是功德，以种种形游诸国土，度脱众生，是故汝等应当一心供养观世音菩萨。是观世音菩萨摩诃萨于怖畏急难之中，能施无畏，是故此娑婆世界皆号之为施无畏者。

---

[1] 僧肇等注《注维摩诘所说经》第 10 页下，上海古籍出版社，1990 年。

这样，"三十三化身"的真实意义在于表明观音的遍在和无畏。他可以示现为各种各样的"人物"：从佛到夜叉，从国王到居士，从男人到女人；他可以任意地出入世间；他在任何环境下都无所畏惧。特别是观音可以降化为普通人，即他可以平常人的身份，在普通人中间施行救济；他又可以现为女身，这在佛教里更是大胆的设想。《法华经》里宣扬"变成男子"之说，即女人修道得果必须先变成男子，这显然是一种轻视女人的观念的反映。而《普门品》里的观音却可以化为女身，即是显化为女人的菩萨。这也反映本经形成时期女性信徒势力的扩大，也为后来中土观音演变为女相提供了依据。还应当联想到，道教把神仙分类，有所谓"天仙""地仙""谪仙""尸解仙"之说。地仙和谪仙都活动在人间，形貌和普通人无异。这也是宗教信仰普及到现实人生的体现。观音化身设想也有同样的意味。

《普门品》观音以慈悲、救济与神通为特征，确定了中土流行的观音的基本品格。普门品观音被称为"救苦观音"。后来中土佛教里观音信仰大发展，出现形貌、功德多种多样的观音，信仰的内容和形式也变化多端，但"救苦"始终是观音信仰的核心内容。

赞扬观音的重要经典还有《华严经》的最后一品《入法界品》（"法界"的本义指宇宙万有一切事物；《入法界品》的法界特指"一真法界"，即"真如""诸法实相""法身"境界，成佛的境界）。《华严经》也是早期大乘佛教重要经典之一。它原本是一系列独立的经典，今传本应是公元 4 世纪在中亚结集成的。其中层次最古老的是阐述菩萨修行次第的《十地品》，形成年代约在公元 1—2 世纪，今存梵本原典。同样佚存的还有下面将要讲到的《入法界品》。此经初译为佛陀跋陀罗于义熙十四年（418）至元熙二年（420）所出，五（六）十卷三十四品，俗称"六十《华严》"。其中的第八会《入法界品》梵文原典就称作《华严经》，是该经里内容极其丰富又具有戏剧性的部分之一。其中叙说善财童子在文殊指引下访问五十三位

"善知识",参问"云何学菩萨行,云何求菩萨道",证入法界。这些"善知识"中不只有菩萨,还有比丘、比丘尼、少年、少女、医师、长者、船夫、神明、仙人、外道、婆罗门等各色人物,表明求菩萨道是没有教派、等级的界限的。因为菩萨道不是超脱于现世之外,就在现实的人生践履之中。这充分体现了大乘佛教弘通、开放的性格。这些"善知识"在与善财童子的对谈中分别对大乘菩萨思想作了生动、具体的发挥。善财童子本人在艰苦求道的历程中表现出聪慧、谦恭、不畏艰难、持之以恒的虔诚求道者的个性,也突显出了大乘佛教重视现世、重视人生的精神。这一品经文笔优美,叙说曲折而有情致,被比拟为基督教文学经典杰作英格兰人约翰·班扬(John Bunyan)的《天路历程》(*The Pilgrim's Progress*)。

善财童子依次参访,从长者教,来到第二十八位"善知识"即观世音菩萨住处的"光明山",即"补陀洛迦山"。善财童子"渐渐游行,至光明山。登彼山上,周遍推求,见观世音菩萨住山西阿,处处皆有流泉、浴池,林木郁茂,地草柔软,结跏趺坐金刚宝座,无量菩萨恭敬围绕,而为演说大慈悲经,普摄众生。见已,欢喜踊跃,不能自胜,合掌谛观,目不暂瞬……头面礼足,绕无数匝,恭敬合掌,于一面住,白言:'大圣!我已先发阿耨多罗三藐三菩提心,而未知菩萨云何学菩萨行、修菩萨道?'"观世音答复说:

> 善哉,善哉,善男子!乃能发阿耨多罗三藐三菩提心。善男子,我已成就大悲法门光明之行,教化成就一切众生,常于一切诸佛所住,随所应化,普现其前。或以慧施摄取众生,乃至同事摄取众生,显现妙身不思议色摄取众生,放火光网除灭众生诸烦恼热,出微妙音而化度之。威仪说法,神力自在,方便觉悟,显变化身,现同类身,乃至同止摄取众生。善男子,我行大悲法门光明行时,发弘誓愿,名曰摄取一切众生,欲令一切离险道恐怖,热恼恐怖,愚痴恐怖,系缚恐怖,杀害恐怖,贫穷恐怖,不活恐怖,诤讼恐怖,大众恐怖,死恐怖,恶道恐怖,诸

趣恐怖,不同意恐怖,爱不爱恐怖,一切恶恐怖,逼迫身恐怖,逼迫心恐怖,愁爱恐怖。复次,善男子,我出生现在正念法门,名字轮法门故,出现一切众生等身,种种方便,随其所应,除灭恐怖而为说法,令发阿耨多罗三藐三菩提心,得不退转,未曾失时……①

　　这里所说的"大悲法门",主要是"摄取众生"。所谓"摄取",意指以慈悲心实施救度。"摄取众生"的目的,则是使众生脱离十八种"恐怖"一切诸苦,其实施方式则是利用"种种方便","神通自在"地"显变化身"。这是与《普门品》观音的品格与功德相一致的,只是说明上没有展开而已。这里的观音形象应是按《普门品》观音加以描绘的。这种描述体现了《入法界品》菩萨思想的总体精神,而这种精神又是和他作为大乘济度观念体现者的性格相一致的。

　　中土观音信仰的另一部重要经典是《楞严经》,全称《大佛顶如来密因修证了义诸菩萨万行首楞严经》,又名《中印度那烂陀大道场经》。前面已提到过,这是属于秘密部的经典,据传为唐中宗神龙元年(705)般刺密帝所出。但唐智昇《开元释教录》关于它的记载已有违异②,加之其内容和一般译籍所述多有矛盾,所以它是否外来译籍抑或中土所造,自古以来即多有疑问。但宋代以后它特别受到重视,佛门所作疏释众多,又广泛流行于僧、俗之间,影响深远。译经史上的所谓真伪之辨,所争集中在是否外来经典的译本。就《首楞严经》这类经典而言(重要的还有《大乘起信论》《圆觉经》

──────────

① 《大方广佛华严经》卷五一《入法界品第三十四之八》,《大正藏》第9卷第718页上—中。

② 《开元释教录》卷九:"《大佛顶如来密因修证了义诸菩萨万行首楞严经》十卷右一部十卷。其本见在。沙门释怀迪,循州人也,住本州罗浮山南楼寺。其山乃仙圣游居之处,迪久习经论,多所该博……后因游广府,遇一梵僧(未得其名),赍梵经一夹,请共译之。勒成十卷,即《大佛顶万行首楞严经》是也。"《大正藏》第55卷第571页下。

等),不论是否翻译的外来"真经",它们在中国佛教中流传广远,影响巨大,占有重要地位,作为汉传佛教的重要经典是毋庸置疑的。

该经第五卷里佛问诸大菩萨和罗汉:"最初发心悟十八界,谁为圆通?从何方便入三摩地?"①性体周遍为"圆",妙用无碍为"通",这里问的"圆通"指妙智所证无碍、周遍的真理;"三摩地",已见前文,又译作"三昧",意译为"正定"。憍陈如等声闻弟子和大菩萨各说当初得道的方便以显圆通,共二十四种;第六卷里观世音接着说:

> 世尊,忆念我昔无数恒河沙劫,于时有佛出现于世,名观世音。我于彼佛发菩提心,彼佛教我从闻、思、修入三摩地。……十方圆明,获二殊胜:一者上合十方诸佛本妙觉心,与佛如来同一慈力;二者下合十方一切六道众生,与诸众生同一悲仰。世尊,由我供养观音如来,蒙彼如来授我如幻闻熏闻修金刚三昧。与佛如来同一慈力故,令我身成三十二应,入诸国土。

这里所谓"二殊胜",即上同于佛心,下同于众生心,突出体现观音作为佛与众生的中介和桥梁的特征。这也被看作是他特殊功德与威力之所在。以下接着说他"说法"的三十二应身,大体同于《普门品》的三十三身,即佛身、独觉身、缘觉身、声闻身、梵王身、帝释身、自在天身、大自在天身、天大将军身、四天王身、四天王国太子身、人王身、长者身、居士身、宰官身、婆罗门身、比丘身、比丘尼身、优婆塞身、优婆夷身、女主身及国夫人命妇大家、童男身、童女身、天身、龙身、药叉身、乾闼婆身、阿修罗身、紧陀罗身、摩呼罗伽身、人身,最后一位是"若诸非人,有形无形,有想无想,乐度其伦,我于彼前,皆现其身"。这就是所谓"妙净三十二应入国土身,皆以三昧闻熏闻修,无作妙力,自在成就"。"圆通"的体现则是十四种"施无畏力":

①《大佛顶如来密因修证了义诸菩萨万行首楞严经》卷五,《大正藏》第19卷第125页下。

一者由我不自观音,以观观者,令彼十方苦恼众生,观其声音,即得解脱;二者知见旋复,令诸众生,设入大火,火不能烧;三者观听旋复,令诸众生,大水所漂,水不能溺;四者断灭妄想,心无杀害,令诸众生,入诸鬼国,鬼不能害;五者薰闻成闻,六根销复,同于声听,能令众生,临当被害,刀段段坏,使其兵戈,犹如割水,亦如吹光,性无摇动;六者闻薰精明,明遍法界,则诸幽暗性不能全,能令众生,药叉、罗刹、鸠槃茶鬼,及毗舍遮、富单那等,虽近其旁,目不能视;七者音性圆销,观听反入,离诸尘妄,能令众生,禁系枷锁,所不能著;八者灭圆音闻,遍生慈力,能令众生,经过险路,贼不能劫;九者薰闻离尘,色不能劫,能令一切多淫众生,远离贪欲;十者纯音无尘,根境圆融,无对所对,能令一切忿恨众生,离诸嗔恚;十一者销尘旋明,法界身心,犹如瑠璃,朗彻无碍,能令一切昏钝性障,诸阿颠迦,永离痴暗;十二者融形复闻,不动道场,涉入世间,不坏世界,能遍十方供养微尘诸佛如来,各各佛边为法王子,能令法界无子众生,欲求男者,诞生福德智慧之男;十三者六根圆通,明照无二,含十方界,立大圆镜,空如来藏,承顺十方如来秘密法门,受领无失,能令法界无子众生,欲求女者,诞生端正福德柔顺众人爱敬有相之女;十四者,此三千大千世界,百亿日月,现住世间诸法王子,有六十二恒河沙数,修法垂范,教化众生,随顺众生,方便智慧,各各不同,由我所得圆通本根发妙耳门,然后身心微妙含容,周遍法界,能令众生,与彼共持六十二恒河沙诸法王子,二人福德,正等无异。世尊,我一名号,与彼众多名号无异。由我修习,得真圆通,是名十四施无畏力,福备众生。①

————————————

①《大佛顶如来密因修证了义诸菩萨万行首楞严经》卷六,《大正藏》第19卷第128页中—第129页下。

这十四种无畏功德所包含的内容也和《普门品》的"救七难""离三毒""满二求"大体一致,但救济的事项更加丰富和细致了。接着又说由于获此"圆通",修证无上道,获四种不思议无作妙德:第一种是因为成就了"圆融清净宝觉",所以"能现众多妙容,能说无边秘密神咒";二是"能现一一形,诵一一咒,其形其咒,能以无畏施诸众生"。这两方面实指密教变形观音的功德。三是令众生舍身珍宝,求我哀愍;四是"我得佛心,证于究竟,能令珍宝种种供养十方如来,旁及法界六道众生,求妻得妻,求子得子,求三昧得三昧,求长寿得长寿,如是乃至求大涅槃得大涅槃"。总之,有求必应,所求必得。观世音最后总结说:

> 佛问圆通,我从耳门圆照三昧,缘心自在,因入流相,得三摩提,成就菩提,斯为第一。世尊,彼佛如来叹我善得圆通法门,于大会中,授记我为观世音号,由我观听十方圆明,故观音名遍十方界。

这是观音名号之由来与意义的又一种解释。然后文殊以偈赞叹,结论说:"成就涅槃心,观世音为最。自余诸方便,皆是佛威神。"最后佛告阿难,说四种律仪,令离禅魔淫、杀、盗、妄,"若诸比丘心如直弦,一切真实,入三摩提,永无魔事,我印是人成就菩萨无上知觉。如我是说,名为佛说,不如此说,即波旬说"。

这就是所谓观世音"耳根圆通"法门。"圆通"在中土典籍本来就有。唐姚思廉《梁书》形容道士陶弘景(456—536)说"弘景为人,圆通谦谨,出处冥会,心如明镜,遇物便了,言无烦舛"[1]。在《首楞严经》里,"圆通"则被赋予"圆满无碍"、至高无上的殊胜意味。在后世的理解里,则"耳根圆通,五根总摄,称可诸佛,说、证皆同"[2],被看作是总括佛法的法门,专门用以形容观音神通广大。普陀山

---

[1]《梁书》卷五一《陶弘景传》,第 743 页。
[2] 子璇《首楞严义疏注经》卷六,《大正藏》第 39 卷第 907 页中。

普济寺供奉观音的殿堂称"大圆通殿",其布置按《楞严经》所述法会,排列憍陈如等为"二十四圆通",分立左右,而以观音为主尊。各地供奉观音的殿堂也建有类似的圆通殿。

又《般若波罗蜜多心经》,简称《心经》,流行的是玄奘译本①。如前所说,《般若经》是公元纪元前后大乘佛教形成初期的经典,阐发诸法性空的基本教理,有长短不同的文本,形成庞大的经典群,自东汉末中土早期译经,诸多不同文本先后传译。《心经》一卷,玄奘译本只二百六十个字,是大本《般若经》的提要。这部经采取"新译""观自在"对"舍利子"(旧译"舍利弗")说法的形式,开头说:"观自在菩萨,行深般若波罗蜜多时,照见五蕴皆空,度一切苦厄。"②接下来则阐述"般若空"原理,与一般的观音信仰内容无关。这部简短的经典后来成为僧俗信众的日课,其中观音代替佛陀作为说法者,极大地提升了观音的地位。就观音信仰的传播说,影响是相当巨大的。

这样,《普门品》以下以救苦救难为核心内容的观音,体现中土观音这一神明的主要性格。"救苦观音"也称"正观音""圣观音"。

四

前面已经提到,汉传佛教里有多种多样的观音,其中十分重要的还有净土观音。特别是隋唐以降,净土法门盛行,观音作为西方阿弥陀佛胁侍,成为与救苦观音并列的净土接引菩萨。同一位神格,成为两种截然不同的信仰的载体,能够同样被接受,正体现中

---

① 这部经旧译有《摩诃般若波罗蜜大明咒经》,题鸠摩罗什译。本来《出三藏记集》、隋《法经录》均作"失译",《开元释教录》始作什译。又玄奘之后所出异译多种,今存六种。

② 玄奘译《般若波罗蜜多心经》,《大正藏》第8卷第848页下。

土民众宗教信仰包容开放的性格。

　　印度佛教中的净土思想，是大乘佛教新兴起的信仰潮流。大乘佛教发展中先后分化，出现两种潮流声势巨大。一种潮流注重基本教理的研究与发挥。公元纪元前后早期大乘结集起《般若经》群，发挥"般若"思想，其核心内容是把原始佛教的"人我空"发展为"我、法两空"，构建完成佛教世界观的理论体系。本来作为宗教核心的是绝对的、先验的信仰，这种基本是诉诸理性思辨的教理探讨，消减了宗教的神秘性。另一种潮流是重现世、重人生的居士思想。这是随着信众中居士阶层势力的扩大发展起来的。居士思想把佛陀教理向现实化、世俗化的方向发展。集中体现居士思想的经典《维摩经》里说"烦恼即菩提""众生即净土"，做比喻说"譬如高原陆地不生莲华，卑湿淤泥乃生此华；如是，见无为法入正位者，终不复能生于佛法，烦恼泥中乃有众生起佛法耳"①。这类说法相当程度上消减了佛教基本教义的厌世、悲观倾向。这两种潮流把佛教的神秘性降低了，与之相并立，也可说是对它们的反动，西方净土信仰形成，鼓动起具有更浓厚的信仰内涵的另一个潮流。关于净土信仰的形成及其意义，后面有专章介绍。

　　根据大乘佛教的"佛身论"和"佛土论"，三世十方有无量无数的佛，他们都有自己的清净佛国土。佛陀示现在人类生存的"五浊世界"，教导人成就佛果，这是所谓"秽土成佛"（"秽土"，是说人们居住的尘世浑浊不净，有所谓劫浊、见浊、烦恼浊、众生浊和命浊"五浊"，又称为"五浊恶世"）说。净土信仰则另有主张，引导众生经过修行往生诸佛的清净佛土。这对于信仰者来说乃是此方"秽土"之外的无限庄严美好、幸福美满的世界。这就是所谓"净土成佛"说。这是大乘佛教发展中形成的新的信仰潮流。中土最初翻译的净土经典汉末支娄迦谶所出《阿閦佛国经》，描述的是东方妙

————————

① 《维摩诘所说经》卷上《佛道品第八》，《大正藏》第 14 卷第 549 页中。

喜国不动如来的阿閦佛国土，又被称为莲花藏净土。具体阐发与观音信仰密切关联的西方净土信仰的，有《无量寿经》《阿弥陀经》和《观无量寿经》即是后来所说的"净土三部经"，也是中国广为流行的净土经典①。中土净土信仰对民众影响巨大的，还有兜率天的弥勒净土。

净土思想有着复杂的内容，在中土传播中又经过了长期、复杂的发展过程。早在后汉灵帝光和二年（179）支娄迦谶曾翻译《般舟三昧经》，宣扬作为大乘禅观一种的"观佛"思想。所谓"般舟三昧"，意即"佛立现前三昧"。经中说"佛告颰陀和菩萨……其有比丘、比丘尼、优婆塞、优婆夷，持戒完具，独一处止，心念阿弥陀佛……若一昼夜，若七日七夜，过七日以后见阿弥陀佛。于觉不见，于梦中见之"，而"颰陀和菩萨于是间国土，闻阿弥陀佛，数数念。用是念故，见阿弥陀佛。见佛已，从问'当持何等法生阿弥陀佛国？'尔时阿弥陀佛语是菩萨言：'欲来生我国者，常念我数数。常当守念，莫有休息，如是得来生我国。'佛言：'是菩萨用是念佛故，当得生阿弥陀佛国……'"②。这里说的是"观想念佛"修持法门，观想的净土则是禅观境界的"唯心净土"。这种"唯心净土"观念后来在中国佛教发展史上产生相当大的影响。例如著名的慧远集合僧俗在庐山结莲社就是实践这种观念的。对于普通民众来说，这种净土是过于玄虚了。中土传统意识的重要特点之一就是强烈的执着现实的性格，人们寻求的是更加实在的往生之地。因此另外一种在现实"秽土"之外的更实在的清净佛国土即所谓"有相净土"受到广泛欢迎。应当注意的是，在外来的佛教原典里，只有"清净的佛国土"（"清净"作为佛土的修饰语）和"使佛国土清

---

① 参阅前引藤田宏达《原始淨土思想の研究》第一章《淨土經典と關係資料》，第 11—164 页。

② 支娄迦谶译《般舟三昧经》卷上《行品第二》，《大正藏》第 13 卷第 904 页中—第 905 页中。

净"(这是动宾结构)的说法,并没有与"净土"相对应的一个专门名词①。"净土"作为确定概念,具体指称一方"土地",是在中土佛教发展中定型的。从而又引申出"净土主""净土门"等概念,以至创造出"净土"法门、"净土宗""净土教"等教派。一般中土民众观念中的"净土",基本是这种实存、"有相"的净土;净土观音则是和阿弥陀佛一起主宰西方净土的菩萨。

据经录所传,《无量寿经》十二译,五存七缺。现在流行的最早译本旧说以为是魏嘉平四年(252)康僧铠所出。据该本译语考察,或以为应出于晋代的宝云或竺法护,学术界尚无定论。另外两个早期译本,题东汉支娄迦谶译《无量清净平等觉经》和题吴支谦译《阿弥陀三耶三佛萨楼佛檀过度人道经》,所出年代则应更在其后②。本经的主要内容是叙述过去自在王时,有一国王闻佛法出家,号法藏,发无上道心,五劫思维,立下庄严国土、利乐众生的四十八大愿③。这些菩萨救世本愿的中心内容是如果不成功救度世人,天下六道不全都成就佛果,自己则不取正觉。这是菩萨济世本愿的集中体现。法藏累积德行,终于在十劫前成佛,号"无量寿",成就

①参阅藤田宏达《原始浄土思想の研究》第五章第三节《極樂浄土の思想的意义》,第506—516页。

②《无量寿经》异译有《无量清净平等觉经》,《开元录》题支娄迦谶译,如属实所出年代应在魏译之前,但据考或以为是魏帛延或晋竺法护译;另一异译吴支谦《阿弥陀三耶三佛萨楼佛檀过度人道经》(又称《大阿弥陀经》),大体应和所传魏译同时。参阅中国佛教协会编《中国佛教》(三)高观如《阿弥陀经》条,第46—47页。又《无量寿经》及其异译《平等觉经》《大阿弥陀经》均有"五恶段"(即舍五恶,行五善)、鬼神加护、延寿增算等属于中国传统儒家和道教的观念,而"五恶段"文,在后来译本《大宝积经·无量寿如来会》《大乘无量寿庄严经》以及现存梵本、藏译里均无,学术界以为是译出时所增饰。参阅望月信亨《佛教经典成立史論》第400页,法藏馆,1978年。

③汉译诸异本愿数不同,《无量清净平等觉经》和《阿弥陀三耶三佛萨楼佛檀过度人道经》二十四愿,《大宝积经》卷一七《无量寿如来会》四十八愿,反映原典形成过程中愿数随之增多。

无量功德庄严的安乐净土。这个国土"去此十万亿刹,其佛世界名曰安乐……其佛国土自然七宝、金银、琉璃、琥珀、车渠、玛瑙合成,为地恢廓旷荡,不可限极,悉相杂厕,转相入间,光赫焜耀,微妙奇丽,清净庄严,超逾十方一切世界……",众生修道者可分上、中、下辈往生彼国。国中菩萨均得为"一生补处",而其中以观音和势至最为上首:

> 佛告阿难:"彼国菩萨皆当究竟一生补处,除其本愿,为众生故,以弘誓愿而自庄严,普欲度脱一切众生。阿难,彼佛国中诸声闻众,身光一寻,菩萨光明照百由旬。有二菩萨最尊第一,威神光明,普照三千大千世界。"阿难白佛:"彼二菩萨,其号云何?"佛言:"一名观世音,一名大势至。是二菩萨于此国土修菩萨行,命终转化,生彼国土……"①

所谓"一生补处",意谓菩萨已处在佛的候补位置。正如释迦牟尼成佛,弥勒菩萨是他的候补,观世音则是阿弥陀佛的候补。但按此经里的说法,他实则又是身处佛国土之中的菩萨。这显然和原来菩萨"一生补处"的本愿理想并不一致。菩萨本来应是在"秽土"实现其救世弘愿的。这显示《无量寿经》的"净土成佛"观念已在向出世的宗教理想发展。

　　"净土三经"中的《阿弥陀经》主要描绘西方净土的美妙景象,其中没有表现观音。更为集中、在中土观音信仰中影响更为重大的净土经典是《观无量寿经》,一般认为这部经为刘宋畺良耶舍于元嘉年中(424—442)在建业(今江苏南京市)钟山道林精舍接受文帝敕命所出②。这是一部表现观佛思想的经典。如前所述,《般舟三昧经》宣扬观想念佛的"禅观",在其所举出的观想诸佛中,已经

---

①《佛说无量寿经》卷下,《大正藏》第 12 卷第 270 页上—273 页中。
②关于《观无量寿经》所出,学术界有不同看法。早自僧祐的《出三藏记集》就没有把这部经列入畺良耶舍译籍而归入"失译",甚至有人认为是中土撰述,但这部经在中土净土信仰传播中的地位和作用是没有疑问的。

有阿弥陀佛,表明该经是阿弥陀佛的崇拜者结集起来的。但其中还没有提到观音。结集成《观无量寿经》的 4 世纪,已是观音信仰流行的时候,所以观音被融摄而成为其中的重要神明之一。这部经的缘起是一个凄婉动人的故事,说阿阇世王原本是摩竭陀国太子,听信佛的堂兄也是佛的叛逆者提婆达多的挑唆,把父王频婆娑罗幽禁在七重室内;他的母亲韦提希夫人以苏蜜揣和麦麨(炒面)涂在身上,又用璎珞盛葡萄浆蜜,趁探访时送给国王吃,使国王得以存活;后来被阿阇世发现,囚禁了夫人;夫人忧愁憔悴,生厌离心,遥礼耆阇崛山,向佛祈祷;佛陀与目犍连、阿难现身王宫,韦提希表示志愿往生阿弥陀佛极乐世界,她就是这部经听佛说法的对象。韦提希闻佛说法,欢喜悟解,得无生法忍("无生法忍"又称"无生忍""无生忍法",指对"无生无灭"这一基本教理的体悟)。这个韦提希夫人拯救丈夫的故事十分生动感人。其中描绘韦提希夫人形象,不但写出她求道的热心和执着,更表现她作为妻子的忠贞、智慧、坚强、刚烈,从而树立一个女子诚挚求道的典范。佛陀向韦提希夫人宣说西方极乐净土的无限庄严美好,并具体述说以定心观察阿弥陀佛及观音、势至及其极乐净土庄严的观法,概括为十六观。在第七观"花座观"里,"无量寿佛住立空中,观世音、大势至是二大士侍立左右,光明炽盛,不可具见,百千阎浮檀金色不可为比"。这样,观音和势至就明确地作为阿弥陀佛的胁侍出现,这成为他们后世被并列为"西方三圣"的典据。第八"像观"里佛告阿难及韦提希说:

　　……次当想佛。所以者何?诸佛如来是法界身,遍入一切众生心想中,是故汝等心想佛时,是心即是三十二相、八十随形好,是心作佛,是心是佛,诸佛正遍知海从心想生。是故当知,一心系念,谛观彼佛多陀阿伽阿罗呵三藐三佛陀。想彼佛者,当先想像,闭目开目,见一宝像,如阎浮檀金色,坐彼华上……见此事已,复当更作一大莲华在佛左边,如前莲华等无有异。复作一大莲华在佛右边，想一观世音菩萨像坐左华座，亦放金光如前无异，想一大势至菩萨坐右华座。此想成时，佛、菩萨像皆放妙光，其光金色，照诸宝树，一一树下亦有三莲华，诸莲华上各有一佛、二菩萨像，遍满彼国。此想成时，行者当闻水流、光明及诸宝树、凫雁、鸳鸯皆说妙法，出定入定，恒闻妙法。行者所闻出定之时，忆持不舍，令与修多罗合。若不合者，名为妄想。若与合者，名为粗想，见极乐世界。是为想像，名第八观。作是观者，除无量亿劫生死之罪，于现身中得念佛三昧。

这里具体说明观想"三圣"的功德利益。到第十"观音观"则更进一步观观音真实色相，对观音形象具体加以描绘：

佛告阿难及韦提希："见无量寿佛了了分明已，次亦应当观观世音菩萨。此菩萨身长八十亿那由他恒河沙由旬，身紫金色，顶有肉髻，项有圆光，面各百千由旬。其圆光中有五百化佛，如释迦牟尼。一一化佛有五百菩萨、无量诸天以为侍者。举身光中，五道众生、一切色相，皆于中现。顶上毗楞伽摩尼妙宝以为天冠，其天冠中有一立化佛，高二十五由旬。观世音菩萨面如阎浮檀金色，眉间毫相备七宝色，流出八万四千种光明，一一光明有无量无数百千化佛，一一化佛无数化菩萨以为侍者，变现自在，满十方界。譬如红莲花色有八十亿微妙光明以为璎珞，其璎珞中普现一切诸庄严事。手掌作五百亿杂莲花色，手十指端一一指端有八万四千画，犹如印文；一一画有八万四千色；一一色有八万四千光，其光柔软，普照一切。以此宝手，接引众生。举足时足下有千辐轮相，自然化成五百亿光明台；下足时有金刚摩尼花，布散一切，莫不弥满。其余身相众好具足，如佛无异。惟顶上肉髻及无见顶相不及世尊。是为观观世音菩萨真实色身想，名第十观。"

佛告阿难:"若欲观观世音菩萨,当作是观。作是观者,不
遇诸祸,净除业障,除无数劫生死之罪。如此,菩萨但闻其名,
获无量福,何况谛观!若有欲观观世音菩萨者,当先观顶上肉
髻,次观天冠。其余众相亦次第观之,悉令明了,如观掌中。
作是观者,名为正观。若他观者,名为邪观。"①

这样极尽夸饰地描绘了观音的庄严美好的色相,并说这就是他的
"真实身相"。佛陀有三十二相,而在观音的诸多相好庄严中,只有
"顶上肉髻"和"无见顶相"两项不及佛陀。这就从形象描绘上把他
抬高到差与佛陀相等的地位。特别是手相的描写,以其神妙美好
象征性地突出他作为"接引佛"的功能。在后面的第十二"普观"、
第十三"杂想观"里也一再写到"西方三圣"。第十四至十六上、中、
下三辈往生行相,又描绘了彼三佛接引众生的具体情景。这样,
《观经》中的净土信仰已集中到"西方三圣"的信仰;观音和势至则
与阿弥陀佛一样,已被赋予净土佛的品格,他们一起帮助阿弥陀佛
教导众生,迎接人往生净土。在该经结尾部分佛说:"若念佛者,当
知此人即是人中芬陀利花,观世音菩萨、大势至菩萨为其胜友,当
坐道场,生诸佛家。"②

　　佛国净土本是基于幻想的现实世界之外另一个理想世界。净
土信仰所体现的是与现世救济不同的对于来世和永生的向往。上
述几部净土经典译出,把阿弥陀佛及其净土(另有弥勒菩萨及其净
土)信仰输入中土,宣扬"净土成佛"说,对于战乱频仍的魏、晋及其
以后一段时间的苦难民众说,这种追求还是过于玄虚、过于渺茫
了。人们更为热衷的,是"秽土成佛"的释迦和现世中救苦救难的
观音。所以如前面述说这一时期造像情形表明的,阿弥陀西方净

①畺良耶舍译《佛说观无量寿经》,《大正藏》第12卷第340页上—第343
　页下。
②《佛说观无量寿经》,《大正藏》第12卷第346页中。

土信仰起初没有得到更广泛的普及。直到后来，从北魏昙鸾开始，一批净土大师出来，提倡简易的净土念佛法门，新型的净土信仰勃兴，净土观音信仰才随之更兴盛地流行开来。这当然和社会形势的变化有直接关系。

五

"净土"思想在大乘佛教发展中兴起，乃是大乘救济信仰的发挥和延伸。如上所述，佛陀创教本怀是注重现世的，他的教法主要是启发人的觉悟，解决人生的苦难与困惑。指示人在这个现实世界上积累德行，追求和实践"正法"，以成就佛果。佛陀当初教导弟子，主张"人我"本是五蕴和合而成，并不承认有常住的"灵魂"之类精神主体的存在；可是既讲轮回，讲业报，如果避开轮回的主体，生死之间就缺少业报的承担者。这成为佛教教义内在的重大矛盾。发展出"净土"说，主张在这个世界之外另有真实的佛国土，并许诺人来世可以到这无限美好的佛国土即"极乐世界"去享受永世的幸福，即是给解决矛盾提供一种出路。但是，这种"净土成佛"说显然又是与本来的"秽土成佛"说在逻辑上相柄凿的。这一矛盾在观音信仰里也表现得十分突出，因而出现一批试图调和二者矛盾的《观音经》。

增广、敷演观音作为"一生补处"菩萨并试图调和"净土成佛"说和"秽土成佛"说的，有宋孝武帝（453—464 在位）时黄龙国沙门昙无竭所出《观世音菩萨授记经》。《出三藏记集》卷二著录竺法护所出《光世音大势至受决经》为本经初译，可知它结集时间甚早。昙无竭本人是虔诚的观音信仰者，下面还将提到。经中叙述佛对华德藏菩萨说"菩萨摩柯萨成就一法得如幻三昧"，"尔时华德藏菩萨摩诃萨白佛言：'世尊，于此众中颇有菩萨得是三昧乎？'佛言：

'有。今是会中弥勒菩萨、文殊师利等六十正士,不可思议,大誓庄严,得是三昧。'又白佛言:'世尊,惟此世界菩萨得是三昧,他方世界复有菩萨成就如是如幻三昧?'佛告华德藏:'西方过此亿百千刹有世界名安乐,其国有佛号阿弥陀如来、应供、正遍知,今现在说法。彼有菩萨,一名观世音,一名得大势(大势至),得是三昧'"。这就明确区分弥勒、文殊师利等是此土菩萨,观音、势至是净土中的菩萨。经中又进一步表明佛应华德藏菩萨之请,放眉间毫光,照三千大千世界,令西方阿弥陀佛国众生、菩萨悉见此土及释迦文(释迦牟尼)与诸大众围绕说法;而此众会中的释、梵、四天王、菩萨、声闻,则皆见安乐世界、阿弥陀佛,发菩提心,愿生彼土。这就使得净土和秽土菩萨、大众"两得相见"。佛说法时,世界六种震动。观世音和得大势(此经中名"得大势")更承阿弥陀佛之教,"告彼四十亿菩萨、眷属:'善男子,当共往诣娑婆世界,礼拜、供养释迦牟尼佛,听受正法。何以故? 释迦牟尼如来、应供、等正觉能为难事,舍净妙国,以本愿力,兴大悲心,于薄德少福,增贪、恚、痴浊恶世中,成阿耨多罗三藐三菩提而为说法。'"这样,又着重肯定了释迦在此秽土救世的理想。然后"观世音及得大势菩萨摩诃萨与其眷属、八千亿众诸菩萨俱庄严宝台,悉皆同等,譬如力士曲伸臂顷,从彼国没,至此世界。时彼菩萨,以神通力,令此世界地平如水,与八十亿菩萨前后围绕,以大功德庄严成就,端严殊特,无可为喻,光明遍照娑婆世界",成就如幻三昧。接着,佛陀述说了观世音和得大势的本缘①:乃往过去广远无量不可思议阿僧祇劫欲尽时,有世

①在阿弥陀西方净土思想的发展中,形成了许多关于其过去本生的经典。译为汉语的有:吴支谦《慧印三昧经》(异译失译《如来智印经》)、支谦《无量门微密持经》(异译东晋佛驮跋陀罗《出生无量门持经》、宋求那跋陀罗《阿难陀目佉尼呵离陀经》等)、晋竺法护《德光太子经》(异译隋阇那崛多《大宝积经·护国菩萨会》)、宋施护《护国尊者所问大乘经》)、竺法护《决定总持经》(异译北魏菩提流支《谤佛经》)、宋智吉祥《大乘智印经》等。

界名无量德聚安乐示现,其国有佛号金光师子游戏如来、应供、正
遍知、明行足、善逝、世间解、无上士、调御大夫、天人师、佛、世尊
(这是所谓佛陀十号)。是佛刹土所有清净严饰之事,不可思议,难
可具说。尔时金光师子游戏如来法中有王名曰威德王,忏信佛法。
他于其园观,入于三昧,"左右有二莲花从地踊出,杂色庄严,其香
芬馥,如天旃檀。有二童子化生其中,加趺而坐,一名宝意,一名宝
上"。威德王与二童子俱诣彼佛,佛为说法,为说偈言:

> 当发菩提心,广济诸群生,是则共正觉,三十二明相。设
> 满恒沙刹,珍妙庄严具,奉献诸如来,及欢喜顶戴。不如以慈
> 心,回向于菩提,是福为最胜,无量无有边。余供无过者,超逾
> 不可计,如是菩提心,必成等正觉。

二童子亦以偈表示决心说:

> ……我若于今始,起于声闻心,不乐修菩提,是则欺世尊。
> 亦不求缘觉,自济利己身,当于万亿劫,大悲度众生……

佛陀告华德藏:"威德王者,岂异人乎? 我身是也。时二童子,今观
世音及得大势菩萨摩诃萨是也。"并预言:

> 阿弥陀佛寿命无量,百千亿劫,当有终极……阿弥陀佛正
> 法灭后,过中夜分,明相出时,观世音菩萨于七宝菩提树下,结
> 加趺坐,成等正觉,号普光德功德山王如来……其佛国土,自
> 然七宝众妙合成庄严之事。诸佛世尊于恒沙劫说不能尽。①

这样,这里的观音弘愿也是广发慈心,普度众生,其作为救济神明
的品格是和《普门品》观音的性格相一致的。但把他组织到本生故
事中,又定位为承佛授记、补西方净土阿弥陀佛之位的菩萨,则又

---

①昙无竭译《观世音菩萨授记经》,《大正藏》第 12 卷第 353 页中—第 357
页上。

是宣扬净土思想的。而经中又让本来作为净土菩萨的观音示现于此方秽土，帮助释迦教化众生。他就这样活动在净、秽两界，一方面调和了"秽土成佛"和"净土成佛"两种信仰的矛盾，另一方面则更加提高了观音在诸菩萨中的地位。这个观音授记故事，把观音形象进一步丰富了，同时也为后来中土创作观音本缘故事开了先例。

　　有一部更大规模地铺展"秽土成佛"与"净土成佛"两种思想对立的经典是《悲华经》十卷的第四品《诸菩萨本授记品》，昙无谶于北凉玄始八年（419）所出，有异译失译《大乘悲分陀利经》八卷三十品。这部经典是肯定"秽土成佛"说的。它以阿弥陀佛本生为中心，利用宏大的结构和细致的叙事把作为一般崇拜对象的诸佛、菩萨组织到一起。这应是在《观世音菩萨授记经》结集之后表达与之相对立的观念的经典。

　　经中主要篇幅《大施品》和《菩萨本授记品》叙述一个相当生动、复杂的故事：说往昔恒河沙阿僧祇劫有名无诤念的转轮圣王，统御四天下，有千子。有大臣宝海，八十子。宝海生一子，有三十二相、八十种好，百千诸天来共供养，长大出家，成就阿耨多罗三藐三菩提，号宝藏如来。彼如来即转法轮，令百千无量亿那由他诸众生等得生为天、人，或得解脱，如是利益诸天、人已，来到无诤王首都安周罗城，于城外阎浮林接受国王三月供养。终了后，王请如来久住此间。王千子中第一太子不眴、第二太子尼摩以及以下诸子悉皆三月供养。然此千子悉以功德，或愿生忉利天王，或愿生梵王、魔王、转轮圣王；王自身亦望来世复为转轮圣王，更无求无上菩提者。大臣宝海感梦，觉悟人天有漏之果不足深爱，因说国王发菩提心，行菩萨道，于清净佛土成佛。时宝藏如来放大光明，现十方微尘世界，使王悉见。此等世界有五浊弊恶者，有清净微妙者，有寿命无量者，有寿命短促者，并告王以因位愿力取清净土，不取五浊之恶土。又劝太子不眴以下千子悉起无上菩提心。王及诸子屏居思维,七年之后,俱诣阎浮林。王于佛所合掌长跪,愿得无上菩提,取清净佛土,并发四十八大愿,誓成就此愿,然后成阿耨菩提。时宝藏如来深加赞叹,并告过去西方百千万亿佛土有名尊善无垢世界,其佛号尊音王,彼佛世界所有功德庄严与大王所愿等,故改汝名号为"无量清净",彼尊音王如来般涅槃后,无量诸佛次第出世,彼世界转名"安乐"之时,汝于其中作佛,号"无量寿如来"。第一太子改名"观世音",告以无量寿如来般涅槃后,在西方安乐世界成佛,号"遍出一切功德山王如来";以下第二子改名"大势至",第三子"文殊师利"……以至第八子"普贤"等等,分别授记,相继作佛,悉取净土。这中间有一段对观音的细致描写:

　　……尔时宝海梵志复白圣王第一太子言:"善男子,持此宝物,并及先所于三月中供养如来及比丘僧种种珍宝,如是福德和合集聚回向阿耨多罗三藐三菩提。"复作是言:"善男子,以此所施,不应求于忉利天王、大梵天王。何以故?今者所有福报之物,皆是无常,无决定相,犹如疾风。是故应当以是布施,所得果报,令心自在,速成阿耨多罗三藐三菩提,度脱无量无边众生,令入涅槃。"

　　是时太子闻是语已,答梵志言:"我今观于地狱众生多诸苦恼,人天之中或有垢心,以垢心故,数数堕于三恶道中。"复作是念:"是诸众生以坐亲近恶知识故,退失正法,堕大暗处,尽诸善根,摄取种种诸邪见等,以复其心,行于邪道。世尊,今我以大音声告诸众生,我之所有一切善根,尽回向阿耨多罗三藐三菩提。愿我行菩萨道时,若有众生受诸苦恼、恐怖等事,退失正法,堕大暗处,忧愁孤穷,无有救护,无依无舍,若能念我、称我名字,若其为我天耳所闻,天眼所见,是众生等若不得免斯苦恼者,我终不成阿耨多罗三藐三菩提。"复白佛言:"世尊,我今复当为众生故,发上胜愿。世尊,我今若能逮得己利者,愿令转轮圣王,过第一恒沙等阿僧祇劫已,始入第二恒沙等阿僧祇劫,是时世界名曰安乐,大王成佛号无量寿,世界庄严,众生清净,作正法王。是佛世尊于无量劫作佛事已,所作已办,入无余涅槃,乃至正法住时,我于其中修菩萨道,即于是时能作佛事。是佛正法于初夜灭,即其后夜成阿耨多罗三藐三菩提。"复白佛言:"惟愿世尊为我授记,今我一心请于十方如恒河沙等现在诸佛,惟愿各各为我授记。"

善男子,尔时宝藏佛寻为授记:"善男子,汝劝天、人及三恶道一切众生,生大悲心,欲断众生诸苦恼故,欲断众生诸烦恼故,欲令众生住安乐故。善男子,今当字汝为观世音。善男子,汝行菩萨道时,已有百千无量亿那由他众生得离苦恼;汝为菩萨时,已能大作佛事。善男子,无量寿佛般涅槃已,第二恒河沙等阿僧祇劫后分,初夜分中,正法灭尽,夜后分中,彼土转名一切珍宝所成就世界,所有种种庄严无量无边,安乐世界所不及也。善男子,汝于后夜种种庄严,在菩提树下坐金刚座,于一念中间成阿耨多罗三藐三菩提,号遍出一切光明功德山王如来、应供、正遍知、明行足、善逝、世间解、无上士、调御丈夫、天人师、佛、世尊。其佛寿命九十六亿那由他百千劫,般涅槃已,正法住世六十三亿劫。"……

尔时宝藏如来为观世音菩萨说偈言:"大悲功德,今应还起,地六种动,及诸佛界。十方诸佛,已授汝记,当成为佛,故应欢喜。"善男子,尔时太子观世音闻是偈已,心生欢喜,即起合掌,前礼佛足,去佛不远,复坐听法。①

这里突出了观音救苦菩萨的性格,但又预记他继阿弥陀佛作佛。大臣宝海之子八十人依父之劝,亦起无上菩提心,也于宝藏如来所悉受成佛之记。最长子海地尊不愿求取清净佛刹,愿为调伏众生

① 昙无竭译《悲华经》卷三《诸菩萨本授记品第四之一》,《大正藏》第3卷第185页下—186页上。

障垢,出世于不清净世界。以下七十余子亦受"秽土成佛"之记。宝海弟子三亿人皆发无上道心,愿秽土成佛。其中除千人外,皆望于过去劫中出世。毗婆尸、尸弃、毗沙婆三如来就是其中最后成佛的三个人。而千人中除婆由比纽一人之外,余皆望于当来贤劫中成佛。拘留孙、伽那迦牟尼、迦叶、弥勒即是最初成佛之人。最后,宝海发五百誓愿,愿于人寿百二十岁的恶世出世作佛。宝藏如来为之授记,于当来娑婆世界成佛,号释迦牟尼如来。

　　本经并列"秽土"佛和"净土"佛两大体系,显然反映两种思想的对立;而其结集者则是肯定"秽土成佛"的慈悲弘愿高于"净土成佛"的。这是大乘佛身论和佛土论发达期的产物,有着对净土思想的反动的意味。而从其中对于观音的表现看,则把他当作净土成佛的阿弥陀佛的候补者,并列入与释迦不同的系列之中;但是又强调他"断众生诸烦恼"的悲愿和他的"称名"救济功能,仍是突出他救苦的品格。造成经典中这种矛盾表现,应当是净土思想在中亚形成过程中,把观音这一类有影响的菩萨网罗到它的体系之中,而观音本来的"现世利益"和"他力救济"的性格仍在相当程度上被保留着。这样,在他的形象里,"净土"佛和"秽土"佛的性格就并行不悖地相调和存在了。

六

　　前面已经提到过,印度大乘佛教是不断地吸收本土婆罗门教、外来宗教和民间的信仰、神祇、仪轨等因素发展起来的,这造成了宗教学上称为"重层信仰"即不同时代的不同信仰传统相重叠的现象。观音信仰实际也是这种现象的典型表现之一。印度早期大乘佛教发展中还存在另一潮流,更多地吸收民间俗神崇拜和古婆罗门教的神祇和仪轨,特别重视真言(陀罗尼)即密咒,被称为"古密教"①。这一派教法自三国时代已传入中土,当时如竺律炎、支谦、竺法护、昙曜等都译有咒经。另一方面,适应中土盛行神仙方术的土壤,早期西来僧侣著名的如佛图澄、涉公、耆域、帛尸梨蜜多罗、昙无兰等也都以神异和法术吸引信众,亦多兼习密咒。这样,在南北朝时期的佛教里密咒已相当流行②。

　　中土自上古早有祝诅的习俗,前面已经说过。早期道教亦多行咒术,如张角"符水咒说以疗病,病者颇愈,百姓信向之"③。这种"咒说疗病"本来也是秦汉相传的一种方术。《太平经》里又说到"天上有常神圣要语,时下授人以言,用使神吏应气而往来也。人民得之,谓为神祝也。祝也祝百中百,祝十中十,祝是天上神本文传经辞也。其祝有可使神仅为除疾,皆聚十十中者,用之所向无不愈者也"④。"祝""诅""咒"古义通。道教的"神祝"也成为外来佛教密咒传播的土壤。早期佛教传习密咒,以至被称为"道教式的佛教"⑤。东晋以后社会上密咒相当流行,在当时文献里多有反映。如刘义庆(403—444)《幽明录》:

①这和发展到大乘后期的密教或称"瑜伽密教""金刚密教"不同,而且当时也并没有形成单独的教派,权宜称为"古密教"。
②关于"古密教"的发展状况及其经咒在中土早期翻译、传播情况,周一良《唐代密宗》的《导论》里有简要说明,钱文忠译,收入《周一良集》第3卷《佛教史与敦煌学》。
③《后汉书》卷一〇一《皇甫嵩传》,第2299页。
④王明编《太平经合校》卷五〇《神祝文诀第七十五》,上册第181页,中华书局,1960年。
⑤塚本善隆在《中国淨土教の展開》里说:"《三国志》记载吴孙皓'侮慢民神,遂烧大桥头伍子胥庙,又坏浮屠祠,斩道人'(《吴志》十九),《水经注》记载巴君平都县'有天师治,兼建佛寺'(卷三三《江水》),可以推测汉魏佛教的一面,即在信仰民神祠庙和天师道教的社会里,佛教是被当作同类事物而被受容和传布的。就是说,佛教首先是作为'道教式的宗教'在中国得到信仰者并流行开来的。"《中国淨土教史研究》,《塚本善隆著作集》第4卷第4页。

　　广陵韩咨字兴彦,陈敏反时,与敏弟恢战于寻阳。还营下
马,觉鞭重,见有绿锦囊,中有短卷书,著鞭鞘,皆不知所从来,
开视之,故谷纸佛神咒经,故世之常闻也。①

这里说的还无关僧侣。而如王琰《冥祥记》:

　　汉(按当作"晋",《(法苑)珠林》误题)沙门竺昙盖,秦郡人
也。真确有苦行,持钵振锡,取给四辈。居于蒋山,常行般舟,
尤善神咒,多有灵验。②

又佚名《杂鬼神志怪》:

　　沙门竺僧瑶,得神咒,尤能治邪。广陵王家女病邪,召瑶
治之。瑶入门,便瞋目大骂云……于是化为老鼍……③

侯白《旌异记》:

　　晋扬州江畔有亭湖神,严峻甚恶。于时有一客僧婆罗门,
名曰法藏,善能持咒,辟诸邪毒,并皆有验。别有小僧,就藏学
咒经,于数年学业成就,亦能降伏诸邪毒恶。故诣亭湖神庙止
宿,诵咒伏神,其夜见神,遂至殒命。④

这些则都是僧侣使用咒术了,不过其中没有明确是否观音咒。而
梁元帝萧绎(508—554)说:

　　吾龀年之时诵咒,受道于法朗道人,诵得《净观世音咒》
《药上王咒》《孔雀王咒》。⑤

---

①鲁迅辑《古小说钩沉》,《鲁迅辑录古籍丛编》第1卷第230页,人民文学出版
　社,1999年。
②《古小说钩沉》,《鲁迅辑录古籍丛编》第1卷第358页。
③《古小说钩沉》,《鲁迅辑录古籍丛编》第1卷第488页。
④《古小说钩沉》,《鲁迅辑录古籍丛编》第1卷第415页。
⑤《金楼子》卷六《自序篇第十四》,《金楼子校笺》下册第1365页,许逸民校笺,
　中华书局2011年。

这里则明确指出所诵包括观音咒了。在中土佛教发展中，特别是在民众信仰层面，本来一直在吸收中土方术和道教法术，带上了浓重的神仙方术色彩。这在对咒术的重视上明显表现出来。

现存中土最早翻译的古密教经典是东晋竺难提所出《请观世音菩萨消伏毒害陀罗尼咒经》①。该经叙述毗舍离国"人民遇大恶病，良医耆婆尽其道术，所不能救"，有长者月盖与其同类五百长者请求佛陀慈愍一切，救济病苦。世尊告长者言："去此不远，正主西方，有佛、世尊，名无量寿，彼有菩萨名观世音及大势至，恒以大悲，怜悯一切，救济苦厄，汝应当五体投地，向彼作礼，烧香散花，系念数息，令心不散，经十念顷，为众生故，当请彼佛及二菩萨。"说是语时，于佛光中得见西方无量寿佛和观世音、大势至来到此国，往毗舍离，住城门间。佛、二菩萨与诸大众放大光明，照毗舍离，皆作金色。尔时毗舍离人即具杨枝、净水，授与观世音菩萨。大悲观世音怜悯一切众生故，普教一切众生而作是言：

> ……汝等今者应当一心称南无佛，南无法，南无僧，南无观世音菩萨摩诃萨大悲大名称救护苦厄者。如是三称三宝，三称观世音菩萨名，烧众名香，五体投地，向于西方，一心一意，令气息定，为免苦厄，请观世音，合十指掌，而说偈言：
>
> "愿救我苦厄，大悲覆一切，普放净光明，灭除痴暗冥。为免杀害苦，烦恼及众病，必来至我所，施我大安乐。我今稽首礼，闻名救厄者，我今自归依，世间慈悲父。唯愿必定来，免我三毒苦，施我今世乐，及与大涅槃。"
>
> 白佛言："世尊，如是神咒，必定吉祥，乃是过去、现在、未来十方诸佛大慈大悲陀罗尼印。闻是咒者，众苦永尽，常得安乐，远离八难，得念佛定，现前见佛……"

---

① 竺提难译《请观世音菩萨消伏毒害陀罗尼咒经》，《大正藏》第 20 卷第 34 页中—37 页下。以下引用该经均据此本。

接着,观音说出三个"消伏毒害"的神咒。译经时这些神咒都是梵语音译。观音又说明这些神咒的功效。第一个《十方诸佛救护众生神咒》,其功效是"持此咒者,常为诸佛、诸大菩萨之所护持,免离怖畏、刀杖毒害,及与疾病令得无患"。说是语时,毗舍离人平复如本。其次是《破恶业障消伏毒害陀罗尼咒》。佛告阿难:

> 若有四部弟子受持观世音菩萨名,诵念消伏毒害陀罗尼,行此咒者,身常无患,心亦无病。设使大火从四面来焚烧己身,诵持此咒故,龙王降雨,即得解脱;设火焚身,节节疼痛,一心称观世音菩萨名号,三诵此咒,即得除愈;设复谷贵饥馑、王难、恶兽、盗贼、迷于道路、牢狱系闭、杻械、枷锁、被五系缚;入于大海,黑风回波,水色之山、夜叉、罗刹之难、毒药、刀剑、临当刑戮,过去业缘,现造众恶,以是因缘,受一切苦,极大怖畏,应当一心称观世音菩萨名号,并诵此咒一遍至七遍,消伏毒害、恶业、恶行、不善恶聚,如火焚薪,永尽无余。以是因缘,此观世音菩萨所说神咒,名施一切众生甘露妙药,得无病畏,不横死畏,不被系缚畏,贪欲、嗔恚、愚痴三毒等畏。是故此娑婆世界皆号观世音菩萨为施无畏者。此陀罗尼灌顶章句无上梵行,必定吉祥大功德海,众生闻者,获大安乐,应当暗诵。若欲诵之,应当持斋、不饮酒、不啖肉,以灰涂身,澡浴清净,不食兴渠五辛("兴渠",一种草本植物,可食,为"五辛"之一),能熏之物悉不食之。妇女秽污,皆悉不往。常念十方佛及七佛世尊,一心称观世音菩萨,诵持此咒,现身得见观音菩萨,一切善愿,皆得成就,后生佛前,常与苦别。

第三个是《大吉祥六字章句救苦神咒》,这个咒是比较简单的。

> 多姪咃,安陀嚳,般茶嚳,枳由嚳(名著璎珞鬼),檀陀嚳(名捉铁棒鬼),羶陀嚳(名捉釿鬼),底耶婆陀(名与人光鬼),耶赊婆陀(名闻鬼),颇罗腻祇(名长出齿鬼),难多嚳(名大身鬼),婆伽

罯(名大面鬼),阿卢祢(名闭目鬼),薄鸠罯(名著钟鬼,此鬼两耳,著大钟),摸鸠隶(名披头鬼),兜毗隶(名住石窟鬼),纱呵。

佛说咒时告阿难:

　　若善男子、善女人、四部弟子得闻观世音菩萨名号,并受持读诵六字章句,若行旷野,迷失道径,诵此咒故,观世音菩萨大悲熏心,化为人像,示其道路,令得安隐;若当饥渴,化作泉井、果蓏、饮食,令得饱满;设复有人,遇大祸对,亡失国土、妻子、财产,与怨憎会,称观世音菩萨名号,诵念此咒,数息系念,无分散意,经七七日,时大悲者化为天像,及作大力鬼神王像,接还本土,令得安隐;若复有人,入海采宝,空山旷野,逢值虎狼、师子、毒虫、蝮蝎、夜叉、罗刹、拘槃荼及诸恶鬼啖精气者,三称观世音菩萨名号,诵持此咒,即得解脱;若有妇人生产难者,临当命终,三称观世音菩萨名号,并诵持此咒,即得解脱;遇大恶贼,盗其财物,三称观世音菩萨名号,诵持此咒,贼即慈心复道而去。阿难当知,如此菩萨及是神咒,毕定吉祥,常能消伏一切毒害,真实不虚,普施三界一切众生,令无怖畏,作大拥护,今世受乐,后世生处见佛闻法,速得解脱。此咒威神,巍巍无量,能令众生免地狱苦、饿鬼苦、畜生苦、阿修罗苦及八难苦,如水灭火,永尽无余……

佛陀然后又说偈言:

　　大悲大名称,吉祥安乐人,恒说吉祥句,救济极苦者。众生若闻名,离苦得解脱,亦游戏地狱,大悲代受苦……

三个"神咒"的作用,分别在"事""行""理"三个方面。即灭事毒,相当于《普门品》的灭七难;灭行毒,相当于《普门品》的免二求;灭理性之毒,相当于《普门品》的除三毒。比起《普门品》的表述,这些咒语不但具有更为神秘的色彩,而且诵持这些神咒的"现世利益"也

被无限夸张了。当然,这里的观音仍然保持"普门品观音"的救苦
品格,但经文重点更突出夸饰其普门救济和化身示现两个方面,而
且救济的项目也更为扩展了。示现的化身则在人相之外,还有天
相、大力鬼神相,意在突显救济的高度神秘与无限威力。世尊最后
一首偈有个值得注意的特殊表现:"众生若闻名,离苦得解脱。"就
是说,不是观音闻众生的呼号,而是众生闻观音名字即得解脱。从
而观音的救济变得更直接、快捷和简易。这也体现前面提到的对
于"观音"一语的理解上,是一种把实现观音救济的施动方和救济
的被动方加以颠倒的认识。

　　南北朝后期来华的耶阇崛多也是观音信仰的热烈宣扬者。他
在北周时译有前面已提到的被编入什译本《法华经·普门品》的
《观音偈》。他还译有一部《佛说十一面观音神咒经》①。这是宣扬
"变形观音"之一的十一面观音崇拜的。前面说过,"观音"原语本
来意义的"普门"有面向十方(东、西、南、北、东南、西南、东北、西
北、上、下)的意思。十一面观音的十面即面向四方,加上他本来的
一面佛面。既然观音可以随意显化,这种奇异形象也就可以顺理
成章地想象出来。关于十一面观音的起源,有的学者认为源自婆
罗门教。佛教在中国被称为"象教",造像在中土佛教传播中起着
重要作用。十一面观音这种特异的面貌突显他神秘的威力,也就
容易被中土接受并发挥巨大的影响力。

　　经文叙述在王舍城耆阇崛山法会上,观世音菩萨对佛陀说:

　　　　我有心咒名十一面,此心咒十一亿诸佛所说,我今说之:
　　　我为一切众生故,欲令一切众生念善法故,欲令一切众生无忧
　　　恼故,欲除一切众生病故,为一切障难、灾怪、恶梦欲除灭故,
　　　欲除一切横病死故,欲除一切诸恶心者令调柔故,欲除一切诸

---

① 耶阇崛多译《佛说十一面观世音神咒经》,《大正藏》第 20 卷第 149 页上—第
　151 页下。以下引用该经均居此本。

魔鬼神障难不起故……

这样,诵持此咒则一切诸横(灾祸)都无所能为。接着,又说了此咒的因缘果报:

> 世尊,我忆过恒河沙数劫外,有一佛名百莲花眼顶无障碍功德光明王如来,我于尔时在彼佛所作大持咒仙人中王,于彼佛所,方得此咒……诵持此咒一百八遍,持此咒者现身即得十种果报。何等为十?一者身常无病;二者恒为十方诸佛忆念;三者一切财物、衣服、饮食自然充足,恒无乏少;四者能破一切怨敌;五者能使一切众生皆生慈心;六者一切蛊毒、一切热病无能侵害;七者一切刀杖不能为害;八者一切水难不能漂溺;九者一切火难不能焚烧;十者不受一切横死。是名为"十现身"。复得四种果报。何者为四?一者临命终时得见十方无量诸佛;二者永不堕地狱;三者不为一切禽兽所害;四者命终之后生无量寿国……

后面更说到"复有人犯四波罗夷及五逆罪,能读诵此咒一遍者,一切根本重罪悉得除灭"。"波罗夷"是戒律里规定的重罪。按《四分律》,杀、盗、淫、妄语为比丘"四重禁戒"。"五逆"又称"五无间业",说法不一,一般指杀父、杀母、杀阿罗汉、出佛身血、破和合僧五项忤逆罪责。相对应地,又说"若复有人称十万亿诸佛名字,或复有人称观世音菩萨名字者,彼二人福正等"。接下来观音在佛陀面前诵出"神力最为上首"的《十一面观音咒》和另外一系列咒语。这些咒语在汉译中也都是梵语音译,包括《咒水咒》《咒衣咒》《咒香咒》《咒花咒》《咒油咒》《咒食咒》《咒火咒》《结界咒》等。它们在供养观音的道场中诵读。然后又指示用白旃檀做十一面观音像的方法:"身长一尺三寸,作十一面,当前三面作菩萨面,左厢三面作嗔面,右厢三面似菩萨面,狗牙上出,后有一面作大笑面,顶上一面作佛面。面悉向前,后著光,其十一面各戴花冠,其花冠中各有阿弥陀佛。观世音左手把澡瓶,瓶口出莲花;展其右手,以串璎珞施无畏

手。其像身须刻出璎珞庄严。"接下来又说明有关特别的礼拜仪轨
的规定,并说如此供养观音则可满足"四愿"。这些祈愿虽然简短,
但涵盖广阔,远远超过了一般的拔苦济难的内容:

> 一者愿不离坐处即得腾空而去,自在无碍;二者愿在于一
> 切贤圣中得无障碍;三者愿作持咒仙人中王;四者愿现身即得
> 随逐观世音。

接着又说明几种供养观音的法术,如月食时用赤铜钵盛牛苏在观
音像前持咒,食牛苏者疾病悉除;把雄黄、雌黄二种置草叶上在观
音像前诵咒一千八遍,用它们浸泡的水洗浴可除去一切障难、噩
梦、一切疫病,等等。这已经类似中土方术了。其中包含着原始药
物学内容,在科技史上是值得重视的。

　　早期这些观音咒经的内容基本仍不出救苦范围,但其中宣扬
的观音的威力却无比强化了,其宗教神秘性也被更加突显出来。
对于在中土神仙方术传统中生存、热心追求神秘灵异的民众来说,
它们是有相当的吸引力的。另外,这些观音咒经内容上的一个重
点是指示供养观音的仪轨。这适应当时信仰实践的需要,也反映
当时供养观音的实态。这一类观音咒经无论是思想内容上,还是
在信仰形态上,又都成为推动中土观音信仰发展的强大助力。

　　除了上述两种观音咒经,今存出于梁代不详编者的《陀罗尼杂
集》十卷,是一部综合性的经咒集,在总计一百七十一种经咒里,观音
咒三十五种;又在阇那崛多译《种种杂咒经》一卷里记载的十五种经咒
中有观音咒两种。此外文献记录中另有不少观音咒,有些已经佚失[①]。

---

① 如法献于魏延兴五年(475)在于阗得法意所出《观世音忏悔除罪咒经》原本
一卷等,见《历代三宝记》卷一一,《大正藏》第 49 卷第 95 页下;法意于永明
八年(490)出《观世音忏悔除罪咒经》一卷,见《出三藏记集》卷二《新集经论
录第一》;又失译《观世音所说行法经》一卷也是咒经,见《出三藏记集》卷四
《新集续撰失译杂经录第一》等。

其中有些属于伪经,后面还将讲到。如此众多的观音咒的事实就表明它们影响之巨大。而如前面说到的梁元帝萧绎,是贵族佛教的代表,也是文化领域有影响的人物。他持咒的事例可以表明观音咒在当时统治阶层传持的情形,而统治阶层是领导社会风气的。

综上所述,自竺法护传翻《正法华经》,观音信仰在中土迅速地流传开来。各种类型的观音经典陆续被翻译过来并得到了广泛弘传。但从总体看来,观音信仰在教理层面上是相对简单的。在六朝繁荣的义学研究中,义学沙门对于那些大部经论作细致研讨,写出大量学理精深的著述,而对于《观音经》的探讨并不多(当然不是没有,例如后来天台大师智𫖮的《观音玄义》等)。这主要是因为观音信仰注重菩萨救济的实践功德,不需要更多的学理论证和辨析。这样,在南北朝佛门经典讲论、研究风气大盛、义学"师说"林立的局面下,观音信仰形成另一股注重宗教实践的潮流。这种潮流涌动在广大民众中。而民众乃是宗教信仰活动的主体,又是宗教生存的主要社会基础。《观音经》的传播,观音信仰的兴盛,给佛教在民众中广泛传播和持续发展提供了强大动力。六朝时期义学沙门那些大本经论疏释难于在民众间流传,后世大多佚失了,而相对简单的《观音经》却传播持久而广远,成为历代广大民众信重、持诵的经典。

第三章　观音信仰勃兴与弘传

一

　　汉代之前,中国没有组织化、制度化的宗教。佛教大约在两汉之际输入,东汉末民间道教教派形成并活跃,中国历史上的两大宗教并立,逐步发展、传播。但直到东晋前,在社会生活和思想意识领域二者都不见发挥显著作用。西晋末年"八王之乱",北方民族大举南下,继而国土分崩,"五马渡江",社会矛盾加剧,给宗教的流传与兴盛提供了需求,也创造了条件。佛、道二教遂迅速在社会广大层面迅速传播开来。而南北各族统治集团的欢迎和支持,又成为佛、道二教扩张势力的巨大助力。此后直到隋、唐中国再度统一,在近三个世纪的漫长时期里,南北朝代更替,动乱频仍,国家处在大分裂、大动荡之中。割据、战乱对于社会秩序和经济、文化造成严重破坏,民众更饱受困苦。动乱中传统社会秩序和伦理纪纲崩坏,给思想意识活跃包括宗教发展提供了空间。在这近三百年里,佛、道二教在社会生活和思想、文化领域扮演了重要角色,成为影响整个社会发展和民众生活的重要力量。

　　三国纷争之后,西晋短暂归于统一。在腐朽的门阀体制下,西晋统治阶级贪暴、奢侈成风,统治集团内部矛盾加剧,很快分崩离析。
"八王之乱"继之以"五胡乱华"。永嘉五年(311),匈奴贵族刘曜和王
弥、石勒的联军攻陷洛阳,使得魏、晋近百年来惨淡经营恢复的这座
古城再度化为废墟。刘曜使其子粲进掠长安,时关中"诸郡百姓饥
馑,白骨蔽野,百无一存"①。刘曜弃长安,驱掠关中民众八万余口。
到建兴元年(313),晋愍帝在长安即位,"城中户不盈百,墙宇颓毁,蒿
棘成林"②。建兴四年,刘曜再度攻入关中,围困长安,城中食尽,"米斗
金二两,人相食,死者大半"③。长安一地情形反映动乱灾祸的惨重。
后来,晋王朝退守江南,开始长达近三百年的南北分裂割据局面。

　　割据北方的少数族军事集团代表落后的生产关系,掠夺征战
不绝。其中尤以羯族的石赵和匈奴族的大夏政权更为残暴。石赵
拓土开疆,大规模掠夺民户,驱役各族民众达数百万之众。如遇抵
抗,就大肆杀戮,屠城灭邑。如石虎攻打青州(今山东青州市),坑
杀军士三万人,只留下城中男女七百口。石赵的力役、兵役十分苛
重,中原地区的壮丁尽发为兵。石虎又"盛兴宫室于邺(今河北临
漳县),起台观四十余所,营长安、洛阳二宫,作者四十余万人。又
敕河南四州具南师之备,并、朔、秦、雍严西讨之资,青、冀、幽州三
五发卒,诸州造甲者五十余万人。兼公侯牧守,竞兴私利,百姓失
业,十室而七",造成"人无宁志""流叛略尽"的局面④。大夏的赫连
勃勃进攻后秦,攻下定阳(今陕西宜川县),坑杀士卒四千余人;攻
占安定(今甘肃泾川县),降其众四万五千;攻下杏城(今陕西黄陵
县),坑杀战士二万人;攻陷上邽(今甘肃天水市),杀将士五千人,
真是草菅人命,惨绝人寰。赫连勃勃征发岭北各族民众十万人筑
统万城(今内蒙古乌审旗南白城子),用蒸熟的土筑墙,以铁锥刺

①《晋书》卷六〇《贾疋传》,第 1652 页。
②《晋书》卷五《孝愍帝纪》,第 132 页。
③《晋书》卷五《孝愍帝纪》,第 130 页。
④《晋书》卷一〇六《石季龙载记上》,第 2772、2777 页。

土，如刺进一寸，就杀掉筑城的人，就这样筑起了"城高十仞，基厚三十步，上广十步，宫墙五仞，其坚可以砺刀斧"的土城。为他"所造兵器，匠呈必死。射甲不入即斩弓人，如其入也便斩铠匠，凡杀工匠数千人。常居城上，置弓剑于侧，有所嫌忿，手自杀之，群臣忤视者凿其目，笑者决其唇，谏者谓之诽谤，先截其舌而后斩之"①。当然也有些政权能够采取一些保境安民措施，但也只是相比较而言。整个时代残暴成风，统治者视民命如草芥，使得人人处在人命危浅、朝不保夕之中。

南方的情况要好一些。但朝廷压榨，豪族侵凌，民众所受侵害也十分严重。南方各朝又一直处在北方侵逼之下。为了守土或北伐，需要聚集大量人力和财力。特别是沿淮各郡，又时刻面临北军的侵扰和劫掠。例如北魏太武帝拓跋焘于元嘉二十七年（450）率六十万大军南侵。"魏军之南寇也，不赍粮用，唯以抄掠为资。及过淮，民多窜匿。"盱眙太守沈璞说："虏之残害，古今未有，屠剥之苦，人所共见，其中幸者，不过驱还北国作奴婢耳。"②当时宋军苦战却敌，乘机水陆数路北伐，两军对峙于长江采石（今安徽马鞍山市西南采石矶）至暨阳（今江苏江阴市）一线。在北方民众起义配合之下，魏军不得不撤退。魏军退兵时，一路大施杀戮。进攻盱眙，"杀伤万计，尸与城平。凡攻之三旬，不拔"；"魏人凡破南兖、徐、兖、豫、青、冀六州，杀伤不可胜计，丁壮者即加斩截，婴儿贯于槊上，盘舞以为戏……魏之士马死伤亦过半"③。这只是一次战事的状况。这样的战乱连延数百年，可知民生之艰窘、患难的严重。

苦难人生本是宗教意识滋生的良好土壤。加之佛教又得到南北统治阶层的支持，更得以迅速扩张势力。佛教一方面给统治阶层提供了精神安慰和支持，另一方面又能够起辅助教化、安定社会

---

①《魏书》卷九五《屈孑传》，第 2059、2057 页。
②《资治通鉴》卷一二五《宋纪七·元嘉二七年》，第 3959 页。
③《资治通鉴》卷一二六《元嘉二八年》，第 3965—3966 页。

秩序的作用,遂得到南北各朝的大力扶持、尊崇。但是这种"皇室佛教""贵族佛教"又造就两种趋势:一是脱离信仰实践的经院义学的繁荣,一是大肆建寺造像的靡费和僧团的腐败。

就第一项说,看记载汉魏到隋唐著名僧人活动的慧皎的《高僧传》和道宣的《续高僧传》可以知道,这一时期佛教取得成就最主要的是"译经"和"义解"两个领域。前者是繁荣的翻译事业,即传译外来经典,尽可能真切、全面地介绍外来佛教;后者是对这些翻译经典进行研究。外来经典不仅是佛教信仰的典据,也是外来文化的载体;对这些经典进行探讨、分析则不仅是在中国传播、发展佛教所必须,也是具有多方面学术意义的工作。但是这些工作,基本是在大型寺院或贵族沙龙由外来的和本土的学养高深的义学沙门和士族居士们完成的。特别是"义学"研究,集中疏释专经专论,辨析佛说与儒、道的同异、优劣,讨论佛教在中土传播遇到的一些重大疑难问题如"因果报应""沙门致敬王者""夷夏""形神"等等,创造一批义学"师说"。这当然具有重大的思想、学术意义,对中国佛教的发展影响深远,但却基本是脱离民众信仰实践的经院学问。南北大寺里那些义学沙门聚徒讲经,大型法会动辄聚众千人以上,往往有皇帝和亲贵主持和参加。例如梁宝亮(444—509)、宝琼(504—584)、北齐至隋初的净影慧远(523—592),讲大本经典动辄数十遍,解说经典写成义疏,一部也往往达数十卷。这种学术环境培养出一批学养精深的佛学家,如释道安、慧远、僧肇、竺道生等,他们对中国佛教、对外来佛教的"中国化",乃至对一般思想、学术的发展确实做出了贡献。但如日本著名佛学家水野弘元指出:"解释经典(指义学沙门对佛典的疏释)在南北朝时代主要是在知识和学问的探究,而不把它当作实践信仰的指针,也不以开悟为主要目的。"[1]这种经院佛学远远不能满足民众渴求救

---

[1] 水野弘元《佛典成立史》(修订版)第146页,刘欣如译,(台北)东大图书股份有限公司,2007年。

济的精神需求。

就第二项说，外来佛教在中国发展、实现"中国化"的重要表现就是依附皇权，与政治密切结合。西晋时期竺法护正是依靠朝廷建设起成规模的寺院群落。在中国的社会、自然条件下，僧团寄居寺院，寺院成为佛教活动中心，寺院经济随之迅速扩张起来。从帝王、权贵到一般平民，以"财施"求福报、行供养的风气大盛，大肆建寺造像成风。北魏洛阳繁盛时期千余寺①，梁建康五百余寺②，虽然多为皇帝、亲贵所施造，花费的却是贫苦百姓的"卖儿贴妇"钱。南方主要是兴建佛寺，北方经济本来相对落后，却建成云岗、龙门、麦积山等大型石窟群，耗费民工、财力无算。而寺院又大量剥夺、积累财富，成为导致僧团腐败的主要原因。这也成为反佛一派人集矢的目标，南、北批判佛教声浪不断。北魏杨衒之在《洛阳伽蓝记》里记载的一个传说是颇具象征意义的：

> 崇真寺比丘惠凝死一七日还活，经阎罗王检阅，以错名放免，惠凝具说："过去之时，有五比丘同阅。一比丘云是宝明寺智胜，坐禅苦行，得升天堂。有一比丘是般若寺道品，以诵四（十卷）《涅槃》，亦升天堂。有一比丘云是融觉寺昙谟最，讲《涅槃》《华严》，领众千人。阎罗王云：'讲经者心怀彼我，以骄凌物，比丘中第一粗行。今唯试坐禅诵经，不问讲经。'其昙谟最曰：'贫道立身已来，唯好讲经，实不谙诵。'阎罗王敕付司，即有青衣十人，送昙谟最向西北门，屋舍皆黑，似非好处。有一比丘云是禅林寺道弘，自云：'教化四辈檀越，造一切经，人中象十躯。'阎罗王曰：'沙门之体，必须摄心守道，志在禅诵，不干世事，不作有为。虽造作经象，正欲得他人财物，贪心即

---

① 杨衒之《洛阳伽蓝记序》，《洛阳伽蓝记校注》第2页，范祥雍校注，上海古籍出版社，1978年。
② 参阅许嵩《建康实录》，孟庚昭等点校，中华书局，1987年版。

起,即怀贪心,便是三毒不除,具足烦恼。'亦付司,仍与昙谟最
同入黑门。有一比丘云是灵觉寺宝明,自云:'出家之前,尝作
陇西太守,造灵觉寺成,即弃官入道。虽不禅诵,礼拜不缺。'
阎罗王曰:'卿作太守之日,曲理枉法,劫夺民财,假作此寺,非
卿之力,何劳说此。'亦付司,青衣送入黑门。"太后闻之,即遣
黄门侍郎徐纥依惠凝所说,即访宝明寺。城东有宝明寺,城内
有般若寺,城西有融觉、禅林、灵宝等三寺。问智圣、道品、昙
谟最、道弘、宝明等,皆实有之。①

　　这里明确体现一种观念,把讲经、造寺等"有为功德"看作应受惩罚
的罪孽。上面这段记载反映的是北方佛教重禅诵一派的观念,但
透露当时佛门内部已经有人看出僧团腐败的弊端。

　　这样,义学沙门经院化的说法讲经、经论疏释严重脱离了民众
信仰实践,寺院膨胀、僧团腐败成为越演越烈的趋势。劳苦民众不
需要也不懂得义学沙门那种艰深、繁琐的学理思辨;供养腐化僧
众、大规模地建寺造像更盘剥他们赖以存活的资财。他们需要的
是施与现实救济的神明,是教义简易、实践方便的法门。观音就是
这样的神明,观音信仰就提供了这样的法门。因而晋宋以来,与上
层社会盛行的贵族化的、经院化的佛教并行,社会底层涌动起观音
信仰的强大潮流。后者具有更广泛的群众基础和更强大的生命
力,对于民众生活与精神世界也发挥更重大、更持久的影响。

二

　　现存反映六朝时期观音信仰实态的,主要有两方面材料:一方

―――――――――――――

① 《洛阳伽蓝记校注》卷二,第79—81页。

面是实物资料,包括遗留至今的供奉观音的窟龛(寺院殿堂年代久远已毁废无余),大量金、铜、石等材质的造像和造像碑,有些造像还附有题记,记录供养观音的实际状况;另一方面是文字资料。一般史籍有关记载不多(所谓"正史"普遍忽略有关宗教的记述),相关资料主要保存在僧史、僧传和佛门著述里,还有历代流传下来的笔记杂著和文学作品里记载的观音信仰传说。有些传说被结集成专门的作品集。利用这些资料,能够大致复原当年观音信仰的一般情形。其中值得特别重视的,是那些被当作事实记录下来的观音灵验故事,它们以朴实笔法比较生动地描绘了社会上下特别是民众间观音信仰的实态。在鲁迅的《中国小说史略》里,专门有《六朝之鬼神志怪书》两章,其中被称为"释氏辅教之书"的,即把这类故事纳入其中。不过鲁迅是把它们当作古典小说发展的成果,在文学史上给予一定的地位。在近代古典文学研究领域,鲁迅是相当关注"宗教文学"的人,在这方面他有不少真知灼见。"释氏辅教之书"也由于他的介绍得到学界更多重视。

　　如前所述,中土观音信仰最早的典据是《法华经》的《普门品》,又以俗称《观音经》《观世音经》或《普门品经》单行。竺法护初译《正法华经》在晋太康七年(286)。据今存资料,观音灵验传说最早有年代记载的是关于竺长舒的。据传他是西域人,父亲是富商,于晋元康年间(291—299)移居洛阳,"奉佛精进,尤好诵《光世音经》",一次邻居失火,他"家是草屋,又正在下风……救家人不复辇物,亦无灌救者,唯至心诵《(光世音)经》,有顷,火烧其邻屋,与长舒隔篱而风忽自回。火亦际屋而止"。上述事件发生的确切年代记述不明,但大致估计时间距离《正法华》翻译二十年左右。另一个传说是有关帛法桥的,他"常欲讽诵众经,而特乏声气,每不称意,意常愤然……闭心不食,唯专心致诚",经过七天,终于能够"音气激高,闻二三里外"。他于石虎末年九十余卒(石虎死于349年),这应当是和竺长舒传说大致同时的事。这两个故事都被辑录在傅亮的《光世音应验记》里①。这是现存第一部辑录这类传说的作品集——傅亮的《光世音应验记》成书于晋安帝隆安三年（399）之前，记载了七个观音灵验故事。而如下面介绍这部书是根据之前谢庆绪的同类书编撰的。这表明，在《普门品》译成汉语之后短短的几十年间，有关灵验故事已被创造出来并已在民众间流传。它们真切地反映了《正法华》译出百余年间观音信仰流行的盛况。这部书辑成在干宝（？—336）《搜神记》之后，刘义庆（403—444）《世说新语》之前。与后两部书广泛记载奇闻异事和士人轶闻不同，这部书是围绕唯一"人物"观音、表达唯一主题观音灵验的作品集。这在中土著述体例中算是创举。

继这部书之后，六朝僧俗著作中记录了更多观音应验传说。后来佛教的经录、僧史、僧传以及佛家著作如梁僧祐《出三藏记集》、梁慧皎《高僧传》、隋智颚《法华义疏》《观音义疏》等著作里都记载许多同类故事。志怪作品集如刘义庆《宣验记》、王琰《冥祥记》、侯君素《旌异记》等也都把搜集这类传说作为重点之一。宋人编《太平广记》搜罗一大批这类故事，是从前人作品里辑录的。

六朝时期专门辑录观音灵验故事的专集，除了上述宋傅亮（374—426）《光世音应验记》，还有宋张演《续光世音应验记》和齐陆杲（459—532）《系观世音应验记》，在我国均已久佚，但被完好地保存在日本寺庙里。先是日本学者牧田谛亮（1912—2011）整理成书②，后来笔者在日本友人帮助下得到写本照片，做了点校，由中华书局出版。鲁迅在《中国小说史》里曾指出"幽验冥征，释氏之小乘"本是中国小说之"权舆"③，这类作品是其中重要部分。但实际

---

① 傅亮《光世音应验记》，《观世音应验记三种》（另包括张演《续观世音应验记》、陆杲《系观世音应验记》），孙昌武点校，中华书局，1994年。以下引用傅、张、陆三书，均据此本，页码不另注出。
② 《六朝古逸〈观世音应验记〉の研究》，平乐寺书店，1970年。
③ 《中国小说史略》第六篇《六朝之鬼神志怪书（下）》，《鲁迅全集》第九卷第43页，人民文学出版社，1981年。

上它们和后来作为艺术创作的小说有根本性质的不同。晋宋时期,小说创作还处在草创时期,人们热衷辑录灵怪传奇,比如晋干宝编撰《搜神记》,虽然是被当作现实中发生的真人实事记述的,但作者明确表示写作目的在"发明神道之不诬"[1]。当时人还没有后来进行艺术虚构、从事文学创作的观念。人们记录的这些传闻轶事,也还没有明确地和事实区分开来。这从记录这些故事都是以确切的现实环境(真实、具体的时间、地点、人物)为背景可以看出来。而正因为这样,本来是荒诞不经的奇闻异事,就提供出许多真实可靠的、有关信仰实态的材料。一些后出的僧史、僧传和佛家著述以及某些史书,往往也把这类传说作为真实记录纳入其中。还应注意到,这些"释氏辅教之书"提供了研究当时观音信仰的绝好材料,而这些著作本身的形成及其流传的史实也体现了观音信仰传播的形态和特征。

　　三部观世音应验故事专集在中土逸失这件事本身与中国佛教的发展形势有关,下面还将讲到。刘义庆《宣验记》、王琰《冥祥记》、侯君素《旌异记》等书有鲁迅辑本,收录于《古小说钩沉》,为研究者所习见。

　　早在日本学者涩谷泰亮所作《昭和现存天台书籍综合目录》(明文社,1943年)里,已著录"一轴,南北朝写,《观音应验记》,《吉水藏》——二四"。这里的"南北朝",是指日本历史上室町幕府初期在今奈良县的吉野朝和今京都府的京都朝两个王统对立时期,具体年代是1333—1392年;吉水藏指京都东山粟田口青莲院的经藏。青莲院是日本天台宗一所重要寺院,保存古代绘画、法物、书籍不少。天台宗重视观音信仰,是这部写卷得以在该寺留存的重要原因。后来赤松俊秀参加对京都文化财的调查,发表调查结果如下:

_____

①干宝《搜神记序》,《搜神记》,汪绍楹校注,中华书局,1979年。

　　纸数表纸浓纸一叶,纵九寸一分,横八寸。本纸白纸,墨
界线,二十二行。一纸纵九寸一分,横幅一尺五寸八分,四十
叶。全长三十六尺一寸。
　　书写年代推定镰仓时代中期。

镰仓时代指赖源朝在镰仓建立幕府时期,具体年代是 1192 年至
1333 年。1952 年,已故著名佛学家、时任京都国立博物馆馆长的
塚本善隆教授在《京都大學人文科學研究所創立二十五周年紀念
論文集》里发表了《古逸六朝觀世音應驗記の研究——晋谢敷、宋
傅亮〈觀世音應驗記〉》一文,刊出傅亮书的写卷及其研究成果。
1970 年,时为京都大学人文科学研究所教授的牧田谛亮发表专著
《六朝古逸〈觀世音應驗記〉の研究》,对三部书加以校勘、注解和
说。1988 年,三部书被日本政府指定为"重要文化财"。文化厅文
化财保护部认定,"据本书的书写风格判断,其年代不晚于平安时
代后期"[1]。平安时代具体指公元 794—1192 年。这样,这一写本
的年代又被提前了。这个写卷是在中国还是在日本书写已不能确
考。从错、漏字甚多情形推断,应当是不娴汉语的日本僧人抄写
的。由于年代久远,卷子已有剥蚀,又夹杂不少俗写,没有别本可
以参校,阅读起来甚为困难。1993 年,日本大阪大学教授后藤昭雄
在大阪府河内天野山金刚寺又发现一个拟名为《諸菩薩感應鈔》的
写卷[2],其观音部分有抄自上述三书的三十五条,即原书近半,可做
进行参校的材料。

　　三种书前都有序言,从中可以知道书的编撰动机与经过,也为
了解当时观音信仰的流传情况以及人们对这些传说的看法提供了
第一手材料。傅亮的《光世音应验记序》说:

_____

① 日本《月刊文化財》第 310 号,1989 年 7 月。
② 后藤昭雄《金剛寺藏〈佚名諸菩薩感應抄〉》,《説話文學研究》第 28 号,
　　1993 年。

> 右七条。谢庆绪往撰《光世音应验》一卷十余事，送与先
> 君。余昔居会土，遇兵乱失之。顷还此境，寻求其文，遂不复
> 存。其中七篇具识，余不能复记其事。故以所忆者更为此记，
> 以悦同信之士云。

谢庆绪名敷，庆绪是字，《晋书》卷九四《隐逸传》里有传，生卒年不
详，但可以肯定在 4 世纪下半叶。他以隐逸著称，广交僧、俗，为一
时闻人。他辑录观音应验传说十多个，送给傅亮的父亲傅瑗。傅
氏也是贵族官僚，傅瑗的父亲傅咸官至司隶校尉；傅瑗位至安平太
守。这种文献交流是当时上层士大夫间宗教信仰交往的一种形
态。经过孙恩之乱，原书佚失。后来傅亮根据自己的记忆重新笔
录其中七篇。可见傅亮或者非常熟悉这部书，或者是从父亲那里
熟知那些观音故事。总之，在傅亮的家庭里，这些故事是耳熟能详
的。他珍重地把它们再次记录下来，是要"以悦同信之士"，即意在
与信仰观音的同道交流。

《续光世音应验记序》说：

> 右十条。演少因门训，权奉大法，每钦服灵异，用兼勉慨。
> 窃怀记拾，久而未就。曾见傅氏所录，有契乃心。即撰所闻，
> 继其篇末，传诸同好云。

张氏也是历世习佛的士族，这在后面还将较详细地讲到。他读了
傅氏的书，"有契乃心"，即有深得我心之感；又表明自己本来就"钦
服灵异"，即对观音灵验早已信向不疑，所以把自己搜集的相关传
说记录下来，附在原书之后。这也表明在他的想法里，还没有"创
作"的观念，只想为了传信把自己知道的传说公布出来。

《系观世音应验纪序》写得更详细：

> 陆杲曰：昔晋高士谢字庆绪记光世音应验事十有余条，以
> 与安城太守傅瑗字叔玉。傅家在会稽，经孙恩乱，失之。其子
> 宋尚书令亮字季友犹忆其七条，更追撰为记。杲祖舅太子中

舍人张演字景玄又别记十条，以续傅所撰。合十七条，今传于世。杲幸邀释氏遗法，幼便信受。见经中说光世音，尤生恭敬。又睹近世书牒及智识永传，其言威神诸事，盖不可数。益悟圣灵极近，但自感激。信人人心有能感之诚，圣理谓有必起之力。以能感而求必起，且何缘不如影响也。善男善女人，可不勖哉！今以齐中兴元年，敬撰此卷六十九条，以系傅、张之作。故连之相从，使览者并见。若来哲续闻，亦即缀我后。神奇世传，庶广飨信。此中详略，皆即所闻知。如其究定，请俟飨识。

陆杲的态度和前面两位类似：他自幼即信仰佛法，而对观音"尤生恭敬"，对书籍和士大夫间流传的观音"威神诸事"更是十分"感激"。他为了"神奇世传，庶广信向"，更广泛地搜求这类传说达六十九条之多。他同样希望后来人继续自己的工作，并坚信"人人信有能感之诚，圣理谓有比起之力"，期望以自己的记录感召更多的人更虔诚地供养观音。

如前所述，除了这几种专门的故事集之外，在后世所谓"志怪小说"集如刘义庆的《宣验记》、王琰的《冥祥记》等著作里也收录不少观音传说。按鲁迅《古小说钩沉》辑本，《宣验记》三十五条中观音传说占十条；《冥祥记》一百三十一条中观音传说三十四条，可知这类内容在这一时期传说中占有的比重，也显示编者心目中对于这类故事的重视程度。后来王琰写作《冥祥记》，缘起即是供养观音而有感于灵迹，宣教的目的十分明确。序言说：

　　琰稚年在交阯，彼土有贤法师者，道德僧也。见授五戒，以观世音金像一躯，见与供养；形制异今，又非甚古，类元嘉中作。熔镂殊工，似有真好。琰奉以还都。时年在龆龀，与二弟常尽勤至，专精不倦。后治改弊庐，无屋安设，寄京师南涧寺中。于时百姓竞铸钱，亦有盗毁金像以充铸者。时像在寺，已经数月。琰昼寝,梦见立于座隅,意甚异之。时日已暮,即驰迎还。其夕,南涧十余躯像,悉遇盗亡。其后久之,像于曛暮间放光,显照三尺许地,金辉秀起,焕然夺目。琰兄弟及仆役同睹者十余人。于时幼小,不即题记;比加撰录,忘其日月,是宋大明七年(463)秋也。至泰始(465—471)末,琰移居乌衣,周旋僧以此像权寓多宝寺。琰时暂游江都,此僧仍适荆楚;不知像处,垂将十载。常恐神宝,与因俱绝。宋升明(477—479)末,游蹑峡表,见此沙门,乃知像所。其年,琰还京师,即造多宝寺访焉。寺主爱公,云无此寄像。琰退,虑此僧孟浪,将遂失此像,深以惆怅。其夜,梦人见语云:"像在多宝,爱公忘耳,当为得之。"见将至寺,与人手自开殿,见像在殿之东众小像中,的的分明。诘旦造寺,具以所梦请爱公。爱公乃为开殿,果见此像在殿之东,如梦所睹。遂得像还。时建元元年(479)七月十三日也。像今常自供养,庶必永作津梁。循复其事,有感深怀;沿此征睹,缀成斯记……①

这篇序言本身即细腻地记述了一个观音信仰的典型事例。这部书的《释慧进》条有"前齐永明(483—493)中"字样,可知这部书完成于梁初,序言记载的是作者王琰幼年几十年间的事:他在交趾得到一尊观音金像,一生中屡经转徙,目睹观音像的灵迹,十余年间失而复得,可见他本人信仰之诚笃。正是出于这种真挚信仰,他写下一批佛教灵验故事,集录成书,其中包括许多观音灵验传闻。

　　这些署名不同的书里的观音传说有相当一部分是相互重复的。特别是后出的《冥祥记》,不少故事显然抄录自前人作品(当然文字上有改动):从《光世音应验记》的七条里抄录六条;有十七条和《系观世音应验记》相重复。这些书前后形成关系比较复杂。

---

①《鲁迅辑录古籍丛编》第1卷第313—314页。录文括号中公元纪年为作者注。

《系观世音应验记》已提到王琰的书,或许张演在写作过程中曾参考过它;也有可能二人同样得自传闻,来源于不同渠道。不论实情如何,这种现象可以证明,当时人传说这些故事,观念上并不把它们当作个人杜撰,而是记录所见或所闻的"事实",用作传信的验证。今天人们把这类作品当作志怪小说的一种,是从文学创作角度来认识它们;而从宗教信仰的角度看,这些传说乃是佛教信徒个人宗教体验的实录。把它们记录下来,作为信仰的见证,又用作宣教的材料,在信徒间交流。流传到今天的这些文献,给我们提供了宗教史和社会史的生动资料,是当初记录者始料不及的。

三部观音应验故事集全部八十六条故事里,以僧侣为主人公的占二十八条,其他五十八条都是俗人为主角。俗人中则仅少数是大臣、将军、官僚,更多的是小吏、平民,包括下级军士、普通士人、饥民、商贩、渔夫、猎师、俘虏、罪囚、劫贼、寡妇等等。刘义庆《宣验记》里的十个故事全都是记录俗人体验的观音灵验的,其中两个人是妇女。这些故事里所写的主人公有的原来并不信佛,有的甚至是反佛的,按书里的记述,他们经过观音灵验感召,都成了虔诚的信仰者。困苦无告的一般百姓如此成为这些故事表现的中心,是和当时一般著述不同的,从而也就真切反映了下层民众乃是这一时期观音信仰潮流的主体。大约和早期观音传说同时期写成的《搜神记》,记载的主要是"古今神祇、灵异、人物变化"①;编写《宣验记》的刘义庆的另一部更有名的著作《世说新语》,则被称为"名士玄谈的百科全书"。它们表现的主要是贵族、士大夫等特权阶层的人物。中国的所谓"正史",更无例外地被讥评为帝王将相的家谱。而这些观音灵验传说却把普通百姓当作主角,表达一般民众的苦难和他们解脱苦难的祈求、愿望与努力,传达他们的心声。这类作品在佛教发展历史上具有重大意义,作为反映当时民众生活

①《晋书》卷八二《干宝传》,第2150页。

和他们的精神世界的真实记录,又是社会史的不可替代的宝贵资料。

　　就现存三部应验记的记载分析,八十六个故事背景在北方的五十个,南方的三十个,外国的三个,三个地点不明。尽管故事的编撰者都是南方士人,记录的大部分传说却是关于北方的。这是因为当时北方在少数族渠帅的劫夺杀戮之下,民众所受苦难更为深重,观音信仰也更为普及。再从三部书的构成加以分析,《光世音应验记》和《续记》条目不多,在组织安排上看不出什么顺序;而《系记》共有六十九条,则是按《普门品》和《请观音经》的救济事项分类安排的,并在每部分后面加上内容的说明。如前三条之后写道:"右三条。《普门品》云:'设入大火、火不能烧。'"接下来的六条之后写道:"右六条。《普门品》云:'大水所漂。'"以下,"罗刹之难"一条,"临当被害"八条,"检系其身"二十二条,"满中怨贼"十四条,"设欲求男"一条等。五十六条以后是按《请观音经》编排的,"示其路径"五条,"接还本土"四条,"遇大恶病"三条,"恶兽怖畏"两条等。如果把这些项目按自然灾害和人为祸患大体加以划分,属于人为祸患的有"临当被害""检系其身""满中怨贼""示其路径""接还本土"等项,计五十三条,即占总数的大部分。这也反映当时人已意识到人为的、社会的灾难是人们生活中面临的主要苦难,是亟需解救的。

　　所有这些观音传说都以救苦救难为主题。这也是被称为"救苦观音"信仰的唯一重心。对照之下,没有表现解救贪、嗔、痴所谓"三毒"的精神上的"灾难"的。这种属于宗教修持的内容显然不被重视。这些故事当然要宣扬信仰,但情节都十分简单;创作者和传说者也做些议论,但其中不见什么深奥说教,更不去探讨或解释患难的根源。如此不做解说实际也是一种解说:相信观音可以施救本身就意味着承认患难是外加的、不合理的,是可以改变的。其否定"命定论"的社会批判意味是相当显著的。

传说中所表现的社会祸患，又特别突出被杀害、被囚系、逢怨贼等暴力行为，主要又是统治者施加的军事的、政治的暴力，从而反映出强烈的现实批判精神。如《光世音应验记》第三条：

> 石虎死后，冉闵杀胡。无少长，悉坑灭之。晋人之类胡者，往往滥死。时邺西寺中有三胡道人，共计议曰："冉家法严，政复逃遂，同无逸理。光世音菩萨救人危厄，今唯当至心自归。"乃共诵经请乞，昼夜不懈。数日后，收人来至，围寺一匝。三人拔刀入户，欲各杀之。一道士所住讲堂壁下，先有积杖。一人先来，举刀拟之而诛。中积杖，刃曲如钩，不可得拔。次一人又前斫之，刀应手中，即一段飞在空中，一段反还自向。后余一人，见变如此，不敢复前，投刀谢之："不审上人有何神术，乃令白刃不伤？"道士答曰："我实无术。闻官杀胡，恐自不免，唯归心光世音。当是威神怜佑耳。"此人驰还白闵，具说事状。闵即敕特原三道士。道壹在邺亲所闻见。

后赵石虎死于太宁元年（晋永和五年，349），继而发生内乱，武兴公石闵（即冉闵）杀掉举兵自立的石遵，立石鉴，自称大将军，"知胡之不为己用……一日之内，斩首数万。闵亲帅赵人以诛胡、羯，无贵贱、男女、少长皆斩之，死者二十余万"[1]。这就是傅亮书中所说"冉闵杀胡"事。故事里写的是在滥杀无辜中三个"胡道人"的遭遇，被当作一位有名的和尚道壹的"闻见"记录下来。再看《系观世音应验记》里的另外两件事：

> 张崇，京兆杜陵人也，本信佛法。晋太元中，苻坚败，时关中人千余家归尽。中路为方镇所录，尽杀，虏女。崇与五伴并械手脚，埋地没腕，相去各廿步。明日欲走马射之。崇无复计，唯归念观世音。中夜，械忽自破，身得出土，因此便走，遂

_____

①《资治通鉴》卷九八《晋纪·永和五年》，第3099—3100页。

得以免。崇深痛诸存亡,遭此无道,乃唤观世音,又礼十方佛。以一大石置前致即曰:"我今欲过江,谒晋帝,理此冤魂及其妻息。若心即获果,此石当破为二片。"旋一通石即成两。崇遂至江东,发白虎樽,具列冤状。孝武即敕:凡归晋人被掠卖者,皆得为民。智生道人自所亲见。

这是晋孝武帝太元八年(383)魏、晋"淝水之战"以后的事。历史上记载东晋立国后大量北方民众逃往南方,这里描写这些逃亡的流民被军人当作俘虏捕捉,男人被尽数杀掉,女人被虏获,而屠戮时走马习射当作儿戏。又:

> 道人释开达,以晋隆安二年北上垄掘甘草。时羌中大饿,皆捕生口食之。开达为羌所得,闭置栅里,以择食等伴肥者,次当见及。开达本谙《观世音经》,既急,一心归命。恒潜讽诵,日夜不息。羌食栅人渐欲就尽,唯余开达与一小儿,以拟明日当食之。开达急,夜诵经,系心特苦。垂欲成晓,羌来取之。开达临急愈至,犹望一感。忽然见有大虎从草趋出,跳距大叫。诸羌一时怖走。虎因栅作一小穴,足得通人,便去。开达仍将小儿走出,逃叛得归。

晋安帝隆安二年(398)是道武帝天兴元年,这是北魏立国之初,史称其时"制定京邑……其外四方四维置八部帅以监之,劝课农耕,量校收入,以为殿最。又躬耕籍田,率先百姓,自后比岁大熟……"[1],这时当北魏初建,史书上记载为发展生产、安定民生的兴盛时期,而饥馑情形如此。民众靠挖掘草根维持生命,而军人则捕捉活人为食粮,这表现的是"人吃人"的残酷现实。

以上这类令人发指的悲惨事件,在当时都是非人力所能抗拒的可怕的灾祸。这种环境正是观音信仰得以滋生和发展的现实土

---

① 《魏书》卷一一〇《食货志》,第 2850 页。

壤。处于绝望之中的人们求救于观音。这当然是软弱的、不切实际的幻想,却表达了他们希望改变命运、对抗苦难的强烈心愿。而且,这种信仰心往往又确实使赤手空拳的无告平民得到挣扎、生存的精神支持。这种宗教信仰的力量是不能低估,更是不可轻视或轻率地加以否定的。

考察这些观音应验故事还可以发现,在观音的拯济力量面前,传统伦理往往不起什么作用。中土传统的报应观是"积善之家必有余庆,积不善之家必有余殃",就是说,得到报应的善恶有伦理上的"善"与"不善"为依据。可是在观音救济灵验中却看不出这种伦理起什么作用。起决定作用的首先是观音的无所不在、无所不能的慈悲,再就是祈愿者的诚挚坚定的信仰心。如《系观世音应验记》里的高荀一事:

> 高荀,荥阳人也,居北谯中,惟自横忿。荀年五十,□吏政不平,乃杀官长,又射二千石。因被坎,辄锁颈,内土硎中。同系有数人,共语曰:"当何计免死?"或曰:"汝不闻西方有无量佛国,有观世音菩萨,救人有急难归依者,无不解脱。"荀即悚惕,起诚念,一心精至,昼夜不息。因发愿曰:"若我得脱,当起五层塔供养众僧。"经三四日,便钳锁自脱。至后日,出市杀之,都不见有钳锁。监司问故,荀其以事对。监司骂曰:"若神能助汝,破颈不断则好。"及至斩之,刀下即折。一市大惊,所聚共视。于是须令绞杀,绳又等断。监司方信神力,具以事启,得原。荀竟起塔供僧,果其誓愿。

高荀不堪吏治酷苛,杀害了长官,是以武力反抗官府的叛逆者。按世俗伦理和传统报应观念,是犯了法,不能得到好报。可观音却救了他。《系记》第十九条里的盖护"系狱应死",后来得救了,也并没有说他为人如何,犯了什么罪;第三十八条唐祖丞"作大市令,为藏盗,被收",本是隐藏盗贼的人,同样获得观音救济。在这些故事里,一方面表现观音慈悲无限,威力无边,无论什么人只要虔诚地回向,都会得救;另一方面又表明当时的观音信仰还没有和中土传统伦理观念协调起来,观音的救济被看作是绝对的,不受任何外在约束的。实际上,在当时残暴的现实环境中,社会纲纪破坏,传统统治伦理已不再起什么作用,人们因而也就不再顾及它们。从这样的角度看,当时的一些观念故事又体现反社会体制和反传统道德的倾向。

这些传说里表现的民众的信仰单纯而强固,显得"愚妄"。这也是处在水深火热之中的民众的真实心态。这种单纯的信仰,通过略陈梗概的记述表达出来,故事情节基本限定在灾难——归心——得救的简单框架里,表述明显是概念化、程式化的。从写作技巧看,这样的写法显得幼稚。这也是因为受到早期叙事作品发展水平的限制。不过这一个个传说的相对简单的、显得重复的情节,让读者或听者反复地接受,再加上情节本身不可思议的神奇怪异,也就会产生撼动人心的力量。

这些传说中也有叙写比较精致的,这在古代叙事文学作品中算是发展程度较高的。如《光世音应验记》中窦傅事:

> 窦傅者,河内人也。永和中,高昌、吕护各权部曲,相与不和。傅为昌所用,作官长。护遣骑抄系,为所俘执。同伴六七人共系一狱,锁械甚严。克日当杀之。沙门支道山时在护营中,先与傅相识。闻其幽执,至狱所候视之,隔户共语。傅语山曰:"困厄,命在漏刻,何方得救?"山曰:"人事不见其方,唯光世音菩萨救人危难。若能至心归请,必有感应。"傅亦先闻光世音,及得山语,遂专心属念,昼夜三日,至诚自归。内观其锁械,如觉缓解,有异于常。聊试推荡,摧然离体。傅乃复至心曰:"今蒙哀佑,已令桎梏自解。而同伴尚多,无情独去。光世音神力普济,当令俱免。"言毕,复幸挽余人,皆以次解落,若有割剔之者。遂开户走出,行于警徼之间,莫有觉者。便逾城

径去。时夜已向晓。行四五里，天明，不敢复进。共逃隐一蓁中。须臾，觉失囚，人马络绎，四出寻捕，焚草践林，无幽不遍。唯傅所隐处一亩许地，终无至者。遂得免脱，还乡里。敬信异常，咸信奉佛法。道山后过江，为谢庆绪俱说其事。

这是军阀间互斗罹殃的故事。其中支道山是观音信仰的宣扬者。他说的观音灵验的话，立即被事实证实了。这个故事情节比较复杂，已经注意到细节描写，特别能够比较细腻地展现人物心理变化，在当时的叙事文字中是少见的。

六朝志怪、志人小说多写奇闻异事，体现当时人好奇尚异的艺术趣味；观音灵验故事则示人以不可思议的怪异之事，以高度悬想和夸张的手法，突显出观音不可思议的威力。如《续光世音应验记》第六条：

道人释僧融，笃志泛爱，劝江陵一家，令合门奉佛。其先有神寺数间，亦与之，充给僧用。融便毁撤，大小悉取，因留设福七日。还寺之后，主人母忽见一鬼，持赤索，欲缚之。母甚忧惧，乃便请沙门转经，鬼怪遂自无。融后还庐山，道独宿逆旅。时天雨雪，中夜始眠。忽见鬼五五甚众。其一大者带甲挟刀，形甚壮伟。有奉胡床者，大鬼对己前据之。乃扬声厉色曰："君何谓鬼神无灵耶？"便使曳融下地。左右未及加手，融意大不熹，称念光世音。声未及绝，即见所住床后，有一人，状若将帅者，可长丈余，着黄染皮袴褶，手提金杵以拟鬼。鬼便惊惧散走，甲胄之卒忽然粉碎。经云："或现将军身，随方接济。"其斯之谓与？

这个故事是"罗刹之灾"的变形，是站在佛教立场上反对与中国本土宗教信仰的，也是中国早期的不怕鬼故事之一。其中鬼怪出现的骇人场面和主人公的坚定无畏被用笔简略却鲜明生动地描写出来。事情越是神奇，越能够证明观音施展威力的强大，也越表现出信仰的坚定。又彭城姬故事：

> 彭城姬者，家世事佛。姬唯精进，亲属并亡。唯有一子甫
> 能教训。儿甚有孝敬，母子慈爱，大为无伦。元嘉七年，儿随
> 到彦之伐虏。姬衔涕追送，唯属戒归依观世音。家本极贫，无
> 以设福。母但常在观世音像前燃灯乞。即儿于军中出取获，为
> 虏所得。虏其叛亡，遂远送北塈。及刘军复还，而姬子不及。唯
> 归心灯像，犹欲一望感激。儿在北亦恒常在念，日夜积心。后
> 夜，忽见一灯，显其白光。诚往观之，至轻，失去。因即更见在
> 前，已复如向，疑是神异，为自走逐。比至天晓，已百余里。惧有
> 见追，藏住草中。至暝日没，还复见灯。遂昼停村乞食，夜乘灯
> 去。经历山险，恒若行平。辗转数千里，遂还乡。初至，正见母
> 在像前，伏灯火下。因悟前所见灯即是像前灯也……

这一条与刘义庆《宣验记》里的车母故事略同。其中母子亲情感动
了观音前来救护，母亲伏在灯前的场面很能打动人心，灯火引路的
设想神奇怪异，又具有比喻含义，大胆悬想和夸张也造成强烈感人
的效果。较后出的王琰《冥祥记》里往往对前人同一故事的记载表
示"不满"，如《系观世音应验记·释法纯道人》条最后说："临川康
王《宣验记》又载竺慧庆、释道听、康兹、顾迈、俞久（鲁迅《宣验记》
辑本作"俞文"）、徐广等遭风，杲谓事不及此，故不取。"类似的说明
还有几处。所谓"事不及此"，是说前人所述传闻的生动感人有所
不及，缺乏打动人心的神奇感和鼓动力。这也表明当时写作和流
传这些传说对于表现艺术技法又是有所追求的。

《光世音应验记》第六条是徐荣乘船遇到飓风得救的故事，最
后说：

> 与荣同舟者，有沙门支道蕴，谨笃士也，具见其事。后为
> 余说之，与荣同说。

这里特别指出传说这个事件的支道蕴是诚实可靠的人，他亲口对

"余"说,可见传闻不虚。前引高荀一事,亦见《宣验记》,他罪在不赦,又被锁颈,陷在土窖里,本无逃生希望,可是由于归依观音,不但钳锁自脱,而且刀斩、绳绞均得不死,以至监司都不得不信有神力。有注解曰:

> 郭缘生《述征记》云,高荀寺在京县,晋太元中造。荀乃自卖身及妻子以起之。戴祚记亦道如此。

这也是就传说流传情况所作的专门说明,以表明其真实可靠。这类"征实"的说明在观音灵验传说里散见多处。观音灵验故事本来是宗教体验的产物,当事人当作事实来传播,听者或读者作为事实来接受,对于受苦受难、渴求救济的民众这些故事是真实可信的,也就更坚定了信仰心;下层民众大多数没有阅读经典、理解教理的能力,这些故事也成为接受信仰的不可替代的渠道。

日本学者小南一郎分析说:

> 当时的佛教信仰的内容十分真挚,所以它具有向信徒们赋予对待社会和生活的视点的能力。用这样的视点来记录外界的事实时,虽然常常为了保护佛教而有意无意地歪曲事实,但在被歪曲了的事实背后仍然存在着真正的事实。所以只要透视到佛教性故事的背后,我们就会接触到当时社会的生动情景。这种特点,比起其它由惰性因袭产生的志怪小说来,佛教性小说是绝无仅有的。①

这样,流传到今天的这些观音应验故事,可以清楚反映两个层面的历史事实:一是这些故事所表现的"事实",其中的人物都是观音信仰者和这种信仰的传播者,从他们的言行里,可以看出当时人的信仰心多么坚定和虔诚;再是当时人积极地接收、流传这些故事,把它们当作无可怀疑的事实来看待并积极地宣扬、传播,历史上强大

---

①《观世音应验记三种排印本跋》,《观世音应验记三种》第84页。

的信仰潮流就是这样形成起来的。

　　下面，具体分析社会不同阶层传播和推动这一潮流的情况。

三

　　制作和宣扬观音灵迹的人首先应是僧侣。作为证明佛教灵验的重要手段，他们在宣教中用这方面的内容来吸引、教化广大信众。晋宋以降，佛教开始普及到社会上下。以支遁为代表的那些有文化的僧侣活跃在社会上层，和官僚、名士们相交往，把佛理引入玄谈，或者用谈玄的方式来讲论佛理。这是后来佛教义学的滥觞，开启齐梁时期大寺里义学沙门和贵族士大夫信徒讲习经论、探讨教理的先河。另有更多活跃在社会底层的僧侣则迎合广大群众渴求宗教救济的心理，更注重信仰实践。这些人许多是虔诚的观音信仰者，其中有些人有过亲历或耳闻目睹观音灵验的宗教体验，热诚地把那些灵验作为"事实"传播到广大群众之中。应当指出，从宗教学角度看，那些宗教神秘体验，不能简单地说成是有意"捏造"或"欺骗"。观音应验故事被当作"实事"来传说，传说者和接受者都是以极其真挚的信仰心来对待，从而对于人们的精神世界，进而对于社会生活发挥的作用也是相当重要、巨大的。看似愚妄的幻想或荒诞的传闻，一旦被转化为信仰中的"事实"，就有了"真实"的含义与价值。这也成为宗教社会学和宗教心理学研究和论证的严肃课题。在讨论观音灵验故事这样的题目时，明确这一点是十分重要的。

　　包括《普门品》的《正法华》传译之后，西行求法的僧侣们陆续传入新的《观音经》。这在前面已经讲到。他们其中有些人又是观音信仰的热诚传播者。如上所述，观音信仰在印度本土没有产生在中国佛教史上那样重大的影响,但对于西行求法僧人,佛教源头之地那些观音圣迹对他们的感动是可以想象的。前面已经说过,4世纪末法显的《佛国记》里说到摩头罗国即玄奘《大唐西域记》里的秣菟罗国,"摩诃衍人则供养般若波罗密、文殊师利、观世音等"。在自西北印到西印直至恒河流域各地,考古发掘已发现5世纪以后的许多观音造像,如萨尔那陀发现的立像、那烂陀第二塔院附近发现的立像都很有名,证明当地观音信仰的流行情形。这些地区的观音崇拜和发达的净土信仰有关系。《大唐西域记》里记载南印秣罗矩吒国"秣剌耶山东有布呾落迦山"的描述,其中说"山径危险,岩谷敧倾。山顶有池,其水澄镜,派出大河,周流绕山二十匝,入南海。池侧有石天宫,观自在菩萨往来游舍。其有愿见菩萨者,不顾身命,厉水登山,忘其艰险,能达之者,盖亦寡矣。而山下居人,祈心请见,或作自在天形,或为涂灰外道,慰喻其人,果遂其愿"①。据考这里的布呾落迦山就是《华严经》里的"光明山",后来新译的"补陀洛迦山"。求法僧人参拜这些圣地,更加强固了崇拜观音的信仰心。后来瑜伽密教兴起,观音在其中占有更重要的地位,考古发现8世纪以后印度密教所造观音像大为增多。印度佛教不断给中土的观音信仰提供资源,这在求法僧人的活动和相关著作里多有描述。

东晋法显(337—422)是西行求法史上的重要人物。他在取经、译经和向中土介绍印度佛教方面做出了前无古人的重大贡献②。他排除万难、为法忘身、西行求法,推动了中土西行求法活

①《大唐西域记校注》卷一〇《秣罗矩吒国》,第861页,中华书局,1985年。
②法显从印度带回一批重要经典,其中他亲自传译的《大般泥洹经》六卷是大乘《涅槃经》的第一个译本,向中土介绍了印度大乘佛教涅槃思想的新潮流;他带回《摩诃僧祇律》和《弥沙塞律》(《五分律》)两部广律并亲自参与翻译了前一部,推进了中国佛教戒律建设。这两项是他对于中国佛教发展的划时代贡献。

动,更给后人做出了榜样。他又是观音信仰的实践者和宣扬者。以他的崇高地位和声望,在这方面所造成的影响必然是十分巨大的。前面说到他的《佛国记》里有关印度摩头罗国信仰观音的记载。《佛国记》还记述他浮海东还时,自师子国(今斯里兰卡)至耶婆提国(今印度尼西亚爪哇岛或苏门答腊岛),"东下二日,更值大风,船漏入水……法显亦以君墀及澡罐并余物弃掷海中,但恐商人掷去经像,唯一心念观世音及归命汉地众僧:'我远行求法,愿威神归流,得到所止。'如是大风昼夜十三日,到一岛边";后来自耶婆提到长广郡界(今山东莱西市境内),"复随他商人大船,上亦二百许人……东北行,趣广州。一月余日,夜鼓二时,遇黑风暴雨。商人、贾客皆悉惶怖,法显尔时亦一心念观世音及汉地众僧。蒙威神佑,得至天晓"。法显自称"不顾微命,浮海而还,艰难具更,幸蒙三尊威灵,危而得济"[①]。"三尊"指佛、法、僧,包括观音。他相信观音有转危为安的救济之力。解救海难本是观音济"七难"的功德之一,法显以自己的亲身经历替观音这一功德的"威灵"作了注解。

法显《佛国记》里记载,西行同行人陪同到达于阗的有名为慧达者,本名刘萨阿[②]。后来围绕这个人物形成情节复杂的传说,并把他说成是观音显化,详细情形后面还将提到。由此亦可显示法显周围观音崇拜的气氛。

宋黄龙国沙门昙无竭,即前面介绍曾翻译过古密教《观音经》的那个人。他听说法显等躬践佛国,于永元初年(420)亦召集同志二十五人西行。他们经过高昌、龟兹、沙勒诸国,登葱岭,度雪山,至罽宾国(今阿富汗东北部至克什米尔一带),学习梵语、梵书,在

---

①《法显传校注》第167、171、177页。

②《高僧传》卷一三《兴福》有《晋并州竺慧达传》,据考即为与法显同行的慧达。《续高僧传》卷二六《感通上》亦有《魏文成沙门释慧达传》,为同一人,谓姓"刘",名"窣和",下册第981页。"刘萨阿"的"阿"在不同文献里或作"河""何""荷""诃"。

那里求得《观世音受记经》梵文一部并亲自翻译成汉语。他本人也是热烈的观音信仰者,出行即携带着《观世音经》。当他"行向中天竺界。路既空旷,唯赍石墨为粮,同侣尚有十三人,八人于路并化,余五人同行。无竭虽屡经危棘,而系念所赍《观世音经》未尝暂废。将至舍卫国,中野逢山象一群,无竭称名归命,即有师子从林中出,象惊慌奔走。后度恒河,复值野牛一群,鸣号而来,将欲害人。无竭归命如初,寻有大鹫飞来,野牛惊散,遂得免之。其诚心所感,在险克济,皆此类也"①。这样的灵验故事当然是他本人传出的。

求那跋陀罗(394—468)是著名天竺译师,于元嘉十二年(435)经师子国泛海来到广州,后来被迎请到建康。他译出《楞伽经》《胜鬘经》《相续解脱经》等重要大乘经。其中前者是大乘禅的总结性著作,对后世中土禅宗的发展造成深远影响;后二者则是新兴起的瑜伽行学派经典,他是真谛以前这一学派经典的重要译家。他也是热诚的观音信仰者。在自师子国来华途中,"随舶泛海。中途风止,淡水复竭,举舶忧惶,跋陀曰:'可同心并力念十方佛,称观世音,何往不感?'乃密诵咒经,恳到礼忏。俄而,信风暴至,密云降雨,一舶蒙济,其诚感如此"。他所诵咒经,应当就是已有汉译的《请观世音菩萨消伏毒害陀罗尼咒经》。以后他来到江南译经,住江陵辛寺,翻译了《无量寿经》;又应南谯王刘义宣(415—454)之请,宣讲《华严经》。他"自忖,未善宋言,有怀愧叹,即旦夕礼忏,请观世音,乞求冥应。遂梦有人白服持剑,擎一人首至其前,曰:'何故忧耶?'跋陀具以事对,答曰:'无所多忧。'即以剑易首,更安新头。语令回转,曰:'得无痛耶?'答曰:'不痛。'豁然便觉,心神喜悦。旦起,道义皆备领宋言,于是就讲"。又"元嘉将末,谯王屡有怪梦,跋陀答云:'京都将有祸乱。'未及一年,元凶构逆。及孝建(454—456)之初,谯王阴谋逆节,跋陀颜容忧惨,未及发言,谯王问

---

① 《高僧传》卷三《宋黄龙释昙无竭传》,第94页。

其故，跋陀谏诤恳切，乃流涕而出曰：'比无所冀，贫道不容扈从。'谯王以其物情所信，乃逼与俱下。梁山之败，大舰转迫，去岸悬远，判无全济，唯一心称观世音，手捉筇竹杖，投身江中，水齐至膝，以杖刺水，水流深驰，见一童子寻后而至，以手牵之，顾谓童子：'汝小儿何能度我？'恍惚之间，觉行十余步，仍得上岸，即脱纳衣欲偿童子，顾觅不见，举身毛竖，方知神力焉"①。他是外来僧人，来到宋地，京师远近冠盖相望，著名文人颜延之（384—456）束带造门，彭城王刘义康（409—451）、丞相南谯王刘义宣并师事之；梁山遇难时，为宋督军王玄谟（388—468）所得，把他送到京城。而这其中的一些人是观音信仰者。可以推测，这样的交往对传播信仰起了相当作用。

中土僧侣中信仰观音成为风气。如宋寿春石涧寺僧导"十岁出家，从师受业，师以《观世音经》授之"②。僧导是小沙弥，刚刚出家，《观音经》成为寺院的启蒙教材。北周僧宝象，武陵王令讲《请观音经》，因为当时该经本无疏释，他随宜自作疏本③。就是说，僧人能够自己写作讲解《观音经》的简单、通俗读物。这都可见《观音经》流行的一端。活动在社会上层、有一定地位的大僧，多有热衷宣扬观音信仰的。如竺法义，曾在京城大开讲席，王导、孔敷并承风敬友，后来回到始宁（今绍兴市上虞区）的保山，受业弟子常数百人，"咸安二年（372），忽感心气疾病，常存念观音，乃见一人，破腹洗肠，觉便病愈"④；至宁康三年（375），孝武帝征请入都；太元五年（380）去世，备极荣崇。傅亮曾说"余先君少与游处。义每说事，则凛然增肃"⑤，这表明傅瑗和他有密切交往，并曾亲受他的教导。宋

①《高僧传》卷三《宋京师中兴寺求那跋陀罗传》，第132页。
②《高僧传》卷七《宋寿春石磵寺释僧导传》，第280页。
③《续高僧传》卷八《周潼州光兴寺释宝象传》，上册第269页。
④《高僧传》卷四《晋始宁山竺法义传》，第172页。
⑤《光世音应验记》，《观世音应验记三种》第9页。

僧苞善讲论,"王弘(379—432)、范泰(355—428)闻苞论议,叹其才思,请与交言,仍屈住祇洹寺,开讲众经,法化相续。及陈郡谢灵运闻风而造焉"①。有一段关于他的传闻:"昔尝出行,见官司送六劫囚。囚见道人,告曰:'我必无活理,道人事何神?能见救不?'有一阿练莫知所从,语之曰:'有观世音菩萨,能救众生。汝至心念之,便可脱。'囚大欢喜。于是囚共存念。行从一市郭过,部送共饮酒,因尔醉卧,悉脱衣仗。诸囚夜忽觉枷锁自宽,试动即脱。因取人袄官仗,著之而去。"②其他如道汪,为宋孝武帝所重,迎请为京城中兴寺主;昙颖,和江夏王刘义恭、张畅结好,也都传有观音灵迹的切身体验。这些都是在社会上广有影响的大和尚。

反映活动在民间的普通僧众观音信仰的事例更多。仅三部《应验记》里,以僧侣为主人公的就占二十八条,即占总数八十六条的百分之三十强。有些普通道人没有留下名字,以下是见于《系观世音应验记》的:

> 北有一道人,于寿阳西山中行。忽有两人出劫之,缚胛著树,欲杀,取衣物。道人至心唤观世音。遂劫斫之不入。因自大怖,放舍而去。

> 魏虏主尝疑沙门作贼,有数百道人悉被收。取一寺主,以绳急缠颈至脚,取明日先斩之。寺主怖急,一心念观世音。夜半即觉绳宽。及晓,索然都断。既得解脱,即便走。明日监司来,不见之。是知神力所助,即白虏主。明诸僧不反,遂得一时放散。

> 河北有老尼,薄有资财,为贼所掠。尼既无他计,仰天绝唤观世音。忽闻空中有噫噫声,响振远近。群盗惊怖,一时走散,诸物皆得不失。③

---

① 《高僧传》卷七《宋京师祇洹寺释僧苞传》,第271页。
② 《系观世音应验记》,《观世音应验记三种》第39页。
③ 《观世音应验记三种》第26、37—38、45页。

这些故事的主人公名字已经佚失，当是活动在民众间的一般僧尼。相关传说乃是出自他们本人的宗教体验。他们传播这些体验来教化民众，也有意提高自己在民众中的声望。

在这个时期还流传出一些净土观音传说。如义熙（405—418）初，山阴嘉祥寺沙门忽然得病，寝疾少时，自知必尽，乃屡想安养（西方净土），诚祈观音。山阴北寺有净严尼，宿德有戒行，夜梦观世音从西郭门入，清晖妙状，光映日月，幢幡华盖以为七宝庄严，见便作礼。问曰："不审大士今何所之？"答曰："往嘉祥寺迎虔公。"因而便卒①。又宋交趾仙山寺释昙弘，晚年住仙山寺，诵《无量寿》及《观音经》，誓心安养，孝建二年（455）于山上聚薪，自焚而死。死时村民见弘身黄金色，乘一金鹿西行②。又齐蜀灵建寺沙门释法琳，常祈心安养，每诵《无量寿》及《观音经》辄见一沙门，形甚姝大，常在琳前，建武二年（495）死时，见诸贤圣皆集目前③。净土观音后来在中国佛教中得到广泛弘传，在晋宋以降的僧侣间已开其端绪。

又三部《应验记》所记载传说不少又是僧侣亲自传出的。如《光世音应验记》第二条帛法桥事，其人沙门多有识之者，竺僧扶是他门下的沙弥，故事传出大概与此人有关；第三条郫西三胡道人事，则是僧道壹在郫所闻；第四条窦传事，为道山自江北到江南亲自对谢庆绪说；第六条徐荣事，为沙门支道蕴向作者述说；第七条是沙门竺法义事。这样，《光世音应验记》的七条里就有五条出自僧侣。《续光世音应验记》第一条是徐义为"慧严法师说其事"；第九条义熙中土人事是毛德祖向"法崇法师说其事"；第三条惠简道人、第五条道泰道人、第六条释法融所述都是僧侣事；其余未说明传出途径各条，其中肯定有一些是僧侣传出的。《系观世音应验记》后出，流传途径较为复杂，这与信仰在更广泛层面传播的形势

---

①《高僧传》卷五《晋山阴嘉祥寺释慧虔传附净严传》，第209页。
②《高僧传》卷一二《齐交趾仙山释昙弘传》，第455—456页。
③《高僧传》卷一一《齐蜀灵建寺释法琳传》，第437页。

有关系。还有些后出的传说,记载某某传出的征实的说明已减少了,但这类故事中记载僧侣传出的说明也不是没有。如第十三条彭城北一人事,为"德藏尼亲闻本师释慧期所记";第二十七条王葵事,"是道聪所说";第四十九条张崇事,为"智生道人自所见闻";等等。这都表明观音灵验故事多围绕着僧侣产生,这一信仰在当时僧团内部受到重视;僧侣们热心地传播这些传说,是为了适应群众的需求,反映了民众的心态。

南北朝义学沙门讲经,多讲大部《涅槃》《维摩》等,动辄数十遍、上百遍,却很少讲《观音经》的。这和义学讲习的风气有关系。只有天台智𫖮很注意观音经典研究,其讲论内容由弟子灌顶(561—632)记录成书,今存《观音义疏》二卷、《观音玄义》二卷、《请观世音消伏毒害陀罗尼经疏》一卷。但这些书与其说是疏释观音经典本身的,不如说是解说天台宗义的。天台宗以《法华经》为所宗经,又特别重视其所谓"四要品"即《方便品》《安乐行品》《寿量品》和《普门品》。通过疏释《观音经》,智𫖮树立"一心三观""三谛圆融"的观行。例如以境智因缘释观音:境智有思议、不思议之分,思议有理外、理内之别,一一各有天然、相待、因缘、绝待四种;观世音从不思议境智立名,世音是境,而观即智,如此等等,已经和《普门品》信仰实践的具体事项无关了①。所以他的观音经疏应看作是阐发天台教理的著述。不过天台宗重视观音信仰,在经疏里多引灵验故事做经证,对于后来推动观音信仰的弘传是起了作用的。

以上是六朝时期僧侣信仰观音和推动其弘传情形。从上述情况看,无论是社会上层的大僧还是活跃在民众间的下层僧尼,他们都大力张扬观音灵验,有力地推动起民众信仰实践的潮流。这是佛门内部不同于义学沙门疏释经典、讲经教学的另一股信仰潮流。

---

①关于这三部经的解说,参阅周叔迦《经典丛录》有关条目,《周叔迦佛学论著集》下册第 997—998、1012—1013 页,中华书局,1991 年。

四

　　东晋以降，随着佛教向社会更广泛的层面渗透、传播，在社会上层争得众多信奉者。读《世说新语》，会看到这方面的具体情形。《世说新语》里记载了二十余位僧人的活动，特别是他们和贵族、士大夫交往的轶事。其中大多数内容是一般史书和佛门著述不见记载的。从这些记述里，可以清楚看到当时士族知识精英如何被佛教所吸引，他们精神的注意力如何从传统的经学、玄学向佛教倾斜，从而成为推动佛教发展的重要力量。

　　在东晋，佛典在世俗社会的普及还有限，一般人对于佛教教理的认识也还相当粗浅。例如《世说新语》里写的殷浩（？—356），他本来善玄言，好《老》《易》，是玄谈名家，后来受到权臣桓温疏忌，被废为庶人，贬住东阳（今山东费县），他在那里开始"大读佛经，皆精解。唯至'事数'处不解。遇见一道人，问所签，便释然"①。所谓"事数"即佛教的名相、概念，如"四谛""五阴""十二因缘"之类。这表明他的佛学教养还处在认识这些基本概念的阶段。又有记载说他"始看佛经。初视《维摩诘》，疑'般若波罗蜜'太多，后见《小品》，恨此语少"②。"般若波罗蜜"是大乘佛教的基本概念。"波罗蜜"意译为"到彼岸"，即达到涅槃境界；"般若波罗蜜"意谓修习"般若"智慧成就佛果。殷浩起初显然对大乘空观缺乏了解，因此觉得《维摩诘经》里对这一概念重复过多；后来读了大乘空宗基本典籍《小品般若》，才知道这一概念的重要。又有记载说"殷（浩）、谢（安）诸人

---

①余嘉锡《世说新语笺疏》上卷下《文学》，第240页，中华书局，1983年。
②《世说新语笺疏》上卷下《文学》，第234页。

共集。谢因问殷：'眼往属万形，万形来入眼不？'"①这里讨论的是
佛教基本概念"根"（"根"指器官，这里具体说"眼根"）与"尘"（"万
形"，万物）的关系，是对于外物认识的客观性问题。针对谢安的问
题，殷浩如何回答没有记录，但从中可以知道他们在一起探讨佛学
基本概念的情形。官僚士大夫开始普遍探究佛教义理，不仅对这
一阶层的生活和思想，对佛教的发展，对整个中土文化、学术的发
展都会起推动作用；与此同时，在实践层面上，他们又从佛教接受
了新的信仰，其中观音信仰是主要内容之一。在东晋和以后的南
北朝时期，士族阶层既是社会政治领域的统治者，又是思想、文化
领域的主导者。他们的信仰不仅影响他们自身及其家族的精神与
生活，更成为信仰普及的一大动力。这样，晋、宋以来，儒、释交流，
发展了所谓"格义佛教"（"格义"是佛教输入早期利用中国传统概
念相比附来理解和解说佛学名相的权宜方法，实际也成为佛教"中
国化"的一种途径）和义学"师说"；贵族士大夫们树立虔诚的信仰
心，又给信仰实践包括观音信仰增添了强大助力。

　　晋宋以来琅琊王氏的佛教信仰是有典型意义的。王氏本是
汉、魏以来巨族。晋室渡江，重建政权，王氏家族随之南下。身为
丞相的王导（276—339）对于晋室的重建和稳定给予有力支持，起
了重要作用。王氏势力遂迅速膨胀，以至时有"王与马，共天下"的
俗谚。《世说》刘注引《高座别传》记述自北方"胡僧"过江情形：

　　　　和尚胡名尸黎密，西域人，传云国王子，以国让弟，遂为沙
　　门。永嘉中，始到此土，止于大市中。和尚天姿高朗，风韵道
　　迈，丞相王公一见奇之，以为吾之徒也。周仆射（颛）领选，抚
　　其背而叹曰："若选得此贤，令人无恨。"俄而周侯遇害，和尚对
　　其灵坐，作胡祝数千言，音声高畅，既而挥涕收泪，其哀乐废兴
　　皆此类。性高简，不学晋语。诸公与之言，皆因传译。然神领

────────────

①《世说新语笺疏》上卷下《文学》，第233页。

意得,顿在言前。①

当时如尸黎密这样随着流民避乱南来的僧人很多。得到王导等有实力的权贵的加护,给他们的生存和活动提供了条件。《观世音应验记》里写到的竺法义就是王导所"承风敬友"的。而法义"尤善《法华》"②,是早期观音信仰的传播者。晋、宋、齐、梁四朝,琅琊王氏家族一直在朝廷占据高位,又是佛教坚定的支持者。王导六子:悦、恬、洽、协、劭、荟。王洽曾担任吴郡内史,拜中领军,加中书令,不拜而卒,年二十六岁。道安当年在襄阳分张徒众,弟子竺法汰来到建康,"未知名,王领军(洽)供养之,每与周旋,行来往名胜许,辄与俱。不得汰,便停车不行。因此名遂重"③。王洽的两个儿子珣、珉都热衷佛说,史载"珉字季琰,少有才艺,善行书,名出珣右。时人为之语曰:'法护非不佳,僧弥难为兄。'僧弥,珉小字也。时有外国沙门,名提婆,妙解法理,为珣兄弟讲《毗昙经》。珉时尚幼,讲未半,便云已解,即于别室与沙门法纲等数人自讲。法纲叹曰:'大义皆是,但小未精耳。'"④王协无子,以邵子王谧为嗣。王谧(360—407)字稚远,曾得到桓玄信重,亦与刘裕交往,晚年任扬州刺史、录尚书等职,皈依名僧慧远和慧严。王荟亦信佛。王导四世孙、王珣之子王弘晋末官至太尉长史,刘裕建宋称帝,为佐命功臣,曾与范泰、颜延之(384—456)一起从竺道生问道,又和谢灵运、竺道生讨论佛性顿、渐义。弘之子僧达娶刘义庆女,义庆"令周旋沙门慧观,造而观之。僧达陈书满席,与论文义,慧观酬答不暇,深相称美"⑤,后来卷入有沙门昙标、道方参加的叛乱赐死。王氏家族后嗣就这样一直保持虔敬佛教的传统,观音信仰是这种传统的内容。

①《世说新语笺疏》上卷下《言语》,第100页。
②《高僧传》卷四《晋始宁山竺法义传》,第172页。
③《世说新语笺疏》中卷下《赏誉》,第481页。
④《晋书》卷六五《王导传》,第1758页。
⑤《宋书》卷七五《王僧达传》,第1951页。

六朝士族王、谢并称。谢鲲(281?—323?)西晋末为东海王司马越参军,后避乱江东,官至豫章太守,乱世中纵酒放荡,与董昶等并称"八达",其中就包括沙门支孝龙。鲲有子尚、奕、安、万、石。谢尚(308—357)被王导辟为掾,官至卫将军,"于永和四年(348),舍宅造寺,名庄严寺。宋大明(457—464)中,路太后于宣阳门外大社西药园造庄严寺,改此为谢镇西寺"①。该寺直到唐时仍存,名兴严寺。谢安(320—385)少有重名,后来在孝武帝朝任宰相,指挥过"淝水之战",当"初辟司徒府,除佐著作郎,并以疾辞。寓居会稽,与王羲之(303—361)及高阳许询、桑门支遁(314—366)游处,出则渔弋山水,入则言咏属文"②。他的从子谢朗,《世说》上记载,"林道人诣谢公,东阳(谢朗)时始总角,新病起,体未堪劳。与林公讲论,遂至相苦"③,可见当时谢氏一门热衷佛说的气氛。谢奕子玄(343—388),也是"淝水之战"的指挥者之一;著名诗人谢灵运(385—433)是他的孙子,文学史上第一位显示佛法影响文学创作实绩的所谓"慧业文人"。他作《无量寿佛颂》,有云:"法藏长王宫,怀道出国城,愿言四十八,弘誓拯群生。净土一何妙,来者皆清英,颓年欲安寄,乘化好晨征。"④他作《佛影铭》,缘自法显西游印度祇园,"具说佛影",慧远"模拟遗量,寄托青采",描绘"象形",他受托制铭,其中说到"飞鹢有革音之期,阐提获自拔之路。当相寻于净土,解颜于道场"⑤。慧远在庐山结净土社,提倡净土信仰,谢灵运在《庐山慧远法师诔》里颂扬他"众僧云集,勤修净行,同法餐风,栖

---

①《建康实录》卷八,第169页。
②《晋书》卷七九《谢安传》,第2072页。
③《世说新语笺疏》上卷下《文学》,第227页。
④《艺文类聚》卷七六《内典上》,下册第1300页,汪绍楹校,上海古籍出版社,1999年。
⑤《广弘明集》卷一五,《大正藏》第52卷第199页中。

迟道门"①，他热衷净土，当然包含观音信仰。

　　编撰观音灵验传说专集《光世音应验记》的谢庆绪，是 4 世纪后期人，家系不详。据史书记载，他"性澄靖寡欲，入太平山中十余年，镇军郗愔召为主薄，皆不就"②。《高僧传》卷五《竺法旷传》说他于"晋兴宁（363—365）中，东游禹穴，观瞩山水。始投若耶之孤潭，欲依岩傍岭，栖闲养志，郗超、谢庆绪并结居尘外"③，竺法旷是中土最早提倡净土信仰的人之一；又卷四《于道邃传》说道邃"后与兰公俱过江，谢庆绪大相推重"④，则庆绪与僧侣有着广泛交谊。上面引录过的窦傅的故事表明，他还认识和尚道山，后者向他讲述了关于窦傅灵验事。《光世音应验记》第六条徐荣事，也专门记载"荣后为会稽府都护，谢庆绪闻其自说如此"。如上所述，他热心搜求观音应验传说，后来终于写成一本书，并把它传与傅瑗，瑗又传与儿子傅亮。谢庆绪和傅瑗父子都是上层士大夫，是早期接受佛教信仰的典型人物。在《出三藏记集》里，著录有谢庆绪所著《阿毗昙五法行义》和与傅瑗、郗超讨论佛教义理的书信，内容是关于"三行"（福行、罪行、不动行）、"十住"（菩萨修行五十二个阶位中从"发心住"到"灌顶住"第二个十阶位）等基本佛学概念的⑤。在中国佛教史上，郗超（336—378）的《奉法要》是《牟子理惑论》之后中土士大夫所写的现存最早的介绍佛教基本理论的著作。透过郗超的著作也可以知道当时他那个圈子里的人对于佛教的理解。谢庆绪等人一方面努力于佛教义学的研讨，同时又热心于观音信仰，并在友人中传播有关传说，可见当时这一阶层宗教生活的内容和具体活动情形。

────────────

①《广弘明集》卷二三，《大正藏》第 52 卷第 267 页上。
②《晋书》卷九四《隐逸传》，第 2456 页。
③《高僧传》卷五《晋於潜青山竺法旷传》，第 205 页。
④《高僧传》卷四《晋敦煌于道邃传》，第 170 页。
⑤参阅《出三藏记集》卷一二转录陆澄《法论目录》，第 440—442 页。

　　傅氏也是晋宋以来历代仕宦的贵族。傅瑗祖父,晋司隶校尉傅咸(239—294),字长虞,是著名文学家,现有辑本《傅中丞集》一卷传世。"(傅)瑗以学业知名,位至安成太守。瑗与郗超善。"①傅亮(374—426)初仕于东晋,宋室建,迁太子詹事、中书令如故,封建成县公;宋武帝刘裕死前,和徐羡之、谢晦等同受顾命,辅佐少帝刘义符。少帝在位两年,游戏无度,徐等把他废立,另立刘义隆(407—453),是为文帝。时亮等居中秉权,为文帝所忌,后被处死,徐畏罪自杀,谢起兵反抗未成被斩首。亮以佐命功,封建成郡公,"布衣儒生,侥幸际会,既居宰辅,兼总重权,少帝失德,内怀忧惧","自知倾覆,求退无由"②。他的危惧心情,在其现存作品里也反映出来。如他的《奉迎大驾道路赋诗》,写于迎立文帝时,表达在政治风波中的惴惴不安,流露出对前途的忧虑;他又以世路屯险,作《演慎论》,中有"其惧患也,若无辔而乘奔;其慎祸也,犹履冰而临谷"③之句;其《感物赋》,则以夜蛾赴火表寓意。从这些可知他的奉佛是有现实缘由的。不过像他那种地位的人,所遇到的"灾难"当然和普通百姓不同,但其危惧心情和祈求救济的迫切心理则是有相通之处的。特别是南北朝易代频仍,统治阶层中纷争劫夺严酷,身处高位的人同样普遍地失去安全感,宗教信仰在他们那里也就具有广阔空间。前面说过,郗超、谢庆绪、傅瑗等本是习佛的法侣。傅亮也写过佛教作品,今存有《文殊师利菩萨赞》《弥勒菩萨赞》等。傅瑗、傅亮又都热衷于观音信仰。这从他们父子相继传播和撰写《光世音应验记》一事就可以知道。这部书的第七条记竺法义事,说到"余先君与游处,义每说事,辄凛然增肃";第五条吕竦事,又说"竦后与郗嘉宾周旋,郗口所说";第一条则是沙门支道蕴"为余说之"。表明他本人就是观音灵验传说的热心传播者。这里应注意

①《宋书》卷四三《傅亮传》,第 1336 页。
②《宋书》卷四三《傅亮传》,第 1340、1341 页。
③《全上古三代秦汉三国六朝文·全宋文》卷二六,第 3 册 2578 页。

到,高平郗氏本是天师道世家,到了郗超乃成了诚笃的佛教信徒,
这也反映佛教兴盛、宗教信仰转变的形势[1]。

编撰《宣验记》的刘义庆(403—444)的地位和傅亮等有所不
同,他本人就是内部纷争不断的皇族成员。史称他"性简素,寡嗜
欲,爱好文义,文辞虽不多,然足为宗室之表。受任历藩,无浮淫之
过。唯晚节奉养沙门,颇致费损"[2]。和他结交的沙门知名者有释
昙戒,是道安弟子,弥勒信仰的宣扬者;昙无成,精《涅槃》《大品》,
受业二百余人,等等。他在宋初激烈政争中,被朝廷委以镇守荆
州、江州的重任,能够得以保持超然地位,应和他的整个处世态度
有关系。这种态度又是当时世态决定的。他撰写文学史上的名著
《世说新语》,这部书生动地记载魏、晋名士的玄远之风,也集中体
现了他本人的思想意识和处世态度。其中描写支遁等与名士结交
的名僧的形象,表明他对玄谈式的"格义佛教"深有了解。他又写
了《幽明录》《宣验记》等表现佛教报应观念的作品,其中包括大量
观音信仰传说,说明他的观念中又有注重民众信仰的一面。顺便
指出,刘宋皇室信佛的人不少,如和文帝争夺权力的彭城王刘义康
就是其中突出的一位。刘义庆以皇族亲贵和文坛领袖的双重身份
宣扬观音信仰,对于推动这一信仰的广泛弘传起了重要作用。

庐江何充(292—346)是晋明帝庚皇后妹夫、王导外甥,历任显
宦,位至宰相,"而性好释典,崇修佛寺,供给沙门以百数,糜费巨亿
而不吝也。亲友至于贫乏,无所施遗,以此获讥于世。阮裕尝戏之
曰:'卿志大宇宙,勇迈终古。'充问其故,裕曰:'我图数千户郡,尚
未能得,卿图作佛,不亦大乎?'于时郗愔及弟昙奉天师道,而充与
弟准崇信释氏,谢万讥之云:'二郗谄于道,二何佞于佛。'"[3]在晋成

————————

[1] 参阅陈寅恪《天师道与滨海地域之关系》,《金明馆丛稿初编》第 19—20 页,
1980 年。

[2]《宋书》卷五一《宗室传》,第 1477 页。

[3]《晋书》卷七七《何充传》,第 2030—2031 页。

帝朝,中国历史上第一次关于沙门不敬王者的论争中,何充是护法一方的主要人物。充弟准,"穆章皇后父也。高尚寡欲,弱冠知名,州府交辟,并不就。兄充为骠骑将军,劝其令仕,准曰:'第五之名何减骠骑?'准兄弟中第五,故有此言。充居宰辅之重,权倾一时,而准散带衡门,不及人事,唯诵佛经、修营塔庙而已。征拜散骑郎,不起,年四十七卒"①。何尚之(382—460)于元嘉年间有上宋文帝赞扬佛教的著名奏章,对当时贬抑佛教的释慧琳、何承天加以批驳,其中说到观音信仰流行情形,前面已经引述。尚之孙点(437—504)、胤(446—531)、尚之弟子昌寓,子敬容(?—549),均以虔诚信佛著称。

吴郡张氏是江南望族。张裕(376—442),宋初官都官尚书、会稽太守,蜀长乐寺释道汪被他"请为戒师"②。裕弟邵,任湘州和雍州刺史,曾为精通律典的僧业于姑苏山造闲居寺,又帮助僧亮铸造湘宫寺佛像。张裕有五子:演、镜、永(410—475)、辩、岱,称"张氏五龙"。张演编撰《续光世音应验记》,如前所述,其序言中说"演少因门训,获奉大法,每钦服灵异,用兼缅怀"③,不过有关他的事迹史书上记载很少,只知道他"为太子中舍人……有盛名"④。在《高僧传》卷一三《法意传》里,记载有张寅⑤,受著名的神异僧杯度指示,重建被野火所烧的延宾寺,"寅"即当为"演"之讹;杯度也是有名的观音信仰者。镜等其他兄弟都有信佛的记载。以张永为例,他曾为刘裕所知,元嘉二十八年(451)除江夏王刘义恭骠骑将军、中兵参军、沛郡太守如故;二十九年,北魏苻坚南侵,他"督王玄谟、申坦等经略河南,攻碻磝城,累旬不能拔。其年八月七日夜,虏开门烧

①《晋书》卷九三《何准传》,第2417页。
②《高僧传》卷七《宋蜀武担寺释道汪传》,第284页。
③《观世音应验记三种》第10页。
④《宋书》卷五三《张茂度传》,第1511页。
⑤《高僧传》卷一三《宋京师延贤寺释法意传》,第486页。

楼及攻车,士卒烧死及为虏所杀甚众。永即夜撤围退军,不告诸将,众军惊扰,为虏所乘,死败涂地。永及申坦并为统府抚军将军萧思话所收,系于历城狱"[①]。这是他在与北魏战争中的亲身经历。这里提到的王玄谟,也是有名的观音信仰者,下面还将介绍。在宋文帝太子刘邵于元嘉三十年自立为帝时,张永被任命都督乐安、东莱二郡诸军事、青州刺史;刘义宣起事时,又授永为冀州刺史;事平之后,召为江夏王刘义恭大司马、从事中郎将;明年,召入为尚书左丞。他身经皇族宗室间骨肉相残的连续混战。当时战争的残酷可以举出一个例子:孝武帝刘骏猜忌他的弟弟南兖州刺史、竟陵王刘诞,南兖州镇广陵(今江苏扬州市),在攻破广陵后,下令屠城,把城里五尺以上男丁全部斩首,死者数千人;女口则作为"军赏",分赐给屠城有功的将士。孝武帝死,刘子业即帝位,是为废帝,他又大肆屠杀宗室,刘义恭即被他所杀。处在这样险恶的环境里,当事人精神上的危惧可想而知,更不难推测他们虔信佛教、乞求救济的原因。《高僧传》上记载了张氏几辈人——张演的叔父张邵、兄弟张永、张辩、从兄弟张畅、张敷、子张绪、从侄张融(444—497)、张淹(?—466)等热衷礼佛斋僧、研习佛典等众多事迹。他们也都是观音信仰者。在刘宋时期,宗室内部斗争十分严酷,特别是自文帝即位以后,父子相杀,兄弟相残,张氏一族卷入其中。如《系观世音应验记》第三十四条就是写张畅本人以诵《观音经》得脱牢狱之灾事:

> 张会稽使君讳畅,字景微,吴人也。知名天下,为当时民
> 望。家奉佛法,本自精进。宋元嘉末,为荆州长史。孝建初,
> 征还作吏部尚书,加散骑常侍。于时谯王丞相在荆州,自启解
> 南蛮府,留使君为持节校尉,领己长史带南郡如故。寻荆州作
> 逆,使君格言谏之。丞相则欲见害,有求得免。丞相性疑,左
> 右是用,虽以谏见全,而随众口,每有恶意。即梦见观世音,辄

①《宋书》卷五三《张茂度传》附《张永传》,第 1511—1512 页。

语："汝不可杀张长史。"由此不见害。及至丞相伏诛,使君亦
系在廷尉。诵《观世音经》,得千遍,钳锁遂寸寸自断。于是唤
狱司更易之,咸惊叹以为异。少日便事散。此杲家中事也。①

这里谯王丞相指孝武帝的叔父、武帝第六子刘义宣,他任荆州刺史
十年,财富兵强,荆州又是长江上游重镇,受到猜忌,被内调为丞
相、扬州刺史。他举兵东下,孝武帝派遣王玄谟、柳元景率水陆大
军在采石、梁山一线抵抗,结果叛军大败,义宣及其诸子均为新任
命的荆州刺史朱修之所杀。其时张畅即在刘义宣军府,故事说的
就是义宣叛乱前后的危急关头他得到观音保佑事。这个事例具体
反映像张畅那样的人信仰观音的环境和状况。《系观世音应验记》
里还记载了张畅和堂兄弟张旭、僧显等人一起传说观世音应验故
事情形。畅子融,作《门律》。所谓"《门律》犹言'家戒''家规',如
颜延之之《庭诰》也"②,其中说"道之与佛,逗极无二"③;他于建武
四年(497)病卒,遗令曰:"吾生平所善,自当凌云一笑。三千买棺,
无制新衾,左手执《孝经》《老子》,右手执《小品》《法华经》;姜二人,
哀事毕,各遣还家。"④这被看作是显示六朝士族调和三教风气的典
型姿态⑤。张融兄弟淹,刘宋时为东阳太守,"逼郡吏烧臂照佛,百
姓有罪,使礼佛赎刑,动至数千拜"⑥,他后来任临川内史,与晋安王
刘子勋同逆被杀,当时他"屯军上饶县……方礼佛,不得时进。(鄱
阳太守费)昙复诳云捕虎,借大鼓及仗士二百人,淹信而与之。昙

---

① 《观世音应验记三种》第 41 页。
② 钱锺书《管锥编》第 4 册第 1345 页,中华书局,1979 年。
③ 《南齐书》卷五四,第 935 页。
④ 《南齐书》卷四一《张融传》,第 729 页。标点有改动。
⑤ 钱锺书说:"《全后周文》卷七王褒《幼训》论儒、道、释三家曰:'斯虽为教等
  差,而义归汲引。吾始乎幼学,及于知命,既崇周、孔之教,兼循老、释之谈',
  三家聚一,彰明昭著,非若张融《遗令》尚含意未申也。融谓分流而可通,褒
  谓并行而不悖,用心有几微之别焉。"《管锥编》第 4 册第 1346 页。
⑥ 《宋书》卷四六《张淹传》,第 1400 页。

因率众入山，飨士约誓，扬言虎走城西，鸣鼓大呼，直来趣城，城门守卫，悉委仗观之，昙率众突入，淹正礼佛，闻难走出，因斩首"①。吴郡所在滨海地区本是天师道流行地方，但刘宋以后张氏家族热诚地信仰佛教如此，正反映当时当地宗教潮流的变化。

《系观世音应验记》的作者陆杲出身吴郡陆氏，与张氏同为吴中四大姓之一，也是奉佛世家。陆杲母亲即张畅之女，两大家族的联姻也应有宗教信仰方面的基础。史称他"信佛法，持戒甚精，著《沙门传》三十卷"。他年轻时和舅父张融齐名，"风韵举动颇类于融，时称之曰：无对日下，惟舅与甥"②。在佛教信仰方面显然也受到舅父影响。他又做过齐竟陵王萧子良（460—494）的外兵参军，而竟陵王也以热心佛说著称，在他的周围聚集众多僧侣活动，当时这种僧、俗集团的活动在文坛上发挥了重大作用。陆杲不仅广交僧徒，还从定林寺僧道通受戒。《系观世音应验记》第五十三条释道汪事记载"杲祖简子使君作益州时，大崇敬之"。"简子"指陆徽（391—452），字休猷，《宋书》卷九二有传，这是说他的祖父向他传说了道汪的观音故事。第三十八条唐永祖事写到"今郢州僧统释僧显，尔时亲受其请，具知此事，为杲说之。杲舅司徒左长史张融、从舅中书令张绪同闻其事"。这也是士族家族亲属之间佛教信仰相互交流的具体例子。所以从一定意义说，如《系观世音应验记》这样的作品，也可说是世族家族信仰的产物。

著《冥祥记》的王琰史书无传。据《高僧传序》等资料可知，他是太原人，《隋书·经籍志》著录《宋春秋》二十卷，题"梁吴兴令王琰撰"③。王僧虔（426—485）有《为王琰乞郡启》，中云："太子舍人王琰（缺十字）牒，在职三载，家贫，仰希江、郢所统小郡。谨牒。七

---

①《宋书》卷八四《孔颛传》，第 2163 页。
②《梁书》卷二六《陆杲传》，第 398 页。
③《隋书》卷三二《经籍二·史》，第 958 页。

月廿四日。□僧虔启。"①而从前面引录的他自己所作《冥祥记序》，可以较详细地了解他的经历。太原王氏本是传统的信佛世家，王琰的观音信仰也有家族的背景。

这里应当注意的是，以上举出的都是南朝的例子。南朝有如谢庆绪、傅亮、刘义庆、张演、王琰、陆杲这样一批有高度文化教养的士大夫，他们把广泛流传的观音传说搜集、记录了下来，大肆宣扬观音灵验；而且他们中的许多人本身就是观音灵验传说里的人物。如前所述，当时南朝贵族间流行玄学化的佛教义学，贵族名士们对佛教经论进行精密深入的探讨，盛行"玄学化的佛教"。而与此同时，又热衷写经、礼佛、斋僧、造寺之类信仰实践活动，同样也盛行简易、通俗的观音信仰。这显示当时贵族士大夫佛教信仰的复杂状态，也反映当时这一阶层的人面对现实矛盾的精神危机。东晋的殷浩本是兼善玄、佛的名士，友人庾翼写信批评他："高谈《庄》《老》，说空终日，虽云谈道，实长华竞"②。西晋的裴颁作《崇有论》，激烈地批评玄学名士们的"薄综世之务，贱功烈之用，高浮游之业，卑经实之贤"③的作风。残酷的现实让人明确地意识到玄谈的虚浮，无益于世用，"玄学化的佛教"从而逐渐暴露出脱离实际的弱点，一些更重视实际功德利益的人也就更加倾心于信仰实践。观音信仰正适应处于精神危机之中的士大夫们的实际需要，广泛得到他们的崇信。结果就出现了苏联学者叶马克指出的"一个十分奇怪的矛盾现象：(观音应验故事)小说集的作者和他笔下的主要人物都属于中国的读书人阶层。然而他们在其佛教的处世态度上却趋向于原始形式的宗教意识，更接近于那些未受过教育的，对佛学教义孤陋寡闻的俗人，而不是掌握佛教经典的有学

①《全上古三代秦汉三国六朝文·全齐文》卷八，第 3 册第 2835 页上—下。

②《晋书》卷七《殷浩传》，第 2044 页。

③《崇有论》，《全上古三代秦汉三国六朝文·全晋文》卷三三，第 2 卷第 1648
  页上。

问的僧人。因此,有学识的僧人和世俗信徒(哪怕按中国传统理解后者受过更高级的教育,但没有在佛门经过训练)在佛家的处世态度上就出现了差异"①。这样,在信仰层次上,上层贵族和普通民众就处在共同的潮流之中,共同推动这一潮流的兴盛。

南北朝时期上述这些士族世家是南朝的政治权威,又控制着经济命脉。所以这一时期尽管朝代更替,政权屡经易手,但这些家族的势力却一直长盛不衰。这些家族又是文化传统的代表者和传承者,他们的宗教信仰同样也左右着社会的信仰潮流。

五

救苦救难的观音,聆听民众呼声、立即闻声往救的观音必然受到身陷苦难的大众的亲近、欢迎、信赖、崇拜。上面介绍僧侣是佛教的传播者、佛教活动的主持者,他们对民众广施教化,成为推进中土观音信仰弘扬的主导力量;士族阶层是世俗统治者,也是文化传统的承继者,他们虔信佛教,热衷观音信仰,推动时代信仰潮流的发展。而对于一般民众来说,观音是他们危难中可以仰赖的神明,可以寄托救济的希望。民众本是构成社会的基础,民众中强大的观音信仰潮流,赋予这一信仰持久的生命力。本章前面以三种观音应验故事集为主介绍了晋宋以来民众信仰的情况,以下再做些补充。

前面说过,北魏到唐前期佛教造像盛行,留下一大批显示佛教发展状态的实物资料。特别是那些造像题记,更是难得的文字记

_____

① 叶马克(Михаил Ермаков)《论王琰的〈冥祥记〉和佛教短篇小说》,《世界宗教研究》1991 年第 3 期。

录,弥足珍贵。造像活动主要兴盛于北方,如前所述,兴起于5世纪中叶北魏太武帝太平真君年间(440—451)之后。大型窟龛和造像是皇室和统治阶级上层凿造的。另有许多小型窟龛和造像则是一般民众施造的,它们相当真切地表现了民众的信仰实态。历史上出自官方或文人之手的文献很少民众宗教活动的记录,窟龛、造像和造像记等实物和文字材料对于认识和研究民众信仰的真实情况有着不可替代的价值。以下引录《八琼室金石补正》龙门北魏窟的有关录文,再参照近年新发现的一些造像,对当时民众间观音信仰的情况略做分析:

尹伯成妻题记

永平四年(511)十二月十二日,清信女尹伯成妻□,为亡夫伯成造观世音像一躯,愿使时佛文法,永离三途,一切众生,普同斯……

奉朝请题记

延昌(512—515)□□二月一日,佛弟子奉朝请□□□敬造□□音像一躯,愿……

王永安题字

佛弟子王永安造观世音像一区,为父母。

王仲和题记

观世音像,为贵中子,愿托生安乐处。正光二年(521)九月四日,王仲和敬造。

阳景元题记

正光四年三月廿三日,清心男佛弟子阳景元供养观世音佛时。

王□□妻田题字

正光四年□月十六日,□□□校尉□□□主王□□□妻
田□□夫敬造□世音像□堪。

比丘尼僧□题记

孝昌元年(525)七月廿七日,比丘尼僧□割己衣□之余,
仰为皇帝□下、师僧父母、四辈像主敬造弥勒像一堪,观音、药
师,今已就达愿,以此善庆钟皇家、师僧、父母、己身、眷属,
□□无穷□□倾四气行禁积晕思悟三宾地狱舍刑□□离苦□
存愿如是。

清心欲会题记

孝昌二年五月十五日,清心欲会为亡女比丘尼法明、一切
含识,敬造观世音像一躯,愿登紫极,永与苦别。

张欢题记

大魏永安二年(529)三月十一日,父张欢为亡女苟妆造观
□音佛一区,因缘眷属,□使妄者生天,超□□□成佛。妄息全
□。妄息永年。清心女佛弟子……

尼法光题记

比丘尼法光为弟刘桃扶北征,愿平安还,造□世音像一
区,又为忘父母造释迦像一区,愿见在眷属、一切众生共同
斯福。

黄妙素题字

黄妙素为身己□造观世音佛。

元阳鸱　题字

元阳鸱为亡母敬造观世音佛，愿亡□□难成佛。

比丘惠题名

比丘惠造观世音一区供养。

安□王为阊散骑入法题记

安□王为女夫阊散骑□故入法，敬造观世音像二躯，圣教晔真相景发，妙极天□，含生仰化，愿使阊散骑缘此入法之功，当令永离尘躯，即真无碍，开朗元门，常为龙华唱首，又愿缘眷万善，归佑吉祥，征集一切群生，咸同兹愿。[①]

以上共十四段，在该书北魏窟题记总数九十八段录文里约占七分之一。在其他题记里还有关于造一般"菩萨"像的，应含有观音内容；有些题记残缺过甚，也应有本来是观音造像的。从这一地情况可见，在当时佛教信仰里，观音信仰占有多么大的比重（不过当时新的净土法门还没有形成，观音信仰还没有发展到唐代那样极其兴盛的程度）。从上面所录题记内容看，有关教理的说明很简单，有许多地方又相当混乱。如所谓"愿登紫极"，"紫极"是天上仙人所居，晋葛洪《抱朴子·微旨》："但彼人之道成，则蹈青霄而游紫极。"[②]又如供奉观音而希望"龙华唱首"，未来佛弥勒菩萨成道后在龙华树下三会度人，这是把两种截然不同的信仰相混淆了。民众对于教理没有多少了解，造成这种混乱，毋宁说是很自然的。又从上引材料总体看，当时观音信仰的重点十分清楚，基本是单纯的"救苦"。其中也有些是属于宗教修持内容的，但多是一般地希望

---

① 陆增祥《八琼室金石补正》卷一三，第73—78页，文物出版社，1985年。
② 《抱朴子内篇校释》（增订本）卷六《微旨》，王明校释，第123页，中华书局，1985年。

脱离"三途"之苦,相应的则是祝愿"生安乐处""生天"、与佛相值等。值得注意的是并不见追求涅槃的,表示希望成就佛果的也不多。这充分显示了信仰观念的现实性格。另一方面则有关世俗祈愿的内容十分突出,从国祚永固、天下太平、庆钟皇家到家口平安、子孙繁茂、无病长寿、俱受此福等,都是着眼于现实人事的。今存这一时期金铜造像题记的内容大体也是如此。祈愿对象包括皇帝陛下、诸天圣贤、群僚百官、亡过父母、现存眷属、己身及师僧、法界众生等;提到赐福对象往往首先是皇帝和百官,这是当时皇权至上的社会统治体制的反映;而家族中则已故和现在父母、亲属占主要地位,这符合中土伦理原则。根据佛教本来的"业报"观念,报应是仅及于个人的。相信一个人祈福、做功德,福报会及于整个家族以至国家,则已是中土传统的以血缘宗族为主体的报应论了。在观音信仰里,这类按佛教教理说并不"纯正"的表现十分突出。到后来,观音作为家庭守护神的品格越来越被突出起来。这也是佛教"中国化"的典型表现。

再一个有趣的现象是出现了"观世音佛"这样的称谓。"佛"和"菩萨"是两个不同的概念。如前所说,在佛教史上,菩萨信仰体现大乘佛教发展过程中形成的革新思想,有着特定的意义。把观音菩萨说成是"佛",是有意无意间把二者混淆了,也反映在当时人的观念里,观音菩萨与佛陀的地位与威望已经等同了。在造像里,相应地则出现了佛装观音。例如山东博兴出土的北魏太昌元年(532)观音夹侍二菩萨像,铭文明确刻有"冯二郎为父母造观世音像一躯"字样,但造像却是褒衣博带、内着僧祇衣的佛装,背后是应当佛像才具有的长尖舟形背光[1]。上海博物馆所藏梁大同七年(541)金铜佛像,铭文是"为七世父母、所生父母、因缘眷属敬造观世音像一躯……";故宫博物院所藏东魏兴和三年(541)金铜二佛

---

[1] 丁明夷《谈山东博兴出土的铜佛造像》,《文物》1984 年第 5 期。

像,铭文也说"兴和……观音像……见存□福";而山东曲阜果胜寺出土的北齐武平三年(572)金铜像是菩萨装,铭文却说"利为息女□生造观音佛一躯"①。"观世音佛"这个不伦不类的称呼出现在这些造像记里,反映民间观音信仰的演变,也是菩萨思想在中土的独特发挥。又《法华经·宝塔涌出品》里写到释迦在灵鹫山说法,大地宝塔涌出,"尔时多宝佛于宝塔中,分半座与释迦牟尼佛……尔时大众见二如来,在七宝塔中师子座上结跏趺坐"②,因此六朝造像中多有双体佛像,在同时期也出现了双体观音像。据统计北齐的已发现八件,隋代的则有十九件。这也是把观音与佛相等同观念的反映。

观音信仰之所以被群众很快地接受并能够广泛流行,主要是适应民众的需求,另一方面也是因为其实施救济捷如影响的实效,而修持方式又简单易行。这些方式多是在前面引述的观音灵验故事里介绍过的。主要有:

称名:《普门品》里提出只要"一心称名"就可以获得观音救济。这是最简单的修持方式,也是观音信仰具有吸引力的地方。后来昙鸾、道绰、善导等新一代净土法门倡导者们提倡"称名念佛"的"易行道",把净土信仰推进到一个新的发展阶段。前面所举出的早期观音传说里有不少"称名""应验"故事。

忆念:与"称名"相关联,所谓"念观世音"的"念",包含忆念、观想的意思。这又是和禅的观念相通的。

诵《观音经》:早期的《观音经》或《观世音经》一般指《普门品》,篇幅较简短、通俗,读诵、记忆比较容易。《续高僧传》里记载北周末年的惠恭"为性暗劣",只能诵《观世音经》一卷,和他同寺的惠远

---

①参阅张总《佛教造像与宗教仪轨的矛盾现象》,《美术研究》1991年第3期第57—62页。

②《妙法莲华经》卷四《见宝塔品第十一》,《大正藏》第9卷第33页下。

讥讽说："《观世音经》,小儿童子皆能诵之。"①从前面举出的相关传说看,所谓"诵"并不需要背诵全经,往往是诵读几句经文就会产生神效。后来还有诵中土造撰的伪《观音经》或观音咒的。

顶戴、供养经、像:随身携带《观音经》或观音像,随时顶礼膜拜。这已和道教符箓的作用相类似了。按当时礼佛习俗,在较隆重场合,供养观音除了顶礼膜拜,还有烧香、燃灯、献花、供物等礼仪。

造像:这是和"称名""忆念"、顶戴观音像相关联的。随着佛教造像兴盛,造观音像也形成风气。造像、"观像念佛"和称诵佛号一样,是大乘佛教提倡的主要功德之一。今存最古的观音造像是炳灵寺石窟 169 窟第六龛一佛二菩萨"西方三圣"像,该龛外东上方有题记,为西秦建弘元年(420)造②;现存单体造像最早的是北魏皇兴四年(470)的金铜莲花手菩萨立像;再以后则有 1983 年在山东博兴出土的太和二年(478)观音立像③。造观音像风气形成应当远在以前。《系观世音应验记》里有一条记载"晋泰元中,北彭城有一人,被枉作贼。本供养观世音金像,恒戴颈发中"。这里的"泰元"应为"太元"(376—396),是晋孝武帝年号之一。还有一条说"蜀有一白衣,以旃檀函贮观世音金像,系颈发中。值姚苌寇蜀,此人身在(阵)临战……",姚苌建后秦在 384 年,到 393 年去世。上述两件事大体在同一时间,即 4 世纪后期。当时什译《法华》还没有译出,观音信仰正在兴盛起来,已经有人随身携带观音像。不过造观音像的风气确实到北魏中期更为盛行。从现存实物看,北魏以来的石雕的或金、铜等制作的观音像,许多是小型的,主要又是个人或家庭所造。这和弥勒造像多为合邑众人所造形成对比。又从本书

①《续高僧传》卷二九《隋益州招提寺释惠恭传》,下册第 1174 页。
②参阅国家文物局教育处编《佛教石窟考古概要》第 44 页,文物出版社,1993 年。
③丁明夷《谈山东博兴出土的铜佛造像》,《文物》第 1984 年第 5 期。

前面列表显示六朝后期造像中数量最多的释迦、弥勒和观音三者造像者身份的比例分析,可以知道当时一般平民造观音像的人数远较造释迦或弥勒像的为多。这也体现观音信仰在民间更为流行的情形。

吃"观音斋":《宣验记》里记载刘宋时期的安苟,"身婴重疾,良药必进,日增无损……于宅内设观音斋,澡心洁意,倾诚戴仰;扶疾稽颡,专念相续。经七日初夜,忽见金像……即觉沉疴豁然消愈"①。这次斋会用了七天。这种家庭斋会应当是比较简单的。后来按一定日期吃"观音斋"成为普遍风习。

拜观音忏:佛教自晋代已流行忏法,这是按一定方式忏悔并礼赞诸佛的仪轨。观音忏据记载起源于天台智颛,他曾"躬自率众作观音忏法"②;这种忏法可能以前已经存在,到智颛加以规范、定型了。

诵观音咒:如前所述,自东晋以来,观音咒已逐渐传译不少。如其他经咒一样,主要是在僧侣间流行。

值得特别提起的是,民众的宗教信仰往往和正统的宗教教理、教义保有相当距离。这也是佛教"中国化"的表现和结果。这一点在观音信仰的内容和形式层面都体现得十分明显。又晋宋以来正是本土宗教道教勃兴的时候。佛、道两大宗教在民众间流行并发挥影响有着共同的社会基础,必然会相互交流、相互影响。在这样的形势下,无论是信仰内容还是供养形式,佛教对于道教和各种民间信仰都会有所借鉴,这也成为促进其"民族化""民俗化"的主要推动力。而观音信仰自输入中土,即逐渐在民众中形成深厚基础,在这一点上也就体现得更为明显。这在下面几章的内容里,例如伪《观音经》的撰作、中土变形观音的形成等清楚地表现出来。

———————

①《古小说钩沉》,《鲁迅辑录古籍丛编》第1卷第270页。
②《续高僧传》卷一七《隋国师智者天台山国清寺释智颛传》,中册第627页。

第四章　伪《观音经》及有关传说

一

前面已经介绍一些《观音经》，包括《法华经》的《普门品》和早期古密教的《观音经》，都是外来翻译的"真经"。晋宋以来历代经录上记载宣扬观音信仰的经典还有不少。如竺法护译《光世音大势至受决经》一卷(《出三藏记集》卷二《新集经论录第一》)、沮渠京声译《观世音观经》一卷(同上)、法意等译《观世音忏悔除罪咒经》一卷(同上)、《观世音所说行法经》一卷(同上)、《观世音成佛经》一卷(同上)等。这些译本并已佚失，内容不可确考。翻译的《观音经》没有流传，却传出本土制作的《观音经》，这即是所谓伪《观音经》。这是观音信仰"中国化"过程中出现的现象，也是体现中国佛教观音信仰"中国化"，进而也是更能够体现中国民众信仰特质的现象。这在中国佛教史乃至文化史研究上是特别值得重视的。

智颛曾指出：

> 夫《观音经》部党甚多。或《请观世音》《观音受记》《观音三昧》《观音忏悔》《大悲雄猛观世音》等不同。今所传者即是一千五百三十言《法华》之一品。而别传者，乃是昙摩罗忏法

师亦号伊波勒菩萨,游化葱岭,来至河西,河西王沮渠蒙逊归
命正法,兼有疾患,以告法师。师云:"观世音与此土有缘。"乃
令诵念,患苦即除,因是别傅一品,流通部外也。①

这一节文字后半接着写竺法护翻译、传布《法华品》情形。他提出
"观世音与此土有缘",表明观音信仰被中土民众积极地接受,受到
热烈欢迎。上引前半指出当时流传的《观音经》很多,并举出其中
的几部。《请观世音》指东晋竺难提所译《请观世音菩萨消伏毒害
陀罗尼咒经》,属于古密教经咒一类;《观音受记》即前述《光世音大
势至受决经》;其他三部里《观音三昧》是"伪经",另外两部情况不
明。见于经录和其他文献的《观音经》除前述几部外,还有失译《日
藏观世音经》一卷、失译《瑞应观世音经》一卷、失译《观世音咏托生
经》一卷、失译《观世音十大愿经》一卷(又名《大悲观世音弘猛慧海
十大愿经》)、失译《救苦观世音经》一卷等,并佚。这些大体都应是
"伪经"。敦煌写本里还有《佛说观音普贤经》《佛顶心观世音菩萨
救难神验经》等不少伪《观音经》,下面将作介绍。

佛教经典本来是不同时代、不同地域的人们逐步结集起来的,
在中国佛教里只因为是从外语(梵语或各种"胡语")翻译过来的,
就肯定它们是佛金口所说("经"和"律")或菩萨所造("论"),被认
为是"真经"而尊信不疑。而中国人模仿翻译佛经体例自撰的经
典,谎称是从外语翻译的,这就是所谓"伪经";还有被怀疑为"伪
经"的,被称为"疑经"②。历代经录都把甄别疑、伪经当作重要工作
来做。如果为了认识外来佛教的本来面貌,按是否自外语翻译为
标准来严格区分经典的真伪,当然是头等重要的大事。但从佛教

---

①《观音玄义》卷下,《大正藏》第 34 卷第 891 页下。
②仅据现在所存中国最早的经录——《安录》(《出三藏记集》所录),收失译经
　　134 部,异经 175 部(其中古异经 92 部,凉土异经 59 部,关中异经 24 部),疑
　　经 26 部。这就是说,在译经历史不足二百年的道安时代,仅据他所掌握,已
　　经有三百多部来历不明的经典。这其中很大一部分当是伪经。

发展实际看,佛陀施行教化的言说在他生前并没有记录下来,外来翻译佛典里真正的"佛说"并不多(据考只有五部《阿含经》早出,记载佛陀生前所说教法的内容,其中四部有汉译本),数量庞大的经典群乃是后世不同时期的信众所造,反映的是佛教发展不同时期、不同地域、不同派别的思想和信仰。从客观立场看,中土人士制作经典,也是遵循、延续同样的传统和办法。在中土不同时代所撰作出的所谓"伪经",反映当时中国人对佛法的认识、理解与所做出的发挥,能够相当真切地反映中国佛教发展的实态。从而探讨中国的"伪经"是什么人制作的,在什么条件下制作的,给当时佛教提供了什么新的内容,等等,对于了解佛教在中国的发展,和"真经"相比较,从一定意义说往往有着不次于甚或更大的价值。例如,题为竺法护所出的《佛说盂兰盆经》,据学界多数人的看法,乃是出现在齐、梁时代的一部"伪经",是在民众间广泛流传的盂兰盆信仰潮流中形成的。它深刻反映佛教救济观念与中国传统伦理的融合,反映了中国民众的佛教观念,是外来佛教"中国化"的典型成果。这可作为表明"伪经"价值的绝好例子。又中国的"疑伪经"里包含一些论书。如题为马鸣菩萨造、真谛(499—569)所译的《大乘起信论》,是否中土人士撰作在中外学者间进行长时期激烈的争论。而不论持不同观点的人具体看法如何,这部经典里包含中国传统思想内容,对中国佛教发展发挥巨大、长远的影响是可以肯定的。从这样的角度看,对于研究中国佛教的历史,这部论书是否出自翻译即是否外文译本就并不那么重要了。总体看来,中国佛教的"伪经"是佛教在中国发展的一定阶段、反映中土人士的具体信仰潮流形成的,而这些信仰是外来佛教在中国的现实环境和文化传统中演化的产物。从另一方面说,"伪经"又是基于一定时代、某一特定阶层或群体的需要,为补救"真经"的不足制作出来的。伪《观音经》就是这样的典型例子。在历代不断制作的大量"伪经"中,伪《观音经》"作伪"的这种特征表现得十分突出。

　　这样,伪《观音经》的制作与传播也体现更为突出的群众性。它们形式短小,表述浅俗,十分便于在下层民众间流通。唐代迦才谈到净土法门时所说的一句话可借用来说明中土"伪经"的意义:"净土宗意,本为凡夫,兼为圣人也。"①这是说净土信仰的根本立意是为了"凡夫"即广大民众的。伪《观音经》的制作正是如此。

　　伪《观音经》又具有突出的实践性格。这类经典里面基本没有多少深奥义理,不是供义学沙门和士族居士们用来研究、讲学的,而是用来指导民众的信仰实践的:它们真切地表达民众的愿望和要求,重要的是又能够提供宗教实践的具体指引。

　　再一点在佛教史上值得玩味:有些伪《观音经》被经录(例如较后出的权威经录《开元释教录》,开元十八年,730)勘定为"伪经"后,不能入藏;而另一些同样是"伪经"或"疑经"的如《盂兰盆经》《梵网经》《圆觉经》《楞严经》等,尽管自古以来其译出、译时、译人以及流传情形多有疑问,后来却被当作真经收入《大藏经》。即表明它们已经被认定为真经。那些被敕命入藏的,更表明得到了朝廷的认可。这实则也是中国佛教独立发展的表现和结果。另有不少伪《观音经》虽被勘定为"伪",从来不被纳入佛教"正统"经典之列,却世世代代得到民众信奉,广泛流传。下面将要讲到的《高王观世音经》就是一个例子。因为对于民众来说,这些伪《观音经》比那些真经更适合他们的实际需求,更便于传诵并用之于信仰实践,因而也就能够保持持久、旺盛的生命力并发挥影响。

二

　　现存古代伪《观音经》著名的有《高王观世音经》《观世音三昧

---

①迦才《净土论》卷中,《大正藏》第47卷第90页下。

经》《佛顶心观世音陀罗尼经》《佛说观音普贤经》等多种。明清时期民间仍陆续制作这类"经典"。但后出的已多如消灾避难的符咒，浅俗简陋，许多与一般佛经的面貌相差得十分悬远。直到如今仍广为流传的《高王观世音经》可看作是历史上发挥长久巨大影响的伪《观音经》的典型。

《高王观世音经》又称《小观音经》（《开元释教录》卷一八）、《佛说观世音折刀除罪经》（吐鲁番出土本）、《佛说观世音经》（房山石经雷音洞本和第三洞本）。佛教文献上还把它称为《大王观世音经》《观世音救生经》《救生观音经》《救苦观音经》《小观世音经》《高王经》《折刀经》等。这种纷杂的称谓也是伪经的特征之一，反映这类经典在广泛流传过程中，俗伪制作文字包括经题长期不得确定。

经录里唯一对《高王观世音经》持肯定态度的是武后时明诠等编的《众经目录》（695），列入"小乘单译经"。其前著述如法琳（572—640）《辩正论》（629）卷七《信毁交报篇》、道宣（596—667）《集神州三宝感通录》（664）卷中、《大唐内典录》（664）卷一〇《历代众经感应兴敬录》、道世（？—683）《法苑珠林》（668）卷一四、卷一七等关于它都已有记述，可知此前流传甚广。至《开元释教录》卷一八判入《伪妄乱真录》，其后历代概不入藏。但此经后来在社会上一直流传并广有影响，又传到日本。

现存《高王观世音经》有不同文本。伪经在流传中不断改动，文本不同是它们的特点。流行最广、文字最多的是收入《大正藏》的文本①；而时期最早、文字最简古的是西魏大统十三年（547）杜照贤造像碑本和东魏武定八年（550）杜文雍、杜英等十四人造像碑本。两者文字基本相同。后者录文如下：

　　《高王经》一卷
　　《佛说观世音经》一卷：读诵千遍，得度苦难，拔除生死罪。

————————

① 《佛说高王观世音经》，《大正藏》第 85 卷第 1425 页中—1426 页上。

观世音菩萨,南无佛,佛□□(国有)缘,佛法相因,长(常)
乐我缘。

佛说男(南)无摩诃波若是大神□(咒),□□(南无)摩诃
佛名是大神咒,男(南)无摩诃波若是大明咒,男(南)无摩诃波
若是大边咒。

净光□□(秘密)佛,□□(法藏)佛,师子吼神足游王(戏)
佛,告须弥登王佛、法护佛、□□(金刚)师子游戏佛、药师留离
(琉璃)光佛、□□(普光)功德宝王佛。

六方六佛名号:东方宝光月殿妙尊音王佛,南方树根花王
佛,西方造(皂)王神通艳花王佛,北方月殿清净佛,上方无数
精进□(宝)首(胜)佛,下方善治(寂)月音王佛。

释迦牟尼佛、弥勒佛。

中央一切众生俱在法□(界)中者,行动于地上,及虚空
里,慈忧于一切,□□(令各)安休息,昼夜修其咒,常有诵此
经,□□□(消伏于)毒害。[①]

房山雷音洞石刻本、房山第三洞本文字与此本略同。这当是早期
流通文本。吐鲁番出土本(存日本大阪四天王寺)和后出的辑入
《大正藏》的文本内容有所增加。又敦煌写本里有一本(P.3920h),
文字和诸本区别较大,并附有梵文经咒[②]。此外还有一些碑刻和后
出刻本。从这些文本的不同可以追寻经本形成由简趋繁的过程。
又房山雷音洞是隋末唐初沙门静琬(? —639)开创刻经事业中最
早开凿的八个洞窟之一,开窟年代有静琬本人贞观二年(628)题
铭。这个窟面积较广,除了入口还另有透光的窗子,四面壁上嵌满

①《北京图书馆藏中国历代石刻拓本汇编》第 6 册第 15—17 页,中州古籍出版
   社,1989 年。由于原石剥蚀,括号内文字是据后出房山第三本等校补的,分
   段和标点为笔者所加。
②《法藏敦煌西域文献》第 30 册第 160 页,上海古籍出版社,2003 年。

经石,四个八角柱上布置雕刻千佛的佛龛,表明洞窟不是单纯为藏经开凿,原本是对参拜者开放的。雷音洞刻石计 19 种经典,其中包括《法华经》全二十八品、《无量寿经》《金刚经》《弥勒上生经》《佛遗教经》、世亲《无量寿经优波提舍》往生偈等,这些都是古代被普遍重视、在当时又广为流行的经典。《高王观世音经》参列其中,可知它当时在佛教信徒心目中占据多么重要的地位。

吐鲁番本和上述流通本的不同,除了文字和神祇的称号有差异外,主要是后面多出一段偈:

> 十方观世音,一切诸菩萨,誓愿救众生,称名悉解脱。恐有薄福者,殷重为解脱,但是有因缘,读诵口不辍。诵经满千遍,念念性不绝,火焰不能伤,刀兵立摧折。恚怒生欢喜,死者变成活,莫言此是虚,诸佛不妄说。①

《大正藏》收录的版本在上述通行本文字之后,又出经题,之后是一首偈:

> 高王观世音,能救诸苦危(厄),临危急难中,死者变成活。诸佛语不虚,是故应顶礼,持诵满千遍,重罪皆消灭。薄福不信者,专贡受持经。②

然后念八大菩萨名号,最后又有偈:"愿以此功德,普及于一切,诵满一千遍,重罪皆消灭。"这后面增加部分多有重复句子,主要颂扬该经功德,显然是后世信徒读诵时增添的。

对于这部经,唯一判定为真经的《大周刊定众经目录》(简称《大周录》),在卷七《小乘单译经目》末附录《无译主经九十三部一百七卷》里,作为"无译主经"之一,解说如下:

---

① 藤枝晃《高昌殘影:出口常順藏トルファン出土仏典断篇圖録》,法藏馆,1978 年。

② 《佛说高王观世音经》,《大正藏》第 85 卷第 1425 页下。

《高王观世音经》一卷

　　右，北齐代有囚，罪当极法，梦见圣僧，口授其经，至心诵
念，数盈千遍，临刑刀折，因遂免死，今《高王经》也。见《齐书》
及《高僧传》、琳法师《辩正论》。然其经体，即《法华经》中称念
观音，皆蒙愿遂，随类化诵，救苦众生。①

　　《大周录》卷一五《伪经目录》里还有《折刀经》一卷。如前所述《折
刀经》本是《高王经》异名。表明当时已有伪撰之说，编者两者并
录，却作一真一伪，显然是疏忽了。经录对这后一类伪经的总评
说："右件经，古来相传，皆云伪谬，观其文言冗杂，理义浇浮，虽偷
佛说之名，终露人谟之状。"②实际《高王经》的文字和义理明显是
"冗杂""浇浮"的。这种记录上的矛盾，也从侧面反映这部经流传
的广泛。

　　从通行早期版本的内容看，这部"经"开头是念观世音名号，接
下来是念各种神咒，念诸佛名号，最后是念"释迦牟尼佛，弥勒佛"，
并念诵这部"经""消伏毒害"的功效，形式上没有作为佛经惯例的
"如是我闻"开头和佛说法的时、地、人因缘（即所谓"序分"），文字
粗疏，无论是神咒还是佛号又都是随意安排的，一眼就可以看出是
伪作。形成这样一部"经"，起初当是根据晋、宋以来民众间流行的
称诵佛号包括念诵观音名号的习俗，后来又附会以某人负罪、念观
世音则临刑折刀或刀斫无损的灵验传说。关于后者，在齐陆杲《系
观世音应验记》里有六例，其中三斫三折刀的有二例。其中一例上
章已经提到：

　　晋太元（376—396）中，北彭城有一人，被枉作贼。本供养
观世音金像，恒带颈发中。后出受刑，（愈）益存念。于是下手
刀即折，辄闻金声。三遍易刀，颈终无异。众咸共惊怪，具白

①《大周刊定众经目录》卷七，《大正藏》第55卷第415页下—416页上。
②《大周刊定众经目录》卷一五，《大正藏》第55卷第474页下。

> 镇主。疑有他术，语诘问其故。答曰："唯事观世音，金像在颈
> 中。"即解发者，视见像颈三疮。于是敬服，即时释之。

陆杲记载这件事是"德藏尼亲闻本师释慧期所记"，即是由僧侣传
出的。另一例是宋泰始年间（465—471）关于释慧和的。在战乱频
仍、政治严酷、民众常常处在刀锋之下，幻想临刑刀折，观音施救，
遂流传出不少这类故事。得救的原因归结为诵《观音经》或戴观音
像，也是当时供养观音的主要方式。但如所诵是俗称《观音经》的
《法华经·普门品》，一千几百字，对于一般没有多少文化的人已经
很不容易，急切间更显得冗长，所以制作出一种基本是诵念佛号和
咒语以表祈愿的更简短的经文，在流传中逐渐增加内容，形成杜照
贤造像碑里那样的基本定型的文本。这个文本当然已出现在杜照
贤造像碑刊刻以前，应当是在观音信仰盛行的北魏时期[1]。由于附
以折刀情节，也就出现了《（观世音）折刀经》的异名。而杜照贤等
所造两通《高王经碑》先后刊刻，可见当时这部伪经在民众中受到
欢迎的程度[2]。

文献里记载这部经被冠以"高王"字样，初见北齐魏收（507—
572）《魏书》里的《卢景裕传》。其中说卢少聪敏，专经为学，北魏曾
为国子博士，后身陷东、西魏的战争：

> 永熙（532—534）初，以例解；天平（534—537）中，还乡里。
> 与邢子才、魏季景、魏收、邢昕同征赴邺。景裕寓托僧寺，听讲
> 不已。未几，归本郡。河间邢摩纳与景裕从兄仲礼据乡作逆，
> 逼其同反，以应元宝炬（西魏文帝）。齐献武王（即高欢）命都
> 督贺拔仁讨平之。闻景裕经行明著，驿马特征，继而舍之……

---

① 参阅牧田谛亮《高王觀世音經の成立——北朝仏教の一斷面——》，《六朝古
　　逸〈觀世音應驗記〉》，京都平乐寺书店，1970 年；又同人《高王觀世音經の出
　　現》，《疑經研究》第 272—289 页，京都大学人文科学研究所，1976 年。
② 张总《说不尽的观世音》第 98 页。

兴和（539—542）中，补齐王开府属，卒于晋阳。齐宪武王悼惜
之。景裕……又好释氏，通其大义。天竺胡沙门道悕每译诸
经论，辄托景裕为之序。景裕之败也，系晋阳狱，至心诵经，枷
锁自脱。是时又有人负罪当死，梦沙门教讲经，觉时如所梦，
默诵千遍，临刑刀折，主者以闻，赦之。此经遂行于世，号曰
《高王观世音》。①

根据这里的记述，卢景裕是系狱诵经得以解脱的；另"有人负罪当
死"，由于诵经而"临刑刀折"，说的是两码事。不过两者所诵同是
《高王观世音经》。如此说明经典名称由来，是构成"民间风物传
说"文体的写法。至于景裕所诵经是谁传授的，没有说明；另"有
人"是谁，也不清楚。他梦中得沙门教授，表明是得自神秘的启示。
从传说看，景裕参与响应西魏宇文泰的叛乱，失败后，高欢（496—
547；永熙三年，534，北魏分裂为东魏、西魏，高欢是东魏政权的实
际控制者，后来其子高洋于天保元年，550，取代东魏建立北齐，追
尊高欢为献武皇帝）赦免并重用了他。《魏书》作者魏收是卢景裕
的朋友，曾做过北齐的中书郎兼著作郎，所述景裕事应当有根据。
实际"高王"和流传的《观世音经》之间本来没有什么关联。卢景裕
的兄长卢仲礼参与谋叛的时间，据《魏书》，东魏孝静帝元善见天平
三年（536）十二月河间人邢摩纳、范阳人卢仲礼各聚众反，次年九
月大都督贺拔仁破平之②。卢景裕系狱诵经被赦免事在其后，距离
杜照贤立碑的大统十三年（547）十年。在这样的背景下，卢景裕传
说中的《高王观世音》把"高王"和"观世音"合到一起，显然有对当
朝统治者高欢赞颂和祈福的意思，也明显具有借助世俗权威增添
"经典"威信的意图。而取代"佛说"之类宗教权威标记，冠以"高
王"这种统治者称号，则体现其浓厚的世俗性质。周一良指出："信

①《魏书》卷八四《儒林传》，第 1859—1860 页。
②《魏书》卷一二《孝静纪》。

仰中之主宰观世音菩萨与现实中之权威高欢相结合,遂增添此种信仰之威力,更便于广泛传播。"①

伪造的经典又促成新的传说的形成。隋侯白《旌异记》里记载了另一个折刀传说,主名是孙敬德:

> 元魏天平(534—537)中,定州募士孙敬德,防于北陲,造观音金像,年满将还,常加礼事。后为劫贼横引,禁于京狱,不胜考掠,遂枉承罪。并断死刑,明旦行决。其夜,礼拜忏悔,泪下如雨……少时,依稀如梦,见一沙门,教诵《观世音救生经》……比至平明,已满一百遍。右司执缚向市,且行且诵,临欲加刑,诵满千遍。执刀下研,折为三段,不损皮肉,易刀又折。凡经三换,刀折如初。监当官人,莫不惊异,具状闻奏。丞相高欢表请其事,遂得免死。敕写此经传之,今所谓《高王观世音》是也。敬德放还,设斋报愿,出在防像,乃见项上有三刀痕,乡郭同睹,叹其通感。②

这是折刀故事的另一个版本。其中说经典的本名是《观世音救生经》,并说因为孙敬德一事和高欢有关联,所以被称为《高王观世音经》。经典名称来由传闻异词,也显示民间传说的一般特征。

如上所说,智昇的《开元释教录》明确判定《高王观世音经》是伪经,说:

> 撰录者曰:此经《周录》之内,编之入藏,今则不然。此虽冥授,不因传译,与前僧法所诵何殊?何为彼入伪中,此编正录?例既如此,故附此中。③

这里"僧法所诵",指梁初尼僧法诵出的《般若经》和《华严璎珞经》

①周一良《魏晋南北朝史札记》第 115 页,中华书局,1985 年。
②《古小说钩沉》,《鲁迅辑录古籍丛编》第 1 卷第 419—420 页。
③《开元释教录》卷一八《别录中伪妄乱真录第七》,《大正藏》第 55 卷第 675 页上。

等,均被判入"伪经"。但值得注意的是如前所说,隋静琬造石经,在今存房山雷音洞里,《高王观世音经》是和《华严》《维摩》等大乘经摹刻、封存在一起的。

由此看来,从北魏到唐初,《高王观世音经》广泛流通,高王观世音信仰相当兴盛,经典传播与信仰实践相互推动。唐、宋以降,《高王观世音经》一直传承不绝。唐初张鷟有记载说:

> 孟之俭,并州人,少时病,忽亡。见衙府如平生时,不知其死,逢故人为吏,谓曰:'因何得来?'具报之,乃知是冥途。吏为检寻,曰:'君平生无修福处,何以得还!'俭曰:'一生诵《多心经》及《高王经》,虽不记数,亦三四万遍。'重检,获之,遂还……①

《心经》是当时最为流行的经典之一,《高王经》被与之并列,亦可见在当时人的心目中它占据多么高的位置。南宋周密(1232—1298)的《癸辛杂识》上记载:

> 行御史台监察御史周维卿以言事忤权臣得罪,远流西北方,名哈剌和林,去燕京八千里。周知不免,日夕持诵《高王观世音经》。一夕,梦有僧问之曰:"汝曾诵《高王观世音经》否?"曰:"然。"僧于是口授一咒与之,此《观世音菩萨应现解厄神咒》也,持诵一万二千遍,可以免难。梦中熟诵,及觉即书之纸。自是持诵不辍,无何得还燕京。而权臣怒犹未已,复系刑部狱。周在狱持诵益勤,未几,遣使云南以自赎。至彼,合蕃僧加瓦八遍阅《大藏经》,得梵本咒,比梦中惟欠三字。未几,权臣诛,遂除刑部郎中,还其妻子财物,人以为诵咒之力云。咒曰:
>
> 答佺他,唵呿啰哦哆,呿啰哦哆,呿呵哦哆,啰呿哦哆,啰

---

① 《朝野金载》卷三,第67页,赵守俨点校,中华书局,1979年。

哞哦哆娑呵。①

这个事例涉及朝廷里的忠奸斗争，《高王经》的灵验又关联到重大政治问题了。

南宋洪迈（1123—1201）的《夷坚志》是志怪小说总集，所述多属无稽传闻，但反映的现实背景应当是真实的。其中记述有关高王观世音信仰的故事不少。如《郑邻再生》一条，说绍兴十四年（1144）三月四日，江东宪司驺卒郑邻误被招入阴间，阎王问："在生曾诵经否？"答说："默念《高王经》，看本念《观世音经》。"他被导之参观地狱，并告之"只念阿弥陀佛、观世音佛名，令渠受生，汝得消灾介福"②。《高王经》比《观世音经》简单，所以容易默念。经典用于民众的念诵，必须是简单易懂的。《共相公》条记载南康都昌县民刘四秀才入冥，有僧问："汝在生修何善业？"对曰："无可纪者，仅能持《高王观世音经》耳。"对曰："只此是也，放汝去……"③刘四生前的善业无可记，也没有读过别的经典，只因为诵《高王经》就被从地狱放免了。就这样，《高王经》成为这些普通百姓平日熟悉的经典。

《高王观世音经》在流传过程中内容不断增加。如清咸丰六年（1856）"福建省南关外集新堂书房藏版"的《高王观世音经》，就由说相、《高王观世音感应》、净口、净身、安土地三真言、奉请八菩萨（观世音、弥勒、虚空藏、普贤、金刚手、妙吉祥、除障盖、地藏王）、开经偈、《佛说高王观音经》《佛说救苦经》《观音救生经》《观音救难咒》、礼观音、斋戒日期、《高王观音经送子白衣感应》等部分组成。这已成为以《高王观世音经》信仰为中心的袖珍小丛书了。

---

① 《癸辛杂识》续集下，第 161 页，吴企明点校，中华书局，1988 年。
② 《夷坚甲志》卷四《邻郑再生》，《夷坚志》第 1 册第 28 页，何卓点校，中华书局，1981 年。
③ 《夷坚支甲》卷四《共相公》，《夷坚志》第 2 册第 737 页。

信仰促使传说的形成，传说又促成新经典的制作，这样制作出来的"伪经"赢得广大信众，广泛流传，发挥出不次于"真经"甚至是"真经"起不到的影响和作用。这是因为这类"伪经"是在民众信仰的潮流中产生的，能够更真切地反映民众的心态，满足民众的需求。这样，《高王观世音经》的形成及其传播情况，就相当深刻地反映了中土民众佛教信仰的本质和特征。

三

　　《高王观世音经》形成后，出现众多文字繁简不同的文本，而由简趋繁是大趋势。这从前一节的介绍里可以清楚看出来。作为民众信仰实践的"教材"，需要更简易的经典。从而由《高王经》蜕化出更短小、更易读诵的"伪经"，《观世音十句经》和《救苦观世音经》即是。

　　《观世音十句经》最初见于隋阳玠松的《谈薮》：

> 王玄谟爽迈不群，北征失律，法当死。梦人谓之曰："汝诵《观音经》千遍，可免祸。"曰："命悬旦夕，千遍何由可得?"乃口授云："观世音，南无佛，与佛有因，与佛有缘，佛法相缘，常乐我净，朝念观世音，暮念观世音，念念从心起，念佛不离心。"而诵满千遍，将就戮，将军沈庆之谏，遂免。①

宋王玄谟于元嘉年间（424—453）为长沙王刘义欣镇军中兵参军，北伐魏国，滑台兵败，据传时辅国将军萧斌将斩之，"始将见杀，梦人告曰：'诵《观音经》千遍则免。'既觉诵之，得千遍。明日将刑，

_____
①《太平御览》卷六五四，第 3 册第 2923 页上。

诵之不辍,忽传呼停刑",事见《晋书》卷七六《王玄谟传》。传闻中
他所念《观音经》应是《普门品》,并非这里所诵的十句。《谈薮》记
载里的十句,也只是梦中口授偈语,并没有《十句观音经》名目。
北宋《太平广记》卷一一一《报应十》记载十句全同。到南宋志磐
的《佛祖统纪》,始落实为《十句观音经》名目①;又记载孙敬德事,
并说他所诵《高王观世音经》就是《十句观音经》或称《延命十句观
音经》②。

拿十句经文和《高王观世音经》相对照,就会发现,实际它们是
从后者抽出再加修订、整齐化而形成的:

雷音寺本《高王经》	《大正藏》本《高王经》	《观世音十句经》
观世音菩萨	观世音菩萨	观世音
南无佛	南无佛,南无法,南无僧	南无佛
佛国有缘	佛国有缘	与佛有因,与佛有缘
佛法相因	佛法相因	佛法相缘
常乐我缘	常乐我净	常乐我净
昼夜修治	昼夜修治	朝念观世音
心常应诵此经	心常求诵此经	暮念观世音
		念念从心起
		念念不离心

这表明,《十句观音经》是简化《高王经》而来的。《高王观世音经》
就这样衍生出更简单、仅十句的"伪经"。当然这也更适合民众诵
读的需要。

和《十句观音经》相似,还有一部《救苦观世音经》。据《集神州
三宝感通录》卷下等典籍,《救苦观世音经》本是《高王观世音经》异
名。但在敦煌文书里发现另有一部"伪经",其前一部分是:

———————————

① 志磐《佛祖统纪》卷五三《历代会要志第十九之三》,《大正藏》第 49 卷第 468
　页中。
② 《佛祖统纪》卷三八《法运通塞志第十七之五》,《大正藏》第 49 卷第 357 页下。

救苦观世音经

观世音，南无佛，佛国有因，佛法相值，□乐有缘，永离众苦，弥勒佛前，佛经一卷，□至千遍，济难度苦。

道人闻之终身诵，贤者闻之至心听，速令解脱，龙华三会，转大法轮，愿为初首，衣食自然，转经行道，恒在佛前。

朝念观世音，暮念观世音，坐念观世音，行念观世音。念念相因起，念佛不离心。刀山自摧折，剑树不伤人，念当诵此经，可得免脱身。菩萨在世时，乘船南渡海，道遭卒风雨，海水扬波满，船上五百人，首死不望活，三唱南无佛，一切皆度脱。[①]

唐时镇州（今河北正定县）开元寺三门楼题刻有石柱，留有残字："《救苦观世音经》一卷　合家普同供养"，不见经文。《常山金石志》编撰者推测："此柱唯南向一面有字，岂年深剥落，经文从而遗佚耶？"[②]三门楼造于唐如意年间（692），刻石在其后一段时期，可知该经在唐时已经流行。

从经文看，《救苦观世音经》的许多字句也是从《高王经》来的，表述也和《十句观音经》相似。当时的信仰习俗应当是一面念诵观音等佛号，一面诵读表白救苦祈愿的文句。经常使用大体相同的文句，组织成简短的十句，就成了一部口诀式的短小经文。在实际运用中，这类经文可以自由地发挥、组合。新"经"就这样被制作出来。

这些所谓的"经"，本来一眼就可以看出与外来翻译佛典毫无一致之处。"正统"的经录排斥它们为"伪"，但民众却接受它们，欢迎它们，承认它们是"经"。这种经典真伪的"混乱"和评价标准的"失衡"，也表明群众的信仰实践比起任何神圣的传统和文字的权

---

①敦煌写本 S.4456b 号，黄永武主编《敦煌宝藏》第 36 册第 203 页，（台北）新文丰出版公司，1983 年。
②《八琼室金石补正》卷四一，第 279 页。

威都具有更强大也更持久的力量。

<h1 align="center">四</h1>

六朝伪《观音经》中影响较大的还有《观世音三昧经》。它与《高王经》或《十句观音经》比较,明显具有另外一种风格,在信仰实践中也会起到另外的作用。

在经录中《观世音三昧经》首次出现于隋开皇十四年(594)法经等编撰的《众经目录》,被收在《众经疑惑》项下①。在武后时期明诠等所编的《众经目录》里,记载此经出梁《宝唱录》②。又根据《祐录》未收而被智顗所引用等情况看,此经当于六朝后期已经流行。此经在中土久佚,但早在奈良时期(710—794)已传入日本。在奈良正仓院文书中记载的天平年间(729—749)写经里,已有《观世音三昧经》名目。写本流传至今,现存京都博物馆。在敦煌写经中发现几个抄卷,即 S.4338 号、日 62 号(尾题)、余 80 号等。又日本室町时代(1336—1573)沙弥玄栋撰集的《三国传记》卷八,有《观世音三昧经事》,为此经节略。日本学者牧田谛亮据奈良朝写经为底本,参照其他资料加以校勘,可看作是可用的定本③。他对这部经也做了相当细致、深入的研究。

牧田教授指出:“这部《观世音三昧经》,说明了构成六朝观音信仰实践具体基础的理论与行法,因而具有重要意义。”全经三千

---

①法经《众经目录》卷二《众经疑惑五》。
②明佺等《大周刊定众经目录》卷一一《大乘失译经》,《大正藏》第 55 卷第 437 页下。
③《觀世音三昧經の研究》,《疑經研究》第 212—246 页。以下引用文字均据此书。

余字,结构比较完整,应是同类伪《观音经》中具有代表意义的作品。这样的作品,应出于文化程度较高的僧侣之手。

这部经与《高王经》不同,采用真经形式。就是说,前面以"如是我闻"开头,首先叙述佛陀说法的时、地、人因缘;最后有佛陀咐嘱流通一段;中间记述佛陀对弟子的说法。这就是科判("科判"的本义指划分段落;对佛经作"科判"是对一部经的经文一层层地进行结构分析,列出表格)所谓"序分""正宗分""流通分"三部分。特别的一点是,经中有观世音菩萨出现,并把他说成是佛陀的师佛,极大地提高了观世音的地位和功德,反映提升和强化观音信仰一派的动向。

经中叙述佛在毗罗勒国旃檀精舍说法,告诸弟子:"我观三界,空无所有……因缘故有,和合则生,亦可演说,亦不可说。"是时观世音出场,劝佛说法:"世尊,法若可说,便应不无,不无之法,便应可说。"佛在他的提示下开始对弟子说法。先是赞颂此经并总叙其功德:

> 佛告阿难:"此经名《观世音三昧经》。我于往昔为菩萨时,常见过去佛读诵斯经。今吾成佛,亦复读诵,未曾休息。我今成佛,良由此经。此经明圣,难可比度,喻如日光能照幽冥,此经亦尔。若有比丘、比丘尼、优婆塞、优婆夷受持此经者,真我弟子。流通正法,法将明矣,三宝不灭,兴隆正觉。闻此《观世音三昧经》,旨(盲)冥受悟。若有众生,得闻此经,念而不忘,五劫不堕阿鼻地狱。当知此《观世音三昧经》是良药,救人苦难,拔除烦恼,千劫万劫,不堕恶趣。当知斯经名《大法王》,法化于人,受道百千万亿。此经难闻,亦复难见。譬如摩尼宝珠,其明甚盛,照百千界,人见欢喜,都无忧恼。此经亦尔,若人得闻,必离恶道。"[1]

---

[1] 以下录文均据牧田校本,括号中的文字是牧田拟改的。

接着,佛答复阿难"云何行此经? 复何应现?"的提问,说诵此《观世音三昧经》则观音现身:"若欲行此经,应净房舍中,悬诸幡盖,散花烧香,端坐七日,念无异想,诵此《观世音三昧经》。尔时观世音即自现身,其形紫金色,身长丈二,顶(项)背日光,其色似白银,手提莲花,现其人前。"以下是七日现身情景,实际是指示信仰者七日供养的行法。到第七日:

> ……观世音菩萨即自现身,其光晃曜,明过于日。行人见已,心其荒迫。观世音菩萨即举左手,摩行者顶,心得安稳;复举右手,指于西方妙乐国土。行人寻时即见西方无量寿国,国土清净,流离宝树,华园浴池,处处皆有。行人见已,烦恼消除,无明根拔。此诸行人等,世世所生,常与观世音相值……

这里指示供养观音的具体做法,是与简单的持念不同的。又明确说到观音指引人去西方净土,则融入了净土信仰内容。下面又说到"行人"得见诸方佛国,"行人见已,即得六通(六种神通:天眼通、天耳通、他心通、宿命通、神足通、漏尽通),具八解脱(又称"八背舍",解脱贪着的八种禅定),得无碍智,飞到十方,随意即至,千劫万劫百千亿劫,度人无量,得神通力,具陀罗尼,辨(辩)才无带(滞)"。然后阿难赞佛,佛为说神咒一节,并说持诵此经的人是大菩萨,一切众生闻之则离"八难"。这又是把观音咒和《普门品》的内容混合到一起了。

接着是特别的佛授记故事:

> 尔时阿难从座而起,而白佛言:"观世音有何神力,威神乃尔,今佛称叹其德不轻?"

> 佛告阿难:"今我道实,其事不虚:我念观世音菩萨于我前成佛,号曰正法明如来、应供、正遍知、明行足、善逝、世间解、无上士、调御大夫、天人师、佛、世尊。我于彼时,为彼佛下作苦行弟子,受持斯经七日七夜,读诵不忘,复不念食,不

念五欲,即见十方百千诸佛在我前立,于斯悟道,今得成佛,号曰释迦牟尼,受持斯经,犹故读诵。况复今日,汝等诸人亦应受持,莫令懈怠。何以故?观世音菩萨有大威神力故,现神通力故,救众生故,度苦难故,现紫磨身故,欲便行人得成道故。"

因此,佛劝说阿难于他灭度后,流通此经,并预言其时当有众魔、破戒比丘、比丘尼不信此经,"当有出家比丘、比丘尼,甚不精进,多觅财物,聚积金帛,多作生业,养育畜生,常与猎师、淫女、国主、沽酒、屠儿、魁脍以为亲友,如斯人辈,永不见佛。若能读诵、受持斯经典者,罪渐渐自然灭。若不读此经,必当堕恶道"。这里又流露出明显的"末法"意识,并把挽救佛法的希望寄托在观音信仰上。而强调观音的普遍救济力量,则体现了大乘众生普遍成佛的观念。接着佛说赞颂观音和《观世音三昧经》的七言长偈,再一次详述此经功德:一方面说受持此经的五种果报:

> 一者离生死苦,烦恼贼;二者常与十方诸佛同生一处,出则随出,生生之处,不离佛边;三者弥勒出世之时,当为三会初首;四者不堕恶道、地狱、饿鬼、畜生、阿修罗中;五者生处常值净妙国土,是为五种果报。

另一方面又指出世间五种不能成佛之人(一者边地国王,常怀怒恶,兴师相伐;二者旃陀罗人;三者破戒比丘、比丘尼;四者多淫之人;五者出家还俗,毁坏道法),若能受持此经七天七夜,读诵通利,众罪消尽,皆得成佛。这是重复强调大乘普遍的成佛说,是中土人士乐于接受的"一阐提人皆可成佛"观念的发挥。最后说偈,咐嘱流通。

这部经内容相当庞杂,把传世经典里救苦观音、净土观音以及古密教的观音咒的内容杂糅在一起,体现观音信仰普及、发达的综合特色。其中对于教理阐述较少,亦比较粗浅,则表现了它的普及化、世俗化的特征;对灵验夸张甚多,又突出了宣教实际的需求;又特别注重关于具体供奉行法的说明,反映当时信仰实践的具体形态。其中把观音当作释迦的师佛,完全颠倒了佛与观音的传统位置,表明在中土现实环境中观音得到特别重视,是与前面说过造像里出现"观世音佛"之类名号同类的现象。

《观世音三昧经》无论是内容还是表现形式,显然和《高王经》《十句观音经》截然不同。它们同样在民众信仰潮流中形成,都是适应信仰实践需要的产物,但前者体现较高的理论层次,更适合专业化的僧侣在法会上宣讲。这两类伪经内容侧重点不同,适用场合不同,也反映观音信仰僧俗间普遍兴盛的形势。

与伪《观音经》相关联的还有中土制作的观音偈。这是用通俗韵文写成的本土经咒。敦煌写本里 P.3818 号首题《观音偈》,有题记"显德寺僧善藏记",背面有"观音偈壹卷法律戒薰书记"一行。这是二十五首七言韵语构成的组诗,宣说《普门品》内容。例如写风难一段:

> 若人求宝遭逢难,漂流鬼国甚凄惶。一人称念观世音,罗刹迩乃放还乡……或为梵王世界主,或为居士婆罗门,乃至童男及童女,垂形六道为酬恩。①

这种通俗的偈颂应当主要是用在观音忏仪上的。同类偈颂后世仍陆续制作出来。周一良曾介绍出于金元之际的一册《观音偈赞》,他说这是"佛教通俗文学作品",并指出其形制与佛经偈颂之用四、五或七、九言的整齐划一不同,"反而跟元明时代的散曲套数用几个不同的调子讲一件事者相类"②。这样的偈赞显然受到当时盛行的受到群众欢迎的曲辞的影响。

佛教僧侣普及弘法,民众信徒供养礼赞,又都积极地利用当时盛行的新的文体,包括形象生动的文艺体裁。

---

① 《法藏敦煌西域文献》第 28 册第 168—172 页,上海古籍出版社,2004 年。
② 《跋〈观音偈赞〉》,《周一良集》第 3 卷《佛教史与敦煌学》第 257—258 页。

五

在外来翻译佛典里，观音是菩萨，是佛弟子、佛法的实践者和宣扬者；但在中土发展中，他取得了更崇高的地位。他实际已被看成"佛"。对于普通人，他发挥的威力实际比佛陀更加直接、有效，因而也往往就显得比佛陀更可信赖、更为亲近。伪《观音经》是"伪经"，是模仿真经的伪撰，其作伪痕迹十分明显，甚至人们也并不真把它们当作"佛说"的真实记录。但是它们却被民众积极地接受、广泛地流传，受到热烈欢迎，甚至比真经更为普及。这个事实，充分表明宗教史上的一个规律：广大民众的信仰实践是决定宗教发展方向、推动宗教发展的决定性力量。归根到底，中国佛教是生根在中国思想文化土壤上、以中土民众为信仰主体的宗教。它必然要体现他们的意志与愿望。"伪经"制作和流行这一现象，是佛教"中国化"的一个重要成果；伪《观音经》的大量出现与弘传，显示中土民众对佛教的要求。

如前面一再提到的，"伪经"之"伪"是很明显的。人们明知其"伪"却照常尊信、宣扬它们，许多"伪经"往往流通更广，更受欢迎，这个现象是值得深入玩味的。"伪经"是民众基于自身的宗教体验，在信仰实践过程中制作的，体现出自他们心灵深处的诉求，寄托他们倾诉无告的愿望。从这个意义上说，"伪经"乃是民众宗教心理的真实记录，往往发挥比真经更大的影响也就很自然了。

日本著名佛教学者塚本善隆说过："隋智颉的天台宗也好，吉藏的三论宗也好，唐法藏的华严宗也好，窥基的唯识宗也好，虽然其教义确实称得上深邃精密，但却未必成为中国国民的宗教。它们虽然被少数在家知识阶层所受容,却不是中国庶民的宗教。因为这毕竟还是出家僧侣的宗教,寺院的宗教……中国的庶民宗教,从根本上不得不采取适应其教养的通俗的形式,不得不融入中国的风俗之中,并得到民众中迷信分子的追随。并且不能忘记,正是这种作为低俗宗教的庶民宗教,与中国的庶民生活密切结合着存续下来,并且成为指导他们的社会精神生活、维持伦理秩序的力量。"①"伪经"正是民众制作的这种"庶民宗教"的经典。当然全面、公允地讲来,出家僧侣的佛教,少数知识精英的佛教,其理论价值和实践意义不可低估。而且就佛教对中国的贡献说,他们对于推动思想、文化、文学、艺术的发展与创新影响与成绩都十分巨大。这是属于高层次的文化领域的贡献。但从宗教实践角度看,这个层面与民众的实际生活是有相当距离的。例如在六朝以来发达的义学中,也有关于《法华经》及其《普门品》、关于观音的研究。现存的如梁法云的《法华义记》、隋智𫗦的《法华文句》、吉藏的《法华义疏》和智𫗦的《观音玄义》《观音义疏》和《请观音经疏》等,都有从教理层面对观音信仰所作的疏释、论说。但这些著作有关观音的说明,基本是为阐述教理服务的,与现实生活中受到民众热烈欢迎、虔诚供奉的观音几乎没有什么关系。真正体现民众的观音信仰,指引他们信仰实践活动的,是《普门品》所宣扬的更单纯的救苦观音信仰,伴随的则有伪《观音经》的流行。而且在实际生活中,那些简短的伪经比《普门品》流通得更为广泛。

这样,表述浅俗,内容谫陋以至荒诞的伪《观音经》,在兴盛的信仰潮流中制作出来,得到广大民众的热诚支持,具有强盛、持久的生命力。它们作为古代社会精神生活和民众心态的真实记录,意义、价值和作用是其他文献不可取代的。

---

① 塚本善隆《支那仏教史研究　北魏篇》第 296—297 页,东京清水弘文堂,1969 年版。

第五章　净土信仰与净土观音

一

本书第二章介绍《观音经》，主要是外来翻译经典，包括净土经典，已经涉及净土观音的内容。这一章讲中国的净土信仰和净土观音。

按照小乘佛教的观点，在现世无佛世界上，人们只能求取自身解脱，证得涅槃，是不可能与佛相值的。涅槃是一种绝对境界，是超离生死轮回之苦的不生不灭的境界。这种境界对于重现实、重理性的中土人士来说，理解起来是相当困难的。大乘佛教发展出新的"佛身"论与"佛土"论，认为三世十方有无数佛，每一位佛都有自己的佛国土。在这种新的"佛土"观念的基础上，约在公元1—2 世纪净土信仰形成①。不过值得注意的是，在外语佛教原典里，只有"净妙国土""净佛国土"或"使国土清净"之类说法，并没有与"净土"相对应的固定词语。这在中土早期翻译佛典里也可

---

① 现存关于净土的经典最早的一部是《阿閦佛国经》，初译为支娄迦谶所出，二卷。《大宝积经·不动如来会》为其同本异译。"阿閦"意译为"不动""无动"。据考该经结集大体与《般若经》在同一时期。

以看出来。前面已提到中土翻译佛典最早介绍观佛"禅观"的是后汉支娄迦谶所出《般舟三昧经》[①]，其中讲到"西方阿弥陀佛"和他的"国土"，国土的名字叫"须摩提"[②]。《维摩经》也是较早介绍净土思想的，什译本《佛国品》宝积长者子白佛言："……愿闻得佛国土清净，唯愿世尊说诸菩萨净土之行。"[③]这部经总计使用"净土"一词达二十次。值得注意的是，在该经吴支谦的初译本里，却没有"净土"一词。如上引的同一处，支译作"……愿闻得佛国土清净，佛惟解说如来佛国清净之行"[④]。据考什译的二十处有十七处原文是 buddha-ksetra 即佛国土，另外三处的原文可能是 buddhaksetra-parisuddhi，即使佛土清净[⑤]。而从《法华经》的情况看，写到佛土的地方很多，例如《五百弟子授记品》，弟子们都有各自的佛国土。但在竺法护译《正法华经》里却都是用"佛之土""佛土"等字样[⑥]；什译《法华经》也同样，只在《五百弟子授记品》和《如来寿量品》的偈颂里两次用了"净土"一词。但考梵文原文，前者是 ksetra-vara 意即"妙土"，后者是 ksetra 意即"国土"。这样，在外来原典里，"净土"并不是一个固定语词。"净土"作为独立概念在中国佛教里被确立下来，把佛国土落实为具体的"净土"，这一现象本身就体现了中土意识重现世、重实际的特征。这种特征对于中国佛教

① 《般舟三昧经》有一卷本和三卷本，一般以为三卷本是支娄迦谶译。
② 《般舟三昧经·行品第二》："佛告颰陀和：'持是行法，便得三昧，现在诸佛悉在前立。其有比丘、比丘尼、优婆塞、优婆夷如法行，持戒完具，独一处止，念西方阿弥陀佛。今现在，随所闻当念，去此千亿万佛刹，其国名须摩提……"《大正藏》第13卷第899页上。"须摩提"梵名 Sukhavati，"极乐庄严"的意思，后来译为"安乐""安养""极乐"。
③ 《维摩诘所说经》卷上《佛国品第一》，《大正藏》第14卷第538页上。
④ 《佛说维摩诘经》卷上《佛国品第一》，《大正藏》第14卷第520页上。
⑤ 藤田宏达《原始净土思想の研究》第508—510页。
⑥ 如《正法华经》卷三《授声闻决品第六》："世界名宝成，劫曰宝音。普佛之土周匝悉遍……"，《大正藏》第9卷第87页上。

发挥更为丰富、复杂的净土思想起了很大作用。

　　净土信仰输入中土，适应了中土人士追求来世福报的精神需要。这是解决所谓"生死大事""来生之计"问题。无论是享尽荣华富贵、满足现世欲望的富贵阶层，还是受苦受难的劳苦大众，生死大限都是不可避免的。现世欲望得到满足的人希望把享乐无限延续下去，经受苦难的人希望来世命运能够改变。本来"诸佛以一大事因缘故出现于世"①。佛教的"业报"说和"轮回"说，正是为解决人的"生死大事"作出指引的。中国传统上有"未知生，焉知死"的古训，有死者"复归于土"的朴素观念。这类说法都对来世的存在持怀疑乃至否定态度；中国也有"积善之家必有余庆，积不善之家必有余殃"的观念，这是立足于血缘家族纽带关系的报应观。佛教的业报教理，给人"生死大事"的"终极关怀"问题提出了明确答案，又把解决问题归结到个人自身，正可以弥补中土传统相关观念的模糊和缺失，遂成为佛教教理十分吸引人的部分。东晋袁宏说到佛教初传情形：

　　　　又以为人死精神不灭，随复受形，生时所行善恶，皆有报
　　应。故所贵行善修道，以炼精神不已，以至无为，而得为
　　佛也。②

刘宋范晔也说：

　　　　又精灵起灭，因报相寻，若晓而昧者，故通人多惑焉。③

这表明，当时人从佛教的"轮回报应"说里得到了解决生死大事的新启示。而净土思想又更进一步在现世之外给人提供另一个具有现实性的"极乐"世界。它被接受并受到欢迎就是理所当然的。

---

①《妙法莲华经》卷一《方便品第二》，《大正藏》第 9 卷第 7 页上。
②《后汉纪》卷一〇《孝明皇帝纪》。
③《后汉书》卷八八《西域传》，第 2932 页。

在中国，佛国土被落实为固定的"净土"一语，不但确立起一个概念，又把这一概念进一步具象化、"有相"化了，即把净土想象成、理解成、描绘成一个实实在在、可以托身的"国土"。又，从大乘"佛土"论的本来意义说，清净佛土本来是绝对的神秘境界，对它加以言说形容，乃是一种权宜与方便。龙树所造《十住毗婆沙论》是解释菩萨行的重要论著，其中论及净土说：

> 不净略说有二种：一以众生因缘，二以行业因缘。众生因缘者，众生过恶故；行业因缘者，诸行过恶故。此二事上已说。转此二事则有众生功德、行业功德，此二功德名为净土。是净国土，当知随诸菩萨本愿因缘，诸菩萨能行种种大精进故。所愿无量，不可说尽。是故今但略说，开示事端。其余诸事，应如是知。略说净土相，所谓菩萨善得阿耨多罗三藐三菩提，佛功德力法具足，声闻具足，菩提树具足，世界庄严，众生善利，可度者多，大众集会，佛力具足。善得菩提者，以十事庄严：一离诸苦行，二无厌劣心，三速疾得，四无求外道师，五菩萨具足，六无有魔怨，七无诸留难，八诸天大会，九希有事具足，十时具足离诸苦行者。[1]

这里是说众生功德和行业功德乃是净土，而下面所说"净土之相"，和净土类经典所描绘的"有相净土"并不相同，所强调的是个人修持的功德。龙树又说：

> 净佛世界者，有二种净：一者，菩萨自净其身；二者，净众生心，令行清净道。以彼我因缘清净故，随所愿得清净世界。[2]

这里则又把修持净土说成是禅定的一种。这是以《般若经》宣扬的般若空观为基础的净土观念。前面已经提到，中土最早介绍阿弥

---

[1]《十住毗婆沙论》卷三《释愿品之余》，《大正藏》第 26 卷第 32 页上—中。
[2]《大智度论》卷五〇《释发趣品第二十之余》，《大正藏》第 25 卷第 418 页中。

陀佛和净土思想的是大乘经《般舟三昧经》,已经表明当初净土思想是与观佛的"禅观"相结合的。中土传译的观佛经典还有很多,如《观佛三昧海经》《观普贤菩萨行愿经》《观虚空藏菩萨经》《观弥勒菩萨上生兜率天经》《观药王药上二菩萨经》等。按观佛教理,"净土之行"乃是通过念佛达到佛的境界,实际是一种禅观的实践。这种净土观念被称为"唯心净土"。《维摩诘经》里明确提出"心净土净"之观念。据什译本,宝积长者子问"菩萨净土之行",佛陀答称"……直心是菩萨净土……深心是菩萨净土……四无量心是菩萨净土……回向心是菩萨净土",最后总括起来,"大乘心是菩萨净土"①。这种观念后来也被中土学人所重视,成为发展禅思想的重要典据。

净土在中国被"有相化",被当成具体的、有形有相、可感知的"土地",《阿弥陀经》以及另外一些经典的传译起了很大作用。人们的净土观念从而由注重"净土之行"转而更加注重"净土之相"。这种观念在六朝以来的造像、壁画里表现得非常清楚。净土的描绘从人物衣着、殿堂宫室到自然环境都已经被具象化、形象化了,并且是按照理想的人间模式来表现的。净土被描绘成繁华富丽的乐土、人们向往的能够托生的所在。这对人当然是有巨大吸引力的。

在中国,佛教净土信仰中影响巨大的还有弥勒净土。与西方弥陀净土信仰相比较,两者体现不同的思想倾向与宗教追求,也凸显前者在宗教意义上的优胜之处。宣扬弥勒信仰的有所谓"弥勒六部经",即西晋竺法护所出《弥勒下生经》《弥勒成佛经》《弥勒当来下生经》)、鸠摩罗什所出《弥勒下生成佛经》和《弥勒成佛经》(俗称《弥勒大成佛经》)、失译《佛说弥勒来时经》、唐义净所出《弥勒下生成佛经》以及北凉沮渠京生所出《弥勒上生经》(《观弥勒菩萨上

---

①《维摩诘所说经》卷上《佛国品第一》,《大正藏》第 14 卷第 538 页中、下。

生兜率天经》）。后一部经是宣扬弥勒上升信仰的，宣称弥勒菩萨
在佛陀生前命终上生兜率天。兜率天是佛教所说"六欲天"的第四
天，生在这里的"兜率天子"身体长大，寿命很长，又可享受五欲之
乐。经中说弥勒上生到那里，是"供养一生补处菩萨"，弥勒在兜率
天待机，五十六亿六千万年以后，穰佉转轮圣王时，正法治化，弥勒
降神于大婆罗门家，右肋出生，出家学道，在金刚庄严道场龙华菩
提树下成佛，先后在龙华树下华林园中为人、天众生三会说法，教
化诸天，并说世人持戒修行，奉行十善，念佛名号，观佛形象，可超
九十六亿劫生死之罪，死后得往生此土。前五部经内容大体相同，
是宣扬弥勒下生信仰的，允诺人们以未来的美好世界。下生的弥
勒已经是"佛"，所以在中土造像里作佛装。参加"三会"的人得现
世值佛，所以六朝造像记有许多表示与佛相值、参与龙华三会的祈
愿。弥勒信仰如此把下生信仰和上生信仰结合起来，构成复杂的
内容。《法华经》宣扬菩萨思想，也包含有弥勒信仰内容。竺法护
所出《正法华经》里普贤菩萨对佛陀说：

> ……一心勤修《正法华经》，书持经卷，常当思惟，一切不
> 忘，当礼此人，用书写此经至德所致，而为千佛所见授臂，临寿
> 终时面见千佛，游在吉安，不堕恶趣。寿终之后，生兜术天，适
> 生天上，八万四千诸玉女众，往诣其所，鼓诸伎乐，而歌颂德，
> 在诸玉女，以法相乐……①

在中国，弥勒净土信仰与弥陀信仰并兴，弥勒信仰特别在义学沙门
间和社会上层流行。东晋名僧又是名士的支道林作《弥勒赞》，其
中说：

> 大人轨玄度，弱丧升虚迁。师通资自废，释迦登幽闲。弥
> 勒承神第，圣录载灵篇。乘乾因九五，龙飞兜率天。法鼓振玄

①《正法华经》卷一○《普贤品第二十》，《大正藏》第9卷第133页中。

宫,逸响亮三千。晃晃凝素姿,结跏曜芳莲。寥朗高怀兴,八
音畅自然。恬智冥徼妙,缥眇咏重玄。磐纤七七纪,应运莅中
墦。挺此四八姿,映蔚花林园。矗矗玄轮奏,三擘在昔缘。①

这里从弥勒上生兜率天写到下生华林园三会说法。支道林是名
僧,又与名士交往,他的信仰在当时社会上广有影响。东晋另一位
高僧、一代佛门领袖释道安对于推动这一信仰的传播也起了重要
作用。他"每与弟子法遇等,于弥勒前立誓,愿生兜率"②。其弟子
昙戒病重时称诵弥勒名号不辍口,弟子问为什么不愿往生安养,他
答说:"吾与和上等八人,同愿生兜率。和上及道愿(也是道安弟
子)等皆已往生,吾未得去,是故有愿耳。"③在西晋末年战乱饥馑中
曾和道安等一齐隐居濩泽的竺僧辅,"后憩荆州上明寺……誓生兜
率,仰瞻慈氏。时琅琊王忱为荆州刺史,藉辅贞素,请为戒师,一门
宗奉。后未亡二日,忽云:'明日当去。'至是临终,妙香满室,梵响
相系,道俗奔波,来者万数。是日后分,无疾而化"④。著名译师鸠
摩罗什广泛传翻包括西方净土和弥勒净土的经典,其弟子僧叡在
《毗摩罗诘提经义疏序》中说道:"此土先出诸经,于神识性空,明言
处少,存神之文,其处甚多。《中》《百》二论,文未及此,又无通鉴,
谁与正之?生匠(指道安)所以辍章于遐慨,思决言于弥勒者,良在
此也。"⑤这是说当初《中论》《百论》表述的大乘中观学派"般若
空"观还没有介绍到中土,人们还按中土传统理解认"神识"为实
有,所以道安想到天宫请教弥勒。当时像道安这样的弥勒信仰者
想通过修习禅定,到兜率天从弥勒受教,是弥勒信仰的一个特殊
内容。弥勒信仰在义学沙门间流行,这也是重要原因。后来的佛

---

①《广弘明集》卷一五《佛德篇第三》,《大正藏》第 52 卷第 197 页上。
②《高僧传》卷五《晋长安五级寺释道安传》,第 183 页。
③《高僧传》卷五《晋长安寺释昙戒传》,第 204 页。
④《高僧传》卷五《晋荆州上明竺僧辅传》,第 196 页。
⑤《出三藏记集》卷八,第 312 页。

门龙象如慧思、智顗、灌顶、玄奘、道宣、玄朗等都信仰、宣扬弥勒。据说慧思"梦弥勒、弥陀说法开悟，故造二像，并同供养。又梦随从弥勒，与诸眷属同会龙华，心自惟曰：'我于释迦末法受持《法华》，今值慈尊。'感伤悲泣，豁然觉悟"①。天台智顗现存传记材料不见弥勒信仰的记载，但他的弟子灌顶、智晞都说他寂灭后上生兜率内院，应是有根据的；而据传灌顶等也是往生兜率的②。天台宗的左溪玄朗也"有愿生兜率宫，必资福"③。应当注意到，天台宗是大力鼓吹观音信仰的，可是对弥勒信仰同样热衷。玄奘所传瑜伽行学派的两大论师无著和世亲，据说是经弥勒指点由小乘改习大乘的；又据说无著曾多次上升兜率天咨问弥勒，弥勒为其讲述大乘深义，其所著《瑜伽师地论》《中边分别论》等就得自弥勒亲授；而世亲也数度上升弥勒内院，弥勒为他讲授大乘空观。玄奘早在印度巡礼时，在伊烂拏钵伐多国曾对观自在菩萨像发三大愿，其二是"所修福慧，愿生睹史多宫（兜率天宫）事慈氏菩萨"④；而他临命终时与翻经大德并门徒辞别，又说"愿以所修福慧回施有情，共诸有情同生睹史多天弥勒内眷属中奉事慈尊，佛下生时亦愿随下广作佛事，乃至无上菩提"⑤。后来慈恩宗弟子多修弥勒净业，如玄奘嫡传窥基、大乘灯等均发愿往生兜率。在窥基的时代，新兴的西方净土法门正在蓬勃发展，他却有意识地突出弥勒净土信仰，说：

　　又念弥陀、弥勒功德无有差别，现国现身，相成胜劣。但以弥勒恶处行化，慈悲深故；阿弥陀佛净土化物，慈悲相浅。

①《续高僧传》卷一七《陈南岳衡山释慧思传》，中册第619页。
②《续高僧传》卷一九《唐天台山国清寺释灌顶传》，中册第718—719页。
③《宋高僧传》卷二六《唐东阳清泰寺玄朗传》，下册第662页，范祥雍点校，中华书局，1987年。
④慧立、彦悰《大慈恩寺三藏法师传》卷三，第78页，孙毓棠、谢方点校，中华书局，1983年。
⑤《大慈恩寺三藏法师传》卷一〇，第221页。

又净土多乐,欣生者多,厌心不深,念令福少,非奇特故。恶处多苦,欣生者少,厌心深重,故念福多。①

这种说法和净土宗人的论调恰好相反。

六朝时期的亲贵士族对于与未来出世的弥勒相会怀抱非常高的热忱。如宋明帝刘彧写有《龙华誓愿文》,齐竟陵王萧子良有《龙华会记》,周颙有《京师都邑造弥勒像三会记》,均佚,存目见《出三藏记集》卷一二《法苑杂缘原始目录》;又沈约为皇太子所造弥勒像作《弥勒赞》,见《广弘明集》卷一八。在龙门石窟古阳洞有北魏太和十九年(495)长乐王丘穆陵亮夫人尉迟氏为亡子造像记,所造为弥勒像,所求为"若存托生,生于天上诸佛之所;若生世界妙乐自在之处,若有苦累,即令解脱,三途恶道,永绝因趣,一切众生,咸蒙斯福"②。穆亮尚中山长公主,封赵郡王,徙封长乐王。唐代统治者信仰弥勒最有代表性的是武则天,她夺取帝位后,"东魏国寺僧法明等撰《大云经》四卷,表上之,言太后乃弥勒佛下生,当代唐为阎浮提主"。她"以释教开革命之阶"③,自称是弥勒降世,提倡弥勒信仰有鲜明的政治目的。

弥勒信仰到唐代逐渐衰落。不过以后仍流传在民众中,对于民间宗教发挥了极其重要的影响。关于中国佛教里的弥勒信仰是个大题目,有关论述颇多。值得注意的是,在六朝一些造像里,弥勒信仰和弥陀信仰往往相互混淆。如北魏永平三年(510)尼法庆

① 《观弥勒上生兜率天经题序》,《大正藏》第38卷第277页中。
② 《八琼室金石补正》卷一二,第69页。
③ 《资治通鉴》卷二〇四《唐纪二〇·天授元年》,第6466、6473页。《大云经》"实本出天竺,非支那所伪造",僧侣所上乃《大云经疏》,考见王国维《唐写本〈大云经疏〉跋》,《观堂集林》卷二一,第4册第1016—1018页,中华书局,1959年;陈寅恪《武曌与佛教》,《金明馆丛稿二编》第147—151页,上海古籍出版社,1980年。

造弥勒像,题记中却希望"托生西方妙乐国土"①;神龟二年(519)杜永安造弥陀像,却又说"弥勒三唱,恒登先首"②;神龟三年翟蛮造弥勒像记,又说"愿使亡者上生天上,托生西方"③;等等。这种净土信仰中弥勒和弥陀在观念上的混淆,表明在一般民众的观念里,并不重视两种信仰在教理上的分歧,他们需要的是通过信仰实践来解决人生面临的问题。

但是,弥勒信仰终于较早地衰微并蜕化了。反映在造像中的一个变化是具有象征意义的:早期的弥勒造像主要是菩萨装的立像和交脚像,这表明他是菩萨,发展到后来出现了更多佛装像。这和信仰内容的变化相一致:越是到后来,弥勒下生信仰占有更大的地位。就是说,他主要作为"未来佛"出现了,从而改变了与世人更为亲和的菩萨性格。到隋、唐代弥勒信仰衰落,而阿弥陀西方净土信仰与净土观音信仰却持续地兴盛不衰,逐渐成为中土民众佛教信仰的主流。二者间这种鲜明对比的发展态势,当然主要是信仰自身的内容及其适应中土民众心理需要的程度决定的④,但也应该

---

① 《八琼室金石补正》卷一三,第72页。
② 《八琼室金石补正》卷一二,第74页。
③ 《陶斋藏石记》卷六。
④ 对于弥勒净土信仰发展形势造成重大影响的一点是,它在发展中带有一定的政治性质。弥勒作为"未来佛",将于未来出现于世。那时的世界已是改天换地的新世界,即是天下承平、五谷丰登、民生安乐的盛世。武则天就曾利用这种幻想来施行其篡夺皇权阴谋;而更多的情况是民众利用弥勒降世的预言来反抗现实统治。如早在北魏延昌四年(515),即有法庆利用"弥勒佛未来出世"的谶言,打着"新佛出世"的旗号,兴兵起义,建号"大乘",兵锋波及冀、瀛两州广大地区,延续时间两年多。隋代曾屡次出现假借弥勒出世的叛乱。弥勒"未来佛"信仰所具有的这种对抗现存体制的倾向,亦给以后具有反叛意识的民间宗教的发展以推动力。佛教中的弥勒信仰衰微之后,它又被众多的民间宗教所吸收和发展,使之具有新的内容。对于统治阶级来说,这种容易被利用的宗教观念是要加以防范的。相对比之下,弥陀信仰则不带有这种不安定的性质。

承认,观音信仰和净土信仰的结合也是后者更加发达、弘传更为广泛久远的重要原因。观音纳入净土神谱之中,给观音增添来世救济的又一种功德,增加了他对于民众又一层吸引力;而西方净土神谱里纳入观音,也有助于净土信仰的弘扬。这样,西方净土信仰和观音信仰在发展中紧密结合,相互推动,从长远发展看,对于后来"禅净合一"佛教形态的形成也起了决定性的作用。

一

　　前面已经提到,魏晋以来佛教勃兴的一段时间,对于处在水深火热之中的苦难深重的民众来说,更有吸引力的是救苦观音,净土信仰在民众中影响有限。直到北魏后期,一批活跃在民间的僧侣宣扬新的简易的净土念佛法门,赋予净土观音弘传以巨大的推动力。继而到隋、唐,净土观音信仰蓬蓬勃勃地发展起来。本来在净土经典里,观音是作为以阿弥陀佛为主尊的"净土三身佛"中的胁侍出现的。但在中土民众的信仰实践里,他作为倍受尊崇的神明,又常常被作为净土接引佛单独供养,有时甚至取得和阿弥陀佛同等乃至更重要的地位。在人们的观念或信仰实践里,观音的救苦功德和他作为净土接引佛的品格又往往被混同视之。还有一个现象应当注意,即在法显、玄奘、义净等人的旅印游记里,有见过释迦、弥勒、观音以及过去佛造像的记述,却没有关于阿弥陀佛造像的;又在今日南传佛教盛行地区如斯里兰卡、缅甸、泰国也不见有净土变相遗存,可知在佛教发源地印度和南传佛教里净土信仰远没有在中国这样大的声势和影响。

　　前面已经介绍过集中阐发西方净土信仰的基本经典,即作为"净土三部经"的《无量寿经》《阿弥陀经》以及后出的《观无量寿经》。有关这些经典的形成,以及一般的净土思想的形成等问题,疑问之点甚多,是学术界长期争论的课题。据现有资料判断,一种意见认为净土信仰最初应当是接受印度古代宗教与神话、西亚宗教信仰以及基督教的天国观念、恩宠观念等外来影响①,在北印和中亚地区形成的(这从净土类经典的汉译者多为北印或中亚人可以得到旁证)。具体说,宣扬西方净土信仰的主要经典《无量寿经》是公元1—2世纪犍陀罗库欣王朝时期的化地部教团结集的②;其后《阿弥陀经》形成于北印;另一部重要的净土经典《观无量寿经》结集较晚,应在4世纪末形成于中亚。但对于研究中国佛教来说,比起那些有关印度佛教早期净土思想和信仰的形成与发展等种种疑难问题,更为重要的是探讨中土人士是如何接受和理解净土观念,又如何根据这种理解在中土特定环境里加以发挥的。因为归根到底,中土的净土思想也好,净土观音信仰也好,已经是中国人理解、消化了外来思想之后加以发展、创新的产物,内容与形态与外来面貌已经有很大差异。

后来净土宗师所依的三部"正明净土经典"还加上世亲(音译婆数盘豆,印度佛教大乘瑜伽行派学者,约活动在公元4世纪)的《往生论》,俗称"三经一论"③。其中最早传翻中土的如上所说是

①关于早期净土思想的形成,参阅藤田宏达《原始淨土思想の研究》,岩波书店,1986年;岩本裕《仏教説話研究》第三卷《仏教説話の傳承と信仰》第一部分《阿彌陀仏——その光と影》。藤田书对于东西方学界有关问题的不同意见有较详细的介绍。

②化地部,梵名Mahīsāsaka,又称正地部、教地部,音译弥沙塞部。由上座部系统的说一切有部分出。世友造、玄奘译《异部宗轮论疏述记》:"于此第三百年,从说一切有部复出一部,名化地部。述曰:此部之主是国王,王所统摄国界地也,化地上之人庶,故言化地。舍国出家,弘宣佛法,从本为名,名化地部。"《续藏经》第53卷第577页上。

③关于《无量寿经》《阿弥陀经》和《观无量寿经》的形成,疑难点很多,有一种看法认为净土思想在中亚地区得到特殊的发展,《观无量寿经》即是中亚撰述,是受到这一地区犍陀罗自由主义思潮影响的产物。参阅春日井真(转下页)

《无量寿经》，内容重点在发挥菩萨本愿思想和三辈往生论，其中也
对净土进行了细致的描写；关于三辈往生，经中说：

> 佛告阿难："十方世界、诸天人民其有至心，愿生彼国，凡
> 有三辈。其上辈者，舍家弃欲而作沙门，发菩提心，一心专念
> 无量寿佛，修诸功德，愿生彼国。此等众生临寿终时，无量寿
> 佛与诸大众现其人前。即随彼佛，往生其国，便于七宝花中，
> 自然化生，住不退转，智慧勇猛，神通自在。是故，阿难，其有
> 众生，欲于今世见无量寿佛，应发无上菩提之心，修行功德，愿
> 生彼国。"①

接着是关于中辈、下辈的描述。三辈中有在家、出家不同，功德不
同，得果也不同。但三辈同样是发菩提心，同样诚心念佛，同样愿
生佛国。这显然还是以大乘般若思想为基础的禅观的实践。如前
所述，这部经里已经出现观音作为阿弥陀佛胁侍的观念，乃是"净
土三身佛"的滥觞。又该经后面的所谓"五恶段"，讲断"五恶"，行
"五善"，其中又说到"度世长寿""名籍记在神明"等，是中国道教的
观念和语言；更多有"父母之恩""师友之义""尊圣敬善""国丰民
安"等说法，则全然是儒家思想的表现。学术界多据以认为这部分
是中土翻译时所窜入的。无论事实如何，在净土思想传入的初期，
一方面已经与观音信仰相结合，另一方面又与中国传统伦理相融
合，情形是很清楚的。这两方面对于它以后的发展都具有重大
意义。

鸠摩罗什译《阿弥陀经》在中国净土思想的发展中起了特殊作
用。这是一部短小精悍的经典，全文不过三千多字。相对于《无量

（接上页）也《〈觀無量壽經〉における諸問題》，《佛教文化研究》，第三号，
　　1953 年。又《无量寿经》的异本及其译者问题，也是学术界长期争论的，一
　　时难以定论，参阅上引藤田书。
①《佛说无量寿经》卷下，《大正藏》第 12 卷第 272 页中。

寿经》被称为"大经",它被称为"小经"。这部经主要写的是佛在祇树给孤独园向长老舍利弗说西方极乐国土阿弥陀佛依报("依报"指宿业召感的环境方面的果报,如国土、家屋、衣食等)和正报("正报"指信仰者自身依过去业因感得的果报)的功德庄严,然后告以执持阿弥陀佛名号、一心不乱即可往生彼国,六方诸佛各出广长舌证成佛陀所说真实不虚,并对念佛众生加以护念。经文简明生动,非常适应中土思维传统崇尚简要的习性。罗什译文又文词优美,平易流畅,易于诵读。对于中土净土思想的发展具有重要意义的还有,它主要是突出表现依报功德的"净土之相"即想象中的西方净土的美好景象,有力地促进了中国佛教"有相净土"观念的形成和发展。其中对西方净土的描绘,本来和《无量寿经》没有大的不同,但其影响却大得多,成了后来造像和文字描绘西方净土的模本:

　　……尔时佛告长老舍利弗:"从是西方过十万亿佛土,有世界名曰极乐,其土有佛号阿弥陀,今现在说法。舍利弗,彼土何故名为极乐? 其国众生无有众苦,但受诸乐,故名极乐。又舍利弗,极乐国土七重栏楯、七重罗网、七重行树,皆是四宝周匝围绕,是故彼国名曰极乐。又舍利弗,极乐国土有七宝池,八功德水充满其中,池底纯以金沙布地,四边阶道金、银、琉璃、颇梨合成,上有楼阁亦以金、银、琉璃、颇梨、车磲、赤珠、马瑙而严饰之,池中莲花大如车轮,青色青光,黄色黄光,赤色赤光,白色白光,微妙香洁。舍利弗,极乐国土成就如是功德庄严。

　　"又舍利弗,彼佛国土常作天乐,黄金为地,昼夜六时天雨曼陀罗华。其国众生常以清旦各以衣祴盛众妙华,供养他方十万亿佛,即以食时还到本国,饭食经行。舍利弗,极乐国土成就如是功德庄严。

　　"复次,舍利弗,彼国常有种种奇妙杂色之鸟,白鹄、孔雀、鹦鹉、舍利、迦陵频伽、共命之鸟,是诸众鸟昼夜六时出和雅音,其音演畅五根、五力、七菩提分、八正道分如是等法,其土众生闻是音已,皆悉念佛、念法、念僧。舍利弗,汝勿谓此鸟实是罪报所生。所以者何? 彼佛国土无三恶趣。舍利弗,其佛国土尚无三恶道之名,何况有实? 是诸众鸟皆是阿弥陀佛欲令法音宣流变化所作。舍利弗,彼佛国土微风吹动诸宝行树及宝罗网,出微妙音,譬如百千种乐同时俱作。闻是音者皆自然生念佛、念法、念僧之心。舍利弗,其佛国土成就如是功德庄严……"[①]

接下来是正报功德庄严,说阿弥陀佛寿命及其人民无边无量,声闻弟子和菩萨亦无边无量。这就向众人展现了往生净土的美好前景。这样的描写很容易让人在观念中把净土和幻想中的"天堂"之类天上乐园等同起来,从而把无限遥远的"过十万亿佛土"的西方乐土具象化并置于人们眼前了。在鸠摩罗什传译的这部经里开始使用"极乐"(起初是被音译为"须摩提""须呵摩提"或意译为"安养""安乐"的)这个词语,受到欢迎并被普及开来,后来成了"净土"的同义语。它在字面上的含义则成了中国佛教净土观念的概括。

《观无量寿经》继续详细描绘了阿弥陀净土的功德庄严,并具体指示三福(世福、戒福、行福)、十六观往生法门和上、中、下三辈往生行相。其中进一步确定了阿弥陀佛及其胁侍观世音、大势至作为"净土三身佛"的关系。但如上所说,这是一部"观佛"经典,其十六观是大乘禅观的具体发挥,从根本上讲,和中土一般净土信仰中的"有相净土"是有所不同的。

后来被中国净土宗所特别重视的还有世亲造、北魏菩提流支译的《往生论》,则着重表现阿弥陀安乐国土的"净土之相"。它以

[①]《佛说阿弥陀经》,《大正藏》第 12 卷第 346 页下—第 347 页上。

主要篇幅细致地说明"彼佛国土功德庄严"十七事,"佛功德庄严成就"八种,"菩萨功德庄严成就"四种。其中佛土功德庄严十七事为:

> 一者清净功德成就,二者量功德成就,三者性功德成就,四者形相功德成就,五者种种事功德成就,六者妙色功德成就,七者触功德成就,八者庄严功德成就,九者雨功德成就,十者光明功德成就,十一者声功德成就,十二者主功德成就,十三者眷属功德成就,十四者受用功德成就,十五者无诸难功德成就,十六者大义门功德成就,十七者一切所求功德成就。[1]

这里对净土形相的说明十分概括,却更为全面。不过在后面讲"净土之行"时则仍然是"唯心净土"之说,指出"菩萨智慧心、方便心、无障心胜真心,能生清净佛国土",接着具体说"随顺五种法门",主要是礼拜、赞叹阿弥陀佛,即观想念佛的践行。

三

净土类经典魏、晋以后被大量传译并得到广泛弘传。本来"诸经所赞,多在弥陀"[2]。据统计,全部大小乘译经共计九百四十余部,如除去小乘经不算,剩下的六百几十部大乘经中宣扬净土信仰的经典即达二百九十部左右,即近译经总数的三分之一[3]。翻译佛典传述的本是外来思想,但哪一部佛典在中国受到重视却有着本

---

①菩提流支译《无量寿经优波提舍》,《大正藏》第 26 卷第 231 页中—下。
②《西方要诀科注》卷上,《续藏经》第 61 卷第 107 页下。
③矢吹庆辉有《漢譯淨土經論表》,列出有关经论 254 部(见《阿彌陀仏の研究》);上引藤田书里扩充至 290 部,具体书名可参阅。

土自身的原因；而一部经典哪一部分特别受到欢迎并被加以发挥更是中土意识的具体体现。另外，翻译佛典又不是原原本本地被照搬过来并加以理解的。一方面如前面所介绍，翻译过程中内容有所改动，另一方面在接受和弘传中又被重新加以解释、发挥。正是这样，外来的净土思想在中土长期发展、流传的过程中，逐渐形成中国佛教里内容独特的净土思想和后来的净土法门。

僧传里所见最早宣扬净土信仰的是东晋的竺法旷（327—402），他的时代较支遁为晚（314—366）。他"止於潜青山石室。每以《法华》为会三之旨《无量寿》为净土之因，常吟咏二部，有众则讲，独处则诵"①。但现存资料里有时间在他之前的往生故事，如《冥祥记》里的阙公则：

> 晋阙公则，赵人也。恬放萧然，唯勤法事。晋武（265—274）之世，死于洛阳。道俗同志，为设会于白马寺中。其夕转经，宵分，闻空中有唱赞声。仰见一人，形器壮伟，仪服整丽，乃言曰："我是阙公则，今生西方安乐世界，与诸菩萨共来听经。"……②

《冥祥记》所述多是传闻，但如上所说，当时这类故事是被当作事实看待的。又有僧显，于大兴年间（318—321）为避刘曜之乱自北方来江南，晚年感疾，"属想西方，心甚苦至，见无量寿佛降以真容，光照其身"③。又宋安旬，他在宅内设观世音斋，同时"诵《法华经》，菜食长斋三十七载，常翘心注想，愿生兜率。宋元嘉十六年（439），出都造经，不测所终"④。这一例是观世音与弥勒信仰并举的。文献中记载的早期往生故事，还有宋魏世子、释昙远、葛济之、尼慧木等

---

①《高僧传》卷五《晋於潜青山竺法旷传》，第 205 页。
②《鲁迅辑录古籍丛编》第 1 卷第 329 页。
③《高僧传》卷一一《晋江左竺僧显传》，第 401 页。
④《宣验记》，《鲁迅辑录古籍丛编》第 1 卷第 270 页。

人的。这样在晋、宋时期,净土信仰已经开始流行。但是这苦难深重的时代,虚玄飘渺、难以坐实的西方净土还难以吸引更广大的信众。另外弥陀净土信仰在教理上也还没有形成更适应中土意识的形态,因而这一时期传播得也就不那么广泛。

后来被尊奉为中国净土宗始祖的慧远是西方净土的热烈提倡者①。但他的净土观与以后的净土法门在观念上有很大不同。构成以他为领袖的庐山僧团的是一批具有相当高的内、外学养的学僧,围绕这个僧团的士大夫是热衷佛法的居士。这都是属于社会上层的人物。慧远于庐山之阴般若云台精舍阿弥陀佛像前集合刘遗民等僧俗一百二十三人"建斋立誓,共期西方"②,开创后来兴盛的净土结社的先河。但他们所设想的净土并非实存的"有相净土"。如刘遗民所说:"神者可以感涉,而不可以迹求。必感之有物,则幽路咫尺;苟求之无主,则渺茫河津。"③这显然还是大乘禅观的所谓"念佛三昧"。如日本佛教学者塚本善隆所分析的,慧远的佛教教学本是以当时流行的以道安为代表的般若经典讲习为基础的,他又生活在玄学思想兴盛的东晋贵族知识阶层环境中,因此"指导集合了杰出知识界人物的庐山念佛集团的核心教义,乃是树立在以般若经义为中心的道家化的'空观'佛教基础之上的、《般舟

①"净土宗"这个提法及其法系的最终形成是在南宋时期。早期从慧远到昙鸾等人虽然同是净土法门的提倡者,但教学观念相当分歧。后来在注重行法的基础上逐渐统一,形成重视修行实践的一派。但净土信仰和净土法门一直为众多宗派所共有。至南宋宗晓编《乐邦文类》,作《莲社始祖庐山远法师传》和《莲社继祖五大法师传》,始确立慧远、善导、法照、少康、省常、宗颐为祖师;志磐于1268年编《佛祖统纪》,承灵芝元照之说,又立"莲宗七祖",即慧远、善导、承远、法照、少康、延寿、省常,后代又续有增加。但这样的宗祖传承,无论是教学上还是法统上都是后人拟定的。
②《高僧传》卷六《晋庐山释慧远传》,第214页。
③《庐山精舍誓文》,《全上古三代秦汉三国六朝文·全晋文》卷一四二,第3册第2279页。

三昧经》的念佛佛教"①。这种倾向是与支遁的情形类似的。支遁作为名僧而兼名士，是般若学者兼玄学学者，他也曾宣扬弥陀信仰。他是主张通过精思凝虑的感应来"见佛神悟，即得道矣"的②。慧远则说：

> 夫称三昧者何？专思寂想之谓也。专思，则志一不分；寂想，则气虚神朗。气虚，则智恬其照；神朗，则无幽不澈……鉴明，则内照交映而万象生焉，非耳目之所至而闻见行焉。于是睹夫渊凝虚镜之体，则悟灵根湛一，清明自然；察夫玄音之扣心听，则尘累每消，滞情融朗，非天下之至妙，孰能与于此哉！③

这里说的是观佛中禅定的体验。这种净土信仰乃是观想念佛的实践，是义学沙门和贵族居士精神上的修持，是和后来净土法门所宣扬的"有相净土"全然不同的。慧远弟子僧济感笃疾时，"要诚西国，想像弥陀……因梦见自秉一烛，乘虚而行。睹无量寿佛，接置于掌，遍至十方，不觉欻然而觉，具为侍疾者说之"④。又释昙鉴，"常愿生安养，瞻觐弥陀"，同时有道海等"并愿生安养，临终祥瑞焉"⑤。释慧通"常祈心安养，而欲栖神彼国。微疾，乃于禅中见一人来，形甚端严，语通言，良时至矣。须臾，见无量佛光相晖然。通因觉禅，具告同学所见，言讫便化"⑥。从这样的记述看，当时信仰者所见的阿弥陀佛，是禅定中所观之境，而不是另一个有相实存的

---

① 《中国淨土教史研究》第一章《中国淨土教の展開》，《塚本善隆著作集》第 4 卷第 24 页。
② 《阿弥陀像赞》，《广弘明集》卷一五《佛德篇第三》，《大正藏》第 52 卷第 196 页下。
③ 《念佛三昧诗集序》，《广弘明集》卷三〇《统归篇第十》，《大正藏》第 52 卷第 351 页中—下。
④ 《高僧传》卷六《晋庐山释僧济传》，第 234 页。
⑤ 《高僧传》卷七《宋江陵辛寺释昙鉴等传》，第 273、274 页。
⑥ 《高僧传》卷一一《宋长安太后寺释慧通传》，第 416 页。

世界。因此后来著名的净土学者迦才批评说：

> 上古之哲匠，远法师、谢灵运等，虽以金期西境，终是独善一身。后之学者，无所承习。[1]

又如上所述，在南北朝时期，义学沙门和贵族阶层聚集的寺院，盛行讲习《般若》《维摩》《法华》《涅槃》《成实》等经论，发挥以龙树等人学说为主的大乘思想，致力于学理方面的研讨。这在客观上也阻碍了注重实践的净土法门的发展。而涉及修持实践层面，像以后那种以"念佛"为中心的独特的"净土法门"还没有形成。就是说，修习净土还没有和大乘佛教的一般的教学和修持区别开来。这是影响它的普及的另一层面的原因。

净土信仰进入发展的"黄金时代"，"达到隆盛的顶峰"，其"作为社会的宗教，作为一般大众的生活动力，是有其深刻根据的"[2]。如上所述，六朝佛教繁荣的义学带来很大的弊端，成了少数高级沙门和世俗贵族的"经院"学问。这就不仅脱离了广大群众，而且淡化了宗教信仰，从而也大为削弱了佛教作为宗教的作用与意义。新兴的净土信仰是更单纯的实践法门，具有浓厚的宗教内涵，乃是这一倾向的反动。从另一方面看，北魏立国以后的一段时期，佛教获得朝廷保护而得到更大发展，又有和南方重义学不同的重视实践修持和吸纳神仙方术两个方面传统在起作用[3]。其中后一方面

---

①《净土论序》，《大正藏》第 47 卷第 83 页中。

②道端良秀《唐代仏教史の研究》第 178 页，京都法藏馆，1957 年。

③顾炎武《日知录》卷一三："南方士大夫晚年多好学佛，北方士大夫晚年多好学仙。"指出南北学风和意识倾向不同的一个重要方面。在北方发展起带有明显神仙色彩的净土思想和观音信仰与其地的思想环境有密切关系。又，的场庆雅《隋唐代にぉける観世音菩薩の信仰形熊について》(《印度學佛教學研究》1981 年第 3 期）一文中列举出有关传说六十二例，其中以出于山西者为多，当与下面所述道绰的传教活动有关系。又其中观音作为阿弥陀胁侍的仅七例，表明独立的观音信仰的主导地位确立有一个过程。

特别能够满足提供"来生之计"的要求：无论是厌足了现世享乐的统治阶层，还是饱受苦难的广大民众，都会滋生对死后往生乐土的向往。这都为净土思想和净土观音信仰形成强大潮流提供了动力。

具体实现这一转变的代表人物先后有新一代净土思想的宣扬者昙鸾（476—542）、道绰（562—645）和善导（613—681）等净土大师。其中昙鸾是新的净土法门的倡导者，经道绰进一步发挥，善导总其大成。也是他们把净土信仰和观音信仰更紧密地结合起来，提高了观音在净土法门里的地位。前二者在北魏到唐初约百年间相继活动在北方，主要是今山西地区。这里远离江东义学发达的中心区域，北方的学风本来朴实，宗教注重实际修持。这样的环境不仅保证了净土信仰的发展，而且对中土观音以后向"俗神化"的方向演变也起了决定性的作用。到善导，则活动在京城长安，又得到唐朝廷支持，能够进行更大规模的宣教活动，从而把净土信仰推向发展高潮。

在昙鸾时代，在他所活动的北方，净土信仰在民众中已经有相当基础。如前所述，北魏时期的龙门造像以释迦和弥勒为主，但已经有一定数量的无量寿佛像和净土观音像；释迦像或弥勒像也有祈求"托生西方"的[1]。在北魏后期发展起来的佛教结社"邑义"（或称"邑""法义"等名目）里，也已出现一些群众性的净土社。这从《北魏崔永高等三十六人造像记》（"为往净土"）、《北齐邑主晕禅师等合邑造阿弥陀玉像记》（"俱投净土"）[2]等资料可以看出来。正是在此基础上，昙鸾发挥新的净土观念，使西方净土信仰得到更大的发展。

龙树在所著《十住毗婆沙论》里提出，"如世间道有难易，陆道

①前者如永平三年（510）《尼法庆造像》《尼惠智题记》，后者如正始五年（508）《比丘惠和题记》，见《八琼室金石补正》卷一三。
②《北京图书馆藏中国历代石刻拓本汇编》第4册145页；第八册43—45页。

步行则苦,水道乘船则乐。菩萨道亦如是。或有勤行精进,或有以信、方便易行,疾至阿惟越致(即'不退转法')者";具体的"易行道"则是"念是十方诸佛,称其名号","更有阿弥陀等诸佛,亦应恭敬礼拜,称其名号",因为"阿弥陀佛本愿如是"①。昙鸾据此,在其《往生论注》里主张在五浊之世、无佛之时,唯是自力,无他力持,难得成佛;而乘阿弥陀本愿之力,则可以更容易地得以往生。他对净土教义做出的重大发展,首先在作为往生之地的净土的性质。他明确净土是"报土"而不是"化土"。所谓"报土",指报身佛(即修习佛法所得的佛果,如阿弥陀佛就是报身佛)的国土;"化土"则是为诱导众生方便示现的国土。这就把作为成佛前景的"佛土"落实了。"净土"不再是禅观之境,而是实实在在的经过修行得以往生之地。这是由"唯心净土"向"有相净土"决定性的重大转化。其次,他强调阿弥陀佛的"他力本愿"的殊胜,主要是《无量寿经》四十八愿的第十一("设我得佛,国中人、天不住定聚、比至灭度者,不取正觉")、第十八("设我得佛,十方众生至心信乐,欲生我国,乃至十念,若不生者,不取正觉……")、第二十二("设我得佛,他方国土诸菩萨众,来生我国,究竟比至一生补处……")、第二十三("设我得佛,国中菩萨承佛神力,供养诸佛,一食之顷不能遍至无量无数亿那由他诸佛国者,不取正觉")四大愿,又把阿弥陀佛的愿力作为往生的增上缘(助成诸法生起的间接助力)。在具体修持方面,则简化为自利利他的"五愿门":礼拜门、赞叹门、作愿门、观察门、回向门。其中特别强调称名念佛法门,认为即使是恶人通过念佛亦可往生;又突出强调临终念佛的功效,说其时具足十念,念念相续,便得往生。所谓"念"取忆念之义。他的这种净土思想显然融入了儒家伦理和道家、道教的内容,这也是其易于被民众接受的重要缘由之一。

----

①《十住毗婆沙论》卷五《易行品第九》,《大正藏》第26卷第41页中—43页上。

新的净土法门强调"称名"，包括称诵观音名号而得解脱。这既简单又方便。如前所述，大乘佛教发展了观想念佛观念，本是禅观的一种。把"念佛"发展为"称名"，显然带有咒术性质，应当是和密教陀罗尼（即"经咒"）在精神和行法上相一致。古婆罗门教里有"咒杀"信仰和法术。佛陀在世本来是反对一切咒术的。而古密教重视经咒，中土自上古以来又盛行祝祷诅咒。《左传》记载晏婴谏齐景公说：

> 民人苦病，夫妇皆诅。祝有益也，诅亦有损。聊、摄以东（杜注：聊、摄，齐西界也。杨注：聊在今山东聊城市西北），姑、尤以西（杜注：姑、尤，齐东界也。杨注：姑即今大姑河……尤即小姑河），其为人也多矣。虽其善祝，岂能胜亿兆人之诅？[1]

从晏婴的话可见当时社会上盛行祝祷诅咒风气。后来成为方术的一种，并被道教吸收。观音信仰的"称名"发挥的是外来的和本土的这两方面的传统[2]。简易的"称名"即呼唤观音名号作为祈求救济的办法十分方便也容易被接受。中国净土教提倡往生净土的"易行道"，把"称名"念佛作为快捷方便的修道手段，唱念阿弥陀佛或观音名号成为善男信女修行的主要方式。

道绰是继承和发展昙鸾净土思想的又一位大师。日本佛教学者、日本净土宗大师塚本善隆指出："如果说昙鸾具有思想上的深度，那么道绰则具有庶民宣教者的广度。"[3]他在所著《安乐集》里广引众经，宣扬新的净土法门。他的思想的特点是具有鲜明的"末

---

①《春秋左传注·昭公二十年》（修订本）第 4 册第 1417—1418 页。

②苏轼明确指出称名念观音与佛教根本教义的矛盾："《观音经》云：'咒诅诸毒药，所欲害身者，念彼观音力，还着于本人。'东坡居士曰：观音，慈悲者也。今人遭咒诅，念观音之力，而使还著于本人，且岂观音之心哉！应改之曰：咒诅诸毒药，所欲加害者，念彼观音力，两家总没事。"《东坡志林》卷一〇。

③塚本善隆、梅原猛《仏教の思想 8·不安と欣求》第 125 页，角川书店，1985 年。

法"意识①。佛教中有一种观念,认为佛灭度后,经过正法、象法进
入"正法欲灭"的"末法"时期。"末法"时期何时开始有不同说法。
按《安乐集》提出的看法,正法时期五百年,象法时期一千年,那么
到道绰时代已是末法即将来临的时候。"末法"意识具有挽救佛法
衰败的强烈意愿,更把目光转向现世救济。道绰身经社会动乱和
北周灭佛的"浩劫",内心里充满了济世度人的迫切感和佛教衰灭
的危机感。他特别重视念佛的意义和作用,认为在当前"末法"降
临阶段,应修福忏、除罪障,而以念佛一门最为应机。他把佛法分
为圣道、净土二门,认为圣道门非"末法"时期的钝根众生所能证
悟,只有净土一门简单易行。修习净土则以发善提心为根本,以念
佛三昧为要行。他提出念佛能断三世一切罪障,具足"四摄"(布
施、爱语、利行、同事)、"六度"(布施、持戒、忍辱、精进、禅定、智慧)
一切善行,修此三昧必能见佛,命终时必生佛前。他自己每日念
佛,以七万遍为限,并广劝道俗称阿弥陀佛名。据传每当他讲经散
席,大众欢喜赞叹,念佛之声响彻林谷。经他的发挥,净土念佛法
门更简易也更普及了。

　　善导是新的净土思想的总结者。他继承昙鸾的观点,坚持西
方净土为"报土"之说。本来"摄论师"(义学里专精《摄大乘论》的
一派论师)也承认阿弥陀净土是报土,但却认为凡夫不能往生。善
导则主张凡夫同样能生弥陀报土。他又系统地总结了净土修持方
法,即安心、起行、作业三者。一方面强调"具足三心"即至诚心、深
心、回向心,另一方面提倡念佛。而除念佛"正行"之外,又重视奉
行世间诸善的"杂行"。善导于唐初在长安广行教化,受到朝廷大
力推重,一时间净土法门更加兴盛。僧传上记载一个事例,反映善

①"末法"思想的基本观点是当前已进入佛法衰落的"末法"时期,因而有浊世
　之教行。关于"末法"思想,参阅汤用彤《隋唐佛教史稿》第四章《三阶教》,中
　华书局,1982年。净土思想的发展与"末法"意识有关,参阅塚本善隆《中国
　淨土教史研究》第二章《中国淨土教の發展》,《塚本善隆著作集》第4卷。

导的影响和当时净土信仰的狂热情形：

> ……（善导）遇道绰部，惟行念佛弥陀净业。既入京师，广
> 行此化，写《弥陀经》数万卷，士女奉者其数无量。时在光明寺
> 说法，有人告导曰："今念佛名，定生净土不？"导曰："定生定
> 生！"其人礼拜讫，口诵"南无阿弥陀佛"，声声相次，出光明寺
> 门，上柳树表，合掌西望，倒投身下，至地遂死。事闻台省。[①]

光明寺在长安西市附近的怀远坊，处在都城繁华地区。在那里发
生这样的事件，可以推测会多么轰动。他用布施所得净财，书写
《阿弥陀经》数万卷，画《净土变相》三百余壁。在敦煌、新疆已发现
善导所书《弥陀经》残卷多份，有的卷末有"愿生比丘善导愿写"字
样，可知史料所说书写"数万卷"真实不虚。

与善导同时还有迦才，善导弟子有怀感，后来还有慈愍，中唐
时又有法照、少康、飞锡、善道、道镜等一大批宣扬净土的法师，他
们把内容和形式全新的净土法门推向社会各阶层。其中特别是中
唐时代的法照，倡导"五会念佛法门"，在当时广有影响。白居
易说：

> ……谛观此娑婆世界，微尘众生，无贤愚，无贵贱，无幼
> 艾，有起心归佛者，举手合掌，必先向西方。怖厄苦恼者，开口
> 发声，必先念阿弥陀佛。又范金合土、刻石织文，乃至印水聚
> 沙、童子戏者，莫不率以阿弥陀佛为上首。不知其然而然。[②]

可见其时民众间净土信仰的热烈程度。

唐代发达的宗派佛教中的其他宗派（特别是天台宗）大多也兼
重净土法门，对弘扬净土也发挥了作用。后来组织法系，楷定宗派

---

①《续高僧传》卷二九《唐终南山豹林谷沙门释会通传》，下册第 1164 页。
②《画西方帧记》，《白居易集笺校》卷七一，第 6 册第 3801—3802 页，朱金城笺
　校，上海古籍出版社，1988 年。

佛教的净土宗。

　　新的净土法门的总的精神落实在信仰实践层面。其提倡者们认为在"末法"时代，身处"五浊恶世"的凡夫所面临的不是对于义理"证悟"的问题，而是如何救济自己的问题。而这种救济，又正是阿弥陀佛的"本愿"。他们提倡"舍圣道门，归净土门"，也就意味着放弃释迦一般教化，而专注于净土法门的实践。净土法门如此把实现救济目标摆在头等重要的地位，把净土观念向具体的、实际的"乐土"方向发展，恰恰适应民众的现实需要，又充分体现中土传统的注重现世、注重人生的特点。前面已经说过，早在四川成都万佛寺出土的佛像里，已出现了刻有元嘉二年（425）造像铭的净土变浮雕①。后来西方净土的宣扬者们利用《十住毗婆沙论·释愿品》里所说的"净土十相"，具体描绘出西方净土的无限美好繁华景象。敦煌壁画里就有许多大幅恢宏华丽的净土变，是艺术成就突出的部分。创作出这种在艺术上可描绘、可感知的净土，把净土观念形象化地置于人们眼前。净土成了不但令人向往、更是落到实处的极乐世界，对民众也就有更大的吸引力②。

　　到隋唐时期，有关"净土成佛"与"秽土成佛""弥陀净土"与"弥勒净土"优劣的长期争论基本已得到解决。净土大师的著作如道绰《安乐集》、迦才《净土论》、怀感《群疑论》、道镜、善道《念佛镜》以及题为智顗所撰《净土十疑论》等都极力分疏这些问题而突出阿弥陀佛及其西方净土的殊胜。如道绰说：

　　　　弥陀、释迦二佛比较者，谓此佛释迦如来八十年住世，暂

①参见刘志远、刘延壁编《成都万佛寺石刻艺术》，中国古典艺术出版社，1958年；又陈清香《西方净土变相的源流及发展》，《东方宗教研究》第2期，1988年。

②唐代净土信仰的繁荣，与统治者的提倡有关，参阅砺波护《唐代政治社會史研究》第Ⅳ部《仏教と国家》第一章《唐中期の仏教と国家》，同朋舍，1986年。

现即去，去而不返，比于忉利诸天，不至一日。又释迦在时，救
缘亦弱，如毗舍离国，救人现患等。何者？时毗舍离国人民，
遭五种恶病……良医耆婆尽其道术，所不能救。时有月盖长
者为首，部领病人，皆来归佛，叩头求哀。尔时世尊起无量悲
愍，告病人曰："西方有阿弥陀佛、观世音、大势至菩萨，汝等一
心合掌求见。"于是大众皆从佛劝，合掌求哀。尔时彼佛放大
光明，观音、大势一时俱到，说大神咒，一切病苦，皆悉消除，平
复如故。然二佛神力应亦齐等，但释迦如来不申己能，故显彼
长，欲使一切众生莫不齐归，是故释迦处处叹归，须知此
意也。①

这样，他把阿弥陀佛、观音、势至放在释迦之上的位置，从而也认定
西方净土信仰高于一般佛教信仰之上。他还从四个方面比较弥勒
净土和弥陀净土的优劣：一是退转不退转之分，弥勒信仰即使已上
生兜率，但位是退处，而弥陀信仰则往生净土不退转；二是寿数不
同，兜率寿命四千岁，而西方净土寿与佛齐；三是有欲、无漏之分，
兜率仍顺于五欲，不资圣道，而往生西方位是无漏，出过三界；四是
净国优美状况有高下，西方净土远超越弥勒净土。他贬抑弥勒信
仰而对西方净土大加鼓吹。

净土法门突出"他力"的作用，指示众生如何更简易、更迅速地
成佛，实际又是把佛教救济功德大大提高一步。外来的经论所传
述的佛陀一代言教，可教导人走向觉悟之路，告诉人们古印度的释
迦牟尼是如何成佛的，但成佛的基础主要还是靠"自力"；中土发展
的救苦观音信仰则指点人如何祈求神明而得救，这种救济解决的
主要是现世问题，所依靠的外力是神秘、不可捉摸的；净土信仰则
允诺人以一片乐土和往生那里的美好前景，而这一目标主要是依
靠阿弥陀佛的"本愿"加持，实现方法则只需简单的"称名"。这是

①《安乐集》卷下，《大正藏》第47卷第19页上、中。

形式更简易而内容却又更高的救济功效。本来在现世"秽土成佛",对于处在无边苦难当中、"翻身"根本无望的人来说显然是难以实现的;他们只能寄希望于来世,幻想往生西方"净土成佛"。净土法门的允诺,可以满足人们这种愿望,在一定意义上也体现了人们对于自身得救的信心。而把阿弥陀佛提高到佛陀之上的地位,在中土佛教的发展中也是有重大意义的事。后来晁说之说:

> 我释迦牟尼佛与阿弥陀佛,悯此众生,乃同一愿力,于无量无边法门之外,建立此一法门。释迦宾之也,弥陀主之也;释迦生之也,弥陀家之也;释迦应病药之也,弥陀使之终身不病也;释迦之土犹逆旅也,弥陀之土犹乡闾也。[①]

智圆则说:

> 释迦现秽土而俾厌,弥陀现净土而俾忻。[②]

总之,净土的救济被认为是更完全、更彻底的。而在净土信仰中,观音的功德又被特别地强调出来,如道绰说:

> 依《观音授记经》云:"阿弥陀佛住世长久,兆载永劫亦有灭度。般涅槃时,唯有观音、势至住持安乐,接引十方。其佛灭度,亦与住世时节等同。然彼国众生,一切无有睹见佛者,唯有一向专念阿弥陀佛往生者,常见弥陀,现在不灭。"此即是其终时益也。所修余行,回向皆生。世尊灭度,有睹不睹,劝后代审量,使沾远益也。[③]

这样,阿弥陀佛具有超越佛陀的功德,观音、势至又有超越阿弥陀佛的功德。佛陀是导师,是慈航,观音则如慈母,如善友。观音不但解救人于现世,更引导人到幸福的来世。他的神通广及于现世

①《净土略因》,《乐邦文类》卷四,《大正藏》第 47 卷第 208 页下。
②《西方净土赞》,《乐邦文类》卷三,《大正藏》第 47 卷第 180 页中。
③《安乐集》卷下,《大正藏》第 47 卷第 15 页上。

的"秽土"和来世的"净土",是人们生前死后都可以仰赖依靠的。

晋、宋以来,发达的佛教义学诸学派把佛教教理高度学理化、思辨化了,在很大程度上失去了宗教应有的群众性和实践性。在这种情况下,新一代净土法门的宣扬者们开辟了佛教信仰的新生机。这种信仰当然还是以大乘净土教理为依据,却体现与传统三藏及义学研究全然不同的面貌。特别在实践层面,适应时代的、民众的需要,具有强大的生命力。值得注意的是,在大体同一时期,习禅的新流派禅宗也在形成并兴盛起来。从总体面貌看,净土法门与禅宗在观念上、行法上是正相反对的,可是两者的精神与意义却有相当大的一致之处:它们都是在消化外来宗教教理基础上中土僧俗的创造;都努力改变佛教教条的、守旧的传统而开辟新的发展道路;他们又都进一步促进佛教更彻底地"中国化"。而与禅宗主要在知识阶层中流行相对照,净土信仰则受到各阶层民众的广泛欢迎。后来禅宗更多在思想、文化层面发挥影响,净土信仰则凝聚着更诚挚的祈愿和更热烈的感情,反映民众的心声,在广大民众间传播。

四

普及、发达的净土信仰推动了净土观音的弘传;一代代净土大师们即是净土观音的宣扬者。

陈代栖霞慧布(518—587)"或见诸人乐生西方者,告云:'方土乃净,非吾愿也。如今所愿化度众生,如何在莲花中十劫受乐,未若三途处苦救济也。'"他又"常愿生边地无三宝处,为作佛事去也"。又据说他"将逝,告众前云:'昨夜二菩萨见迎,一是生身,一是法身,吾已许之。寻有诸天又来迎接,以不愿生故,不许耳。'"①这反映的是菩萨"一生补处"观念,也是"秽土成佛"观念。又六朝时有一部流传很广的经典《十往生阿弥陀佛国经》②,明佺《众经目录》作伪经,道绰、善导著作中曾屡次引用,历来被认为是伪撰。其中写到二十五位维护净土行者,观音还只是其中之一。又有一部《灌顶经》,一名《药师琉璃光经》,《出三藏记集》卷五《新集疑经伪撰杂录》记载是"宋孝武帝大明元年,秣陵鹿野寺比丘慧简依经抄撰"③,其中写到接引往生的八菩萨,观音也只是其中之一。而且应当注意的是,这其中作为接引菩萨的还有弥勒。这都表明在这几位唐代以前的人的观念里,观音并不如后来那样是最重要的净土接引佛。另一方面,当时不少经典写到西方净土往往又只提阿弥陀佛,而没有像后来那样突出"三身佛"甚或单独强调观音的。但到唐代,"欣求净土"成为普遍的思想潮流。无论僧俗,净土往往是人们追求的理想境地、幸福乐园。而经过新一代净土大师的鼓吹,净土观音的地位也更加突出起来了。

昙鸾十分强调观音作为净土菩萨的品格。他的《赞阿弥陀佛偈》中列出归命阿弥陀佛、观世音、大势至及诸菩萨名,径称观世音为"西方极乐世界观世音菩萨",并有偈说:

> 又观世音、大势至,于诸圣众最第一,慈光照曜大千界,侍佛左右显神仪。度诸有缘不暂息,如大海潮不失时,如是大悲、大势至,一心稽首头面礼。④

道绰在《安乐集》卷下说:

> 阿弥陀佛与观音、大势至,先发心时,从此界去,于此众生

---

① 《续高僧传》卷七《陈摄山栖霞寺释慧布传》,上册第 239—240 页。
② 《大周刊定众经目录》卷一五,《大正藏》卷五五第 474 页中。
③ 《出三藏记集》卷三《新集疑经伪撰杂录第三》,第 225 页。
④ 《赞阿弥陀佛偈》,《大正藏》第 47 卷第 421 页中、下。

偏是有缘。是故释迦处处叹归。①

并宣扬说：

> 若能生信，归向净土，策意专精，命欲终时，阿弥陀佛与观
> 音圣众光台迎接。行者欢喜随从，合掌乘台，须臾即到，无不
> 快乐，乃至成佛。②

善导的《转经行道愿往生净土法事赞》卷上记载依法召请诸佛的仪
轨，首先启请的就是弥陀、观音和势至。其中"手持香花长供养请
观世音"，赞云：

> 奉请观世音（散华乐），慈悲降道场（散华乐），敛容空里现
> （散华乐），忿怒伏魔王（散华乐），腾身振法鼓（散华乐），勇猛
> 现威光（散华乐），手中香色乳（散华乐），眉际白毫光（散华
> 乐），宝盖随身转（散华乐），莲华逐步祥（散华乐），池回八味水
> （散华乐），华分戒定香（散华乐），饥餐九定食（散华乐），渴饮
> 四禅浆（散华乐），西方七宝树（散华乐），声韵合宫商（散华
> 乐），枝中明实相（散华乐），叶外现无常（散华乐），愿舍阎浮报
> （散华乐），发愿入西方（散华乐）。③

其卷下说：

> 愿往生，愿往生，弥陀侍者二菩萨，号曰无边观世音，一切
> 时中助佛化，分身六道起慈心……寄语同生善知识。念佛慈
> 悲入圣丛。众等倾心皆愿往。手执香华常供养。

结尾又说：

> 窃以弥陀妙果号曰无上涅槃，国土则广大庄严，遍满自然

---

① 《安乐集》卷下，《大正藏》第47卷第18页上。
② 《安乐集》卷下，《大正藏》第47卷第11页上。
③ 《转经行道愿往生净土法事赞》卷上，《大正藏》第47卷第427页上—中。

众宝。观音大士左侍灵仪,势至慈尊则右边供养……从今已去,天神影卫,万善扶持。福命休强,离诸忧恼,六方诸佛,护念信心。净土弥陀,慈心摄受。又愿观音圣众,骆驿往来,念念无遗,遥加普备。春秋冬夏,四大常安,罪灭福成,回生净土。①。

这样,经过这些净土大师们的大力宣扬,与救苦观音不同的净土观音的功德被突出起来。

净土观音从而形成强大的吸引力,得到僧、俗的广泛信重。唐代宗派佛教繁荣,净土法门当时虽然还没有以宗派立名,但除禅宗外(主要是早期南宗禅),各宗派大体都宣扬净土。唐代长安敕建大寺分成许多"院",如著名的荐福寺、兴唐寺、资圣寺、光明寺、章敬寺等都有专门的净土院;院数众多的慈恩寺、西明寺也应当有净土院。地方情况也同样,如太原崇福寺怀玉曾增饰净土院②;永州那样僻远地方的小寺院龙兴寺也有净土院③。供养净土佛的地方或者叫"般舟道场"④。较小的寺院则有净土堂。这些都是住院僧侣修习净土法门的地方,也是宣扬净土的中心。在净土院或净土堂里,当然要供奉净土观音。

隋、唐时期净土信仰的兴盛情况见于僧史、僧传的记载,例子不胜枚举。流传特别广泛的是临终来迎信仰。如隋昙延受到朝廷礼重,是一代名僧,住京城大寺延兴寺。他"恒以西方为正任,语默之际,注想不移,侍人观之,若在深定。属大渐之始,寺侧有任金宝者,父子信向,云见空中幡盖,列于枢前,两行而引,从延兴寺南达

①《转经行道愿往生净土法事赞》卷下,《大正藏》第47卷第433下、第438页上。
②《宋高僧传》卷二六《唐太原府崇福寺怀玉传》,下册第669页。
③《永州龙兴寺修净土院记》,《柳河东集》卷二八。
④穆员《东都龙兴寺镇国般舟道场均上人功德记》,《文苑英华》卷八二一;柳宗元《南岳弥陀和尚碑》,《柳河东集》卷六。

于山西。斯亦幽冥叶赞，谅非徒拟"①。前面引述过有人听了善导宣扬往生西方净土的说教竟从柳树上投身而死，可见来迎信仰的狂热程度。

　　天台智颛的净土信仰很复杂，同样包含弥勒净土和弥陀净土的内容。他又是虔诚的观音信仰者。据说他临命终时"施床东壁，面向西方，称阿弥陀佛、波若观音"，又令唱《法华经》题，听《无量寿》。有问其位者，答曰："只是五品内位耳。吾诸师友从观音、势至皆来迎我。"②他作为天台宗师，如此宣扬净土观音，影响当然是很大的。初唐的大庄严寺功迥"六岁便思出家，慈亲口授《观音经》，累日而度"。他的家庭显然是信仰净土观音的，《观音经》在这样的家庭里被拿作儿童启蒙之用。他临终愿"往生净土"，"因不食二十日而终"③。蒲州栖岩寺神素临终时"正威容已，令读《观经》两遍，一心静听，自称'南无阿弥陀佛'，如是五六……不觉久逝……又感祥瑞"④。绵州隆寂寺灵睿，"（贞观）七年八月二十五日夜，睿梦有衣冠者来迎骞往西方……至二十年八月二十四日三更，大风忽起，高声言曰：'灵睿法师来年十月往南海大国光明山西阿观世音菩萨所受生也。'至期，十月三日，合寺长幼道俗见幡华、菩萨满寺而下。晚讲入房，看疏读经，外有僧告幡花异香充寺及房。睿闻，捉经出看，敛容立终"⑤。这则是把南海观音道场当作受生之处了。隋唐以后，"西方三圣"临终来迎成了净土信仰的主要瑞应，也是信仰者普遍的追求。栖岩智通有入室门人顶盖，其母王氏"久怀笃信，读众经，礼忏发心，以往生为务。贞观十一年二月，临将舍

①《续高僧传》卷八《隋京师延兴寺释昙延传》，上册第278页。
②《续高僧传》卷一七《隋国师智者天台山国清寺释智颛传》，中册第632—633页。
③《续高僧传》卷一三《唐汴州慧福寺功迥传》，中册第459页。
④《续高僧传》卷一三《唐蒲州栖岩寺释神素传》，中册第465页。
⑤《续高僧传》卷一五《唐绵州隆寂寺释灵睿传》，中册第515页。

命,弥加勤至,自见床前有赤莲花大如五斛瓮许,又见青莲花满宅,阿弥陀佛、观音、势至一时俱到。盖与侄薛大兴供侍,亲闻所述。而兴见有佛,色形甚大,并二菩萨,久而自隐"。当时有"沙门行友,蒲晋名僧",联系此事,针对怀疑往生的看法著论批评,其中说:

> ……而惑者以暗识生疑,谓净土越度三有,超过九定,绝域寥廓,经途夐远,自非三乘极位及十地圣人积行累功,安能生彼。何其谬欤!观斯上人,虽禀性温柔,为人清洁,其所修习,则福德偏长。定慧之功,盖不足纪,直以一生之散善,临命之虚心,遂能自睹光明,亲见幢相,动摇坤象,梦感旁人。是知九品之业有征,十念之功无爽,凡我同志,可不勖哉![1]

行友的这段文章强调,即使是佛教修养不高的人,只要能行"散善"即世俗一般善行,同样可得观音来迎往生。这样,往生的大门向着普通民众敞开,来生的福报是可以十分简单地取得的。

经过迦才、怀感等一代代净土大师的弘扬,到了中唐,出现又一位宣扬净土法门的重要人物法照(747?—821)。他于代宗永泰年间(765—766)到南岳,师事净土大师承远,修习念佛三昧;大约在大历四年(769)创"五会念佛"法门[2]。所谓"五会念佛",意谓"五者会是数,会者集会。彼五种音声,从缓至急,唯念佛、法、僧,更无杂念。念则无念,不二门也;声则无常,第一义也"[3]。这是引声念佛的一种方式,是从道绰等人的称名念佛发展来的。法照于大历九年(774)前后北上并州(今山西太原市),十二年到五台山,当时那里是北方佛教一大中心;大历末年入长安,受到朝廷礼重,隶属新建的大章敬寺。同时人王士詹作《五台山设万僧供记》,其中说:

---

①《续高僧传》卷一八《隋河东栖岩道场释智通传》,中册第684—685页。
②关于法照生平事迹,塚本善隆有详细的考订,见《中国淨土教史研究》,《塚本善隆著作集》第4卷第209—510页。
③《净土五会念佛略法事仪赞》,《大正藏》第47卷第476页中。

"弥陀居西国,照师宗焉;帝尧在位,邠公辅焉。是知佛宝、国宝,殊躅而同体也。竹林精舍,应现施工已立。西方教主大师法照,自南岳"悟达真要,振金锡之清凉,根瑞相以徘徊……"①这里"邠公"指杜黄裳,元和二年(807)罢相,封邠国公。这是说法照得到皇帝和权臣的礼遇和加护。在其所著《净土五会念佛诵经观行仪》里,收录念佛赞叹诗,其内容以赞叹西方净土为中心,又包括《维摩赞》《涅槃赞》等,净土观音也是重要部分。该书今传广、略二本②。单独赞叹观音的,据广本有《观世音赞》(依《观世音经》,通一切处诵得)、《请观世音菩萨赞》(依《瑜伽论》)、《叹弥陀、观音、势至赞》等;略本题目略有不同。他另有赞文一般地赞叹"净土"或"西方极乐"(当然包括赞颂观音)的内容。法照富于文学才能,在敦煌文书里留下一些歌辞,如被题为《归去来》的:

> 归去来,宝门开。正见弥陀升宝座,菩萨散花称善哉。称善哉!
> ⋯⋯⋯⋯⋯⋯
> 归去来,见弥陀。今在西方现说法,拔脱众生出爱河。出爱河。
> 归去来,上金台。势至、观音来引路,百法明门应自开。应自开。③

这也是热烈歌颂"西方三尊"和"观音接引"的。法照的活动从南方到北方,最后进入首都和宫廷,影响巨大。依他的奏请,朝廷赐其师南岳承远道场"般舟"名号;后来吕温为道州(今湖南道县)刺史,

---

①《全唐文》卷六二一,第 6267 页,中华书局,1983 年。
②《净土五会念佛略法事仪赞》一卷本,收入《大正藏》第 47 卷,俗称"略本";又在敦煌文书中发现几个《净土五会念佛诵经观行仪》三卷本残卷,收入《大正藏》第 85 卷,俗称"广本"。
③ P.2066 号;引据任半塘编著《敦煌歌辞总编》中册第 1063 页,上海古籍出版社,1987 年。

又奏授"弥陀"寺额。吕温（772—811）有文记述说：

> 大历末，门人法照辞谒五台，北辕有声，承诏入觐，坛场内殿，领袖京邑……奏陈师德，乞降皇恩，由是道场有般舟之号，贞元末，某获分朝寄，廉问湘中，近照德辉，获探众妙……表求兴崇，诏允诚愿，台虽旧号，其命维新，寺由是有弥陀之额。①

柳宗元（773—819）也曾作承远碑，有云：

> 在代宗时，有僧法照为国师，乃言其师南岳大长老有异德，天子南向而礼焉……初，法照居庐山，由正定趋安乐国，见蒙恶衣侍佛者。佛告曰："此庐山承远也。"出而求之，肖焉，乃从而学，传教天下……②

这些都可见法照在当时的地位和影响。直到晚唐开成五年（840），日本留学僧圆仁到五台，"行至竹林寺断中。斋后，巡礼寺舍。有般舟道场，曾有法照和尚于此堂念佛，有敕谥为'大悟和尚'。迁化来二百年，今造影安置堂里"③。这里"二百年"云云显系讹误，但这一记载表明当时法照已被当成古代圣人了。法照弟子众多，知名的有尼悟性、镜霜、居士李知遥等。镜霜曾作《章敬寺法照和尚塔铭》④；日僧圆仁在《行记》里讲到："〔会昌元年（841）二月八日〕又敕令章敬寺镜霜法师于诸寺传阿弥陀净土念佛教。廿三日起首至廿五日，于此资圣寺传念佛教。又巡诸寺，每寺三日，每月巡轮不绝。"⑤由此也可见当时净土念佛在京城流行情形。

---

①《南岳弥陀寺承远和尚碑》，《全唐文》卷六三〇，第 6355 页。
②《南岳弥陀和尚碑》，《柳河东集》卷六。
③圆仁《入唐求法巡礼行记》卷二，第 105 页，顾承甫、何泉达点校，上海古籍出版社，1986 年。
④陈思纂次《宝刻丛编》卷八："《章敬寺法照和尚塔铭》，镜霜述并书，大中十二年（858），京兆。"
⑤《入唐求法巡礼行记》卷三，第 147 页。

五

　　反映唐代西方净土信仰和净土观音信仰盛行情形,除了文献记述,还有如今遗存的造像、壁画和民间文学作品等,提供了更为具体、生动也更为真确的实物资料。

　　学术界研究中国石窟造像,一般分为四个时期:第一期约当北魏文成帝拓跋濬(452—465 在位)复法之初,主体是传统的"三佛造像"大像窟;第二期为孝文帝元宏迁洛(太和十八年,494)之前,大像窟减少,多佛殿窟和塔庙窟,主像多为释迦和弥勒,也有释迦、多宝对坐像;第三期为迁洛后至西魏(西魏文帝元宝炬大统元年,535),出现了布满千佛的佛殿窟,造像内容大体与第二期相同,值得注意的是这时出现较多的无量寿佛像和观音像;第四期为北周(北周闵帝宇文觉元年,557)以后,造像有更多形式的组合,无量寿与观音像大量增加了。这个过程显示佛教信仰的变化,也表明净土信仰兴盛发达的趋势。本书前面已经引述日本学者塚本善隆对于龙门石窟自北魏后期(495—534)至唐高宗、武后时期一个半世纪里造像数量变化的统计和侯旭东对于六朝后期自公元 440 年(宋文帝元嘉十七年,北魏太武帝太延六年)至 579 年(陈宣帝太建十一年,北周宣帝大成元年)1437 种造像的统计,都显示自南北朝后期到唐武后时期佛教信仰形式的演变趋势:弥勒信仰在兴盛一时之后已经衰落;对释迦的崇拜基本保持稳定;净土信仰在缓慢地增长;观音信仰的声势则始终持续地提升。塚本善隆根据他的统计分析龙门造像发展形势说:

　　　　释迦是曾出现于此人间世界的过去佛。弥勒是释迦的后继者、现在天上的菩萨、将来会出现于人间世界成佛的下一代的佛。北魏造像里的定光佛,是往昔曾于释迦的前生时代出世、并预言释迦将来成佛的佛;多宝佛曾于释迦灵鹫山说法的《法华经》中出现,据信是在涌出宝塔里和释迦并坐的佛。要而言之,定光、多宝、弥勒都是这个世界的释迦佛传里的尊像。与之相对应,阿弥陀佛则是自此土过西方十万亿佛土的彼土的主宰,是作为把众生自五浊恶世的"此土"引接往生到"彼土"的现在佛被信仰的。①

他相关联地分析观音信仰情形:

> 唐代的观世音造像,承前代继续兴盛,但其信仰的倾向又已经发生显著变化,即不再只是信仰《法华经》观世音,还信仰净土教的观世音。后者和地藏菩萨一起是与死后往生净土信仰紧密结合的。要而言之,在唐代的龙门造像中,相对于前代的释迦、弥勒此土佛、菩萨的信仰,对以阿弥陀佛为中心的彼土佛、菩萨的信仰成为新势力而勃兴起来,以至形成压倒之势。这是从各种造像总体上可以确认的。②

观音信仰的这种变化,从现存造像实物可以清楚地看出来。前面已经提到,在四川成都万佛寺曾出土一块有元嘉二年(425)造像铭的净土变相浮雕,被认为是现存最早的有明确纪年的净土变相③。它的上半部已毁损,看不到阿弥陀佛,但可见宝池和生长的莲花及两个类似菩萨的人物,应当是观音和势至。这是早期的"西方三身佛"造像。麦积山石窟第一百二十七号窟为北魏后期(6世纪初至

---

①《支那仏教史研究　北魏篇》第380—381页。

②《支那仏教史研究　北魏篇》第594页。

③炳灵寺西秦时期第一百六十九窟第六龛为西方净土龛,龛外东上方有建弘元年题记。"建弘"为西秦乞伏炽盘年号,元年420年。但不能确定造龛和题记是否同时。不过二者时间距离不会太远是可以肯定的。分别在西南和西北地区出现"净土三身"造像,可推测其在全国的普及情形。

北魏孝武帝永熙三年灭亡,534)所凿,俗称"壁画窟",由其中有大幅西方净土变而得名。画面上有众多建筑和人物,构图严谨,气势宏伟,在美妙的净土景象中,阿弥陀佛坐在须弥座上,大势至和观世音侍立左右①。这反映当时净土三身佛信仰已经流行。北齐南响堂山第二号窟的净土变,画面上也有胁侍菩萨②。不过值得注意的是,隋、唐以前观音造像,仍以单体为多。而这又和同是阿弥陀佛胁侍的大势至没有单体造像形成鲜明对照,显示观音信仰独特而重要的地位。

　　现存观音单体造像最古者,是北魏兴皇四年(470)金铜莲花手菩萨像③。这是一尊救苦观音像。但据河南巩义市石窟寺六号窟的东魏天平三年(536)杨大升造像记、三十一号窟北齐天保八年(557)梁弼造像记和四十八号窟北齐天统二年(566)秋进和造像记,所造观音像都是为亡没亲族祈请托生西方妙乐净土凿造的④。又据河北曲阳修德寺塔基下出土的两千二百余座石造像分析,其中有纪年的二百四十七座,时代在北魏神龟三年(520)至唐天宝九年(750)二百三十年之间。早期的以释迦、弥勒为多;至隋,阿弥陀像超过了弥勒像;菩萨像在纪年像里的比例是北魏百分之三十五,东魏百分之七十五,北齐百分之八十二,隋百分之九十三。这其中虽难以明确判定多少是观音像,但其中占多数是没有疑问的⑤。又据山东博兴出土的北魏至隋的金铜造像分析,自北魏太和二年(478)到太和十八年(494),观音造像以单体为多数;至北齐天保元

①参见《中国美术全集·绘画编》17《麦积山等石窟壁画》,上海人民出版社,1987年。

②参阅姜亮夫《莫高窟年表》第73页,上海古籍出版社,1985年;陈清香《西方净土变相的源流及发展》,《东方宗教研究》第2期,1988年。

③丁明夷《谈山东博兴出土的铜佛造像》,《文物》1984年第4期。

④参阅河南省文化局文物工作队编《巩县石窟寺》,文物出版社,1963年。

⑤李锡经《河北曲阳县修德寺遗址发掘记》,《考古》1955年第3期。

年(550)仍是单体;到隋代,观音像出现较复杂的组合①。在山西寿阳发现的东魏至唐的造像,东魏、北齐的观音也都是单体。这些情况表明,即使是在净土信仰已经兴盛起来以后,观音作为阿弥陀佛附属的地位已在逐渐确立之中,观音仍被大量地单独供奉。他有时甚至取代了阿弥陀佛的地位。到唐代,虽然大量出现一佛二菩萨的"西方三尊"造像,单体观音造像仍然一直兴盛不衰。

如再从造像题记看,在隋代以前,有关西方净土的造像数量不多,所祈愿的内容有些明确是往生"西方妙乐国土""安养国土"的,还有些是祈愿上升"兜率""天宫"的,更多的则是"生天""托生安乐处""一时成佛"之类笼统提法。而到唐代,明确的"往生净土""上品往生"等说法更普遍了,一般的"俱登正觉""愿登彼岸""咸同妙果"之类祈愿也显著增加了。从现存的写经题记也可以看到类似情况。如在高宗、武后朝所写的《观经》《观音经》题记里,把观音当作"三身佛"中的胁侍、祈望往生净土的内容在比重上大为增多。以下从《八琼室金石补正》过录几则具有典型意义的唐代龙门净土观音造像题记。

赵善胜题记

佛弟子清信女赵善胜,敬造救苦观世音菩萨一躯,愿法界含生,悉令解脱,回向菩提,俱登正觉。永徽三年(652)八月廿七日记。②

相原校尉官士安铭记

□州□□□相原校尉柱□(官)士安,普为苍生存亡、父□及诸眷属乞愿平安,敬造救□观音菩萨一躯。□斯因□,上资帝王,下润群生,同出□门,齐登佛岸。显庆二年(657)十月

---

① 李少男《山东博兴出土百余件北魏至隋代铜造像》,《文物》1984年第5期。
②《八琼室金石补正》卷三〇,第201页。

廿六日刊留铭记。①

甘大娘题记

弟子甘大娘，奉为二亲及以自身，敬造观世音菩萨、地藏
菩萨二躯，此功德普及法界众生，俱登佛果，入……②

这几则祈愿观音度脱，在六朝时期是见不到的。再看一篇"净土三
尊"题记：

孔思义题记

大周万岁通天元年（696）五月廿三日，弟子孔思义，为法
界仓生及合家眷属，敬造弥陀尊像一铺，愿未离苦者，愿令离
苦；未得乐者，愿令得乐；病患者，愿得早差；业道受苦及怨家
债主，悉愿布施欢喜，速得神生净土；不具足者，并愿具足。众
生普愿安乐，同发菩提，一时成佛。③

这是现世利益和来世往生相结合的典型例子。就是说，净土法门
中观音信仰的一个主要内容，是祈望自身和父母、亲属往生成佛，
观念上又是特别关注现世生存着的人的。

纵观北魏中期到唐前期造像数量的变化，显示由以释迦和弥
勒为主转变到以弥陀和观音为主，已成为中土人士从赞颂释迦如
何成佛转向相信自身成佛的大趋势，曲折地反映信众对于自身得
救的乐观信心。而敦煌石窟里花团锦簇的净土变相实际也是隋、
唐时代兴盛的社会环境所培养的这种乐观信心的曲折表现。

在唐初，仅善导一个人就募集资财画净土变三百壁。从张彦
远《历代名画记》、朱景玄《唐代名画录》、段成式《寺塔记》（《酉阳杂

---

①《八琼室金石补正》卷三一，第 202 页。
②《八琼室金石补正》卷三二，第 212 页。
③《八琼室金石补正》卷三二，第 211 页。

俎》)以及宋黄修复《益州名画录》等文献中,可以了解唐时寺院壁画的繁荣及其高度艺术水平。其中西方净土变占有相当大的比重。如张彦远的《历代名画记》记录的东都洛阳敬爱寺壁画是典型例子,其中大殿内计三壁,有"西壁西方佛会　赵武端","十六观及阎罗王变　刘阿祖";西禅院计七壁,有北壁"佛会及山水　何长寿";东禅院殿内三壁,有"西方变　苏思忠描,陈庆子成"①;等等。资料里记载唐代画家画"西方变及十六对事"(范长寿②)、"感应观音"(展子虔③)、"观音像"(尉迟乙僧④、杨庭光⑤、卢楞伽⑥)、"观音居士像"(薛稷⑦)的很多,其中大画家吴道子尤其著名。西方净土变在当时壁画中的突出地位,也反映净土信仰兴盛的形势。

　　现存敦煌壁画的情形同样。其中无量寿经变、阿弥陀经变等属于净土变的壁画达二百余铺⑧。在早期的北魏作品里已出现绘有莲花、宝池的大型西方净土说法图,但画幅还不很大,构图也较简单。经过不断演进,到隋代,第三百零六号、三百九十号、三百九十三号、四百号等窟已出现完整的阿弥陀经变。至初唐,出现了无量寿经变和西方净土变的皇皇巨制。无量寿经变与西方净土变有所不同,后者多出"未生怨"故事(《观无量寿经》开头阿阇世王篡位弑父,因禁母后韦提希夫人,夫人祈佛救济,佛为说法故事)和"十六观"形象,有的还有"九品往生"内容。这些描摹生动的经变十分具体形象地表现了当时人的净土观念。最为精彩的是唐初二百二

①《历代名画记》卷三《记两京外州寺观壁画》。
②段成式《酉阳杂俎》续集卷五《寺塔记》上。
③黄庭坚《题刘氏所藏展子虔〈感应观音〉》,《黄文节公文集》卷一二。
④汤垕《画鉴》。
⑤《宣和画谱》卷二《释道二》,岳仁译注,湖南美术出版社,1999年。
⑥《宣和画谱》卷二《释道二》。
⑦《南宋馆阁续录》卷三。
⑧史苇湘《关于敦煌莫高窟内容总录》,敦煌文物研究所整理《敦煌莫高窟内容总录》第187页,文物出版社,1982年。

十号窟的净土变(有贞观十六年题记,642),这幅图画依《阿弥陀经》描绘,中间是阿弥陀佛结跏趺坐,神态安详,两侧是观音、势至,周围有众多戴宝冠、披天衣、姿态各异的小菩萨,后方是重楼叠阁,画面上部有祥云缭绕,前方是歌舞伎乐,围绕着七宝池、八功德水,一片富丽繁华的景象。盛唐的一百七十二号窟的净土变是另外一番景致,在庄严美丽的楼台、栏楯、平台间突出阿弥陀主像,周围有莲池、天花、异鸟相陪衬,五彩斑斓,金碧辉煌。李泽厚在《美的历程》里指出:

　　……社会向前发展,门阀士族已走向下坡,非身份性的世俗官僚地主日益得势,在经济、政治、军事和社会氛围、心理情绪方面都出现了新的因素和景象。这也渗入了佛教及其艺术之中。

　　由于下层不像南北朝那样悲惨,上层也能比较安心地沉浸在歌舞升平的世间享乐中。社会的具体形势有变化,于是对佛国的想望和宗教的要求便有变化。精神统治不再需要用吓人的残酷苦难,而以表面诱人的天堂幸福生活,更为适宜。于是,在石窟中,雕塑与壁画不是以强烈对比的矛盾(崇高),而是以相互补充的和谐(优美)为特征了。唐代壁画"经变"描绘的并不是现实的世界,而是以皇室宫廷和上层贵族为蓝本的理想图画;雕塑的佛相也不是以现实的普通的人为模特儿,而是以享受着生活、体态丰满的上层贵族为标本。跪倒在经变和佛相面前,是钦慕、追求,与北魏本生故事和佛像叫人畏惧而自我舍弃,其心理状态和审美感受是大不一样了。天上和人间不是以彼此对立而是以相互接近为特征。这里奏出的,是一曲幸福与梦想、以引人入胜的幻景颂歌。[1]

————————

[1]李泽厚《美的历程》,《美学三书》第120—121页,安徽文艺出版社,1999年。

总之,这类净土变有当时的社会生活为基础,同时又充分发挥了想象力,寄托着民众的美好愿望,虽说到底不过是虚幻的想象,但总给身在苦难中的人以希望和精神寄托。

在敦煌壁画里,另有单独的观音瑞像,还有表现在法华经变组合之中的观音像。单体的观音瑞像显然和净土信仰有关。法华经变表现的则主要是救苦观音的传统内容,描绘观音三十三化身和救"七难"故事,后者又多从人间现实生活取材。二者是相互呼应的。

敦煌写本里保存的许多民间文学作品也反映了观音信仰,包括净土观音信仰在民间盛行情形。中唐以后流行的"转变"是僧侣对民众进行通俗宣传的方式,讲经文和变文是其文字记录。表现净土观音的讲经文最有代表性的是敦煌文书伯希和第两千一百三十三号被确定为《妙法莲华经讲经文》的写卷,所讲经文为《普门品》自"无尽意菩萨,若有人受持六十二亿恒河沙菩萨名字"到"得如是无量无边福德之利"一段计一百二十字。在这部讲经文里,除了一般地歌颂"礼拜观音福最强,灵山会上佛称扬。天龙闻了称稀有,菩萨听时赞吉祥"的功德利益之外,还特别强调往生净土的内容。文中把"来世示君何处好,西方净土证无生"作为修持目标,这已和《普门品》观音信仰有所相同。在解释经文中"善男人善女人"时说:

> 修行净行不贪嗔,向佛于僧意自纯,每日参禅求问道,终年结社作良因。不交意地迷三惑,岂遣心因涉六尘,凡是修行诸弟子,经中唤作善男身……不把花钿粉饰身,解持佛戒断贪嗔,数珠专念弥陀佛,心地长修解脱音。三八镇游诸寺舍,十斋长具断昏(荤)辛,如斯净行清高众,经内呼为善女人。

这宣扬的是净土法门。文中对观音的法力大加称颂:

> 世出世间皆尽化,只此名为大世尊,世尊普告断疑怀,功

得(德)如今不可裁。若据观音垂妙力，还同诸佛座花台，六十
二亿虽无量，百岁身行实异裁。若有一时同礼拜，一般获福唱
将来。

这则是把观音抬高到与佛陀同等的位置。后面在解释"六时之内，
有一人受持观世音名号，乃至礼拜者，所得功德，与供养称念六十
二亿恒河沙菩萨之人，功德一般"一段，对"六时"一一加以说明，然
后总结说：

> 只此六时之内，有人就能一时，好生供养观音，还要虔诚
> 礼拜。所得身中功德，便共前人一般，六十二亿虽多，此乃正
> 等无异。少许时中行不难，还能礼拜使心坚，六十二亿虽无
> 量，两个因缘恰一般。佛自说，表奇哉，为显观音力普垓，由恐
> 会中人不信，更将何赞叹唱将来。①

这样的作品表明，当时人在祈求观音救苦救难的同时，更期望"十
方化佛总亲临""西方净土必遨游"，即更仰赖观音作为"接引佛"的
功德了。

　　敦煌文书中存留几种被称为《阿弥陀经讲经文》的讲经文。其
中伯希和两千二百一十二号、三千二百一十号、北京殷六十二号相
同，被勘定为押座文。至今留下多种《阿弥陀经》的讲经文，也表明
当年西方信仰的盛行程度。本来《阿弥陀经》的经文里只提到"诸
众圣"，并没有专门提到观音名号。但在押座文里却有一段特别颂
扬观音：

> ……又愿远行千里者，个随本意称求心，早到家乡拜尊堂，
> 莫遣慈亲倚门望。病苦连绵枕席者，观音势至赐醍醐……②

---

① 王重民等编《敦煌变文集》下集第 508—510、514—515 页，人民文学出版社，
　1984 年。
② 《敦煌变文集》下集第 484 页。

这里又是把净土佛与救苦的功德联系起来了。在斯坦因第六千五百五十一号《讲经文》里,描写无量寿佛国景象时,有一段有趣的比喻:

> ……无有刀兵,无有奴婢,无有欺屈,无有饥馑,无有王官,即是无量寿佛为国王,观音势至为宰相。药上药王作梅录,化生童子是百姓……①

这就把西方净土描绘成平等安乐的幻想的乌托邦,而阿弥陀佛是治理这个国家的"国王",观音、势至则是他的"宰相"了。这是民众朴素的设想,也是他们所理想的佛国。这个设想把观音的功德更加落实、更为现实化了。

还有《无常经讲经文》,是利用中土故事来说明"人生无常,喻若漂蓬,贵贱虽殊,无常一盖"的道理的。其中指西方净土为解脱之路,因而宣扬"净土好,卒难论","争如净土,菩萨为怜",并劝人礼拜三圣:

> 念观音,求势至,极乐门开随取意,一弹指顷到西方,大圣弥陀见欢喜。

有趣的是接着又说:

> 更闻经,兼受记,必定当来值慈氏,永抛浊世苦娑婆,不向三途受沉坠。②

这讲的又是弥勒净土。在普及到民众的宣传里,弥勒与弥陀两种净土显然还是没有也不必分辨得那么清楚。

从现存资料看,唐代有日僧圆仁(793—864)《入唐求法巡礼行记》中记载的长安朝廷敕建大寺受朝命举行的俗讲,也有民间社邑

---

① 《敦煌变文集》下集第 475 页。
② 《敦煌变文集》下集第 662 页。

里面向群众的俗讲。二者对象不同，所讲内容与风格也有差异。以上举出的例子，都出自面向民间的作品，是更多反映民众信仰面貌的。

与俗讲相比较，现存敦煌歌辞里写到观音的不多。有一首失调名的曲子，上半阕是：

> 一家归，□年尽，日渐西。□□上诣开云道，专使请事大王□。生死说一场，自身受甚苦，观音也合知。①

另有前面提到的法照所作定格联章曲辞《归去来》，是劝归西方的，最后赞叹观音的接引功德。又另一首同是法照所作的《归去来·归西方赞》则没有提到观音。应有大量赞颂观音的通俗歌辞在流传中遗失了。

表现净土信仰的造像和壁画也好，通俗的文艺作品也好，本意都是"解说"教理、教化民众的。但它们又表现民众对于经典和教义的一种独出心裁的"理解"。当人们在创造和流传这些作品的时候，他们同时也在按自己的理想给净土信仰增加新的内容，实际也是在发展净土思想。

六

隋、唐时期，净土信仰向着社会更广泛的层面普及。相对照之下，对高层次的思想文化领域则影响较小。像净土信仰这样的内容简单、表达通俗的教义，显然难于被接受传统儒学教养、又是生长在唐代那种丰厚而开阔的思想学术环境中的知识精英阶层所重

---

① 《敦煌歌辞总编》下册《补遗》，第 1753 页。

视和接受;另一方面也是因为范文澜所说唐代兴盛的禅宗是"适合中国士大夫口味的佛教"①,文人间习禅成为风气,成为对净土信仰的抵制力量。禅宗主张"明心见性","自性自度",是否认"他力救济"的。《坛经》里又曾发挥《维摩》"心净土净"之说,宣扬"······自性悟,众生即是佛。慈悲即是观音,喜舍即是势至,能净是释迦,平直即是弥勒"②等等。到中唐,禅门里更形成毁经灭教、呵佛骂祖一派,对偶像崇拜大胆激烈地抨击。这也成为来自佛教内部的"腐蚀"净土和净土观音信仰的力量。

　　不过在一种普遍的宗教信仰潮流波及下,净土信仰关系到每个人的"生死大事""来生之计",也会潜移默化地深浸到部分知识阶层的生活和感情之中。他们即使在理性上缺乏信仰心,也难以全然摆脱它的影响。这种影响主要表现在三个方面:一是浸入他们的家庭生活之中;二是部分士大夫间兴起净土结社之风;三是习禅的人兼修净土。这后一方面推动了"禅净合一"思潮的发展,则关系佛教发展的总体趋势了。家庭,特别是家庭妇女,构成与官宦、文人经世事业有距离的另外一个世界。这是一个不太注重文化、感情重于理性的世界,是更需要宗教慰藉来满足人生欲求的世界。家庭又是社会细胞,是构成整个社会组织的基础。其动态反过来又作用于社会生活的其他方面。

　　在六朝时期的观音应验故事里,已经有妇女为主人公的,但还只是少数。当时这类故事的题材除水、火等自然灾害,多是劫杀、囚禁、冤贼等社会患难,故事主角基本是男性。而据《八琼室金石补正》卷三一、三二所录造像记,在北魏龙门观音造像里,女性发愿者显著增多了。到唐代,则更多女性,已经占全数的约三分之一。其中有的称"清信女""佛弟子清信女""弟子"某或某人,如"清信女

①范文澜《中国通史简编》(修订本)第 3 编第 2 册第 601 页,人民出版社,
　1965 年。
②《敦煌新本六祖坛经》第 41 页,杨曾文校写,上海古籍出版社,1993 年。

赵善胜""清信女朱"等；有的称某某妻或女，如"崔元表妻郭""王德
仁女小娘"等；有的则直称名字，如"甘大娘""刘大娘"等。这些人
所祈愿的内容更贴近平常的家庭生活，如家人安宁、行人平安、病
得离身等等。一些官僚士大夫造像也往往与家中妇女有关。例如
龙门石窟显庆五年（660）《御侮副尉杨君植题记》，是为亡妻造阿弥
陀和救苦观音像；开元三年（715）《秘书少监韦利器等弥陀赞》，文
为邱悦所作，是为韦的亡母造弥陀像；《临涣尉左中孚弥陀龛铭》，
是为亡妻造阿弥陀像；孟利贞所撰《龙门敬善寺石龛阿弥陀佛观音
势至二菩萨像赞》，是蹇味道为其亡母范氏所造，其时蹇为同州（今
陕西渭南市大荔县）司户参军。还有些没有具体说明造什么像的，
如《豫州参军王有铭记》，是为亡母造像；《苏州长史崔元久妻卢氏
题记》，是妻子为丈夫造像。重庆大足佛湾第五十八号窟供养观
音、地藏，有乾宁三年（896）题记：

> 敬造救苦观世音菩萨、地藏菩萨一龛。右为故何七娘镌
> 造，为愿成此功德，早生西方，受诸快乐。乾宁三年九月二十
> 三日，设斋表赞毕。检校守昌州刺史王宗靖造。

龛外右侧柱上有另一则题记：

> 乾宁三年九月二十三日，节度左押衙、检校左散骑常侍兼
> 御史大夫赵洛恪，奉为故外姑何氏妆饰。①

皇室的情况也是如此。如《中山郡王隆业石像铭》，是长安四年
（704）李隆业为父母（父即睿宗李旦）所造观音像，文中说"以斯胜
果，资奉　　四哥、娘六亲眷属，伏愿寿比崇山，固同磐石，旁周庶
品，俱润良缘"②。李邕（678—747）的《五台山清凉寺碑》中说："开

①《大足石刻内容总录》第26页，四川省社会科学出版社，1985年。
②《八琼室金石补正》卷三二，第212页。唐代俗称父为"哥"，考见顾炎武《日
　知录》卷二四。

元二十有八载,帝之元女曰永穆公主,银汉炳灵,琼娥耀质,发我上
愿,乃归大雄。爰舍金钱,聿崇妙力,奉为皇帝恭造净土诸像。"①这
些是皇室的例子,由此又可见统治阶层家庭信仰的实态,显示净土
观音信仰深入家庭、女性信仰者增多的趋势。

从现存唐人的墓志也可以看到,当时士大夫家庭妇女相当普
遍地信仰佛教,特别是晚年寡居者倾心佛教的更多。净土往往是
她们信仰的主要内容之一。以下从周绍良主编《唐代墓志汇编》里
摘录一些例子。咸亨一〇四号《唐故夫人何氏墓志铭》:

> ……资神解液,藻十范而流襟,识净明珠,绚四心而耀首。
> 行阶无替,期□有凭,胜业既成,魂飞净域。

永淳二六号《大唐故房州竹山县主簿杨君夫人杜氏(芬)墓志铭》:

> 情超苦海,思入□□,将开净域之因,夙奉玄□之律。

大足六号《大周故府君柏善德夫人仵氏墓志铭》:

> 灵和受气,廉顺凝姿,将开净土之因,兼奉祇园之律,情超
> 俗境,思入禅津。

开元四三〇号《刘府君(秦客)杨夫人铭》:

> ……至于暮年,恭崇释道,知四大咸假,五蕴皆空,莫不毒
> 火焚躯,爱河溺性,自非西方之圣,孰能拯兹苦焉!于是舍荣
> 辱去我,妥心禅门,颖悟深旨。

天宝一五号《唐上殇姚氏(号功德藏,父和章,东京皇城副留守)墓
志铭》:

> ……爱自受病之初,誓心□域,将不退转,行陀罗尼。

天宝一〇二号《大唐故宣威将军守右武卫中郎将陇西董君(昭)墓

---

① 《全唐文》卷二六四,第 2679 页。

志铭》：

> 夫人南阳郡君张氏……柔顺贞明，宴息禅慧，莲花照水，岂方清净之心，薤露晞阳，将生极乐之界。

天宝一七五号《唐故左龙武军宿卫李君（献）墓志铭》：

> 母氏（张）圣善，有慈有成，常贵无价戒珠，爰以苦行入道，愿归正觉。

这些都是妇女信仰净土的例子。还有更多一般表示佛教信仰的，也应包含信仰净土的内容。

宋代资料反映同样的情况。以重庆大足石刻为例。佛湾第一百一十三号窟是宋窟，内有水月观音造像，其供养人左壁是一对老年夫妇，右壁是一对青年夫妇①。大足石窟观音、地藏相组合的情况很多，所刻供养人多有妇女（如佛湾一百二十一号窟）。一百三十六号转轮经藏窟右壁数珠手观音上方有南宋绍兴十六年（1146）题记：

> 在城奉佛弟子王升同妻何氏，伏为在堂父王山、母亲周氏，谨舍净财，镌妆大圣数珠手观音菩萨一尊，永为瞻养。伏愿二亲寿标增进，合属事宜百顺，五福咸备，二六时中，公私清吉。时以丙寅绍兴十六年季冬十二日，表赞庆讫。②

北塔第八号观音龛左侧题记是"大北街居住佛子何正言"，右侧题记是"同室杨氏。戊辰绍兴十八年（1148）四月初八"；第九号也是观音龛，左壁题记是"何正言继母冯氏四娘子"，右壁题记是"何正言长男乡贡进士何浩"③。供养人像女着华丽衣妆，男着朝服，表明是官宦之家。北塔五十五号龛也是观音龛，龛正上方有一碑，文曰：

①《大足石刻内容总录》第42页。
②《大足石刻内容总录》第59—60页。
③《大足石刻内容总录》第128—129页。

　　昌州石膏□奉佛□□本李小大同政何氏小五娘、男成三日戊辰年施钱引二道兼谷至了及镌此观自在菩萨一尊,永为瞻奉,祈保双寿齐□,子孙荣贵。

　　绍兴乙亥二十五年五月二十一日刊石建塔,街坊志广书。[①]

这些都生动地反映了当时家庭中妇女信仰的实际状况。

　　唐、宋人文集也反映同样情况。例如主要是以道教徒面貌著称的、狂放不羁的李白(701—762)也写过有关净土信仰的文章。他有《金银泥画西方净土变相赞》,是替已故湖州(今浙江湖州市)刺史的未亡人为亡夫祈福而作。其中按《阿弥陀经》对西方极乐世界作了描绘,然后说:

　　若已发愿,及未发愿;若已当生,及未当生。精念七日,必生彼国,功德罔极,酌而难明。

并有赞曰:

　　向西日没处,遥瞻大悲颜。目净四海水,身光紫金山。勤念必往生,是故称极乐……[②]

李白思想驳杂,内容开阔而丰富,他的宗教信仰并不是那么单一和执着的。这篇作品是应人之托所作,客观上表明了官宦家庭净土信仰情况。

　　王维(701—761)也有类似作品。他本是禅宗热诚信徒,晚年斋僧礼佛,过着虔诚的宗教生活。他在开元后期做河西节度判官时,节度使崔希逸夫人为亡父祈福作《净土变》,他写了《净土变画赞》,不过其中发挥的是"净土无所"的唯心方便之说。这也表明镇

①《大足石刻内容总录》第148页。
②《李太白全集》卷二八,下册第1327—1328页,王琦注,中华书局,1977年。据《唐文粹》校改。

帅崔希逸家庭的宗教信仰状况。

又，权德舆（759—818）作《画西方变赞》，图画是"（范）传正、传止奉为先姊博陵崔夫人既练所画"①。梁肃（753—793）作《绣观世音菩萨像赞》，其中说：

> 《莲华经·普门品》载菩萨盛德大业详矣……有齐孝女，初，尚书吏部郎赵郡李公第六女归于博陵崔绰，大历初，居公忧，泣血无声，至于大祥。既而思求冥祐，徼福上圣，针缕之间，成就庄严，其用心也至矣乎！②

他又有《绣西方像赞》，是为中书舍人朱君妻马氏求冥福作③。于頔的《潭州法华院记》，其中写"中丞（杨凭）先太夫人荥阳郑氏，以闺门尊重之德，奉西方清净之教"④。杨凭是柳宗元岳父，一时文坛名流。韦皋（745—805）《西川鹦鹉舍利塔记》写其妾河东裴氏志乐金仙之道，以此鸟名载梵经，教以持佛名号，念阿弥陀往生西方⑤，是为鹦鹉求往生的。唐代的净土信仰如此深入官宦家庭生活之中，与一般人的生活和伦理没有什么区别。宋人文章反映这方面内容的更多，不烦列举。

净土和净土观音信仰深浸到家庭之中，观音从而带上家庭守护神的品格。随之信仰更加普及了，内容也更加"通俗化"了。这也成为观音向民间"俗神"方向演变的重要一步。

古代作为基层社会组织形式的私社大体可划分为两种类型：一种是主要从事经济活动或生活互助的，另一种是主要从事佛事活动的。唐前的六朝时期，从事宗教活动的私社组织形态还较松

---

① 《全唐文》卷四九五，第5047页。
② 《全唐文》卷五一九，第5279—5280页。
③ 《全唐文》卷五一九，第5282页。
④ 《全唐文》卷五四四，第5520页。
⑤ 《全唐文》卷四五三，第4631页。

散,主要是为造像、建塔等功德创立的①;到唐代,其活动内容更加丰富,包括营窟、造像、修寺、斋会、写经、刻经、诵经、念佛、燃灯、行像、印沙佛等。至唐后期,由于净土法门在民间盛行,净土念佛成为结社的重要内容。有的规模相当庞大,有达千人万人的。净土念佛往往掺入许多道教和民间俗神崇拜内容,如上帝、司命、南斗、北斗、山神、水神、城隍、土地等。这也是净土信仰通俗化所带来的特色②,和下面将要讲到的观音的"俗神化"是相关联的。

敦煌文书提供了有关这方面情况的具体资料。这些文献是一个地区的,但应具有相当的典型性。敦煌民众的佛教活动中有所谓"春座局席""秋座局席"。"座"指讲经斋会,"局席"则是按季节举行的斋会后的宴集。"俗讲"是这些斋会中的活动之一。早年日本学者那波利贞(1890—1970)对这些社邑进行过研究③。敦煌文书伯希和第三千一百二十八号《社斋文》反映了这些社邑里净土信仰的情况:

> 盖闻光辉鹫岭,弘大觉以深慈;敷演龙宫,契天明之胜福……惟诸公并是高门胜族,百郡名家,玉叶琼枝,兰芳桂馥,出忠于国,入孝于家……遂乃共结良缘,同归胜福,会斋凡圣,连坐花台,崇敬三尊,希求胜福。故能年三不阙,月六不亏,建竖檀那,守修法会……

这里的"崇敬三尊"的"三尊"就是"西方三圣",表明这个结社的净土信仰性质。再参照敦煌壁画中大量的净土变和西方三圣像,还有前面介绍的俗讲中有关净土与净土观音内容,清楚反映这种信仰普及、兴盛的实况。

---

①郝春文《东晋南北朝时期的佛教结社》,《历史研究》1992年第1期。
②宁可《述"社邑"》,《北京师院学报》(社会科学版),1985年第1期。
③那波利贞《仏教信仰に基きて組織せられたる中晚唐の社邑に就きて》,《唐代文化史の研究》,创文社,1977年。

　　唐代士大夫修习净土,杜甫和柳宗元可作为典型例子①。杜甫早年热衷习禅,晚年又倾心净土;柳宗元是天台宗信徒,如上所述净土和观音信仰是天台教理的内容。不过在杜甫和柳宗元文字里没有涉及净土结社的。唐代文人的净土结社盛行于中唐之后。从观念和形态看,主要是追慕东晋慧远在庐山和刘遗民等人结社念佛。不过环境已经变化,结社活动也随之发生变化。可以举出白居易(772—846)为例子。这位以"新乐府运动"倡导者闻名的诗人、进步的政治活动家同时又热衷佛、道二教。他对禅素有兴趣,净土信仰在他的生活中也占有相当重要的地位。早在元和十年(815)贬浔阳时,他就在庐山与东、西林二寺僧结社修净土。其《兴果上人殁时题此诀别兼简二林僧社》诗说:

　　　　本结菩提香火社,为嫌烦恼电泡身。不须惆怅从师去,先请西方作主人。②

同时期又有《临水坐》诗,中云:

　　　　昔为东掖垣中客,今作西方社内人。③

他在《春游二林寺》诗中又写"身闲易淡泊,官散无迁迫。缅彼十八人,古今同此适"④,表白对慧远僧、俗结社的向往。所谓"十八人"出自慧远结白莲社传说,本来不是事实,十八人也是后人根据结社传说捏合起来的⑤,给后来文人士大夫佛教结社提供了范例。白居

────────────

①参阅郭沫若《李白与杜甫》二《关于杜甫·杜甫的宗教信仰》,人民文学出版社,1971 年;吕澂《杜甫的佛教信仰》,《哲学研究》1978 年第 6 期;孙昌武《论柳宗元的禅思想》,《文学遗产》1991 年第 2 期,又收入《诗与禅》,东大图书公司,1994 年。

②《白居易集笺校》卷一七,第 2 册第 1084 页。

③《白居易集笺校》卷一六,第 2 册第 1033 页。

④《白居易集笺校》卷七,第 1 册第 374 页。

⑤据汤用彤的考证,"法照以后,庐山莲社故事乃大传于世",详《隋唐佛教史稿》第 192—193 页。

易对于这个传说的流行起了相当大的作用。而如果说白居易早年结社活动还主要是追慕东晋以来僧、俗交游的风流习尚,那么到了晚年,他对西方的向往就带有更真诚、更强烈的热情。他的《重修香山寺毕题二十二韵以纪之》诗中说:

> 南祖心应学,西方社可投。①

南宗禅排斥净土,而他却禅与净土并重。他的《开龙门八节石滩诗二首》又说:

> 他时相逐西方去,莫虑尘沙路不开。②

他在开成五年(840)六十九岁时作《西方变》,写《画西方帧记》,其中说:

> ……当衰暮之岁,中风痹之疾。乃舍俸钱三万,命工人杜敬宗按《阿弥陀》《无量寿》二经画西方世界一部,高九尺,广丈有三尺,阿弥陀佛坐中央,观音、势至二大士侍左右。天人瞻仰,眷属围绕。楼台妓乐,水树花鸟,七宝严饰,五彩彰施,烂烂煌煌,功德成就。弟子居易焚香稽首跪于佛前,起慈悲心,发弘誓愿。愿此功德回施一切众生,一切众生有如我老者,如我病者,愿皆离苦得乐,断恶修善。不越南部,便睹西方。白毫大光,应念来感;青莲上品,随愿往生。从见在身尽未来际,常得亲近而供养也。故重宣此愿而偈赞云:
>
> > 极乐世界清净土,无诸恶道及众苦。愿如老身病苦者,同生无量寿佛所。③

就这样,诗人在老病之年,从西方信仰中求得精神上的安慰。而他关心民瘼的热诚又在这种信仰里表露出来。又白居易弟弟白行简

---

①《白居易集笺校》卷三一,第 4 册第 2123 页。
②《白居易集笺校》卷三七,第 4 册第 2550 页。
③《白居易集笺校》卷七一,第 6 册第 3802 页。

妻杜氏为亡夫祥斋绣观音像,他为作《绣观音菩萨像赞》,"发弘愿于哀恳,荐景福于幽灵"①。杜氏又曾为其母卢氏绣阿弥陀佛像,白居易也为作赞。他还有《画水月菩萨赞》,是赞水月观音的,文曰:

> 净渌水样,虚白光中。一睹其相,万缘皆空。弟子居易,誓心归依。生生劫劫,长为我师。②

这些都反映了当时士大夫阶层家庭信仰的状况。

唐代士大夫佛教结社的例子,如盛唐时期有亳州刺史王弼,"夫人武氏……及男缃、绪等……起普贤堂一级,写《法华经》千部,广化人吏,大起津途,即普贤堂,立法华社。每年二月,重会一时"③。这种"法华社"应当有观音信仰内容。又如晚唐僧处讷《结九品往生社序》,记载一个净土结社的具体情形:

> 唐开成五年(840)岁次庚申,皇帝登极,是岁夏五月,会稽禹寺请玄英法师讲《金刚经》于余姚平原精舍,会次募一千二百五十人,结九品往生社。④

此社达千人以上,可见其规模之巨大。中唐以后文人结净土社相当普遍,在当时人的诗作里屡屡有所反映,如:

刘禹锡《送鸿举游江西》:"钟陵八郡多名守,半是西方社中友。"⑤

权德舆《酬灵澈上人以诗代书见寄》:"更喜开缄销热恼,西方社里旧相亲。"⑥

姚合《送澄江上人赴兴元郑尚书招》:"闻结西方社,尚书待

---

①《白居易集笺校》卷三九,第 5 册第 2646 页。
②《白居易集笺校》卷三九,第 5 册第 2647 页。
③李邕《秦望山法华寺记》,《全唐文》卷二六二,第 2665 页。
④《唐文拾遗》卷五〇,《全唐文》第 10939 页。
⑤《全唐诗》卷三五六,第 4007 页,中华书局,1960 年。
⑥《全唐诗》卷三二一,第 3618 页。

远公。"①

权德舆在元和年间是政坛上有影响的人物；刘禹锡和姚合都是著名的诗人。也有明确所结为"白莲社"的，如：

裴说《寄贯休》："他年白莲社，犹许重相期。"②

更多的则只说到结社，而从与佛寺与僧侣的关系看应是佛社无疑，其中应包括净土社，如：

司空曙《题凌云寺》："不与方袍同结社，下归尘世竟如何？"③

陈羽《洛下赠澈公》："天竺沙门洛下逢，请为同社笑相容。"④

牟融《游报本寺》："山房寂寂荜门开，此日相期社友来。"⑤

李涉《游西林寺》："如今再结林中社，可羡当年会里人。"⑥

许浑《送太昱禅师》："结社多高客，登坛尽小师。"⑦

马戴《赠僧归闽中旧寺》："旧社人多老，闲房树本咽。"⑧

许棠《寄敬亭山清越上人》："旧许陪闲社，终应待此身。"⑨

郑谷《宜春再访芳公言公幽斋写怀叙事因赋长言》："顷为弟子曾同社，今忝星郎更契缘。"⑩

从这些诗可见当时文人士大夫结社风气多么普遍。

唐代禅宗学人对传统佛教及各宗派的态度，本来有尊教和慢教的不同⑪。从总的发展趋势看，唐初"禅门"初创时，强调"借教悟

---

①《全唐诗》卷四九六，第 5631 页。

②《全唐诗》卷七二〇，第 8267 页。

③《全唐诗》卷二九二，第 3319 页。

④《全唐诗》卷三四八，第 3895 页。

⑤《全唐诗》卷四六七，第 5316 页。

⑥《全唐诗》卷四七七，第 5438 页。

⑦《全唐诗》卷五二九，第 6053 页。

⑧《全唐诗》卷五五五，第 6436 页。

⑨《全唐诗》卷六〇三，第 6972 页。

⑩《全唐诗》卷六七五，第 7736 页。

⑪参阅印顺《中国禅宗史——从印度禅到中华禅》第八章第二节《禅风的对立》，第 326—351 页，（台北）正闻出版社，1971 年。

宗";后来"教外别传"观念逐渐强烈,发展到中唐,毁经慢教思潮大盛;但接下来就逐渐显现向"教下"复归的趣向。宗密(780—841)是有影响的佛教思想家,在朝野广行教化,一身兼祧禅与华严,对于开创"禅、教一致"宗风造成重大影响。慧能当年曾尖锐地批判对西方净土的迷信,继起的许多禅师对观音信仰取否定态度,但到晚唐五代,禅门中不少人同样修习净土、崇拜观音,其中不乏在社会上广有影响的禅宗祖师。如著名禅师法眼宗的永明延寿(904—975)重视净土法门;云门宗的天衣义怀(993—1064)、圆照宗本(1020—1099)等也都是禅、净双修的;义怀的再传弟子长芦宗赜于元祐(1086—1094)中居真州(今江苏仪征市)长芦山,遵庐山之规建莲华盛会,普劝僧俗,修习念佛;天童正觉(1091—1157)曾经专门到明州(今浙江宁波市)礼拜补陀大士,后来宗晓编《乐邦文类》,确认他为莲社祖师之一。宋代天台宗一度"中兴"。天台本来信仰净土,因此又鼓动起所谓"台、净合一"思潮,从而也促进了净土信仰的流行。

　　在宋代,士大夫间禅、净双修之风相当兴盛,结社成为士大夫居士佛教的主要形式之一。这种结社既不同于当年慧远主持的那种高层次的义学沙门和士族居士以精神追求为目标的结社,也不同于六朝以来以做功德(造像、写经、斋会等)为主要内容的群众性的法社。这是一种以僧侣和寺庙为中心、以念佛为主要内容的、形式松散的法会组织,作为教学水平相当淡薄的信仰活动,往往集聚起众多参与者。

　　吴越以来,江南佛教兴盛,净土结社在这一地区特别盛行。北宋初淳化(990—994)中,天台省常(959—1020)住钱塘昭庆院,结白莲社,后改称净行社,社友三十比丘、一千大众,称"净行社弟子","宰衡、名卿、邦伯、牧长又闻公之风而悦之,或寻幽而问道,或睹相而知真,或考经而得意,三十余年为莫逆之交,预白莲之侣者凡一百二十三人"①。这一百二十三人是慧远当年结社之数,其中

---

① 智圆《钱塘白莲社主碑》,《乐邦文类》卷三,《大正藏》第47卷第184页上。

包括宰相王旦、参政苏易简等社会地位很高的名人。

另一位天台大师遵式（964—1032）亦广结缁素修净业。其《念佛三昧诗并序》文中说："皇宋丙申（宋太宗至道二年，996）沙门（遵式）会四明高尚之宾百余人，春冬二仲一日一夜萃宝云讲堂，想《无量觉》，行汉、魏经。壬寅（真宗咸平五年，1002）既废……"①这个净土社延续七年，至遵式离四明赴天台结束。后来他被迎请到杭州天竺寺，王钦若率僚佐入山闻法，"别于寺东建日观庵，送想西方，为往生之业"②。

由天台知礼（960—1028）在明州延庆院创立的念佛社更为有名。他是天台宗山家派的代表人物，应李遵勖（988—1038）之请被赐"法智大师"之号。他主持的结社建立于大中祥符六年（1013），据《延庆募众念佛疏》中说："今结万人以为一社，心心系念，日日要期，每岁仲春同集一处，同修供养，同听法音，会彼万心，以为一志，俾成定业，誓取往生。"③这个结社长期延续下来。元符二年（1099）定慧戒然建成十六观堂，陈莹中在《延庆寺净土院记》中说，其殿宇"十有六室，常无虚位，期满者去，发心者来。依胜境而获善利者不知其几何人也"④。其后到绍兴年间（1131—1162），圆辨道臻住寺，每月二十三日启建净土系念会，道俗毕至。再以后至乾道五年（1169），月堂慧询又在这里募高士十八人建念佛三昧西归莲社⑤。石芝宗晓（1151—1214）编有《四明行教录》，记载了这一结社至编书时近二百年的历史。

在杭州，龙井辩才修习净土，与苏轼有交谊。其弟子法宗（？—1117）启建净土道场，刻三圣像，每月集四十八人修净业，名

①《乐邦文类》卷五，《大正藏》第47卷第221页中。
②《净土圣贤录》卷三《往生比丘第三之二·尊式》，《续藏经》第78卷第247页中。
③《乐邦文类》卷四，《大正藏》第47卷第203页下。
④《乐邦文类》卷三，《大正藏》第47卷第185页上—中。
⑤《西归莲社序》，《乐邦文类》卷二，《大正藏》第47卷第175页中—下。

卿贤士多与其会。杭州本来是佛教兴行之地,著名的上、中、下三天竺又是供奉观音的重要道场,直至近代一直是结社盛行之地。

知礼弟子有神照本如(981—1050),大中祥符四年(1011)以遵式之荐住台州(今浙江台州市)东掖山能仁寺,岁在山中居小庵,募名士结白莲社,六七年间遂成巨刹,真宗素闻道风,因赐白莲之额①。本如以驸马都尉李遵勖闻于朝,"神照"是朝廷的赐号。

惟鉴(1012—1090)居湖州,十六岁从长水子睿剃度,学天台。后住湖州八圣寺,募万余人结社同修净业,以旃檀木刻三圣像供养。

律宗方面,灵芝元照是宋代律宗的复兴者。他学天台,也热心净业。他曾结莲华净土念佛社。据《临安志》"崇福寺"条记载,这个结社至南宋孝宗(1162—1189 在位)时仍继续存在。

以僧侣为核心的结社活动,吸引了大量的民众。宗晓在《乐邦文类序》中说:

> 至今薄海内外,宗古立社,念佛之声,洋洋乎盈耳。②

灵芝元照《无量院造弥陀像记》则说:

> 近世宗师公心无党者,率用此法诲诱其徒。由是在处立殿造像,结社建会。无豪财,无少长,莫不归诚净土。若观想,若持名,若礼诵,若斋戒,至有见光华,睹相好,生身流于舍利,垂终感于善相者,不可胜数。净业之盛,往古无以加焉。③

以上所述结社情形可以表明净土信仰的普及④。以下再举官僚阶

①《佛祖统纪》卷四五《法运通塞志第十七之十二》,《大正藏》第 49 卷第 410 页中。
②《乐邦文类》卷一,《大正藏》第 47 卷第 149 页上—中。
③《乐邦文类》卷三,《大正藏》第 47 卷第 187 页中。
④关于宋代佛教结社的一般状况,参阅铃木中正《宋代仏教結社の研究——元代以后の所謂白蓮教匪との関係より見て——》(一)(二)(三),《史學雜誌》第五十二編第一、二、三号,1941 年。

层几个具有代表性的人物作例子,这些人的地位使他们的行动造成更大的社会影响。

仁宗朝的著名宰相文彦博(1006—1097)热衷习佛,皇祐年间曾担任译经润文使。据说他在京师和净严禅师一起结社十万人,念佛求往生。

江公望,睦州人,曾任右司员外郎等职,得罪编管南安郡,遇赦还乡而卒。他信奉净土,著《蔬食清修净土文》《念佛方便文》等普劝道俗。钟离松撰《宝积莲社画壁记》,其中说:"宣和初,慈受禅师住慧林,每苦口语人曰:'修行捷径,莫越净土。'时魏居士展转化导,亡虑万人。江民表左司公望,作《念佛三昧咏》,大劝于世。予未弱冠,隶业上庠,蚤预斯社,又因僧兄木讷首座谆谆警策,知有自性弥陀,唯心安养,迨今年殊七十,虽兵火飘零,晨昏不懈,其得力处盖不少。"①

王古为王旦(957—1017)之孙,家世有净土信仰的传统。他在绍兴(1131—1162)中为户部侍郎,以与蔡京不和被贬谪。他亦以继承庐山之风结社而名世。《佛祖统纪》卷四六记载他早年的逸事,可以了解他的信仰情况:

> (元符二年,1099)夏四月不雨,袁州守臣王古往祷于木平山圣塔,岩中放光,见白衣大士身金璎珞,获舍利五色大如枣,中有台观之状。复往仰山塔所,见泗州大圣,维摩、罗汉列居左右。已而大雨霑足。郡闻于朝,诏赐木平塔曰会庆,仰山塔曰瑞庆。②

此外,见于著述的还有如北宋钱端礼(1109—1177)之孙钱象祖(1145—1211)、居西湖的处士王衮、南宋初泸州知事冯楫(1075—

---

① 《乐邦文类》卷三,《大正藏》第 47 卷第 189 页上—中。
② 《佛祖统纪》卷四《法运通塞志第十七之十三》,《大正藏》第 49 卷第 418 页下。

1152)、湖州人沈睿、秀州总管张伦等等,都以热心结净土社闻名。这些净土结社规模不一,作为核心的大体是僧侣和上层士大夫,多数是群众性的。栖心净土,信奉观音,这类结社一般都以"三身佛"为供养对象。

　　宋代以降,佛教衰微,同样不重教理而又富于群众性的禅和净土信仰进一步合流,"禅、净合一"成为佛教的主流。元代崇信藏传佛教,诸宗受到压抑。但无论是元代统治阶层信仰的藏传佛教,还是汉地传统的汉传佛教,净土和观音都是信仰的主要内容,兴盛不衰。到明末,出现了云栖祩宏(1535—1615)、紫柏真可(1543—1603)、憨山德清(1546—1623)、蕅益智旭(1599—1655)"四高僧",一时间佛教呈起衰振弊之势。祩宏大力提倡念佛,说"入道多门,直捷简要,无如念佛。念佛一门,上度最胜利根,下至极愚极钝,盖是彻上彻下之道,勿以俗见摇惑"①。德清一方面融合三教,一方面又大力提倡净土。他说:"佛说修行出生死法,方便多门,惟有念佛求生净土最为捷要……此之法门,乃佛无问自说,三根普被,四众齐收,非是权为下根设也。"②经他们的提倡,"禅净合一"潮流进一步发展,作为民众信仰的主流,一直延续到近代。

①《与南城吴念慈居士广翊》,《云栖净土汇语》,《续藏经》第 62 卷第 7 页下。
②《憨山老人梦游集》卷九《示修净土法门》《续藏经》第 73 卷第 59 页中一下。

第六章　密教观音

一

前面已经介绍，古密教观音信仰自三国时期已传入中土。到唐代，在中国佛教发展的鼎盛期，传译新一代密教经典，一批新的密教观音输入，形成密教观音信仰的新潮流。这一新潮流的勃兴，特别得力于朝廷的支持和推动。这当然和唐初国势兴盛、朝廷的权威全面扩展、对宗教的管控力量强化有直接关系；另一方面，也是因为新层次的密教经典内容具有鲜明而突出的护国性格，更适应维护朝廷统治的需要，包括协调佛教与国家政权的关系。密教观音形态多种多样，在中土流传最为广泛、影响最为深远的是千手千眼观音，俗称"大悲观音"。"大悲"这个称呼在中国本来是习惯上用来指称佛陀的。如此又被当作观音名号之一，用法的重叠表明这位密教观音的崇高地位。

瑜伽密教又称金刚密教，是印度大乘佛教发展的最后阶段，是它烂熟时期的产物，兴盛于 7 世纪。唐开元（713—741）、天宝（742—756）年间，正是印度密教大兴的时候，密教大师善无畏（637—735）、金刚智（669—741）、不空（705—774）"三大士"先后来

华。当时已是唐玄宗在位晚期,他追求长生,迷信道教,密宗宣扬
的救济功德及其诡异的表现形态与道教颇有类似之处,也就赢得
了唐玄宗的赞赏、信重。"三大士"积极活动,在本土弟子一行等辅
助下,形成中国佛教宗派佛教的密宗。玄宗晚年朝政腐败,酿成
"安史之乱"。大乱平定,但朝廷威权尽失,藩镇割据,危机四伏,国
是日非。代宗朝(762—779)君臣沉迷佛教,祈求救护,密宗得到特
别倚重。迤逦至唐末百余年间,密宗一直受到朝廷崇重。当时禅
宗大盛,而密宗特别兴盛在青龙寺等两京大寺。中晚唐时期三十
年一度奉迎法门寺佛骨的大型法会,就是遵循密宗仪轨举行的。
宋初朝廷重启派遣僧人西行求法,重建译经机构,有天息灾等传译
一批密典。元代朝廷信仰藏传佛教,把藏传佛教输入汉地,而藏传
佛教特重密典、经咒和仪轨。不过密宗的法术、仪轨不符合中土传
统注重理性的性格。因此密教在上述各朝(还有西夏和辽)基本上
流传在统治阶级上层,对民间影响有限。作为宗派的密宗唐代以
后实际已名存实亡①。但密教终究流传了相当长的时期,翻译一大
批经典,介绍了大量经咒、仪轨。它们的部分内容被汉地佛教吸
收,某些密典、经咒、仪轨亦被汉地僧、俗重视。特别是它们所包含
的异质文化的内容给汉地思想、文化提供了借鉴。因此其对于中
国佛教乃至中国文化的影响是不容忽视的。

　　前面已经提到过,印度早期大乘佛教中有一派更多地吸收了
古婆罗门教和民间信仰的神祇与仪轨,重视真言(陀罗尼)即密咒,
形成"古密教"。这一派教法从三国时期陆续传入中土。佛教初传
时期的竺律炎、支谦、竺法护等已译有咒经。早期西来的僧侣亦多
兼习密咒,著名的如佛图澄、耆域、帛尸梨密多罗、昙无兰等,都以

①在中国,汉传、藏传、南传三大系佛教在不同民族、不同地区传播。一般佛教
　史研究的主要是汉传佛教,是不完整、不全面的。又就汉传佛教流传的情况
　论,也并不限于汉族地区或汉族民众中间。所以用"汉地""中土"之类的词
　语,是权宜的、约定俗成的做法。

神异和咒术吸引信众。中国佛教史上有"道教化的佛教"之说，这也是重要表现之一。早期的观音经咒，如东晋竺难提译《请观世音菩萨消伏毒害陀罗尼咒经》、北周耶舍崛多译《十一面观音神咒经》等，还有六朝时期观音咒流行情况，前面已经介绍过。在六朝时期创造出来的伪《观音经》中，也有一部分伪观音咒①。佛教在中土传播过程中，观音咒一直传承不绝。

至隋代，阇那崛多（523—600）译出《不空羂索咒经》。这是正在兴起的瑜伽密教的新一代观音咒经，经中宣扬一种变形观音不空羂索观音信仰。经文叙述观音居于逋多罗（补陀洛迦）山顶，说《不空羂索心王咒》利益，谓此咒力可除病难、水难及二十种祸患，临命终时，无病苦乱心，从其所欲，往生净土；并指示诵咒作法、画观音像法式、坛场供具等以及观音礼忏仪轨。不空羂索观音后来成为中土密宗的主要神祇之一。阇那崛多是观音咒的主要宣扬者，在他所译的《种种杂咒经》一卷十五种经咒里，包含两种观音咒。

唐开元年间先后来华的善无畏、金刚智、不空所谓"开元三大士"传入的瑜伽密教具有浓厚的"道术"色彩。他们传译的新一代密典同样大力宣扬观音信仰。开元二十六年（738）善无畏圆寂，著名文学家李华（715—766）为碑，写到善无畏早年自南印去中印的情况：

> ……无风三日，而舟行万里。与商人同遇群盗，陆于并命。和尚慰帖徒侣，默诵真言，七俱胝尊（"七俱胝佛母尊"，"观音"的异名）全现身相。盗果为他寇所歼。寇乃露罪归诚，

① 如法献于魏延兴五年（475）在于阗得法意所出《观世音忏悔除罪咒经》原本一卷等，见《历代三宝记》；法意于永明八年（490）出《观世音忏悔除罪咒经》一卷，见《出三藏记集》卷二《新集经论录第一》；又失译《观世音所说行法经》一卷也是咒经，见《出三藏记集》卷四《新集续撰失译杂经录第一》等。由于这些经本久已失传，内容不明，有可能是伪经。

指踪夷险,越穷荒,逾毒水,至中天竺境上。

又写到他信仰观音的灵迹说:

> 和尚遍礼圣迹,周行大荒,不悔艰难,每所三至,为迦叶剃
> 发,受观音摩顶。尝结夏于灵鹫山,有猛兽前路,深入山穴。
> 穴明如昼,有牟尼立像,左右侍者,色相如生。中印度大旱,求
> 和尚请雨,观音大圣在日轮中,手执净瓶,注水于地中……

这些故事当然出自善无畏本人之口,表明他是观音信仰的热诚实
践者和积极宣扬者。文中写到善无畏受玄宗的礼重:"饰内道场,
尊为教主,自宁、薛二王而下,皆跪席捧器为师。宾大师于天台,接
梵筵于帝座。礼国师以广成之道,致人主于如来之乘。"①宁王李
宪、薛王李业都是唐睿宗的儿子、唐玄宗的兄弟。朝廷上下对善无
畏的敬仰,对于推动密教观音崇拜发挥可观的作用。有趣的是,广
成子本是中国古代仙人,或以为是老子别名,文章作者在观念上如
此把善无畏等同于中土神仙,正显示密教所带有的浓厚的本土"道
术"色彩。又据《神仙传》卷一,广成子为"古之仙人,居崆峒山",黄
帝曾"闻而造焉"问道。

　　金刚智同样是虔诚的观音信仰者。据说他来华前在南天竺受
到国王供养,"国南近海有观自在菩萨寺,门侧有尼枸陀树,先已枯
瘁,和上七日断食行道,树再滋茂。菩萨应现而作是言:'汝之所
学,今已成就,可往师子国瞻礼佛牙,登楞伽山礼拜佛迹,回来可往
中国礼谒文殊师利菩萨。彼国与汝有缘,宜往传教,济度众生。'"
这是说他是尊观音教诲前来中国的。他出发时,"香花音乐送至海
滨,和上东向,遥礼文殊,西礼观音菩萨,便与徒众告别,登舶入
海"②,热诚祈求观音加护。

----

①《东都圣善寺无畏三藏碑》,《全唐文》卷三一九,第3238、3239、3240页。
②圆照《贞元新定释教目录》卷一四,《大正藏》第5卷第875页中、856页上。

　　不空特别以其法术赢得了几代唐帝的信重。观音的神通与功德是他所宣扬的密法的重要部分。

　　随着大量观音咒类经典传译，一大批密教变形观音如不空羂索观音、千手千眼观音、如意轮观音、俱胝观音、马头观音等输入中土；加上北周时传入的十一面观音，构成了中土密宗的"六观音"①。但如较早输入的不空羂索观音，虽然有许多大部经典宣扬，在密典里的地位也相当重要，但在中土民众间的影响有限。而密教变形观音中另一位千手千眼观音即一般俗称"大悲观音"的却受到广泛、持久的欢迎。其次如意轮观音也有相当大的影响。宋代以后，随着佛教整体衰败，密教观音衰落，但《千手经》和其中的《大悲咒》却继续广泛流传僧俗，直到今天仍是寺庙每天读诵的日课；据以编制的《大悲忏法》也是如今仍在寺庙举行的大悲忏法会所遵行的②；奇异华丽的千手千眼观音造像更遍布全国各地寺院，受到虔诚的供养和热烈的赞赏。

　　千手千眼观音和如意轮观音在密教曼荼罗和轨仪里有其特殊地位与功德。宣扬他们的经典（包括轨仪）充分体现密教神秘的特性。不过在中土，民众基本上并不是依据密教教理和轨仪接受他们，而是按观音信仰注重"现世利益"和救苦救难的基本性格，把这两位观音当作传统观音信仰的补充来理解、接受并加以崇拜的，当然也增添了新的内容。同样是注重"现世利益"，救苦观音主要是解救人们现实中的苦难；净土观音赐人以来世福报；而千手观音和如意轮观音则法力无边，救济的对象遍及个人、家庭、国家等各方面，并如上所述特别突出镇护国土、维护皇权的功能。从中土人士接受的总体情况看，这两种新的变形观音又在逐渐蜕卸密教的本

①再加上"圣观音"成"七观音"。
②北宋四明知礼（960—1028）据《千手经》编制《千手眼大悲心咒行法》；读体律师（1600—1679）加以简化，命名为《大悲忏法》。如今行用的忏本是清代进一步简化的版本。

来面貌，在相当程度上又和中土流行的救苦观音和净土观音相融合了。

就社会背景说，有几方面因素有力地促进密教及其变形观音兴盛一时。一是唐王朝建立起统一兴盛的大帝国，蓬勃兴盛的社会环境培育了高昂向上的理想精神，宗教许诺的救苦济难已不能充分满足人们的要求，人们追求更高远的理想，希望有更神奇的宗教力量来满足无限的欲望，赐予人更多、更普遍的现世福利。这和净土思想所反映的观念在内在精神上是相一致的。

再是唐帝国与外域进行更广泛的文化交流，而这种交流培养了人们对外来新鲜奇异事物的普遍兴趣，密教观音体现突出的异国情调和艺术色彩，在当时的文化环境下也就容易被接受。

还有一个重要方面，就是前面说过的，千手千眼观音和如意轮观音信仰的兴盛与当时统治者的提倡有直接关系。特别是密教宣扬的无边法力之中特别突出护国功能，在中国专制政治体制之下特别得到统治阶层重视①。本来唐代统治者自立国伊始即有意识地利用佛教来维护和巩固自己的统治，其中包括观音信仰。据传当初唐太宗逐鹿中原，为秦王时讨王世充，就曾得到观音显化救护。陆德明《敕建广武山观音寺碣》中说，观音"金身毕露"，新王朝得到"天授神佑"②，这就显示观音的护国威灵。武则天利用"释氏开革命之阶"，大力崇佛。她也大力支持密典的传译，曾令宫女绣成千臂观音像，并使匠人画出，流布天下③。又传说"神功元年（697），边寇拒命，出师讨之。特诏师（华严法藏）依经咒法，遏除寇

①在龙门北魏时期的造像中，已明显体现佛教直接支持世俗政权的关系，如古阳洞比丘惠感、慧荣的造像记里，就以"愿帝祚永固"，"愿国祚永宁"，"仰为皇帝陛下"作为中心。这表现了佛教自觉地服务于世俗权力的具有倾向性的演变。
②《全唐文》卷一四六，第1484页。
③波仑《千眼千臂观世音菩萨陀罗尼神咒经序》，《大正藏》第20卷第83页下。

虐。师叠浴更衣,建立十一面观音像,准《神咒经》。行道始数日,蒯城之外,将士闻天鼓之声。良乡县中,贼众睹观音之像。月捷以闻,优诏慰劳"①。这表明武则天热心利用密教观音信仰以达到政治目的。到唐玄宗时期,如上所述,密教特别迎合他满足无限制欲望的需求,也就得到他的大力支持。肃、代以降,唐王朝陷入内乱外患之中,国是日非,矛盾丛生,统治者特别需要宗教力量的加护。不空曾明确说他所译的密典"皆是上资邦国,息灾灭危……仰恃佛力,辅成国家"②。密教在当时又确实起到朝廷御用宗教的作用。这样,直到晚唐,尽管禅宗兴盛一时并成为对另一些佛教宗派的抵制力量,但千手千眼观音和如意轮观音信仰却一直得到朝廷支持而兴盛不衰。

二

　　唐代以前的古观音咒经,如《请观音经》《十一面观音神咒经》等,结构都比较简单,所述形象、仪轨相对地还算朴素,神奇灵异的发挥也有限度。但唐代新出的《观音经》,不仅一般说来篇幅增大了,其内容的神奇诡异程度也大为加强了,相应地所宣扬的法力、功德也无限制地扩大了,特别是更加突出了现世福利方面。这一时期的经咒的译者多从印度来,他们带着异域的神奇色彩,往往本人亦善神奇法术,其活动更能吸引世人,也更容易得到帝王和朝廷信重。
　　唐代第一部重要的观音咒经是贞观(627—649)中智通所出《千眼千臂观世音菩萨陀罗尼神咒经》,其异译中最重要的是西印

①续法《法界宗五祖略记》,《续藏经》第 77 卷第 621 页下。
②《贞元新定释教目录》卷一六,《大正藏》第 55 卷第 888 页中。

度人伽梵达摩（尊法）于永徽年间（650—655）所出《千手千眼观世音菩萨广大圆满无碍大悲心陀罗尼经》。该经本后世广为流通，即今传《大悲咒》所从出。唐代同本异译的千手千眼经轨除以上两种外，还有不空等所译的另外九种之多，可见其受到重视与欢迎的程度。智通本姓赵，陕西安邑（今山西运城市盐湖区）人，于隋末出家受具，后隶名京师总持寺。贞观中，有北天竺僧赍来《千臂千眼经》梵本，智通时受太宗敕命充役翻经馆，与梵僧对译为二卷。智通还译有《千转陀罗尼观世音菩萨咒》《清净观世音普贤陀罗尼经》《观自在菩萨随心咒经》等观音经咒，是传播中土观音咒的主要推动者之一。他所住的长安大总持寺是当时宣扬密咒的中心。

　　至高宗朝，又有几位外来译师传译这方面经典。印度僧阿地瞿多（无极高）于永徽三年（652）赍梵本入长安，据传屡现灵异。于永徽四年至五年，译出《陀罗尼集经》十二卷，这是一部经咒的结集。前面讲到的伽梵达摩重译《千手千眼观世音菩萨广大圆满无碍大悲心陀罗尼经》即在此前后〔据《宋高僧传》卷二《尊法传》谓"不标（出经）年代，推其本末，疑是永徽（650—655）、显庆（656—661）中也"〕。仪凤四年（679），中印人地婆诃罗（日照三藏）表请译经，译出《佛说七俱胝佛母心大准提陀罗尼经》。他也以善咒术知名。永淳二年（683），南天竺人菩提流志（？—727）入朝，此人该通历数、阴阳、谶纬，译出《千手千眼观世音菩萨姥陀罗尼身经》《如意轮陀罗尼经》等。后者是宣扬如意轮观音信仰的主要经典。长寿二年（693），迦湿弥罗国阿你真那（宝思惟）来到洛阳，他极尽咒术，于神龙元年（705）译出《不空羂索陀罗尼经》。武后朝还有著名译家实叉难陀（652—710）译出《观世音菩萨秘密藏如意轮陀罗尼神咒经》。值得注意的是，中国佛教史上的里程碑式的人物、译经史上"新译"的开创者玄奘也译有观音咒经，如《观自在菩萨随心咒》《十一面神咒心经》。还有一部前面介绍过、在中国佛教史上产生重大影响的《大佛顶如来密因修证了义诸菩萨万行首楞严经》即俗称《楞严经》的，也包括密教观音咒内容。这部经据智昇《续古今译经图记》记载，为中印人般刺密帝（极量）于神龙元年（705）所出。其内容以利乐为心，因敷密赜，被视为中土秘密部重要典籍。然而由于经本译出、流传情形多有可疑，或以为是中土撰述。其中讲菩萨在观世音指导下修习耳根圆通法门，又其中关于观音应化三十二身之说，和《普门品》三十三身一样，成为中土观音化身观念的依据。其重大影响也显示密藏在中土以后佛教里的作用与意义。

到开元年间（713—741），善无畏、金刚智、不空"三大士"继智通、伽梵达摩、佛陀波利、义净、菩提流志之后，又译出不少专门的千手千眼观音或如意轮观音经轨。如善无畏译《千手观音造次第法仪轨》一卷；金刚智译《大悲经》异译《千手千眼观自在菩萨广大圆满无碍大悲心陀罗尼咒本》和《千手千眼观世音菩萨大身咒本》；不空所译更多，包括《大悲经》异译《千手千眼观世音菩萨大悲心陀罗尼》，还有《观自在菩萨说普贤陀罗尼经》一卷、《观自在菩萨心真言一印念诵法》一卷、《观自在菩萨大悲智印周遍法界利益众生薰真如法》一卷、《金刚顶瑜伽千手千眼观自在菩萨修行仪轨经》二卷、《大悲心陀罗尼修行念诵略仪》一卷、《摄无碍大悲心大陀罗尼经计一法中出无量义南方满愿补陀落海会五部诸尊等弘誓力方位及威仪形色执持三摩耶幖帜曼荼罗仪轨》一卷、《观自在菩萨如意轮念诵仪轨》一卷、《观自在菩萨如意轮瑜伽》一卷等。

在善无畏等人推动下，中土密宗形成，密教弘传形成高潮。在较高的精神追求层次上，密宗迎合了开放的思想环境下追求精神满足和崇尚新奇诡异的意趣；在一般的信仰层次上，适应了人们对"他力救济"和"现世利益"更高层面的追求。这一时期又译出不少密教观音咒经。善无畏、金刚智、不空之后，不空所起的作用尤其巨大，一人所出密典计近二十种。他是中土密宗的总结者，又开显、密兼用的新风气。他又热心参与时事，受到朝野礼重。唐帝如玄、肃、代、德诸宗或亲受灌顶，或参与他的译事。在玄、肃、代三朝他均被礼为"国师",王公大臣争相结纳,对朝政发挥重大影响。特别由于他所宣扬的密教教义更加突出护国内容,成为被推重的重要原因。在佛教教学上,他特别重视密教仪轨,翻译大批这方面密典,详细介绍了建坛修法方法。在他翻译的密典所介绍的密教曼荼罗(坛场)里,观音往往作为主尊。这造成一个超出单纯宗教意义的结果,就是促进了描绘观音的绘画和雕刻的发达。再有一点是他特别重视咒语真言(陀罗尼),传翻不少观音密咒。他的活动,对中土密教变形观音信仰的进一步弘传也起了重要推动作用。不空又曾大力宣扬五台山文殊信仰,对五台山佛教的发展贡献很大。这已不在本书讨论的范围之内。这样,"开元三大士"促进密教观音盛传一时。又新译时传翻的许多密教观音咒经如《不空羂索神变真言经》《不空羂索神咒心经》《十一面观自在菩萨心密言念诵仪轨经》《大悲心陀罗尼经》《圣观自在菩萨不空王秘密心陀罗尼经》等都以观音所在补陀落山(补陀洛迦)为说法处,这又体现密教变形观音和救苦观音的联系。新一代《观音经》的传译,中国佛教宗派的密教创建,同样是佛教"中国化"的成果。密教观音信仰当时又已远传至三韩和日本①。不过密宗在中土流传,主要在长安大寺和宫廷。这也是它后来衰败不振的重要原因之一。

密教观音最早流行的是十一面观音。前面已经介绍过北周耶舍崛多所出《十一面观音神咒经》。玄奘于显庆元年(656)译出《十一面神咒心经》,是这部经的异译。后来不空又译出《十一面观自在菩萨心密言念诵仪轨》。十一面观音信仰遂得以在新的条件下流通。十一面观音后来一直是中土寺院观音造像的主要形相之一。

在众多密教变形观音里,千手千眼观音和如意轮观音得以更

①千手千眼观音盛唐时期已弘传于日本和新罗。日僧玄昉于天平七年(开元二十三年,735)归国时,写《千手千眼经》一千部;鉴真于天宝十三载(754)赴日时,携白旃檀千手像一躯,见真人元开《唐大和尚东征传》。韩国留存众多新罗时代的千手观音遗迹。

广泛地弘传,有关经典内容简洁明快应是一个原因,其形象美好奇丽也容易得到人们的赞赏。密教神祇包括不少变形观音,形相一般是奇异可怖的,多现赤青色,作忿怒相,造型又特别怪异①。而中国的千手千眼观音和如意轮观音的形象却奇丽而不失优美,怪异而不失和谐,造型恰与其被宣扬的神奇功德相应。在遗留到今天的这两种观音造像中,有不少艺术水平很高的瑰宝。

千手千眼观音,音译为"沙诃沙罗部惹阿缚路枳帝湿婆罗",汉译又称作"千手观音""千臂观音""千光观自在""千眼千手千舌千足千臂观自在"等,密号"大悲金刚"。《千手千眼观世音菩萨广大圆满无碍大悲心陀罗尼经》,俗称《千手经》,叙说一个新的观音授记故事:

> 观世音菩萨重白佛言:"世尊,我念过去无量亿劫,有佛出世,名曰'千光王静住如来'。彼佛世尊怜念我故,及为一切诸众生故,说此'广大圆满无碍大悲心陀罗尼',以金色手摩我顶上,作如是言:'善男子,汝当持此心咒,普为未来恶世一切众生作大利乐。'我于是时,始住初地。一闻此咒故,超第八地。我时心欢喜故,即发誓言:'若我当来堪能利益安乐一切众生者,令我即时身生千手千眼具足。'发是愿已,应时身上千手千眼悉皆具足,十方大地六种震动,十方千佛悉放光明,照触我身及照十方无边世界。"②

在这里,观音乃是过去佛授记出世的大菩萨,其现千手千眼之身乃是利乐众生的弘愿的体现,显示他不可思议的功德。观音曾向佛陀说明《大悲咒》的作用:

---

①有关"六观音"和"七观音"的功能和形象,参阅后藤大用《观世音菩萨本事》,黄佳馨译,台北天华出版公司,1987年;岩本裕《仏教説話研究》第三卷《仏教説話の傳承と信仰》第二部分《この不思議なほとけ》。

②《大正藏》第20卷第106页中—下。以下引录《千手经》均居此本,不另注出页码、行数。

> 世尊,我有《大悲心陀罗尼咒》,今当欲说。为诸众生得安乐
> 故,除一切病故,得寿命故,得富饶故,灭除一切恶业重罪故,离
> 障难故,增长一切白法(善法)诸功德故,成就一切诸善根故,远
> 离一切诸怖畏故,速能满足一切诸希求故。惟愿世尊慈哀听许。

此处核心观念是突出"众生得安乐"即满足众生的现世福利;而最
后一项功德则是包揽一切的。就是说,这个经咒是全能的:它既能
使人得到禅定、解脱、神通、往生十方净土,这些是纯宗教的功效;
又能让人随所求愿,悉得满足,如除旱,止雨,治耳聋、疟疾、心痛、
蛔虫、眼病等,还有保佑女人生产平安,防毒蛇,解毒药,刀箭不能
伤害,等等。经中又总结出持咒能不受十五种恶死,得十五种善
生。这十五种善生是从积极方面来满足人生的欲望,基本无关佛
教的高深教义,也不同于《普门品》主要是消极地解救危难:

> 一者所生之处常逢善王,二者常生善国,三者常值好时,
> 四者常逢善友,五者身根常得具足,六者道心纯熟,七者不犯
> 禁戒,八者所有眷属恩义和顺,九者资具财食常得丰足,十者
> 恒得他人恭敬扶接,十一者所有财宝无他劫夺,十二者意欲所
> 求皆悉称遂,十三者龙天善神恒常拥卫,十四者所生之处见佛
> 闻法,十五者所闻正法悟甚深义。若有诵持大悲心陀罗尼者,
> 得如是等十五种善生也。

这十五种善生里,把逢善王、生善国放在第一、二项位置上,已表明
这部经典作为重心的护国意义。接着,观世音菩萨宣说八十四句
组成的梵文音译的《千手陀罗尼》即《大悲咒》[①]。至佛陀告阿难咐
嘱流通时更说道:

> 若有国土,灾难起时,是土国王,若以正法治国,宽纵人物,不
> 枉众生,赦诸有过,七日七夜,身心精进,诵持如是《大悲心陀罗尼

---

①这是伽梵达摩译本的句数,不同译本句数不一。

神咒》,令彼国土,一切灾难,悉皆除灭,五谷丰登,万姓安乐。

　　又若为于他国怨敌,数来侵扰,百姓不安,大臣谋叛,疫气流行,水旱不调,日月失度。如是种种灾难起时,当造千眼大悲心像,面向西方,以种种香华、幢幡、宝盖或百味饮食,至心供养。其王又能七日七夜,身心精进,诵持如是陀罗尼神妙章句。外国怨敌,即自降伏,各还政治,不相扰恼,国土通同,慈心相向。王子百官,皆行忠赤,妃后婇女,孝敬向王。诸龙鬼神,拥护其国。雨泽顺时,果实丰饶,人民欢乐。

这又再次详细宣说维护现世统治的功德,在观音信仰的宗教意义上是重大的发展。后来明成祖朱棣说:

　　如来化导,首重忠孝,凡忠臣孝子,能尽心以事君,竭力以事亲,所作所为,无私智陂行,广积阴功,济人利物。又能持诵是经咒,则跬步之间,即见如来。[1]

这是从帝王口中明确地道出了这部经教忠教孝、维护现世统治的作用。大悲信仰在唐代特别得到统治阶级的赏识和提倡,这是一个重要原因。

　　千手千眼观音的形象诸经轨记载不同。就面数而论,有一面、十一面以至五百面的。苏嚩罗译《千光眼观自在菩萨秘密法经》说:"画摩尼与愿观自在菩萨像,作慈悲体,身黄金色,顶有十一面。当前三面为菩萨相,右边三面白牙上出相,左边三面忿怒相,当后一面暴笑相,顶上一面如来相。"[2]由此可见千手观音本来应和十一面观音有关系。在敦煌洞窟七十幅大悲变相的主尊中,除了十九幅面数不详外,三十五幅是一面的,十三幅是十一面的,其余是三面、七面、五十一面的各一幅。经轨里所记载的手数,有二臂、四

————————
①《大悲总持经咒序》,《中国佛教经论序跋记集》第 3 册第 1301 页。
②《大正藏》第 20 卷第 121 页中—下。

臂、六臂、八臂、十臂、十二臂……一百臂乃至八万四千臂等种种不同，每只手掌各具一眼，手中各有持物或结不同手印。但中土寺院一般造像按《千手经》作四十二臂，本臂两手之外，左右各二十手，本臂两手合掌，其他四十手中三十八手各有持物，如摩尼珠、弓、箭、宝瓶、莲花、化佛、骷髅等，余下二手结手印。这四十二手的形象按密法说，代表如来、金刚、摩尼、莲花、羯摩五部，各部分别担负息灾法、调伏法、增益法、敬爱法和钩召法，每部八手，总共成四十手。又一种解释是四十手各表二十五有，故成千手。"有"，指由业因在三界所得果报，可分为二十五类，即欲界十四有，指四恶趣（地狱、饿鬼、畜生、阿修罗）、四大洲（南赡部洲、东毗提诃洲、西瞿陀尼洲、北拘卢洲）、六欲天；色界七有，指四禅天、大梵天、五净居天、无想天；无色界四有，指四空处。敦煌的七十幅变相里二十九幅臂数不详，四十臂者十六幅，四十二臂者十幅，另有二臂、八臂、十臂、十二臂、二十臂、二十四臂、二十八臂、三十臂、三十四臂、五十臂、六十二臂、七十二臂、一百臂的[1]。总之，如《千光眼观自在菩萨秘密法经》里有偈说（此偈为不空译）："菩萨于身上，具足四十手，一一手掌中，各有一慈眼。随诸众生类，执持杂宝物，住于莲华台，放大净光明。"[2]千手显示这位菩萨的无限慈悲。在中土造像里有如数作千臂的，如重庆大足宝顶山大佛湾第八窟宋代千手千眼观音像，龛高7.20米，像宽12.50米，占壁面积88平方米，计一千零六手，十分壮观，造成令人震慑的观赏效果[3]。

探讨这一奇特形象的来源，一般认为与古婆罗门教神祇有关。婆罗门教的三大主神梵天是四头四手，毗湿奴也是四手，湿婆则是

①彭金章《千眼照见千手护持——敦煌密教经变研究之三》，《敦煌研究》1996年第1期。
②《大正藏》第20卷第125页上。
③关于密教变形观音造像，张总《说不尽的观世音》一书联系现存实物详作解说并附图像，足资参考。

五头三眼四手。湿婆又称大自在天,传说他在被不动明王逼迫降服时,曾以自己的千手击打千面。在菩提流志所出《千手千眼观世音菩萨姥陀罗尼身经》里观世音对佛陀说:"我亦曾见过去毗婆尸佛,现斯千手千眼大降魔身。世尊,我今复现是千手千眼大降魔身,于千臂中各现化出一转轮王,为同贤劫千代转轮圣王,于千手千眼中各现化出一佛,示同贤劫千佛等出现故。世尊,菩萨降魔身中此身为最为上。"①毗婆湿佛是"过去七佛"里的第一位佛,他也曾显化为千手千眼形象。异教婆罗门教神祇诡异的魔相被密教吸收而转化为降魔相了。

　　如意轮观音,意思是所愿宝珠轮,又译为"如意轮王",亦称"大梵深远观世音菩萨",密号"持宝金刚""与愿金刚"。如意轮观音信仰的基本典据是菩提流志所出《如意轮陀罗尼经》。该经的同本异译有实叉难陀出《秘密藏如意轮陀罗尼神咒经》、宝思维出《如意摩尼陀罗尼》,后来义净所出《如意心陀罗尼咒经》则是该经的《序品》。菩提流志原名达摩流支(法希),活动于武后朝。他曾在佛授记寺译出《宝雨经》,在序分末加入东方月光天子受记在中土现女人身统治世间一段,因此武后深加信重,并为他改名。可见他本是热衷世事的人。他所传翻的《不空羂索神变真言经》三十卷,较旧译本繁广得多,是宣扬不空羂索观音信仰的。所出《如意轮陀罗尼经》则是流传广远的如意轮观音信仰的主要典据。这部经的《序品》记载观自在菩萨白佛言:

　　　　世尊,我有大莲花峰金刚秘密无障碍如意轮陀罗尼明三昧耶,能于一切胜福事业所求,皆得如意成就。如来大慈许我说者,我当承佛神力,广为饶益一切有情意愿故说。世尊,是陀罗尼明有大威神,如天意树,为诸明仙,雨大宝雨,所欲皆得,等摩

①《千手千眼观世音菩萨姥陀罗尼身经·千手千眼观世音菩萨画坛法》,《大正藏》第 20 卷第 101 页下。

尼珠,能满一切有情,一切胜愿。惟希如来慈哀加持。①

如意轮观音接着说出"根本陀罗尼""大心陀罗尼""小心陀罗尼"等三种如意轮陀罗尼,翻译时没有译出,均作梵文音译。观自在菩萨说此陀罗尼时,大地山林、六反震动,一切天宫、龙宫等,皆大震动,魔宫火起,魔王夜叉等一时惶怖,闷乱躄地,一切地狱,皆自门开,是中一切罪报有情皆得解脱,尽生天界,受胜安乐,诸天散花,天乐齐鸣,如斯神变,皆是《观自在菩萨摩诃萨秘密如意轮陀罗尼咒》神力所致。尔时佛陀出迦陵频伽(鸟名,意谓好声,和雅)美妙梵声说偈赞叹:

> 善哉善哉善男子,汝能愍念诸有情,说是如意陀罗尼,拯济有情大胜益。令信受者销诸罪,当超三界证菩提,随方若有修持者,世出世愿皆圆满。

在第二《破业障品》里,观自在菩萨说明了《如意轮观音咒》功德:

> 世尊,若有比丘、比丘尼、优婆塞、优婆夷、童男、童女,于此生身求大功德现报之者,当于昼夜依法精勤,修持此《如意轮陀罗尼咒》,不假占择日月吉宿,亦不一日、二日断食,亦不沐浴,亦不作坛,著常衣服,明水洒净,如常斋食,作成就法……由住瑜伽观法诵念,所有过现五无间罪,极恶业障,自然消灭。当见种种诸大善梦,当知此则罪灭之相,圣观自在加被护念。由斯善根,百千事业,举心诵念,一切所为,悉得成就,一切诸明神通威力,无能及此如意轮陀罗尼明神通力者。所以者何?是陀罗尼,若有能信受持之者,过、现造积四重、五逆、十恶罪障应堕阿毗地狱之者,悉能消灭。若一日、二日、三日、四日乃至七日热病、风病、癨病、痰病、蛊毒、厌祷、疔疮、疥癞、癫痫、风痒,头、鼻、眼、耳、唇、舌、牙齿、咽喉、胸胁、心腹、

---

① 《如意轮陀罗尼经》卷一《序品第一》,《大正藏》第20卷第181页中。以下引录《如意轮陀罗尼经》均居此本,不另注出页码、行数。

腰背、手足、支节一切疾病，种种灾厄，魍魉鬼神，由经诵念，皆得除灭。一切药叉、罗刹、毗那夜迦（意谓常随魔、障碍神）、恶神鬼等，悉不能害。刀兵、水火、恶风、雷雹、王难、贼难、怨仇等难，不相横害。一切恶相勘福之业、恶星、变怪，皆自消灭。蚖蛇蝮蝎、守宫、蜘蛛、师子、虎狼一切恶兽，亦不能害。若有军阵、斗战、官事、诤讼，由明成就，皆得解脱。若常五更诵此陀罗尼一千八十遍者，如上诸事，皆得解脱，自在如意。若能每日六时，时别诵此陀罗尼一千八十遍者，圣观自在梦觉现身，住是人前，告言：善男子，勿怖，欲求何愿，一切施汝。或见阿弥陀佛，或见极乐世界宫殿、楼阁、庄严之事，或见极乐世界菩萨会众，或见十方一切诸佛、菩萨大众一切集会，或见圣观自在所住补陀落山七宝宫殿，或见自身内外清净，或见国王、大臣恭敬供养，或见自身过世所造一切罪障皆得消灭。当知斯人当舍命后，不受胎生，莲花化生，身相端好，著天衣服而自庄饰，生生之处，识宿命智乃至菩提，更不堕于三恶道中，恒与一切诸佛、菩萨同一生处，住不退地。

这里所说功德利益既包括消除过、现灾难，也包括往生极乐净土的"来生之计"；所除灭灾难既有个人所遭逢的祸患，也有战争、官事等国家大事；而特别突出的是"一切所为，悉得成就"，即保证现实的一切愿望得以实现。本来密教特别重视仪轨，修持经咒有烦难的做法和程序，但这一段前面所说修持方法，既不要选择时日，也不要斋戒等，对于一般信众也就容易接受和实行了。第三《诵念法品》里观自在菩萨又强调如意轮陀罗尼功德的普遍性：

世尊，是秘密如意轮陀罗尼复有二法，一在世间，二出世间。言世间者，所谓诵念课法，胜愿成就，摄化有情，富贵资财、势力威德皆得成就；言出世间者，所谓福德慧解，资粮庄严，悲心增长，济苦有情，众人敬爱。

而且这些功德对于"国王、王后、嫔妃、王子、公主、宰官、婆罗门、刹利、毗舍、首陀、比丘、若男、若女、童男、童女、若诸外道"等各阶层人等,都是可以实现的。而把国王等放在前列,显然有迎合统治者的意图。这包括世间、出世间全部领域的功德,特别对于在现世享有丰衣足食、高官厚禄的统治阶层中人具有更大的吸引力。而且,这里表现的强烈的关注现世的观念,又适应中土思维的特性。其中突出发挥的不可思议的神奇功效,远在道教的神仙方术之上。这就使得如唐玄宗那样对佛教本无大兴趣的人也抵不住它的诱惑,对它表现出相当的热情。

《如意轮陀罗尼经》里接下来的《法印品》《坛法品》《佩药品》《含药品》《眼药品》《护摩品》直到最后《嘱累品》,主要叙说手印、坛场、护摩等轨仪。

如意轮观音的形象多种多样,有二臂、四臂、六臂、八臂、十臂、十二臂等不同,一般作六臂。不空所译《观自在菩萨如意轮瑜伽》有偈形容说:

> 所在诸如来,皆入为一体,犹如于明镜,能现于万像。法界自性体,住于金刚莲,即变其宝莲,为真多菩萨。手持如意宝,六臂身金色,皆想于自身,顶髻宝庄严,冠坐自在王,住于说法相。第一手思惟,愍念有情故;第二持意宝,能满一切愿;第三持念珠,为度傍生苦;左按光明山,成就无倾动。第二持莲手,能净诸非法;第三擎轮手,能转无上法。六臂广博体,能游于六道,以大悲方便,断诸有情苦。行者如是观,坐于月轮中,身流千光明,项背皆圆光。复想心月轮,亦有宝莲花,以是能坚固,无动观己身,为离诸妄想,诵此密言曰……①

以下是梵文音译的经咒。按造像仪轨,如意轮观音坐莲花上,头顶

---

① 《观自在菩萨如意轮瑜伽》,《大正藏》第 20 卷第 208 页下—209 页上。

如意宝珠。其宝珠有舍利、黄金、白银、沉香、白檀、紫檀、香桃、桑沉、白心树沉、柏沉、真漆等十一种珍宝和香木构成，圆形的如意宝珠中有三十二颗佛舍利，形象优美。

考察如意轮观音信仰的来源，"如意宝珠"本是对大乘"般若空"的譬喻之一。在大乘经《金光明最胜王经》里有《如意宝珠神咒》①，该经现在流行的是唐义净所译十卷本。而远在此前已有北凉昙无谶所出四卷本和北周阇那崛多所出四卷本。由此可知，这尊观音是根据"如意轮"作为大乘根本观念的体现创造出来又附会到密教变形观音系列之中的。后来不空译出《如意轮瑜伽》和《念诵仪轨》，以其密法宗师的崇高声望推动了如意轮观音信仰的传播。

密教无数变形观音各有独特的形貌和功德，各有众多经咒。在密教的曼荼罗即坛场中，各占有自己的位置。例如菩提流志所出《不空羂索神变真言经》是宣扬密教观音信仰的长篇经典。卷九《广大解脱曼拿罗品》里，观音内院即有不空羂索观世音菩萨、白衣观世音母菩萨、观自在菩萨、大梵天相观世音菩萨；次院有马头观世音菩萨、千手千眼观世音菩萨、如意轮观世音菩萨、青颈观世音菩萨、十一面观世音菩萨等。后出的密典所述情形更为复杂。如不空译《摄无碍大悲心大陀罗尼经计一法中出无量义南方满愿补陀落海会五部诸尊等弘誓力方位及威仪形色执持三摩耶幖帜曼荼罗仪轨》里，讲到用佛部尊第一院息灾法，有不空羂索观音、毗俱胝观音、十一面观音、马头观音、忿怒钩观音、如意轮观音、不空观音、一髻罗刹观音；用宝部尊第二院增益延命法，有观世音菩萨；用金刚部尊第三院增益降伏法，有延命观音、千臂千眼观音、毗瞿知观音、乌刍涩摩观音；用莲华部尊第四院敬爱增益法，有被叶衣观音、

---

① 《金光明最胜王经》卷七《污染著陀罗尼品第十三》，《大正藏》第 16 卷第 433 页中。

白身观音、上观音、正观音、光明观音、白处观音、请观音、大胜观音等。这些观音的形貌大都异常奇异，神通又都十分广大。如前所述，其中的千手观音、十一面观音、如意轮观音、不空羂索观音、马头观音、准提观音在中土广泛流行，加上"圣观音"，成为密教的"七观音"。密宗的教义、仪轨、修持方法神秘、奇异而繁复，不适应中土重理性、重现实、重简易的习性，因此虽兴盛一时，唐末五代渐趋衰落，至宋代已成绝响。这一大批密教观音里有一部分融入汉传佛教中，另有些演化为中国民间的变形观音，多数则已消失了踪迹。其中千手观音被等同于显教神祇被民众崇拜，俗称"千手千眼佛"的造像自古及今广泛供奉在各地寺院。这又不能不归结到它的神秘功德与绮丽形象所起的吸引和震慑作用。

三

如上所述，千手千眼观音信仰流传久远，后来被融摄到显教之中；相对比之下，如意轮观音信仰则不如前者。在敦煌所留下来的写卷里，有关前者的经卷不少。《千手经》，智通译《大悲经》二卷译本有三件（S.284、S.3534、北冬3），伽梵达摩译本五件（S.509、S.2498、S.5460、P.2291、P.3437），另有一卷本《千眼千臂观世音菩萨陀罗尼神咒经》（S.3050、散110）、《千臂千眼陀罗尼神咒经》（S.3920、散738）。此外还有《千眼千臂观世音菩萨陀罗尼神咒》（北裳23）、《千手千眼随心咒》（S.2498）、《大悲真言及咒》（P.3289）、《大悲神咒》（S.5768）、《大悲启请》（S.2566、S.4378、S.5598、散1484）、《大悲心真言》（S.5589）、《大悲心陀罗法》（S.2716）、《大悲明二赞》（北地41）、《大悲坛法别行本》（S.2498）等大悲观音经卷总共三十三种①。有关如意轮观音的经卷写本则有《如意轮陀罗尼经》(P. 2920、散 1267)两件，另有《如意轮陀罗尼咒》(P. 2941)、《如意轮王摩尼别行法印》(北官 15、散 1283)等②。这些都显示两种信仰流行的实况。

唐代观音信仰大盛是从高宗、武后朝开始的。虽然唐代创业传说中有观音显化相助事，但唐高祖李渊对佛教不感兴趣，临终前更有禁限佛教之议；唐太宗李世民也曾明确表示"朕于佛教，非意所尊。虽有国之常经，固弊俗之虚术"③。龙门石窟的凿造至高宗、武则天时期始再度兴盛，特别是武则天带着鲜明政治目的大力崇佛，成为推动观音信仰的强大助力。而就大悲观音的初传情形看，如波仑的《千眼千臂观世音菩萨神咒经序》说：

> ……自唐武德之岁，中天竺沙门僧瞿多提婆，于细氎上图画形质及结坛手印经本，至京进上。太宗见而不珍，其僧恺而旋辔。至贞观年中，复有北天竺僧赍《千臂千眼陀罗尼》梵本奉进，文武圣帝敕令大总持寺法师智通共梵僧翻出咒经并手印等……有人云："敕未流行，何因忽兹漏泄。"其本遂寝，不复弘扬……神功(697)年中，有一仁者自京师至，将通师所翻后本，有上下两卷，惟阙身咒，(慧)琳参入其中，事若一家，婉而备足。又佛授记寺有婆罗门僧达摩战陀，乌伐那国人也，善明悉陀罗尼咒句，常每奉制翻译，于妙氎上画一千臂菩萨像，并本经咒进上。神皇令宫女绣成，或使匠人画出，流布天下，不坠灵姿。④

---

①参阅商务印书馆编《敦煌遗书总目索引》第 361、382 页，中华书局，1983年。据日本学者平井宥庆统计，在敦煌写经中，智通译本《大悲经》十四件，伽梵达摩译本二十三件，见《敦煌講座 7·敦煌と中国仏教》，大东出版社，1984 年。

②《敦煌遗书总目索引》第 403 页。

③《贬萧瑀手诏》，《全唐文》卷八，第 96 页。

④波仑《千眼千臂观世音菩萨陀罗尼神咒经序》，《大正藏》第 20 卷第 83 页中—下。

这就明确指出,这一富于神奇色彩的新信仰在高祖时期已传入,当时并没有流行,是直到武后神功年间(697)才逐步传播起来的。

有关大悲观音信仰传播的另一个值得注意的事实是于阗国画家尉迟乙僧在慈恩寺塔前画大悲像一事。据《唐朝名画录》:"乙僧今慈恩寺塔前功德,又凹凸花面中间千手眼大悲,精妙之状,不可名焉。"尉迟乙僧于贞观初被荐入都,善画外国及佛像,授宿卫,封郡公。慈恩寺系贞观二十二年(648)时太子李治为追荐亡母文德皇后所建,大雁塔则是玄奘为保存所取佛经于永徽三年(652)建议朝廷竖立的,所以尉迟画大悲应是高宗时事。由于塔寺都是朝廷敕建,又是玄奘所住寺,在教内外地位非常重要。伽梵达摩重译《千手经》也是在这个时候。在朝廷敕建的大寺里由著名画家画大悲像,反映大悲信仰正在流行起来。所谓"凹凸花",是中亚传入的天竺绘画技法,做法是先用"屈铁盘丝"的线条勾勒,再加晕染,造成立体效果。大悲观音用这种方法画出,乃"外国之物像,非中华之威仪"①,接受它是要有一定的吸收外来新鲜事物的心理准备的;这种新奇技法恰好用来表现大悲观音奇特的形象和信仰内容,对推动弘传起了一定作用。这种绘画技法对于我国绘画艺术发展意义重大,向为美术史家所称道。日本学者小林市太郎曾说:"密教诸宗威力在神咒,魅力在形相。"②唐代画家大都善佛画。许多人都画过大悲观音和如意轮观音像。开元年间密教大兴,多种多样的奇异绮丽的密教形象传入,给当时的绘画创作以新的刺激。密教变形观音成为当时画家习用的题材。如"画圣"吴道子(680?—759)和他的弟子卢楞伽,还有另一位传为弟子的杨庭光,都画有密教变形菩萨。仅据《宣和画谱》著录,吴道子就有大悲菩萨像三,如意菩萨像一;卢楞伽有大悲菩萨像一、七俱胝菩萨像一;杨庭光有

①《唐朝名画录·神品下》,何志明、潘运告编著《唐五代画论》第87页,湖南美术出版社,1997年。
②《小林市太郎著作集》第7卷第104页,淡交社,1974年。

如意轮菩萨像一。这肯定不是他们所画这一类题材作品的全部。与吴道子同时的杨惠之被称为"塑圣",以塑工妙天下,据传曾塑八万四千手眼观音,不可措手,故作千手眼,后之作者皆祖之,事见陈继儒(1558—1639)《太平清话》①。

晚唐段成式(803—863)在《酉阳杂俎》里记载一段逸事:

> (翊善坊保寿)寺有先天菩萨帧,本起成都妙积寺。开元初,有尼魏八师者,常念《大悲咒》。双流县百姓刘乙,名意儿,年十一,自欲事魏尼。尼遣之不去,常于奥室立禅。尝白魏云,先天菩萨见身此地。遂筛灰于庭。一夕,有巨迹数尺,轮理成就。因谒画工,随意设色,悉不如意。有僧杨法成,自言能画。意儿常合掌仰祝,然后指授之,以近十稔,工方毕。后塑先天菩萨凡二百,四十二首(臂),首如塔势,分臂如意蔓。其榜子有"一百四十日鸟树一凤四翅水肚树",所题深怪,不可详悉。画样凡十五卷。柳七师者,崔宁之甥,分三卷,往上都流行。时魏奉古为长史,进之。后因四月八日,赐高力士。今成都者是其次本。②

翊善坊保寿寺本是高力士宅,于天宝九载(750)舍为寺。这里所说的《先天菩萨帧》是一幅密教曼荼罗,"四十二首"应为"四十二臂"之讹,指的是千手千眼观音像。后面的赞辞描写曼荼罗的奇异图形。其中的"阎河德迦"应作"阎摩德迦",即密教里的大威德明王,为五大明王中的西方之尊,无量寿佛之教令轮身。这里说的是图画里所画内容。崔宁早年曾客剑南,天宝年间(742—756)为鲜于

①参阅邓之诚《骨董续记》卷一《杨惠之塑像》,《骨董琐记》第298页,中国书店,1991年。
②《酉阳杂俎续集》卷六,《酉阳杂俎校笺》第4册第1885页,许逸民校笺,中华书局,2015年;标点有改动;又参阅小林市太郎《唐代の大悲観音》,《小林市太郎著作集》第7卷。

仲通、李宓、崔论门下从事，"安史之乱"后期在西川，曾任西川节度使，大历（766—779）末年一度为相。魏奉古初为雍丘尉，有"聪明尉"之称，终兵部侍郎。这幅图帧经崔圆奉献朝廷，后归高力士，高舍宅时同时施于寺。这是传播大悲信仰的一个具体事例，从中也可以看到当时宫廷和官僚间观音信仰情形。

到中唐时，画家辛澄善画观音，《宣和画谱》著录他有大悲菩萨像二、白衣观音像一、如意轮观音像二、不空钩（钩）菩萨像一等。晚唐五代的画家也多有画大悲像的。据画记等资料，蜀地画家所作尤多。在《益州名画录》里记载，左全于宝历（825—827）中驰名阙下，于大圣慈寺文殊阁东畔画千手眼大悲变相；范琼自大中（847—860）至乾符（874—879）三十余年间，于圣慈寺、圣寿寺、圣兴寺等处作观音像；张南本于中和年间（881—885）在圣慈寺画千手变相。这些寺院的大悲院皆以千手千眼观音为本尊。宋李廌（1059—1109）《画品》评论说："唐大中年范琼所作，像驱不盈尺，而三十六臂皆端重安稳。如汝州香山大悲化身自作塑像、襄阳东津大悲化身自作画像意韵相若。"[1]汝州大悲像等容后另述。王蜀的杜子瓌也画有大悲像。晚唐到宋代，密教观音信仰在蜀地特别兴盛，造像很多。这在下面还将讲到。蜀地之外，如长安人朱繇、南唐曹仲玄、王齐翰等也都有这一类题材作品。著名画家的创作，可看作是社会各阶层信仰的产物。很可惜，经过晚唐毁佛，长安和各地寺院里的造像、壁画已悉数被毁，只剩下文字记录了。

现在能见到实物的主要是石窟造像和壁画，提供了密教观音信仰的直观材料。龙门东山万佛沟北崖东侧的千手千眼观音龛，约营造于公元690—705年之间，其时距千手千眼观音经典传入未久。这是现存最古老的大悲造像，已风化剥蚀过甚。龛高二百三

---

[1]《德隅斋画品》，云告译注《宋人画评》第243—244页，湖南美术出版社，1999年。

十七厘米,宽七十七厘米,龛内浮雕立像三眼十二臂,每掌心有一
眼,额上一眼,宝冠上有化佛,周围伸出无数手臂如放射状。后面
又有一千手观音窟,高、深均一百三十厘米,宽一百七十五厘米,正
壁风化严重,无造像,东壁有一千手观音图浮雕,画面略高于窟底,
观音像已被盗凿,现只存伸展的群臂,掌心向外呈扇形,扇面直径
一百零六厘米。这些早期形象应当启发了后来制作千手千眼观音
造像的样式。又龙门擂鼓台北洞窟眉上方有一观音龛,刻八臂观
音一尊,高四十八厘米。唐代龙门石窟凿造兴盛是在高宗到玄宗
时期(649—756),尤以武周时期(690—705)最盛,这一时期密教造
像也最多。其中最多的是大日如来,其次就是观音,主要是四臂、
八臂、千手千眼等密教观音像[1]。

　　敦煌莫高窟里也有很多密教观音像[2]。从现存的经变图看,除
个别例外,基本是盛唐以后的。这也反映了密教观音流传的形势。
其中属于盛唐的有第二百一十四号窟前室西壁门北、第七十九号
窟前室南壁西段、第一百一十三号窟主室东壁门南的造像四幅。
中唐时期,龙门造像已度过兴盛阶段,敦煌石窟的营造则处在兴盛
期中,其中保存更多密教造像。这一时期的千手千眼观音画像,现
存于一百七十六号窟东壁门上,三百八十六号窟东壁门上,二百五
十八号窟东壁门南,一百四十四号窟主室东壁门南,二百三十一号
窟甬道顶,二百三十八号窟甬道南壁等处,计十一幅。而竣工于大
历十一年(776)以前的李大宾所造第一百四十八号窟是有名的密
教造像窟。此窟东壁门上绘千手千眼观音,南壁设如意轮观音龛,北
壁设不空罥索观音龛。窟外原有阴庭诚所作《大唐陇西李府君修功
德碑记》,从中知道李大宾是出身官僚家庭的居士,六代祖李宝,西凉
李暠(351—417,"十六国"时期西凉国主)孙,后魏时拜镇西大将军,

---

①宫大中《龙门石窟艺术》第 176—178 页,上海人民出版社,1981 年。
②关于敦煌遗存情况的记述,均据敦煌文物研究所整理《敦煌莫高窟内容
　总录》。

封敦煌公,文成帝(452—465在位)时官镇北将军,因家于敦煌;父奉国为唐昭武校尉、甘州和平镇将。文中记述造窟内容:

> 素(塑)涅槃像一铺、如意轮菩萨、不空羂索菩萨各一铺,画《报恩天请问》、普贤菩萨、文殊师利菩萨、东方药师、西方净土、千手千眼观世音菩萨、弥勒上生、下生、如意轮、不空羂索等变各一铺,贤劫千佛一千躯。①

这里所记载与现在遗存状况基本相合。大历十一年(776),河西节度使周鼎来到这个洞窟,敦煌僧正灵悟乃李大宾之弟,兄弟二人受命建碑纪念,法师说:

> 主君恤人求瘼,戡难济时,井税并均,家财自给。是得旁开虚洞,横敞危楼,将以翼大化,将以福先烈,休庇一郡,光昭六亲。况祖孙五枝,图肃四刹,堂构免坠,诒厥无惭,非石何以表其贞,非文何以纪其远……②

这表明了凿窟造像的现实目的。这个洞窟的主尊是涅槃佛,而大部分内容是密教像,反映当时当地信仰显、密交融形势。

贞元(785—805)、元和(806—820)以后,密宗渐趋衰落;但到晚唐,大悲信仰又出现一个高潮。反映在敦煌经变里,晚唐的千手观音有十二幅,五代二十一幅,下及宋代十二幅、回纥时期二幅、元代二幅③。敦煌在晚唐吐蕃统治时期观音造像显著增加。这个时

---

① 《大唐陇西李府君修功德碑记》有徐星伯《西域水道记》、罗振玉《西陲石刻录》、姜亮夫《莫高窟年表》等多种录文,此据陆心源辑《唐文拾遗》卷二二,《全唐文》第10617页。

② 《唐文拾遗》卷二二,《全唐文》第10618页。参阅宿白《敦煌莫高窟密教遗迹札记》(上、下),《文物》1989年第9、10期。

③ 彭金章《千眼照见　千手护持——敦煌密教经变研究之三》。还有另一个统计数字:"据研究敦煌壁画、纸画中经变共有三十余种、一千余幅,其中净土类和观音类就有十余种、六百余铺,仅此足以说明观音画的分量之巨。《敦煌石窟内容总录》统计榆林、莫高等窟存中唐至元和的千手观音变(转下页)

期所凿洞窟主室东壁窟门两侧一般布置如意轮观音和不空羂索观音组像。同时期千手千眼观音像和十一面观音像也在增多。到后来张氏恢复河西时期，又有十一面观音和不空羂索、千手千眼观音和不空羂索观音等新的组合。第一百一十六号窟主室西壁开凿顶帐龛，龛顶正中画千手千眼观音，西坡八臂宝幢观音、三面四臂观音，南坡不空羂索观音，北坡如意轮观音，这样这个窟就成了密教观音的集合。这是和同一时期重庆大足、四川安岳、资中盛行大悲造像相对应的。四川地区密教观音信仰的兴盛，同样可以从造像情况清楚看出来。今存者有资中重龙山摩崖第十一号窟、第四十号窟、第一百一十三号窟造像，安岳石窟卧佛沟第四十五号窟造像，大足北山石窟第九号窟造像。其中重龙山第一百一十三号窟造像是典型的四十臂（实为四十二臂）像，观音结跏跌坐，头戴化冠，冠中有阿弥陀佛化佛，身上放出两道毫光，毫光端萦绕二飞天；观音每只手各持法器；观音座下左侧跪一饿鬼，手提口袋，作向一老者乞食状，右侧跪一人，作向一菩萨忏悔状。第四十号窟的大悲观音结跏跌坐在须弥座上，左右各镌二金刚，左右壁镌供养人，龛左题记为："弟子宣节校尉、行东川荣州□□□将赵□愿合宅平安，造大悲龛□□功毕，时以乾符二年（875）四月一日，设斋庆过了。"安岳卧佛沟第四十五号窟的观音立像三头四臂，其余数百支手呈扇形阴刻于后壁上，脚下各有一乞讨者，观音下垂的两手一手施

（接上页）相共五十二铺，十一面观音有初唐至西夏共二十六铺，不空羂索观音变相有唐至西夏共六十九铺，如意轮观音变相有中唐至宋、西夏共七十五铺，水月观音有二十铺，其中东千佛洞有一铺实为菩提树观音。《观音经》即普门品变隋至西夏有八铺，法华经变则有三十七铺，其中有些也含《观音经》，而净土三大经变主体均为西方三圣之像，约有二百二十余幅，多有体量巨大的整壁之画。另在瑞相图、圣僧图像等也有观音化现。藏经洞中观音像画除千手、水月外，还有观音像幡与雕版的观世音；白描画稿则有十一面、六手观自在菩萨图，再加插图经绘，以及观音符咒经图等，其形态确很多样。"张总《说不尽的观世音》第175页。

钱,一手施米。大足北山第九号窟造于景福年间(892—893),与重龙山造像类似①。这些都是反映当时人的信仰观念的。

伯希和劫掠的敦煌绘画里也有千手千眼观音像,如伯希和第四千零三十号卷子为千手千眼彩绘两尊;伯希和四千零六十七号为五彩绘一尊;伯希和四千五百一十八号为佛画像一大包,其中第三、四两件为色绘千臂佛(前者实为十八臂,后者十臂),第九件为两色绘千臂佛立像(实有十臂),第十九件为千手千眼佛,旁立施主,为一僧人,有题词五行,其右三行为:"清信弟子三界寺僧沙弥友信持念《大悲经》并咒一躯,奉为龙天八部、永充供养。"②这些画作主要是属于中、晚唐时期的。

自开元时期流行起树立经幢的风气。现存最早的经幢是武后永昌元年(689)的,下半缺失,仅存一米三六幢身。经幢中数量最多的是佛陀波利所译《尊胜陀罗尼经》幢。此经宣扬救拔幽显、往生净土诸功德,特别受到欢迎。其次《大悲咒》也是经幢的主要内容之一。经幢有些内容是合刻的。会昌毁佛时朝命将经幢、墓塔等拆毁,但现存者仍然不少。著名的如元和六年(811)《长安龙兴寺大悲陀罗尼经幢》③,龙兴寺本隋灵感寺,武德四年(621)废,龙朔二年(662)城阳公主复奏立为观音寺,后改名青龙寺,是密教主要道场。还有广州光孝寺所存刻造于宝历二年(826)的铁塔寺《大悲陀罗尼石幢》,是经略副使何宥为其亡兄所造,法性寺僧钦造书。如今残留的经幢更多是晚唐的,如大中二年(848)《施安等造幢》、

---

① 宿白《敦煌莫高窟密教遗迹札记》(上、下),《文物》1989年第9、10期;又丁明夷《四川石窟杂识》,《文物》1988年第8期;王熙祥、曾德仁《四川资中重龙山摩崖造像》,《文物》1988年第8期;彭家胜《四川安岳卧佛院调查》,《文物》1988年第8期。
② P.4518(19),敦煌研究院编《敦煌遗书总目索引新编》第314页,中华书局,2000年。
③ 《宝刻丛编》卷七。

咸通十年（869）《沈仕达等大悲尊胜幢》、咸通十一年《赵匡符经幢》、咸通十三年《胄曹参军沈□尊胜大悲幢记》①、乾符六年（879）《孤子宋某牛头寺经幢》、同年《皇甫宾经幢》②等。

　　如意轮观音造像虽不如千手千眼观音那样多，但在众多的密教观音里也占有相当重要的位置。较早的如四川广元千佛崖韦抗窟外西壁南上方一龛中雕有一思惟相如意轮观音，一手托腮作思惟状，另一手托圆轮，有题记曰："新授支地山西院袁诚壬辰岁十一月三日赴职发心造如意轮菩萨一身，今蒙成就，遂记年月。"这里的"壬辰"据考为天宝十一年（752），正是密教兴盛时期③。四川巴中南龛第十六号窟正中凿如意轮观音像，束发，顶有化佛，六臂，游戏坐于仰莲圆座上；两侧侍立两天王，左托塔为北方天，右仗剑似南方天；外壁有题记："……护咸通……左右天王，……装修如意轮……"则此造像成于咸通年间（860—874）④。大足北山第五十号窟有乾符四年（877）造如意轮观音像⑤。

　　敦煌石窟中的如意轮造像相当多，主要是中、晚唐的。前面曾经提到，如第一百四十八号窟那样的密教窟，其中有如意轮观音造像。属于中唐的，存第一百一十七号窟主室东壁门南，第一百二十九号窟主室东壁门北，第三百八十六号窟前室南壁，第二百号窟主室东壁门北，第二百三十四号窟主室东壁门南，第三百五十八号窟主室东门北，第一百五十八号窟主室东门上，第三百八十四号窟主室北龛外东侧，第四百三十九号窟主室顶帐；晚唐的，在第一百七十八号窟主室西壁，第三百三十六号窟主室西壁，第一百九十八号窟主

---

①均见《金石粹编》卷六六。
②均见《八琼室金石补正》卷四八。
③广元市文物管理所、中国社会科学院宗教所佛教室《广元千佛崖石窟调查记》，《文物》1990年第6期。
④丁明夷《川北石窟札记——从广元到巴中》，《文物》1990年第6期。
⑤丁明夷《四川石窟杂识》，《文物》1988年第8期。

室东门南,第二百三十二号窟主室东门南,第二十窟主室东门南,第一百四十五号窟主室东门北,第一百九十二号窟主室东门南,第一百零七号窟主室东门北,第十四号窟主室北壁,第九号窟前室披顶,第一百五十六号窟主室西、北披等处。把如意轮安置在一定位置上,成为晚唐造窟习俗。如前所说,如意轮又往往和其他变形观音(不空羂索观音)相组合。这些都反映独特的观音信仰形态。

　　还应当指出,密教观音信仰在发展中同样适应中国本土传统在逐步"世俗化"。这在一些造像里明显地体现出来。重庆大足石窟佛湾第一百四十九号窟是建炎二年(1128)所造,主尊是如意轮观音,窟外右壁上有题记一则:

　　　　奉直大夫知军州事任宗易同恭人杜氏,发心镌造、妆銮如意轮圣观自在菩萨一龛,永为一方瞻仰。祈乞□□□□,干戈永息。时建炎二年四月。①

建炎二年(1128)正是宋、金激战的时候,杜氏是知州的夫人,她祈求和平,显然是立足于家庭安宁的。还有另外几则题记,情况类似。如北塔第七窟也是如意轮像,题记曰:

　　　　本州在郭右厢界正北街居住奉佛进士刘陞同室袁氏万一娘,弟进士刘涉,弟妇于氏庆娘,及在堂母亲王氏念九娘子,膝下长男松年、女二桂娘、三桂娘合舍人眷等,先于戊辰载为故父摄本州助教刘搀存日,发心镌造此如意轮菩萨一龛,自后未能装饰。但□今则命匠系　上件圣容,祈冀过往升天,现存获福。时在绍兴二十□年□月□日,命僧看经度赞谨记。②

这则反映了血缘家族信仰,一方面祈望死者升天,另一方面希望生者获福。又从中唐开始,在敦煌千手观音像的持物里已出现了如

―――――――

① 《大足石刻内容总录》第66页。
② 《大足石刻内容总录》第128页。

曲尺、秤这样民众日常生活中的世俗物件（第三百八十六窟）。随着时间推移，图像里这类物件越来越多。西夏时期的榆林第三窟东壁南侧的五十一面千手观音所描绘的，"按类可分为人物（含佛教和世俗人物）、动物、植物、建筑、交通工具、生产工具、乐器、量器、宝物、宝器、兵器以及其它各种法物、法器。具体有：华盖、旌旗、幡、拂尘、胡瓶……；锯、钉耙、锄、墨斗、剪刀……；龙、象、牛、鸡……；筝、笙、排箫、箜篌、阮咸……；佛塔、庙宇、宫殿、楼阁；船；杨柳枝、荷叶、宝树、棉花、芭蕉……；等等。最有意思的是还有工农商艺诸行业活动的场面，如踏碓图、犁耕图、酿酒图、锻铁图、商旅图、舞蹈图等等"，图像总计一百六十六幅之多。如仔细分析，该经变左右对称，持物和场面计八十三种，见于经轨的仅三十一种，未见的五十二种①。这类世俗内容纳入密教观音图像之中，显示信仰观念落实到现实生活的趋势。从敦煌的情况看，密教变形观音特别是十一面观音和不空羂索观音信仰又都同样表现出和显教相融合的趋向。在民众观念里，这些观音的功德，他们的灵验，已经和显教观音没有多少区别，可以说在一定程度上"显教化"了。而体现这种"显教化"最为明显的则数千手千眼观音了。

在敦煌遗物里，还留有唐末五代的密教曼荼罗图像，其中有以密教观音为主尊的。密教曼荼罗信仰和造像极为复杂，是应作为专门课题加以研究的。

四

在唐代，除了传翻密法的僧人，如前所述还有如智通、一行等，

---

① 参阅刘玉泉《榆林第三窟"千手经变"研究》，《敦煌研究》1987 年第 4 期。

这些佛教僧侣中也多有热心宣扬密教经咒和密教观音的。

　　长安总持寺、大兴善寺、龙兴寺等敕建大寺先后都成为密法道场，也是供奉密教观音的中心。如龙兴寺法朗，"约心坚确，诵《观音明咒》，神效屡彰。京阙观光，人皆知重。龙朔二年（662），城阳公主有疾沉笃，尚药供治，无所不至。公主乃高帝大帝同母妹也，友爱殊厚，降杜如晦子荷。荷死，再行薛瓘。即疾绵困，有告言朗能持秘咒，理病多瘳。及召朗至，设坛持诵，信宿而安，赏赉丰渥。其钱帛珍宝，朗回为对面施。公主奏请改寺额曰观音寺，以居之"①。这还是《大悲经》传译不久的事。法朗是众多宣扬这种信仰的僧人中的一个，已经受到皇室的特别重视。龙兴寺在中、晚唐密教里占有特殊地位，包括日本留学僧等众多僧人都曾在这里传习密法，有关情况在日本留学僧留下来的文献里有详细记述。

　　在地方，武后时期的梓州（今四川梓州市）慧义寺清虚，并非密教中人，持《十一面观音咒》②。慧义寺是当地名寺。

　　大历年间镇州（今河北正定县）大悲寺自觉，"入法已来，学诸佛因中誓愿，其数亦四十九也。其一愿身长随大悲菩萨，次愿造铸大悲像寺。及乎发言响应，檀施臻萃，用赤金鼓铸成，举高四十九尺，梵相端严，眼臂全具。迨更年稔，寺亦随成，今城西山大寺是欤。遂雄殿前诵念至三更，见神光二道作中金色，于晃朗中见弥陀佛，观音、势至左右翼从。佛垂金臂呼自觉声，渐下云来……"③。他所宣扬的大悲信仰是和西方净土信仰相结合的。在他的影响下，镇州也成为大悲信仰的中心。今正定龙兴寺为宋代所建，以千手千眼观音巨像为主尊，虽经残毁，无损伟岸庄严的气象。

　　晚唐时彭州（今四川彭州市）丹景山知玄为蜀地名僧，文宗时入京，"宣入顾问，甚惬皇情"，被尊为国师。玄"每恨乡音不堪讲

①《宋高僧传》卷二四《唐上都青龙寺法朗传》，下册第613—614页。
②《宋高僧传》卷二五《唐梓州慧义寺清虚传》，下册第630页。
③《宋高僧传》卷二六《唐镇州大悲寺自觉传》，下册第657页。

贯，乃于（眉州彭山）象耳山诵《大悲咒》，梦神僧截舌换之。明日，俄变秦语"①。他也是大悲观音的宣扬者。大中八年（854）回川，时有画家李昇，人称"小李将军"，为知玄所重，"请于圣寿寺本院同居数年……又请于大圣寺真堂内画《汉州三学山图》一堵"②。汉州三学山为知玄讲学处。时李商隐在梓州，"久慕玄之道学，后以弟子礼事玄"③。李商隐有《咏三学山》诗。李昇又有《象耳山大悲真相》，《益州名画录》谓"时称悟达国师真堂四绝：常粲写真，僧道盈书额，李商隐赞，李昇画山水"。五代至宋，四川地方密教观音盛行，和知玄等众多僧人大力宣扬有关系。

越州诸暨（今浙江诸暨市）保寿院神智，"持《大悲心咒》，应法登戒，峻励恪勤。俄属会昌灭法……大中（847—860）初年，复道。巡游暨阳，考于禅室"。他本人又以神异称，"恒咒水杯以救百疾，饮之多差。百姓相率，日给无算"，被称为"大悲和尚"。他于"大中中，入京兆，时升平相国裴公休（791—864）预梦智来，迨乎相见欣然。相国女郎鬼神所被，智持咒，七日平复。遂奏请院额曰'大中圣寿'……"④。裴休是晚唐著名护法檀越，在禅门中是黄檗希运俗弟子，撰集有向希运的问法记录《筠洲黄檗山断际禅师传心法要》和《黄檗断际禅师宛陵录》，是禅籍名著。裴休与神智及大悲信仰发生关系，也表现晚唐官僚檀越信仰状况的一面。

后唐定州（今河北定州市）开元寺贞辩"暇则刺血书经，又针血尽立观自在像、慈氏像等。尝因行道困息，有二天女来相扰恼，辩誓之曰：'我心匪石，吾以神咒被汝。'彼众不容去。自此道胜，魔亦无踪"⑤。他是观音信仰者，所用神咒当包括《大悲咒》。同时他又

---

①《宋高僧传》卷六《唐彭州丹景山知玄传》，上册第 129 页。
②《益州名画录》卷中《妙格下品》，《宋人画评》第 159 页。
③《宋高僧传》卷六《唐彭州丹景山知玄传》，上册第 132 页。
④《宋高僧传》卷二五《唐越州诸暨保寿院神智传》，下册第 639 页。
⑤《宋高僧传》卷七《后唐定州开元寺贞辩传》，上册第 145 页。

信仰弥勒。定州距离镇州不远,也是大悲观音信仰流行地区。

又五代时天台宗慈悟,"慈云(另一位天台学人)欲以智者教卷求入藏,文穆王公(钱元瓘,887—941)将闻之朝。悟曰:'此非常事也,小子将助之。'乃绘千手大悲像,课咒以誓……"①

以上是唐五代各地僧人宣扬大悲观音和《大悲咒》的事例。

对于大悲信仰盛行起重大作用的还有《大悲忏》。天台智颛曾创制观音忏法,在其《摩诃止观》里有"法华三昧行法"即《请观音三昧行法》一卷②,是根据《请观世音菩萨消伏毒害陀罗尼咒经》制作的,曾在天台山道场亲自施行。到唐荆溪湛然(711—782),为"行法"作《补助仪》,严格组织程序,即一严净道场,二净身,三身、口、意三业供养,四奉请三宝,五赞叹三宝,六礼拜三宝,七忏悔六根及四悔,八行道旋绕,九诵经,十坐禅实相正观,共十个步骤。后来宋天台知礼(960—1028)又依《大悲经》仪轨制作《千手千眼大悲咒行法》③,得到广泛奉行。这是把密教经咒运用到显教法事之中,也是密咒"显教化"的典型表现之一。到清代,南京宝华山见月读体(1601—1679)再加删文重纂,这就是现在寺院仍在奉行的《大悲忏》,这是后话。

宋代大悲信仰的流行,同样得力于僧侣的宣扬。如僧慧洪觉范(1071—1128),禅、教并重,是观音信仰的宣扬者,写过不少赞颂观音的文字。他曾说:"菩萨常念诸众生,譬如慈母忆怜子。子若昼夜常念母,母子百劫必相见。"④如此把观音比喻为母亲,形容对于众生的慈爱。潭州东明寺为五代马氏楚国时所建,当时在一古井旁的泥土里发现一尊大悲观音石像,起初寺以律兴,后又改为禅,到慧洪觉范时,海禅师"倚此像以饭四方来者,崇堂邃宇,又加

①明河《补续高僧传》卷二《思悟·慧舟传》,《续藏经》第77卷第375页中。
②最澄《传教大师将来台州录》,《大正藏》第55卷第1057页上。
③《修忏要旨》,《永乐北藏》第167册第845页中—第856页中。
④《靖安胡氏所蓄观音赞》,《石门文字禅》卷一八,《嘉兴藏》第23册第660页中。

丽焉"。觉范为赞说:"余闻菩萨之悲愿,于浊恶世,一切众生之用处,化身为鱼米,为肉山,以足其欲心。"并有偈曰:

> 大悲智光本无碍,于一切处常发现……愿令持此妙法门,于此刹土为佛事,一切声色热恼中,与众生作清凉处。昄命救世大悲者,愿赐威光加被我,令我获无作妙力,令我亦名无所畏。令我具无碍辩才,令我入一切种智,我及一切诸有情,皆如观音得自在。①

这反映宋代潭州一个寺院供奉大悲观音的情况。慧洪还有《涟水观音像赞》,说到"世传涟水贺生所画观世音像,不减唐吴道子。晚以法授其婿陈守安。守安遂以其画名世"②,所画即千手千眼观音,可见当时这种绘画的流行。他的《旃檀四十二臂观音赞》一文,则是为把自己珍藏的大悲造像送给友人写的。

宋天台学人慧舟于"天圣(1023—1032)初,结同学十人,行大悲行法者三年"③。圆明大师无演"又作大悲观音化相,宇以崇阁,极天下之殉工珍材,二十余年乃成"④。圆觉宗演善诵《大悲咒》,曾用来解除寺院里的妖祟⑤。天台宗以《法华》为所宗经,尊奉前述大悲忏法,持《大悲咒》是该宗的传统。

宋代以后,密宗已经衰落,本来意义上的大悲信仰已经蜕变,但寺院里仍盛行大悲造像,僧俗间更以《大悲咒》为功课,有以日课千遍为习俗的⑥。

民间有关传说是信仰实态的真切反映。唐、宋人小说里的一

---

① 《潭州东明石观音赞》,《石门文字禅》卷一八,《嘉兴藏》第 23 册第 660 页中。
② 《石门文字禅》卷一八,《嘉兴藏》第 23 册第 659 页中。
③ 《补续高僧传》卷二《思悟·慧舟传》,《续藏经》第 77 卷第 375 页下。
④ 《补续高僧传》卷二《圆明大师演公传》,《续藏经》第 77 卷第 379 页下。
⑤ 《补续高僧传》卷二四《圆觉演公传》,《续藏经》第 77 卷第 522 页中。
⑥ 如明代方念,"六时课诵,行《大悲咒》《秽迹咒》,日各千遍",见《补续高僧传》卷五《方念传》,《续藏经》第 77 卷第 400 页下。

些记载,生动地再现了密教观音,特别是大悲观音信仰流行状况。

中唐戴孚的《广异记》广泛记载奇闻异事,包括佛教故事。这部传奇小说内容多取自民间。据顾况所作《戴氏广异记序》,戴孚和他同年即至德二年(757)进士及第,书里所记事件下及建中年间(780—783),可据以推断载孚活动及成书年代①。其中有几篇相当有趣的密教观音故事。如《李昕》条:

> 唐李昕者,善持《千手千眼咒》。有人患疟鬼,昕乃咒之。其鬼见形,谓人曰:"我本欲大困辱君,为惧李十四郎,不敢复往。"十四郎即昕也。昕家在东都,客游河南,其妹染疾,死数日苏,说云:"初,被数人领入坟墓间,复有数十人,欲相凌辱。其中一人忽云:'此李十四郎妹也,汝辈欲何之?今十四郎已还,不久至舍。彼善人也,如闻吾等取其妹,必以神咒相困辱,不如早送还之。'"乃相与送女至舍。女活后,昕亦到舍也。②

这个治鬼故事是宣扬《大悲咒》威力的。同类的还有《薛矜》事,说开元年间,薛为长安尉,主宫市,一日于东市见车中有妇人手如白雪,以银镂小盒相挑;翌日,应邀赴金光门外宅,原来室宇本为殡宫,妇人乃是青面鬼怪,终以心中恒诵《千手观音咒》得脱。又《李元平》条写的则是人鬼恋爱事,情节怪异,描摹侧艳,在唐人小说中算是上乘之作:

> 李元平者,睦州刺史伯成之子,以大历五年客于东阳精舍读书。岁余暮际,忽有一美女,服红罗裙襦,容色甚丽,有青衣婢随来,入元平所居院他僧房中。平悦而趋之,问以所适及其姓氏,青衣怒云:"素未相识,遽而见逼,非所望王孙也!"元平初不酬对,但求拜见。须臾,女从中出,相见忻悦,有如旧识,

---

① 参阅《冥报记　广异记》的《辑校说明》,方诗铭辑校,中华书局,1992 年。
② 戴孚《广异记》第 30 页,《冥报记　广异记》。

欢言者久之,谓元平曰:"所以来者,亦欲见君论宿昔事。我已非人,君无惧乎?"元平心即相悦,略无疑阻,谓女曰:"任当言之,仆亦何惧。"女云:"己大人昔任江州刺史,君前生是江州门夫,恒在使君家长直。虽生于贫贱,而容止可悦,我以因缘之故,私与交通。君才百日,患霍乱没故,我不敢哭,哀倍常情。素持《千手千眼菩萨咒》,所愿后身各生贵家,重为婚姻,以朱笔涂君左股为志,君试看之。若有朱者,我言验矣。"元平自视如其言,益信,因留之宿。久之,情契即洽,欢惬亦甚。欲曙,忽谓元平曰:"托生时至,不得久留,意甚恨恨。"言迄,悲涕曰:"后身父今为县令,及我年十六,当得方伯,此时方合为婚姻,未间,幸无婚也。然天命已定,君虽欲婚,亦不可得。"言迄诀去。[①]

考开元年间李姓任睦州刺史者有李仲宣、李五言、李谅三人[②],不知道"伯成"是否是其中之一。但从文章写法看,是把人物落实了的。故事写一个贵族小姐和贫贱门夫生死不渝的爱情,颇有反对封建门第观念的意味。而这种爱情却是有《大悲咒》护持的。大悲观音在这里成了纯真爱情的守护神,他的无所不能的神通显得很富"人情味"。这也体现人们在大悲信仰里寄托的朴素、美好的愿望。

《广异记》里还有如意轮信仰故事:

　　王乙者,自少恒持《如意轮咒》。开元初,徒侣三人将适北河,有船夫求载乙等,不甚论钱值,云:"正尔自行,故不计价。"乙等初不欲去,谓其徒曰:"彼贱其价,是诱我也,得非包藏祸心乎?"船人云:"所得资者,只以供酒肉之资,但因长者得不滞行李尔。"其徒信之,乃渡。仍市酒共饮,频举酒属乙。乙屡闻空中言勿饮,心愈惊骇,因是有所疑,酒虽入口者亦潜吐出,由

①《广异记》第113—114 页,《冥报记　广异记》。
②郁贤皓《唐刺史考》第 4 册第 1846—1847 页,江苏古籍出版社,1987 年。

是独得不醉。洎夜秉烛,其徒悉已大齁,乙虑有非道,默坐念
咒。忽见船人持一大斧,刀长五六寸,从水仓中入,断二奴头,
又斩二伴。次当及乙,乙伏地受死,其烛忽尔遂灭,乙被斫三
斧。背后有门,久已钉塞,忽有二人从门扶乙投水,岸下水深,
又投于岸,血虽被体,而不甚痛。行十余里,至一草舍,扬声
云:"被贼劫。"舍中人收乙入房,以为拒闭。及报县,吏人引乙
至劫所,见岸高数十丈,方知神咒明之力。后五六日,汴州获
贼,问所以,云:"烛光忽暗,便失王乙,不知所之。"一疮虽破,
而不损骨,寻而平愈如故,此持《如意轮咒》之功也。①

以上薛矜和王乙事,背景均在开元年间,其时千手千眼观音和如意
轮观音传入未久、大悲信仰和如意轮信仰已普及到群众之中了。
还值得注意的是,《广异记》所记载故事里,各类神明各显神通,有
佛教里的救苦观音、文殊菩萨以及龙女、阎罗,也有中土神明如天
帝、太山府君、华岳神女、六丁使者、五道将军、郎子神等,而这些神
明的神通法术是类似的;另外,持咒的又不只是佛教徒,还有道士。
这就反映一种观念,就是如千手千眼观音、如意轮观音这样的神
明,已逐渐混同到中土解危济难、赐福与乐的多神信仰之中了。这
也显示中土民众中观音信仰的衍化趋势。

北宋初编成的《太平广记》辑录五十个观音故事,主要选自唐
以前的志怪小说。南宋另一部规模巨大的专门记载奇闻异事的故
事集——洪迈的《夷坚志》,主要记当代事,则多取自当时民间传
说。其中的佛教故事包括不少是关于大悲观音信仰的。如《李八
得药》条:

政和七年(1117),秀州魏塘镇李八叔者,患大风三年,百
药不验。忽有游僧来,与药一粒令服。李漫留之,语家人曰:

——————————
① 《广异记》第31—32页,《冥报记　广异记》。

"我三年间，化主留药多矣，何尝有效！"不肯服。初，李生未病时，诵大悲观音菩萨满三藏，是夜，梦所惠药僧告之曰："汝尚肯三藏价诵我，却不肯服我药。"既寤，即取服之。凡七日，遍身皮如脱去，须眉皆再生。边公式说。①

所谓"一藏"指五千零四十八遍，是开元大藏经卷数。同样《佛救翻胃》一条，是讲"诵观音菩萨百万声，日持《大悲咒》百八遍"，终于治好"翻胃"病事②。

更多的故事是叙说利用《大悲咒》来破除妖魔鬼怪，显示它功效之神奇。如《莆田处子》条：

绍兴二十九年(1159)，建州正和县人往莆田买一处子，初云以为妾。既得，为汤沐涂膏泽，鲜衣艳装，置诸别室，不敢犯。在途旬日，饮食供承，反若事主。所携唯一笼，扃钥甚固，每日暮，必焚香启钥，拜跪惟谨。女颇慧黠，窃异之，意其有诡谋，祸且不测，遂绝不茹荤，冥心诵《大悲咒》不少辍。既至县，其人不归家，但别僦空屋，纳女并囊箧于室中。过数日，用黄昏时至笼前，陈设酒果，祷祀毕，明灯锁户而去。女危坐床上，诵咒愈力。甫夜半，笼中磔磔有声，划然自开。女知死在漏刻，恐慄万状，无可奈何！但默祈神力，愿冤家解免，诸佛护持而已。良久，一大蟒自内出，蜿蜒迟回望，若一所畏，既而不见。女度已脱，始下床，视笼中所贮，独纸钱在。天未明，破壁走告邻里。邻里素知其所为，相与伺其人至，执以赴县。时长溪刘少庆季裴为令，穷治其奸，盖传岭南妖法采生祭鬼者，前已杀数日矣！狱成坐死，而遣女还乡。后三年，刘入都，至玉山，与宜黄人李郭同途，言此事。予恨不及质诸刘也。③

①《夷坚甲志》卷一○，《夷坚志》第1册第89页。
②《夷坚甲志》卷一○，《夷坚志》第1册第89页。
③《夷坚志补》卷一五，《夷坚志》第4册第1683—1684页。

这里用了六朝志怪小说的征实写法,以著传闻之不虚。从故事里还可以看到宋时岭南人口买卖、妖法杀人的风俗。其中写到的人物、事态、《大悲咒》的神效等,颇为曲折、生动,已经和同类故事简单地陈述梗概不同。类似的传闻还有《余干民妻》条,叙说持《大悲咒》战胜巨蛇之害①,《醴陵店主人》条,写用《大悲咒》对抗妖鬼②,都着力宣扬《大悲咒》的超然的威力。

这样,在宋代民众间,大悲观音和如意轮观音已被当作救济神明的一种,《大悲咒》作为消灾济难的符咒已融入民众信仰之中,民间的供养和持咒方式也不再遵用密教仪轨,而是用称名、诵咒等简易方法,和《普门品》宣扬的持念方法没有什么区别了。

密教观音信仰对于唐、宋士大夫阶层也发挥了相当影响,虽然比较起来相对地淡漠。这是因为中国古代知识阶层一般都注重保持中土思维重理性的传统,另一方面当时习禅成风,而禅宗发挥了对于神奇特异神格的抵制作用。不过处在一种信仰的潮流中,文人士大夫生活与创作所受影响也是不可小觑的。

杜昱,开元中官太仆少卿,迁太仆卿,守河南少尹,终给事中。所作《有唐薛氏故夫人实信优婆夷未曾有功德塔铭》,碑主郭氏"代业冠冕","专业禅门",是大智禅师义福门弟子。义福本是神秀高足,开元年间深受朝野礼重。郭氏遗嘱死后卜宅之所,接近义福坟塔,可见对之景仰的虔诚。而她又"尝以诸佛秘密,式是总持,诵《千眼》《尊胜》等咒,数逾巨亿。则声轮字合,如闻一音;而心闲口敏,更了多字……"③,又是密教观音咒的修持者。这是文献里见到的贵族家庭中修持《大悲咒》的较早例子。这个实例十分重要,表明当时禅和密教信仰在一般人心目中并不是绝不相容的。

开元年间另一位著名文人、书法家李邕所作《国清寺碑》,描写

①《夷坚支庚》卷八,《夷坚志》第3册第1195页。
②《夷坚支癸》卷四,《夷坚志》第3册第1247页。
③《唐文拾遗》卷一九,《全唐文》第10571页。

天台山国清寺：

> 净水宝珠，见者无染；高山甘露，受者有知。起事念功，顿
> 超十劫之地；坐入位证，遥比千眼之天。①

这里是把修证果位，比定为千手千眼观音。天台山国清寺本是天台宗根本道场，为隋敕建大寺，唐仪凤三年（678）朝廷有制建塔度僧。天台宗提倡观音崇拜，在密教大盛的情况下，这里也供养大悲观音，并受到李邕的礼赞。

王维有《绣如意轮像赞》，是崇通寺尼无疑、道登等为追荐亡兄河南少尹某的冥福而作。文中说：

> 寂等于空，非心量得；如则不动，离意识界。实无所住，常
> 遍群生，不舍有为，悬超万行，法性如是，岂可说邪？ 如意轮
> 者，观世音菩萨陀罗尼三昧门，现方便于幻眼，六臂色身；以究
> 竟为佛心，一体真相；随念即藏，乃无缘之慈；应度而来，斯不
> 共之力。众生如意，菩萨何心……②

如前所述，王维是信仰禅宗的。他用禅的观点来理解净土。在这篇文章里，他又根据大乘空观来讲观音崇拜。他说密教观音的奇异形貌乃是方便示现，同时又赞扬其"不共之力"。

顾况（727？—816？）也有《如意轮画赞》，其中解释"如意轮"的含义说：

> 如意轮，本名少足少法也。其法满足，谓之少足，与夫圆
> 满满愿广大大悲等慈慈观智网宝手千手眼得无畏清净光除业
> 道破诸暗无障碍无等等，与夫普明慈明千光王佛十亿之号犹
> 为至略，净华宿王智佛时所立名记普门愿行，此应见闻，随方
> 说法，法同而名异。固云贤劫中千佛助化，此为一佛。二尊不

---

① 《全唐文》卷二六二，第2662页。
② 《王维集校注》第4册第1149页，陈铁民校注，中华书局，1997年。

并，愿为侍者。宝德佛时，名庶命仙人；定光佛时，名安忍童子；请愿之后，名如意轮大悲菩萨是。愚于阴界，画彼真形。《法华经》云："一华献佛像，渐见无量佛。"

他把如意轮提到与佛齐平的至高无上的地位。最后有赞曰：

> 同体如来所说总持法，内外双建为普门。大悲广运无边际，已渡尘沙生灭海。圆满满足各如意，破除业暗发光彩。①

中唐时期密教兴盛，梁肃有《千手千眼观世音菩萨像赞》，是为故寿王府士曹参军韦某夫人杜氏替亡夫祈冥福而作，其中说：

> 不形之形无形，神人之形也。当法王御世，有玄圣曰观音，以感通之妙用，运溥博之宏应。协赞无上，弼成元功，神行无方，形亦丕变。传此像设，施于群生，此其至矣夫！彼聋盲者，方骇其手目之多，以致恢诡之诮，随诸毁堕，无升济期，可不为大哀乎！②

梁肃是著名天台学者。他极力称赞千手观音的神通妙用，对于骇其怪异而加以毁坠者提出批评。

中唐时的卢征曾受到著名理财家刘晏（715—780）的信重，授殿中侍御史，建中元年（780）以刘晏得罪，受到牵连，贬珍州（今贵州正安县）司户，因发诚愿，造等身观音一躯，后再贬信州（今江西上饶市信州区）；复官右司郎中后，于龙门圣善寺造大悲观音像，作《救苦观世音菩萨石像铭》，刻石龙门。这也是唐龙门刻石有纪年的最晚的一铺，前面曾经提到。文已剥蚀，曰：

> ……因发诚愿，归旋之日，于此造等身像一躯，此乃夜郎之役也。贞元之黜，又过于此，仆夫在后，独行山侧，有白衣路

---

① 《全唐文》卷五二九，第5375—5376页。
② 《全唐文》卷五一九，第5281页。

人,随马先后,因唱言曰:"去日花开,来时果熟。"其去也,春三
月,贬信州长史;其归也,秋八月,迁右司郎中。详求所言,有
如昭报。复以阃门幼弱,万里沿溯,畏途炎裔,鲜克保全,胜衣
含气,我独无害。即知　慈雄覆护,匪无显效,心形祈惕,焉敢
辄忘。复以小子童丱以来,常□持《大悲菩萨如意轮陀罗尼》,
即我本师,愿敦永劫。今所镌刻,常为依祜。其庄严相好,花
鬘璎珞,悉凭经教,岂无感通……①

　　这是官僚阶层信仰如意轮观音、持《如意轮陀罗尼》的一例,内容是
解救牢狱之灾的。观音显化的细节,是新造的观音传说,显示虔信
的热诚,态度与王维等人大不相同。中唐时期的客观环境促使以
神奇灵异为特征的密教观音征服了更多信众。

　　穆员善古文,活动在贞元年间,著名文坛。贞元七年(791),甥
女裴求已妻为追荐亡母冥福,绣大悲像。该女是"恭闻西方之教"
即信仰西方净土的,却又崇拜大悲观音:"起尔一心,成千手千眼,
自素为缋,自相为圣,自圣为福,所以复于尔所生者,庸非尔之血
乎?"②这同样表明在当时一般人的信仰里,净土与大悲是兼容并蓄
的。穆员的季妹也曾绣药师如来和大悲观音像,他称赞其"解焚拯
溺、禳灾袚厉之功",说"其威神德力,最著于群生,倬然于人间者
也"③。他还写过不少颂扬救苦观音的文字。在他的意识里,这些
观音显然也没有什么区别,是与卢征的情况相同的。

　　五代时的南唐皇室信佛,崇拜观音。后主李煜(937—978)时,
翰林待诏王齐翰、周文矩均善佛画,都画有观音像,以王所画为多。
据《宣和画谱》,他画有大悲像一、观音菩萨像二、自在观音像一、宝

---

①《八琼室金石补正》卷三二,第216页。
②《画千手千眼大悲菩萨记》,《全唐文》卷七八三,第8185页。
③《绣药师佛观世音菩萨赞并序》,《全唐文》卷七八三,第8188页。

陀罗观音像一、岩居观音图一、白衣观音像一等①。从他所画名目看，当时中国本土的变形观音已逐渐形成，各种形貌已形成一定模式。

宋代士大夫普遍地习禅，可是在士大夫家庭里观音信仰又相当普及。这和当时正在兴盛起来的"禅净合一"潮流有关系。宋代寺院里普遍建立观音院、观音殿、观音堂；家庭中供养观音也成为习俗。在绘画方面，当时画坛风气已发生很大改变，题材转向以山水、花鸟为主，人物画包括佛画已不占主要地位（当然这方面取得成就的画家不是没有，如著名画家李公麟所作观音像就非常有名），但是民间工匠从事佛画和造像却相当盛行。另外在妇女间，自唐代流行起以刺绣佛像做功德的习俗，密教观音也是主要内容。

如前所说，苏轼的宗教思想十分驳杂。他曾对佛教宣扬的因果报应之说直接加以批评，但却又既热衷于禅又尊崇经教。他的妻子王氏病死，临终之夕，遗言舍所受用，他命子苏迈等造阿弥陀佛像，并亲为作赞。这也是当时士大夫家庭中的信仰习俗。苏轼作品中宣扬佛说的不少。他的故乡四川本是密教大悲观音信仰盛行之地，有成都僧敏行以旃檀木造大悲像，复作大阁，请他为记。他作《大悲阁记》，其中发挥"如幻三昧之说"：

> 大悲者，观世音之变也。观世音由闻而觉，始于闻而能无所闻，始于无所闻而能无所不闻。能无所闻，虽无身可也；能无所不闻，虽千万亿身可也，而况于手与目乎？虽然，非无身无以举千万亿身之众，非千万亿身无以示无身之至。故散而为千万亿身，聚而为八万四千母陀罗臂、八万四千清净宝目，其道一尔。

他于文后作颂又说：

---

① 《宣和画谱》卷四《道释四》，第 89 页。

> ……菩萨千手目，与一手目同。物至心亦至，曾不作思
> 虑。随其所当应，无不得其当……稽首大悲尊，愿度一切众。
> 皆证无心法，皆具千手目。①

苏轼写过同题的《大悲阁记》，则是批判佛教报应之说的。他的观念和行动表现的矛盾，在文人士大夫宗教信仰中是一种颇具典型意义的形态。

黄庭坚(1045—1105)嗜禅，是禅宗黄龙派弟子，他也写了不少赞扬观音的作品。其《怀安军金堂县庆善院大悲阁记》是为元祐二年(1087)落成的大悲阁作的。文中说为了建筑并造千手大悲像，"檀施倾数州，其用钱至一千万"，筑成之后"观者倾动，或至于忏悔涕泣"②。这表现了宋代地方大悲信仰的实况。他有《观世音赞六首》，其第一首说：

> 海岸孤绝补陀岩，有一众生圆正觉。八万四千清净眼，见
> 尘劳中华藏海。八万四千母陀臂，接引有情到彼岸。涅槃、生
> 死不二见，是则名为施无畏。八风吹播老病死，无一众生得安
> 稳。心华照了十方空，即见观世音慈眼。设欲真见观世音，金
> 沙滩头马郎妇。

这里赞颂的也是千手千眼观音。他热衷习禅，注重内心的觉悟，但又赞颂大悲信仰。诗赞的后两句涉及"马郎妇观音"传说，后面将要讲到。最后一首是：

> 敬礼补陀，岩下水边，十方三世，无不现前。愿我亦证，空
> 觉极圆，处处悲救，火中生莲。③

这也是表白虔诚的信仰心。

---

① 《东坡集》卷四〇。
② 《山谷集》卷一八。
③ 《山谷集》卷一四。

晁补之（1053—1110）虔心西方净土，作有《净土略因》一文，被净土宗人视为宣教名文。他虔信观音。所作《观世音菩萨摩诃萨像赞》是赞颂千手千眼观音的，内容则是依据《楞严经》的耳根圆通法门进行发挥。在写到文殊"赞观世音为第一"之后，他表示：

> 弟子补之历千劫，循声流转得飘灵。人、天、鬼、狱无不撄，乃今日逢甚深法。种微善根如芥许，因缘会遇闻此言。然我不断三根业，云何得取无学证？涕泪悲泣作是语，大悲灌顶开我顽。我亦常得二殊祥，一耳所闻一梦睹。

接着讲了两个观音应验故事即"二殊祥"，其中一个是"贺观音"，后面将介绍。然后表明自己供养修习的诚愿：

> 弟子补之夙供养，与具信士弟子谌。从佛方便作此缘，或以文字或财施。妙甘露林他善质，以佛力故成栴檀。刻此无相慈威容，触光遇影从休复。愿补之谌先父母，乘此愿力胜因缘。在天、修罗、人非人，乃至一切受生处，常闻菩萨救苦声，如海潮音震三千。此音历耳报无边，于眠睡中而大觉……普愿幽显诸大众，信与未信同一音，穷娑婆界称南无，如菩萨音震天地。①

这里期待救济首先及于"先父母"，即悲愿的重点在孝养，这是中土伦理观念。他还有《陈氏绣观世舍利赞》，表明当时观音信仰中又包含舍利信仰，是信仰实况的一个细节。

南宋周紫芝（1082—1155）的《松林道人施绣观音》，记述"蓬莱夫人以欢喜心而作佛事，于是刺绣为观音像。极诸相好，施松林师"②。从偈文看，这幅绣像是大悲像。妇女亲自刺绣观音像布施给僧侣做功德当是一时风气。周紫芝又有《时山观音神像》一文，

---

① 《鸡肋集》卷六九。
② 《太仓稊米集》卷六四。

是具体写千手千眼观音神异的：

> 建炎三年(1129)冬十有一月,金人渡江,建康失守。兵马大都督杜充既降贼,诸将皆以兵叛。统制军李进引兵寇溧水,焚其城邑略尽。徒兵时山,烧荡民居,既熄,有白气贯日,起于瓦砾中。如是者累日,贼甚异之,谓其下当有黄金。裨将王德,开德人也,发而视之,得绣观音像,绢索皆已煨烬,而独像存。去火所几无毫发,而火不犯。德怀以归,后无知之者。时参知政事李公以侍御使出守宣城郡,凡叛将逼近境,悉移书招之,示以不疑。进既至,公遇之甚厚,因以其兵使屯龙溪寺。僧居穆与德游,且虞其变,日斋炙醻酒以啖之。每造其庐,辄尽欢而去。其后,进果复叛。军将行,德乃谓居穆曰:"师遇吾久,无以报,当以金净瓶、绣观音像遗师,愿善调护之。"……

后来居穆又把这幅观音像送给了雷虞龙。作者说:"像成于丝缕之微,独能示现变异于千百大火聚,使凶人勇夫犹加钦畏。因知世间不可思议神道,佛不妄说。而一切众生闻此殊胜,皆大欢喜。"①这里写宋、金战争中"时山观音"的灵迹,宣扬他的护国功能。

林之奇(1112—1176)有《观音画赞》诗:

> 稽首补陀闻思修,千手千眼普应供。世人两手及两眼,眼见手捉各随心。多一手眼无用处,即与骈拇枝指等。菩萨照用一时行,应以千心为主宰。相彼方寸湛然地,不容二念那复千?我谓菩萨如水月,一水一月同照耀。方圆大小虽不同,举手见月等无二。我今续此妙色相,以为正念皈依处。于一身心其多想,而作千手千眼见。普愿大圆镜智中,知我此念无间断。所求皆应如谷声,请无不从亦如是。②

---

①《太仓稊米集》卷六〇。
②《拙斋文集》卷一七。

这也是颂扬千手千眼观音功德,并抒写自己皈依的诚愿。其中所宣说的义理根据《楞严经》,写法又运用了谈禅机锋,体现当时"禅教合一"的风气。

从以上介绍的情况可以知道,在中土观音信仰逐步世俗化、俗神化的进程中,来自佛教不同体系的救苦观音、净土观音和千手千眼观音各自独具的功德在逐渐淡化。此后赞颂密教观音的文字历代多有,如明宋濂《观世音菩萨画像赞》①等,但在人们的观念里,密教观音如千手千眼观音等已被等同于本土的变形观音,密教的本来内涵已基本消失了。

但是,如前面介绍的,外来佛教教派的金刚密教和中国佛教宗派的密宗,在历史上虽昙花一现,但终究给中国佛教、中国文化注入不少新的思想、文化内容,也确曾造成相当大的影响,直到如今。这一点只要看看如今遍布全国各地寺院乃至家庭的千手观音像,还有迷倒全世界观众的现代舞《千手观音》就可以知道。至于密教、密宗、密教观音在中国传播的得失利弊,情形相当复杂,是需要仔细探讨、分析的。

---

①《宋学士集补遗》卷三,《金华丛书》本。

第七章　观音信仰的衍化与融合

一

隋、唐时期中国佛教诸宗并兴,标志着外来佛教"中国化"的完成。这也是中国佛教发展的鼎盛时期。但盛极而衰,到两宋,佛教总体上逐渐衰败了。盛衰演变的原因是多方面的,其中一个是外来资源断绝了。公元7世纪印度金刚密教兴起,大乘佛教发展进入烂熟阶段,其内涵的文化价值大为衰落了。盛唐时期的"开元三大士"把早期金刚密教输入中土,中国据以创建密宗,在朝廷支持下兴盛。但到"安史之乱"后国力衰萎,西部回纥、藏族内犯,外来佛教传输通道阻绝。宋初重启西行求法,重开译经院,翻译一批密典,密教并没有振兴。12世纪初,印度佛教被伊斯兰势力毁灭,近千年佛教输入中国的潮流终于中断了。

佛教衰落的更重要的原因是中国本土社会和思想发展形势发生重大演变。就社会和思想层面说,士族专政的"中世"转化到"近世",魏、晋以来的士族专政社会体制瓦解,庶族阶层地位上升并逐渐占据社会统治的主导地位;与之相适应,作为统治思想的儒学体系吸纳佛学和道家、道教长期发展积累的成果,形成注重"性理之

学"的"新儒学"。"新儒学"一方面剥夺了佛教在思想、文化领域的
优势,另一方面又对它形成强势的抵制。在政治层面,士族专政衰
败,专制皇权强化,朝廷对宗教管束加强,缩小了佛教在社会上层
发展的空间。这样,佛教无论是在社会地位上,还是在思想、文化
领域,都被边缘化了,只得在民众间求出路,向"通俗化""民俗化"
的"禅净合一"的方向发展了。

　　然而,不管社会如何变动,对宗教的需求不会改变。从社会统
治角度说,历朝都需要宗教作为辅助政治、教化民众的工具。因此
宋朝和以后各朝都延续实行"三教并立"方针。南宋孝宗赵昚作
《原道辩》,驳斥韩愈辟佛,再次明确"以佛修心,以道养生,以儒治
世"[1]的方针。特别是从北宋到清末九百余年间,是中国历史上北
方民族又一个大活跃时期。契丹族、女真族、党项族分别在北方或
西北方传统汉地建立起辽、金、西夏政权,蒙古族和女真族后裔满
族更曾两度统一中国,前者统治近百年,后者近三个世纪。这种复
杂的社会形势,社会矛盾、民族矛盾麇集,统治者需要寻求宗教的
支持。金、元时期,道教发生重大转变,形成以"全真教"为主的一
系列新教派。这些教派主要活跃在民间。明清时期兴起许多民间
教派,其中多数具有反抗社会体制的性质。而佛教上层基本保持
依附"国主""以教辅政"的传统,历朝也都无例外地对之加以礼重、
优遇和利用。佛教从而得以在世俗统制支持生存并在某些方面得
到一定程度的发展。

　　就民众层面说,不论社会如何变动,处在受剥削、受压迫的苦
难深重的地位是不变的,对宗教的需求也是不变的。唐代禅宗大
盛,这是"适合中国士大夫口味的佛教"[2],在民众间影响有限。禅
宗曾一时间笼盖诸宗,但民众信仰中一直能够施予救济和福利的

---

[1]《玉海》卷三二《淳熙原道辩》。
[2] 范文澜《中国通史简编》(修订本)第 3 编第 2 册第 601 页。

神明,净土信仰和观音信仰也就一直保持旺盛的发展势头。五代
宋初,自诩"教外别传"的禅宗走向衰败,主动向传统佛教回归,从
而走向"禅教合一"。但这"合一"的禅已经基本脱落了禅宗当初的
革新精神,实际是回归到大乘佛教修持的一般的"禅"了。"禅净合
一"的佛教基本是以"净土法门"为核心的、满足民众救济需求的佛
教,弥陀和观音则成为其信仰的核心。观音持续担负包括救苦救
难或引领净土等等的全能的救济使命。在佛教全面"通俗化""民
俗化"的过程中,观音向赐福消灾的"俗神化"方向发展,被赋予浓
厚的善神、福神、家庭守护神的性格了。

二

《法华经·普门品》宣扬的观音救济以大乘佛教人性平等观念
为基础,本来是"普门"的即遍及一切人的,与中国传统伦理无涉。
但在中国,"皇天无亲,惟德是辅"①、"天与善人"②乃是奉为信条的
古训,而汉代以后这"德"与"善"都以儒家伦理为准绳,传统宗教思
想和宗教信仰也体现儒家伦理教化内容。在这种传统中,观音信
仰"中国化",也要纳入儒家传统的伦理标准。

前面介绍早期观音灵验传说,表明观音施与救济威力无限,又
是无先决条件的,也没有伦理要求。即使是罪犯,只要内心虔诚,
呼唤、忆念观音,就可以得到观音的响应、救护。但是佛教"中国化"
的重点之一就是与中国传统伦理相调和。因此如前面已经介绍过
的,南北朝时期的观音信仰已普遍地把"忠"与"孝"的伦理纳入其中。

①《春秋左传注·僖公五年》(修订本)第 1 册第 309 页。
②《二程粹言》卷下。

后来输入的密教观音具有浓厚的护国性格,更与中国专制政治体制相合,受到统治阶层的欢迎。唐、宋以降,观音信仰与世俗伦理更密切地结合。他已演变成为传统伦理道德的体现者和维护者。

五代时南唐后主李煜即位,宋朝已经建立,他的国家时刻处于北方强邻宋朝的严重威胁之下。李后主虔信观音,祈求加护。周必大说:

> ……当国朝乾德(963—968)、开宝(968—976)间,江南李后主及昭惠周后创观音圆通道场以奉瑞像,命道济禅师缘德主之,今号崇圣禅寺。东坡苏公尝留诗颂,最为名刹。①

后来金陵被宋军围攻,危机中李后主慌忙求助观音。史书记载当时情况:

> 金陵受围,后主召小长老求助……下令军民皆诵救苦菩萨,声如江涛。未几,梯冲坏城,矢石乱下如雨,仓皇复召,小长老称疾不至,始悟其奸,杀之。群僧惧,并坐诛,乃共乞受甲斗死国难。后主曰:"教法其可毁乎?"弗许。②

"小长老"是淮北僧,来到金陵,受到后主礼遇崇重,主持金陵的敕建大寺清凉寺。临到国破,李后主把观音当作他本人和南唐国的救主,对观音的信心一直没有动摇。

在南宋抗金斗争中,杭州的天竺观音也被当成护国神明,朝廷祈求福佑,留下许多灵验传说。以下是《佛祖统纪》的记载:

> 〔宋高宗建炎四年(1130)二月〕丙子,虏兵退。初,杭人以时方兵、旱,迎上竺大士于郡中法慧寺,侍香火者道元。虏至求索,举藏于井,取它像置行殿。虏还自四明,再犯杭州,果诘问大士所在,迳取之去,并趋道元行。元默哀祷,夜至许村,若

---

①《庐山圆通寺佛殿记》,《文忠集》卷八〇。
②陆游《南唐书》卷一八《浮屠契丹高丽传》。

有人导之者,遂得逸归,告于郡。时虏焚其城,不知井所在。忽闻金石声,就求之,获井出像。

〔绍兴二年(1132)〕二月,诏再建天竺观音大士殿。

(绍兴)四年,伪齐刘豫同金虏入寇。上下诏亲征。九月,上亲诣天竺大士殿,焚香恭祷,早平北虏。

〔绍兴二十四年(1154)〕诏以上天竺为御前道场,特免科敷等事。

〔绍兴三十二年(1162)十月〕,淫雨不止,上遣内侍祷于上竺,燎烟始升,晓日开霁。上喜,出内府玉器三品以施大士殿;寿成太后施七宝冠。

(宋孝宗乾道)三年(1167)二月,驾幸上天竺,礼敬大士……师(若讷)曰:"佛为梵释四王说金光明三昧之道,嘱其护国护人。后世祖师立为忏仪,于岁旦奉行其法,为国祈福,此盛世之典也。"

(宋理宗)淳祐元年(1241),上梦观音大士坐竹石间。及觉,命图形刻石,御赞曰:"神通至妙兮隐显莫测,功德无边兮应感奚速。时和岁丰兮祐我生民,兵寝刑措兮康此王国。"乃书"广大灵感"四大字,加于观音圣号之上。①

这样,观音被当作护国神明来供奉、信仰,带上越来越浓重的"御用"尊神的性格。

佛教"中国化",必须调和"出世"的教义和传统"孝道"之间的矛盾。早出经典《理惑论》里针对反佛一派人在这方面的"疑惑",试图调和二者,举出佛本生故事里太子须大拏的例子。《六度集经》卷二《须大拏经》,讲前世佛陀为叶波国太子须大拏,好行布施,凡衣服饮食、金银珍宝、车马田宅,无不施与,后将国宝白象赠予敌

①《佛祖统纪》卷四七《法运通塞志第十七之四》,《大正藏》第49卷第424页中—432页中。

国,被父王流放到檀特山,太子携其妃和子女入山,又将儿女施予穷老梵志。此故事亦广见《太子须大拏经》《菩萨本行经》卷下等经典,说他"恣意布施,以成大道……至于成佛,父母兄弟皆得度世",称赞这是真正的"仁孝"①。又早在魏、晋以来所译经典里,已多有掺入有关"孝"的说教的,并制造出《父母恩重经》《盂兰盆经》等宣扬孝道的伪经②;在儒、佛或佛、道论辩里亦有许多僧人在这个题目上为佛教辩解。六朝以来的观音造像题记已经有不少为"六亲眷属"等祈愿内容。观音信仰进一步衍化,"孝道"更成为核心内容之一。最为典型的表现是宋代形成的香山大悲成道传说。其中的主人公妙善公主是位孝女,最后化身为千手千眼观音。故事大意是说(不同时代、不同地区、不同体裁的作品里情节有所不同,这里只取大意),古有妙庄王,有三女,小女名妙善,自幼信重佛法,孝敬父母,惟不乐世情,拒不婚配;惹得父王恼怒,屡受黜罚,经过种种磨难,至死坚定不移;后来国王因业报得恶疾,她施手眼救父得愈,终于化身千手眼,为大悲观音。其中描写所受磨难情节,在后来故事发展中逐渐有所增饰,后面还将讲到。这个故事把背景安置在中国,人物是中国人,情节也是中国式的。主人公妙善是虔诚的佛教信徒,又是一个孝女。故事主旨在宣扬佛教的业报和菩萨的灵感报应,又把孝道当作佛法的核心内容,敬信佛法和孝敬父母被完全统一起来了。在后来流行的观音传说里,有许多宣扬孝道的类似子。

明僧善启说:"东鲁垂道,西竺见性,皆莫先于厚本。"③尊亲厚本的"本"即是仁孝。这是把"东鲁"的儒家和"西竺"的佛教统合起来,置于教化最重要的位置。明清时期有许多观音传说都极力宣说

①《牟子丛残新编》第12页,周叔迦辑撰、周绍良新编,中国书店,2001年。
②关于《盂兰盆经》是否伪经,学术界看法不同,但其中包含中国传统思想观念是肯定的。
③如惺《大明高僧传》卷三《苏州延庆寺沙门释善启传》,《大正藏》第50卷第910页下。

观音维护"孝道"的功德。如明僧有严"母病目,师对观音,想日精摩尼手,母即梦神擎目当前,觉而目明"①,等等。在这类故事里,观音以其无边法力助成人们的慈孝之心。当时上层社会祝寿有写寿诗和寿序的风俗,如著名文人钱谦益(1582—1664)的《云阳姜氏寿宴诗》:

> ……我闻观自在,天竺古大士,大慈度含识,深悲及虫豸。刀剑坏吹光,桁杨折画水,以兹仁孝种,感彼求化理。譬如儿飞乳,又如母啮指,潮音不失时,吉云自加被……②

又他的《吴祖州八十序》说:

> 吾读《首楞严经》,知坚固服饵金石,化道圆成,还入诸趣。而观音以慈悲加被,福能转寿,如珠雨宝。观音之慈悲也易,与孔子之生也性也,皆性寿也。兄之长生度世,取诸此为足矣。何事如昙鸾之访求仙籍为菩提流支所唾弃哉!③

这是祝祷观音赐福降祥,保佑长者长生。在后一篇文章里,更直接把观音的慈悲、儒家的心性统合到度世长寿上了。

这样,给本来是无条件的观音救济提供另外的伦理标准,也就把观音本来是先验的、绝对的信仰纳入中国宗教观念注重伦理的传统之中了。这也是适应辅助教化的要求。不过观音演变为世俗伦理的维护者,也就大为削弱了他的神圣性。

三

佛教在中国发展,一直与道教和各种民间信仰、宋元以来各种

---

① 《补续高僧传》卷二《有严传》,《续藏经》第 77 卷第 381 页上。
② 《牧斋有学集》卷六,《四部丛刊初编》本,上海书店影印本,1989 年。
③ 《牧斋有学集》卷二四,《四部丛刊初编》本。

民间宗教相互交流、相互影响。观音信仰的衍化也明显地体现这种影响。其中相当明显的一点是观音作为救济神明逐渐增强"道术"色彩，无论是内容还是形式，都不断增添中土"神仙"的某些特征。

　　如上所述，中土早期佛教带有浓厚的"道教化"倾向。这反映当时人对佛教的认识，也是佛教适应中土传统实现"中国化"的一种表现。至东晋，中国佛教兴盛，道教亦发展成熟，两大宗教间矛盾激化，其间的纷争也激烈起来。不过在佛、道二教关系中，相互间影响、交流、交融又一直相当密切、深入。其中所信仰的神祇相互容摄是个重要方面。观音这一道术色彩本来相当鲜明的神格，很早就被纳入道教仙谱之中。北周甄鸾（535—566）作《笑道论》，攻击道教，其第七《观音侍老》中说："有道士造老像，二菩萨侍之，一曰金刚藏，二曰观世音……"并引用道教徒的一个说法，谓观音本来是元始天尊的一种称号①。"金刚藏菩萨"见《华严经·十地品》，本来和观音没有什么联系，就这样被道教徒随意地捏合到一起了。《续高僧传·慧满传》上也说到"昔周赵王治蜀，有道士造老君像，而以菩萨夹侍"②。这里"菩萨"也是指观音。道教徒把外来的观音纳入为本教神祇③，乃是为了扩展自身势力的手段。另一方

————————————

①《广弘明集》卷九《辩惑篇》，《大正藏》第52卷第146页中。《笑道论·观音侍老第七》："臣笑曰：按《诸天内音八字》文曰：'梵形落空，九重推前。'天真皇人解曰：'梵形者，元始天尊于龙汉之号也，至赤明年号观音矣。'"《诸天内音八字》即今《道藏》中《太上灵宝诸天内音自然玉字》，其卷三天真皇人解释"梵形落空，九灵推前"处指出"梵形者，元始天尊也"，无改名号为观音语。

②《续高僧传》卷二三《唐京师普光寺释慧满传》，中册第870页。

③如后来的道书《性命圭旨》即把观音密咒纳入其中，并说："若人书写六字大明咒者，即同书写三藏法宝。若人持念六字大明咒者，即同讽诵七轴灵文。又能开智慧门，能救百难苦，三世业冤，悉皆清净，一切罪障，尽得消除。"在后来道教法事道场里，"观音经忏"是内容之一。而在民间信仰中，"三教同堂"更是普遍的现象。造像里佛、道同龛最早的文字记录是北周明帝元年（557）《强独乐文帝庙造像碑》，碑额说"大周使持节……开国伯强（转下页）

面,佛教也在积极地汲取道教内容以充实自己。如对于推动中国"净土法门"的发展起关键作用的昙鸾,早年即受到当时流行的神仙方术的影响,"心愿所指,修习斯法";他曾游历江南,见到著名道士陶弘景(456—536),弘景"以仙经十卷,用酬远意"①。对于他发展净土思想和念佛法门,道教起了一点作用。

观音"道教化"的具体表现之一是被"神仙化",即赋予他神仙的形貌与性格。按佛教教理,佛陀降临人们生存的娑婆世界,本是他的化身示现。《普门品》宣扬观音现三十三身普门救济,也是他的变身(或作应身,不烦详论)。他们完全不同于"六道"轮回中的"人"。而中土道教讲长生久视,讲飞升成仙,《神仙传》里许多神仙是混迹于人间的。他们有人的形貌,过人的生活。东晋葛洪(284—364?)著《抱朴子》,这是当时道教教理的总结性著作,其中讲到有三种神仙,天仙、地仙、尸解仙②,地仙游行于人间。此外神仙还会因罪谪罚到人间,即所谓"谪仙"。唐代著名道士司马承祯

(接上页)独乐为文王建立佛、道二尊像,树其碑"(《八琼室金石补正》卷二三,第142页),碑在四川简州(今四川简阳市),一直为金石学家所重视。四川安岳玄妙观是国内规模最大的佛、道合龛造像,据《玄妙观胜境像》碑文记载,开元十八年(730)始凿,现存十五个龛、窟,其中有老君、真人、释迦并坐像;同在安岳的圆觉洞第三十九窟是五代所造,规模不大,为天尊、老君、释迦同在一窟(《佛教石窟考古概要》第160页)。现知北方有纪年的"三教诸佛"是庆阳平定川石窟中1095年所雕造的(同上,第5页)。宋代大足石窟中,"三教合一"的窟龛更多,如北山佛耳岩第十九窟宋窟,正壁凿释迦坐像,左右壁凿老君像一身,左壁的老君像两边各有一真人(《大足石刻内容总录》,第177页);妙高山第二窟为绍兴年间开凿,主尊为释迦,左壁老君,右壁孔子,他们左右各有侍者(同上,第340页)。至于一般著述里经常举为例证的山西长治市梁家庄观音堂明万历十年(1582)的造像,七百余躯彩塑,三教的神祇被共同供奉;大约同期的平顺县宝岩寺的明代造像等,时代靠后,也很有名。

① 《续高僧传》卷六《魏西河石壁谷玄中寺释昙鸾传》,上册第188页。
② 《抱朴子内篇校释》(修订本)第20页。

则更进一步说："人生时禀得虚气,精明通悟,学无滞塞,则谓之神;宅神于内,遗照于外,自然异于俗人,则谓之神仙。故神仙亦人也。"①在重实际的中土思维中,生存于现实之中的、等同于"人"的形态的神仙,比佛、菩萨神秘的、不可捉摸的应、化身更容易被理解和接受。结果在中土,观音的"现身"逐渐被落实到现实生活中,就变得类似道教的"仙人"了。在许多民间传说或文人作品里,观音往往被直接冠以"白衣仙"之类称呼②。

　　在早期观音灵验故事里,观音还没有作为现实中的"人"出现。在傅亮、张演所辑录的灵验传说中,人们念观音、诵《观音经》、顶礼观音像而得救,观音并没有直接现身;即使出现作为救济者的观音,也是或显现于梦幻中,或表现在非现实的环境里。但到隋、唐以后,如中土神仙那样的混迹人世、体现为"人"的形貌的观音大量出现了。这是一些"地仙"式的观音。当时往往又把某些高僧、名僧说成是观音。据说神僧杯度死后,吴兴郎信病伤寒,悲泣念观音,杯度即降临相看守护,杯度在这里即是闻声而至的观音示现③。梁代异僧宝志被认为是"十一面菩萨之化身"④。唐时也有人说:"志公和尚者,实观音大士之分形者欤!"⑤又据传梁武帝问宝志达

①《天隐子·神仙》,《道藏》第 21 册第 699 页中,文物出版社、上海书店、天津古籍出版社,1987 年。
②如苏轼《雨中游天竺灵感观音院》:"蚕欲老,麦半黄,前山后山雨浪浪。农夫辍耒女废筐,白衣仙人在高堂。"(《苏轼全集校注》第 2 册第 670 页,张志烈等校注,河北人民出版社,2010 年);张耒《观音泉》:"岩松偃盖不知年,寂寂秋灯宝供前。清彻一源传万古,空山长伴白衣仙。"(《柯山集》卷二三);吕本中《庆大悲阁成》:"自离闽岭罢参禅,疾病深藏不计年。尚得闲人相印可,隔门惟有白衣仙。"(《东莱诗集》卷一七);等等。
③《高僧传》卷一〇《宋京师杯度传》,第 383 页。
④《入唐求法巡礼行记》卷二,第 99 页。
⑤李顾行《上元县开善寺修志公和尚堂石柱记》,《全唐文》卷七八八,第 8240 页。

摩是何人,宝志答称:"此是传佛心印观音大士。"①达摩会见梁武帝
本出臆造,这显然是后出传说。天台宗奉为宗祖的慧思,亦被礼敬
为观音化身。又唐初的僧伽亦以神异称,他曾"卧贺跋氏家……现
十一面观音形";死后,中宗问万回:"彼僧伽者何人也?"回答曰:
"观音菩萨化身也。"②据传僧伽行化于长安、洛阳,后居于泗州普照
寺,唐宋时被奉之甚虔,称"泗州大圣""泗州文佛",以至有"只闻有
泗州和尚,不见有五县天子"③之说。著名禅师怀让"跻衡山,止于
观音台。时有僧玄至拘刑狱,举念愿让师救护。让早知而勉之,其
僧脱难,云是救苦观音"。他于天宝三载(744)八月寿终于衡岳,因
此其地每年八月举行"观音忌"④。这样,观音已不被看作是示现于
世"闻声往救"的化身,而是活动在现实生活中类似神仙的"人"了。

　　徐陵(507—583)《东双林寺傅大士碑》里录有傅大士致梁高祖
书,开头说:

<blockquote>双林树下当来解脱善慧大士白国主救世菩萨……⑤</blockquote>

"救世菩萨"是观音的称号之一,这是把梁高祖当作观音了。据传
唐初的法琳(572—640)宣扬念观音则临刑不伤,唐太宗李世民命
他诵观音七日后试刀,至期,诏问所念观音感应如何,他回答说:
"琳自七日已来,不念观音,唯念陛下。"并辩解说:"观音至圣,垂形
六道,上天下地,皆为师救。陛下御临宸极,万国欢心,文治至平,
灵鉴无外,圣与观音齐等,所以唯念陛下。"⑥这当然是一种诔词和
狡辩,但也反映当时的观念:在"不依王者则法事难立"的中国专制

---

①《祖堂集》上册第97页,孙昌武、衣川贤次、西口芳男点校,中华书局,2007年。
②《宋高僧传》卷一八《唐泗州普光王寺僧伽传》,下册第448—449页。
③钱易《南部新书》癸卷。
④《宋高僧传》卷九《唐南岳观音台怀让传》,上册第200页。
⑤《徐陵集校笺》第3册第1229页,许逸民校笺,中华书局,2008年。
⑥《佛祖历代通载》卷一一,《大正藏》第47卷第570页中。

统治环境下，当朝皇帝被看作观音，他的权威被等同于观音，世俗政权与宗教神权就这样被统合起来了。

唐苏颋(670—727)曾为洛阳令，离任时百姓为造等身观音像，张说作颂。其中描写造像的形貌：

> ……模宰官之形仪，现轮王之相好。谛视瞻仰，将莞尔而微笑；摄心倾听，疑悉然而有声……①

这种造像，本是用以祈福、颂功的。按"宰官"的形象来造像，显然有把苏颋比拟为观音的意味。晚近的习俗，更相当普遍地把一般的"善人"称为"观音菩萨"了。

许多普通人被看作观音的典型例子，有自六朝后期即已流传的刘萨诃(又写作"刘萨河""刘窣和"等)故事。他的"事迹"见于王琰《冥祥记》、慧皎《高僧传》、道世《法苑珠林》、道宣《续高僧传》《集神州三宝感通录》等众多文献里，可见流传之广远、影响的巨大。从记载这一人物的资料出现的先后层次，可以推测传说形成有个过程。据早期王琰、慧皎所传，说他是西河离石(今山西吕梁市离石区)人，长于军旅，好猎嗜杀，暂死，入地狱反魂，遂奉佛出家，号慧达。从这些情节看，这是一个当时流行的"地狱巡游"故事，宣扬离欲奉佛观念。法显游记里有慧达，是随同西行的求法者之一。如果二者是同一个人，传说就是实有其人的②。后来故事逐渐复杂，说他是稽胡人即南匈奴后裔，出家后南到丹阳、会稽、建业等地，并曾远游五天竺，于北魏太武帝太延元年(435)西行凉州、酒泉。《续高僧传》等书又重点记载了他在凉州感得瑞像事。道宣在《集神州三宝感通录》卷下，说刘萨诃家乡土俗无佛，后来人们用他的形象塑为"胡师佛"来加以崇拜，"敬如日月"，刘遂出家，法名慧达；他为众说法，夜入茧中，以自沉隐，旦自茧出，故又俗名"苏何

---

①《龙门西龛苏合宫等身观世音菩萨像颂》，《全唐文》卷二二二，第2238页。
②参阅《法显传校注》第184页。

圣"，即胡语"茧"的意思。原来这个"胡师佛"就是"假形化俗"的观音，在黄河流域的慈、隰、岚、石、丹、延、绥、银八州"皆立土塔，上施柏刹，系以蚕茧，拟达之栖止也"①。从传说内容看，关于他是观音显化情节，应是后来附加上去的。中唐时的惟则"闻四明（今浙江宁波市）鄮山有阿育王塔，东晋刘萨诃求现，往专礼焉。乃匠意将七宝为末，用胶范成模写脱，酷似。自甬（宁波市别称）东躬自负归奉慈寺供养，京邑人皆倾瞻归信焉"②。奉慈寺是宪宗太皇太后郭氏为母亲齐国大长公主追福在宫中所建，可知在中唐时有关传说已流传南北。在敦煌写卷里发现相关众多资料，包括《刘萨诃和尚因缘记》（P.3570、P.2680、P.3727），第九十八号窟、第六十一号窟、第三百二十三号窟里有描绘刘的事迹的壁画，第二百零三号窟和第三百号窟里有《凉州瑞像变》③。这些作品最早的出于7世纪末年，可见关于刘萨诃传说在唐时广泛传播情况。而他被说成是观音显化，应是推动传说流行的重要因素。还值得注意的是，刘萨诃本是边疆少数民族人，而有关他的传说流传全国，这也是我国古代各民族间文化交流和少数民族中观音信仰的宝贵资料。

　　和刘萨诃相类似的传说还有不少，在不同时代、不同地区流传。如南宋时有前面已提到的"贺观音"故事：

　　　　海州朐山贾氏，世画观音像，全家不茹荤。每一本之直率五十千，而又经涉岁时方可得，盖精巧费日致然。传至六待诏者，于艺尤工。正据案施丹青，一丐者及门，遍体疮癞，脓血溃出，臭气不可近，携鲤鱼一篮，遗之求画。贺曰："吾家绝荤累世矣，何以相污？"其人曰："君所画不逼真，我虽贫行乞，却收得一好本，君欲之乎？"贺喜，洒扫净室，延之入。至即反拒户，

①《集神州三宝感通录》卷下，《大正藏》第52卷第434页下—435页上。
②《宋高僧传》卷二七《唐京师奉慈寺惟则传》，下册第682页。
③史苇湘《刘萨诃与敦煌莫高窟》，《文物》1983年第6期。

> 良久呼主人,贺往视,则已化为观音真相,金光缭绕,百宝庄
> 严。贺唤子弟焚香敬礼,遽所在室中异香芬馥,历数月不散,
> 由是画名愈益彰。①

这个"贺观音"渊源有自。北宋时的晁补之(1053—1110)有《观世
音菩萨摩诃萨像赞》一文已经写道:

> ……我今日复为众说,稽首菩萨在世间。有海旁士族姓
> 贺,三世妙绩庄严相。一贫女鬘提鱼笱,晨朝过户言"善哉,汝
> 善画此观世音,见观世音能识不?"若士悦不悦因诤语:"汝安
> 能识观世音?"鬘女忽化白衣仙,彼鱼笱成百花筐。愕然称叹
> 欲作礼,菩萨与女晃皆亡。此但衣食为善缘,而已获是感应
> 力。于今十方普供养,稽首贺氏观世音……②

这里所写和前面所述情节有所不同,是民间传说中普遍存在的传
闻异词现象。故事说的是一个画匠遇到化为普通人的观音,他在
北宋时已得到"十方普供养",一直流传到南宋。而且在当时人的
观念里,已把他看作是"仙"人了。

如上一节所说,观音施行救济纳入"忠""孝"的内涵,这是被"儒
学化"了;这一节则表明,观音形貌演变又仿佛本土的"神仙",这又被
"道教化"了。这样的观音就具有浓厚的三教融合的性格了。

四

观音在中土衍化的又一个重要结果,是他的道场被转移到中

---

① 《夷坚志补》卷二四,《夷坚志》第 4 册第 1772 页。
② 《鸡肋集》卷六九。

国某地。这最为直接地表明在观念中他已不是外国菩萨,而被认同为中国本土的神明了。观音道场被转移到中国,与文殊道场被确定到五台山、普贤道场被确定到峨眉山、地藏道场被确定在九华山,是从六朝末到唐五代完成的;继而"四大名山"信仰在唐、宋兴盛起来。这也是佛教"中国化"完成的体现之一。不过观音的情况和文殊等又有所不同。他的道场在中国不只一处,许多地方都被确认为观音成道、驻锡和行化之地,都流传出与本地有缘的相关传说,从而又创造出许多冠以各地名称的观音。这也最为清楚地表明当地民众对观音的亲近和崇敬。民众间的地方神崇拜体现当地群众的宗教观念、需要和愿望,这些神祇从而带上地方守护神的性格。被冠以各地方名称的观音正是如此。

中国最主要的观音道场是普陀山,是中国佛教"四大名山"之一,自唐末直到如今是供奉观音的重要道场。如前所述,六十《华严》里观音道场在光明山,音译"补陀洛迦山"等,据考应是指印度半岛南端东海岸秣刺耶山以东的巴波那桑山①,学术界还有不同看法。大约自唐末起,传说中开始把中国东海舟山群岛即今舟山市的一个小岛指定为补陀洛迦,后来俗称"普陀山"(值得注意的是,在中国,另有许多其他地点被比定为补陀罗迦②)。相传这里原是汉梅福、晋葛洪隐居之地,大概由于其地远离尘嚣,环境优美,被附会到神仙信仰和道教传说之中;也可能这里确是东晋以后流行于滨海地区的天师道活动的地方。在佛教势力扩展的情况下,这里

---

① 季羡林等校注《大唐西域记校注》比定此山为巴波那桑(Papanasam)山,今印度提讷弗利(Tinnevelly)县境,方位为北纬 8 度 43 分,东经 77 度 22 分。参阅该书卷一〇《秣罗矩咤国》条,第 862—863 页。又参阅后藤大用《观世音菩萨本事》第十四章《补陀洛之研究》,第 176—191 页。

② 俞樾《癸巳类稿》卷一五《〈观世音菩萨传略〉跋》:"盖补陀一在额纳特珂克海中,一在西藏今布达拉山,一在广东南海。宋丁谓《朱崖》诗云:'且作观音菩萨看,海边孤绝宝陀山。'"下册第 514 页,涂小马等校点,辽宁教育出版社,2001 年。

被"佛教化"了。中国的名山被佛、道二教争夺,其势力消长变化,反映二教相争的具体态势,是历史上常见的现象。

　　兴盛的唐王朝扩大与海东、南洋诸国的交流,东海海上交通繁忙。特别是中唐时期,朝廷财赋仰给东南,经济重心南移;另一方面日本和统一朝鲜半岛的新罗来华航船如走南线,舟山群岛西方的明州(今浙江宁波市)成为重要口岸,普陀山是必经之地。伴随着中国与日本、新罗贸易往来的佛教交流,也要走这条海路。观音"救七难"的第二项就是救水难,他本来具有海上救护神的品格,在古代航海出没于惊涛骇浪的僧俗乞求观音加护是很自然的。如前所述,法显当年自斯里兰卡回国,从山东青州登陆,据说他所乘坐的航船在海上屡次遇难,都以祈念观音得救。大体相当于唐和北宋的日本平安朝(794—1192)前期又正是中国佛教输入日本的繁盛期,在东海上往来的中、日著名僧侣如中国的鉴真(688—763)、日本的留学僧玄昉(?—746)、空海(774—835)、最澄(767—822)、圆仁(793—864)、圆珍(814—891)等都是观音信仰的传播者。文献记载鉴真和尚数度艰苦渡日过程中的天宝七载那一次,"去岸日远,风急波峻,水黑如墨。沸浪一透,如上高山;怒涛再至,似如深谷。人皆慌醉,但唱观音"[1]。这和当年法显遇海难则念观音求救的情形一样。从日僧圆仁《入唐求法巡礼行记》的记载也可以看到,日本遣唐使船在航行中"画观音菩萨","读经誓祈",遭遇险情则"口称观音、妙见,意求活路",入唐后又画观音等菩萨像还愿,乃是当时航海的一般习俗[2]。元盛熙明《补陀洛迦山传》记载称:

　　　　唐大中(847—859),有梵僧来(潮音)洞前,焚十指,指尽,亲见大士说法,授与七宝石,灵感遂启。[3]

---

①真人元开《唐大和尚东征传》。
②《入唐求法巡礼行记》卷一,第1、3、9页。
③盛熙明《补陀洛迦山传》卷一,《大正藏》第51卷第1136页下。

这一传说是否确有其事不可穿凿。所谓"梵僧",指的应是南海来的印度或斯里兰卡等国僧侣,东海也是他们来华航行的通路,说他们经过此地设立佛堂或庙宇是合乎情理的。这样,东海上的这一观音道场的形成与南洋交通,与中、日、三韩,与中国和南海的佛教交流有密切关系。普陀山有一个关于日本僧人的传说:

> (唐宣宗大中十二年,858)日本国沙门慧锷礼五台山,得观音像,道四明(四明山,在今宁波市西南),将归国。舟过补陀山,附著石上,不得进。众疑惧祷之曰:"若尊像于海东机缘未熟,请留此山。"舟即浮动。锷哀慕不能去,乃结庐海上以奉之(今山侧有新罗将),鄞(唐明州,治鄞县,今浙江宁波市鄞州区)人闻之,请其像,归安开元寺(今人或称五台寺,又称不肯去观音)。其后有异僧持嘉木至寺,仿其制刻之,扃户施功,弥月成像,忽失僧所在。乃迎至补陀山。山在大海中,去鄞城东南水道六百里。①

这个传说同样不可尽信,但从当时海上交通形势看,普陀观音信仰大体形成于这一时期是没有问题的。到宋代,东海普陀观音信仰已广泛普及到民间。《补陀洛迦山传》记载:"宋元丰三年(1080),王舜封使三韩,遇风涛有感,以事上闻,赐额曰'宝陀观音寺',置田积粮,安众修道,岁许度一僧。"②北宋天童正觉(1091—1157)曾专门"至明州,礼补陀大士"③。北宋末年南湖道因《草庵录》中曾说:"是为东海诸国朝觐,商贾往来(普陀),致敬投诚,莫不获济。"④重庆大足北山佛湾第一百三十三号龛有宋代所造水月观音,其背面

①《佛祖统纪》卷四二《法运通塞志第十七之九》,《大正藏》第49卷第388页中。《普陀洛迦新志》卷三《灵异》谓事在五代梁贞明二年(916)。
②《补陀洛迦山传》卷一,《大正藏》第51卷第1137页下。
③《大明高僧传》卷五《明州天童寺沙门释正觉传》,《大正藏》第50卷第915页上。
④《佛祖统纪》卷四二,《大正藏》第49卷第388页下。

壁上就刻画了普陀山①。就是说，当时远在西陲的四川已经流传普
陀观音信仰。南宋有传说称，泉州商人七人于绍熙元年（1190）出
海，有余姓者，离岸三日得病，被众人弃置小岛，他遥望普陀，连声
念观音不已，终于得救②。又传说史浩（1106—1194）任昌国（今浙
江舟山市）盐监时曾谒普陀山，感大士金光身相，日暮，有一僧来
访，告以它日为相，应力谏用兵，并约二十年以后相见于越，后于乾
道九年（1173）果然应验，以此归里后仿普陀山创月波山，供养观
音③。这类故事都反映当时普陀信仰普及状况。到元代，岛上已建
成宝陀寺、潮音洞、善财洞、盘陀石、三摩地、真歇庵、海潮庵等寺
院。明代抵御倭寇侵扰，曾下令岛民移居内地；明世宗在位期间
（1521—1567），汉奸汪直勾结倭寇把岛上三百余所寺院摧毁。到
晚明的万历年间（1573—1620），明神宗和虔诚信仰观音的李太后
两度派遣太监到普陀山进香，奉送观音像和《大藏经》，岛上寺院逐
渐恢复。明末的朱国祯（1558—1632）在《普陀游记》里记载当时
"（普济寺、法雨寺）二大寺外，依山为庵者，五百余所"④。清代普陀
寺庙继续修建，康熙（1662—1722）和雍正（1723—1735）年间朝廷
敕命整修普济寺殿堂。康熙帝南巡杭州，曾题写"普济群灵""天华
法雨"匾额，赐给当时岛上规模最大的两座寺院普济寺（南寺、前
寺）和法雨寺（北寺、后寺）。清末光绪三十三年（1907）建成另一座
大刹慧济寺（佛顶寺），即今天普陀山的"三大寺"。清代岛上兴盛
时期寺院、庵堂和茅棚达二百处之多。

　　和普陀信仰相关的，在今厦门市内五老峰麓有南普陀寺，始建
于唐。至明初重建，也是主要供奉观音的道场，俗称"南普陀"。在

①《大足石刻内容总录》第 52 页。
②《夷坚三志己》卷二《余观音》，《夷坚志》第 3 册第 1318 页。
③《佛祖统纪》卷四七《法运通塞志第十七之十四》，《大正藏》第 49 卷第 428 页
　　上—中。
④《涌幢小品》。

北京房山区西南上方山有普陀崖,称"北普陀",崖下有供奉观音的观音殿。至于拉萨的布达拉山乃是补陀洛迦藏译。关于藏传佛教里的观音崇拜,不在本书讨论范围,此不具述。

中土观音的另一个重要道场是杭州上天竺寺。"五代"时期的吴越国尊崇佛教,推动杭州佛教兴行。武林山有上、中、下"三天竺"三座寺庙,其中上天竺观音道场更为著名。这座寺院为 10 世纪初吴越武肃王钱镠(852—932)所建,初名"天竺看经院",后来称为上天竺寺①。宋初该寺由禅僧主持。咸平(998—1003)中浙西大旱,郡守张法华有祷辄应。至嘉祐(1056—1063)末,太守沈文通迎请天台宗辩才法师住持,改禅为教,得朝廷赐额"灵感观音院","凿山增室,广集学徒,教苑之盛冠二浙"②。苏轼自熙宁五年(1072)任杭州通判的时候,作著名的《雨中游天竺灵感观音院》诗:

> 蚕欲老,麦半黄,前山后山雨浪浪。农夫辍耒女废筐,白衣仙人在高堂。③

天竺观音院本是祈祷水旱之所,苏轼作这首诗,据说是意在讽刺"王安石变法"的。从中可以知道那里供奉的是白衣观音。而如上所述,"白衣仙人"这个称呼具有把佛教的观音"神仙化"的意义。至宋室南渡,建都临安,这里供奉的观音备受南宋朝廷崇敬,又被赋予特殊的护国安民意义。本章前面已引录《佛祖统纪》记载从建炎到乾道年间皇帝亲往天竺礼拜观音情形。当时每逢水旱灾害或强敌压境,社会上下热切地寻求神明佑护,观音救济更赢得人心,流传出不少有关天竺观音的灵验故事。如褚人获记载说:

> 宋孝宗时天旱,有诏迎天竺观音,就明庆寺请祷。或作诗

---

① 《咸淳临安志》卷八〇《上天竺灵感观音寺》。
② 《咸淳临安志》卷八〇;喻谦《新续高僧传四集》卷三《玄净传》;《佛祖统纪》卷一一《辩才元净法师传》,《大正藏》第 49 卷第 221 页中。
③ 《苏轼全集校注》第 2 册第 670 页。

云："走杀东头供奉班,传宣圣旨到人间。太平宰相堂中坐,天
竺观音却下山。"赵温叔(雄)由是罢相。①

这首诗讽刺朝官无所作为,却也从侧面反映了朝廷供养天竺观音
情形。杭州后来一直是江南政治、文化中心,历代朝廷常有宣赐褒
扬、敕命祠祷天竺观音之举。明朝时东海有倭寇骚扰,一个时期朝
拜普陀海路断绝,杭州天竺进香风气取而代之,十分兴盛。直到近
代,一年四季,特别是佛诞日(农历四月初八)和观音纪念日(当地
以农历二月十九日为圣诞,六月十九日成道,九月十九日涅槃),远
近民众,成群结队到天竺"进香",人数往往以百万计,其中以妇女
为多。这样,五代以来,杭州上天竺一直是供奉观音的一方胜地。

如果说普陀观音信仰基于对经典《法华经·普门品》的附会,
天竺观音信仰更多得力于朝野的推动,那么涉及另外两处道场的
观音即香山观音和襄阳观音则形成于当地民间。这两处观音都是
从大悲观音信仰衍化来的。他们出自地方民间传说,带有更浓厚
的民俗色彩。

北宋李廌在《画品》里说:

　　大悲观音像,唐大中年范琼所画,像躯不盈尺,而三十六
臂皆端重安稳。如汝州香山大悲自作塑像、襄阳东津大悲化
身自作画像意韵相若……②

这是说当时在汝州香山和襄阳东津分别有大悲塑像和画像,并传
说它们是大悲观音现身所作,而范琼所画的形象和技巧正与之相
似。这段话清楚表明有关传说在当时流行情形。

香山,外来佛典里有"醉香山",本是佛教宇宙观中的高山,位
于阿耨达池之北,为阎浮提洲之最高顶。旧说或以为即指昆仑山

---

① 褚人获纂辑《坚瓠三集》卷四,《笔记小说大观》第7册第506页,江苏广陵古
　籍刻印社据上海进步书局版影印本,1995年。
②《德隅斋画品》,《宋人画评》第243—244页。

（或葱岭）。中国佛教早有涉及香山的传说①，把它当作中土某地。而中土以"香山"为地名之处亦多。著名的如洛阳龙门的香山、北京西郊的香山，都和佛教传说有关系。河南汝州宝丰县（今河南平顶山市宝丰县；唐时属汝州，今河南汝州市）香山（在今宝丰县城东十五公里大、小龙山之间，今存香山寺，传为唐建，历代屡经修葺）则被传为前已讲到过的香山大悲证道之所，并相应地有情节复杂的传说。如前所说，这个传说里的大悲观音又是中土孝女的化身，是体现中国传统伦理观念的完全"民族化""民俗化"的本土神明。早在北宋时期，相关传说已广泛流行于民间，第一个记录者是蒋之奇（1031—1104）。据南宋朱弁记载：

> 蒋颖叔守汝日，用香山僧怀昼之请，取唐律师弟子义常所书天神言大悲之事，润色为传。载过去国庄王，不知为何国王，有三女，最幼者名妙善，施手眼救父疾，其论甚伟。然与《楞严》及《大悲》《观音》等经颇相函矢……而天神言，妙善化身千手眼，以示父母，施即如故。而今香山乃是大悲成道之地，则是生王宫，以女子身显化。考古德翻经所传者，绝不相合。浮屠氏喜夸大神，盖不足怪。而颖叔为粉饰之，欲以传信后世，岂未之思耶！②

颖叔名之奇，《宋史》卷三四三有传，其守汝在元符年间（1098—1100），亦即他的晚年。他是虔诚的观音信仰者，张舜民记载有关

---

① 《佛祖统纪》卷三九《法运通塞志第十七之六》有传说如下："（大业）九年（613），（隋炀）帝幸维扬，召神僧法喜入见。一日，绕宫中索羊头，帝恶之，以付廷尉。禁卫甚严，而有司见其日丐于帝。上命按之，见袈裟复黄金锁骨，诏以香泥塑其形。是夕，泥像起行，言笑如故。上异之，诏释其禁。未几示疾而终，葬之香山。后数岁自南海归者，见师殊无恙。发其冢视之，唯空棺焉。及炀帝遇害江都，方悟索羊头之先谶。"《大正藏》第 49 卷第 262 页上。这里概念有"香山""南海"，又有"黄金锁骨"，均和以后的观音传说有关。

② 《曲洧旧闻》卷六。

他的逸事：

> ……丙申，见发运副使蒋之奇、(泗州)知州朝奉刘士彦、
> 通判奉议王纯中。午间，蒋之奇、通判见候。申后，大圣见塔
> 上，始见香烟如雾，笼闭四周，少顷，有物如拳许，在相轮上，或
> 坐或作，往来周旋不止。每至东南角，少伫立，至暮不灭。①

这是写他和蒋之奇等人亲见僧伽在泗州大圣塔上显化的神迹。前
面已提到，唐代的僧伽被看作是观音化身。从这个事例，可见这些
人的宗教心态。据朱弁记载，蒋之奇是根据唐代律师道宣弟子的
记录加以润色写成香山大悲传说的，这就是今存香山大普门禅寺
作为镇寺之宝的《香山大悲菩萨传碑》，亦称《千手千眼观世音菩萨
得道正果史话碑》。清道光《宝丰县志》卷一五记录有《汝州香山大
悲菩大传》，有注曰："存在香山寺内，蔡京书，元符三年(1100)九月
刊，至大元年(1308)七月重刊。"元符三年正是蒋颖叔作传的时候。
该碑 1986 年列入河南省第二批文物保护单位名录②。但今传《道
宣律师感通录》里不见香山大悲事。按情理说，这样的故事应出在
盛唐大悲信仰盛行之后，说它出自道宣弟子应当是附会。与蒋之
奇大约同时的张耒(1054—1114)有《书〈香山传〉后》一文说：

> 佛法自东汉明帝时始入中国，而此传天人所称庄王者，以
> 为楚王，则时未有佛。所谓观世音者，比丘之号，无从而有，与
> 史载不合，然未可废也。予尝读《宣律师传》，其载天人语甚
> 多，有一天人说穆王时佛至中国，与《列子》所载西极化人之事
> 略同。不知子寓言也，抑实事也？③

这表明张耒也曾见到《香山传》。这个《香山传》应即是蒋之奇加以

---

① 《郴行录》，《画墁集》卷七。
② 肖红等主编《香山大悲菩萨传》，文物出版社，2009 年。
③ 《柯山集》卷四五。

润色的原本。南宋初张守有《余旧供观音比得蒋颖叔所传〈香山成
道因缘〉叹仰灵异因为赞于后》诗曰：

> 大哉观世音，愿力不思议。化身千百亿，于一刹那顷。香
> 山大因缘，愍念苦海众。慈悲示修证，欲同到彼岸。受辱不退
> 转，是乃忍辱仙。抉眼断两手，不啻弃涕唾。欻然千手眼，照
> 用无边际。至人见与执，不在千手眼……①

同在南宋，祖琇记载道宣问天神以观音大士缘起、告以庄严王女妙
善修道化示千手千眼圣像事，其中有道宣与天神的对话：

> （道）宣又问："菩萨处处化身，岂应独在香山耶?"神曰：
> "今震旦境内，唯香山最殊胜。"山在嵩岳之南二百里，今汝州
> 香山是也。②

这也应是后出的附会。综合这些记载可以推测，起初所传故事虽
是以妙善成道为中心，但重点似在说明圣像形成的因缘，即李廌
《画品》里所说的塑像成因。这属于民间传说中所谓"史事传说"一
类。大概香山其地的寺院供养观音，有观音造像，僧侣为神化寺院
而编造出故事，编造过程中利用了民间传说材料。宋时的香山传
说主要有两个内容，一个是说妙善为救父疾而成道，一个说明寺院
塑像的由来。在后来流传中，后一方面体现地方特点的内容逐渐
被淡化了，前一方面内容则被不断充实、丰富、发挥，形成明清时期
小说、戏曲、宝卷和民间传说等作品之中情节复杂而大体类似的故
事情节。值得注意的是，在后来的传说中，又把香山成道故事时间
提前了，至有提到北齐天保年间（550—559）的。后来又有传说把
这一大悲成道因缘附会到龙门香山上去了③。

---

① 《毗陵集》卷一〇。
② 《隆兴佛教编年》卷一三，《续藏经》第 75 卷第 176 页上。
③ 塚本善隆《近世シナ大衆の女身観音信仰》，《山田博士還歴紀念・印度學
　仏教學論集》，1955 年。

在宋代,襄阳也是观音信仰特别兴盛的地方。邹浩(1060—
1111)有《难聘观音画像记》一文,曾有记载说:

> 晋陵邹某为襄州教授之明年,当绍圣元年(1094),以其重
> 阳之前夕,梦造大刹,有殿岿然。其佛像如世所奉白衣菩萨
> 相。为榜,揭以金字,曰"难聘观音之殿"。某不晓"难聘"意,
> 诘左右,或曰:"此象生像也。久闷地中,既得之,诏辇致于京
> 师,然积千万人竟不动。遂即其处为殿复焉,而赐号'难聘'
> 云。"某方稽首瞻仰,忽顾某而笑……①

以下又写到观音亲为说法的灵迹。这个故事和普陀山的不肯去观
音传说类似,都是突出特定的观音与一方有缘的。

关于襄阳东津大悲传说,邹浩之前的张邦基有详细记载:

> 襄阳天仙寺,在汉江之东津,去城十里许。正殿大壁,画
> 大悲千手眼菩萨像。世传唐武德初,寺尼作殿,求良工图绘。
> 有夫妇携一女子应命。期尼以扃殿门,七日乃开。至第六日,
> 尼颇疑之。乃辟壁,阒其无人。有二白鸽翻然飞去。视壁间,
> 圣像已成,相好奇者,非世工所能。独其下有二长臂结印手未
> 足,乃二鸽飞去之应也。郡有画工武氏者,独能模传其本。大
> 观(1107—1110)初,有梁宽大夫寓居寺中,心无信向,颇疑慢
> 之。武生曰:"菩萨之面,正长一尺。"宽以为诞,必欲自度之。
> 乃升梯,欲以足加菩萨面。忽梁间有声如雷。宽惊悸而坠,损
> 其左手。僧教宽悔过自忏。后岁余,方如旧。慈御悔于像法
> 事者,怒其慢渎耳。②

传说中故事发生在唐初武德年间,其时大悲信仰还没有流传,不是
事实。说主持作画的是女尼,观音又现化为夫妇和一女子,则突出

①《道乡集》卷二五。
②《墨庄漫录》卷一〇。

了女性在信仰中的作用,值得重视。故事的主旨显然也是神化当地大悲观音灵迹的。

这个襄阳大悲传说流传也相当广泛,李复(1052—1128)作有《襄州大悲像》诗:

> 宝伽如来出海山,隐身自画如来像。三日开门孤鹤飞,满壁晬容现殊相。一首千臂眼在手,一一手执各异状。日月山岳星宿明,钟鼓磬铎琴筑响。矛戟戈剑利兵锋,瓶钵螺巾宝锡杖。左右上下满大千,应机妙用不可量。金光宛转遍沙界,亿万人天尽回向。昔闻如来发洪誓,慧目无边破诸妄。今我祝愿果初心,销灭含生多劫障。[1]

据"三日开门孤鹤飞"句,可知传说细节与张邦基所述有所不同。从诗的描写,又可知大悲画像十分壮丽。同时期的葛胜仲也有《襄阳大悲院作》诗:

> 善财扣补陀,大千一弹指。我行无神足,重趼二百里。中年逢百罹,所欠但一死。稽首闻薰玉,觊以俗障洗。鱼山强赞述,文污梵书庋(原注:予尝为《观音赞》,文行于世)。自怜迷本闻,云何见大士。觉与所觉空,根脱不用耳。圆融声度垣,变现月映水。臂目恒河沙,如幻本一理。以是见观音,文殊亦如是。[2]

这里的大悲院应指东津天仙寺。从诗里所写可以知道,宋时该寺是襄阳名胜,应和那里的大悲观音造像有关系。而把观音寺命名为"天仙寺",也反映观念上受到神仙思想的影响。

另外还有不少地方把本地当作观音道场,如钱谦益说到江苏的寒山(今江苏苏州市):

---

① 《潏水集》卷一二。
② 《丹阳集》卷一七。

　　……此山之麓,有观音殿,灵响殊胜。春时士女焚香膜
拜,项背相望,以故寒山俗号观音山。今于此地,启建忏场,仗
托因缘,弘法利生,甚盛举也。吾读《楞严》《法华》、《圆通》《普
门》二品,观音大士于无量阿僧祇劫修同体大悲,遍薰一切,以
三十二应,摄受众生……智者大师判《普门品》文目,慈悲普
至,修行普开,为十方普应,判然事理具足,无可疑矣。①

这也是一地观音信仰的典型例子。

　　这样,随着观音信仰"中国化"的深入,不仅观念上纳入儒家、
道家与道教的内容,观音道场也被转移到中国。许多地方创造出
冠以本地名称的观音与相关传说。这样观音就成为土生土长的本
土神明了。这样的发展趋势,也促使观音逐渐从传统佛教众菩萨
中"独立"出来,成为各种宗教信仰共同的神明了。这一点下面还
将讲到。

五

　　佛教本来教义是轻视妇女的。佛教理想的极乐世界里没有女
人的位置。《法华经》等经典里提出"变成男子"之说。就是说,女
人修行可以转为男身,方有可能成就正果。又"如来之身,即金刚
身"②,菩萨"一生补处",当然也是金刚身,无所谓性别。不过造像
里佛、菩萨一般作男相。观音也现为男身。《法华经》里佛陀也称
观音为"善男子"。《华严经》写到善财童子访问南方补怛洛迦山,
有偈颂云:"勇猛丈夫观自在,为利众生住此山。汝应往问诸功德,

①《寒山报恩寺募建大悲殿疏》,《牧斋有学集补》卷一。
②《大般涅槃经》卷三《金刚身品第二》,《大正藏》第 12 卷第 383 页中。

彼当示汝大方便。"①观音是"勇猛丈夫"。北魏以来直到唐代的观音造像均作男相菩萨装（也有如前所说作佛装的）。在湖北当阳玉泉寺有一尊观音像，据传是唐代著名画家吴道子画的，也是长须男相。日本京都涌泉寺有一座香木雕刻的"杨贵妃观音像"，据说是为悼念杨贵妃雕造的，传说当然不一定可靠，也是带胡须的。敦煌壁画里的一些千手观音、如意轮观音和水月观音像，嘴上两边往往有上翘的胡须。而宋代以后，大量观音造像被表现为女身，"观音老姆""观音娘娘"之类称呼流行起来。如今寺院造像、民众供养的观音像皆作女相②。

从教理上说，观音性别的这一变化不是全无依据。首先，《普门品》观音"三十三现身"中就有比丘尼身、优婆夷身、长者妇女身、居士妇女身、宰官妇女身、婆罗门妇女身、童女身等等女相。就是说，观音可以"示现"为女身。其次，后来输入的密教变形观音有不少本来是作女相的，如白衣观音、多罗尊观音、叶衣观音、阿摩提观音等。再次，如前所述观音这一神格的形成本来包含古婆罗门教和西方外来宗教神祇的成分，这些神祇不少是作女相的。这些都是有助于推动观音向女相转化的因素。

而观音在中国转变"性别"的更主要的原因还是晋、宋以来女性佛教信徒增多，信仰向家庭普及，观音在"中国化"过程中增强了人身守护神、家庭守护神和养育神的品格。在本书前面介绍的南北朝几部观音应验故事集里，较早刘宋时期的《光世音应验记》和《续光世音应验记》总计十七条故事里还没有一条是女性为主人公的；但《系观世音应验记》里则已有四条（《凉州妇人李氏》《河北一老尼》《毛氏女》《彭城姬》）。有明确纪年的《彭城姬》一条是元嘉七

①实叉难陀译《大方广佛华严经》卷六八《入法界品第三十九之九》，《大正藏》第 10 卷第 366 页下。

②为了表述的方便和一致，本书称呼观音使用代词一律用"他"，即使对于女相观音也不用"她"。

年(430)的。出现这种记载是与观音信仰向女性信众渗透的趋势
相一致的。南朝宫人多有出家为尼的。如"梁宣修容本姓石……
又躬自礼千佛,无隔冬夏,人不堪其苦,而不改其德。常无蓄积,必
行信舍。京师起梁安寺,上虞起等福寺,在荆州起禅林、祇洹等寺,
浔阳治灵丘、严庆等寺,前后营诸寺佛宝帐百余领,躬事后素,亲加
雕饰,妙于思理,若有神功。"①宫廷近习的作为会带动社会风气。
北朝从北魏龙门造像可以看出当时女性在佛教中的地位及其推动
观音信仰发展所起的作用。这一朝造像的发愿者有不少是贵族女
性。如《长乐王丘穆陵亮夫人尉迟氏为亡息造弥勒像记》(太和十
九年,495,古阳洞),丘穆陵亮(后改汉姓穆)是和北魏宗室通婚(显
宗时娶中山长公主)的功臣,封赵郡王,改长乐王;《北海王太妃高
为王孙保造弥勒像记》(无年月,古阳洞),太妃是孝文帝异母弟北
海王详之母高椒房;《广川王祖母太妃侯为亡夫造弥勒像记》(景明
三年,502,古阳洞),广川王名灵遵,曾任青州刺史,祖母为贺略汗
之妻上谷侯氏,如此等等,可见当时佛教信仰在贵族家庭中的位
置。据塚本善隆统计,在北魏一百九十一件造像题记中,僧尼占
七十二件,即约五分之二;其中僧三十三件,尼三十九件,即出于
女性尼众者为多。如再进一步分析,这些造像属于龙门石窟初期
(太和、景明、正始,477—508)的,僧九件,尼没有;从永平元年
(508)开始,尼刻急剧上升,永平至熙平(508—517)十年间,僧十
件,尼十三件;神龟至孝昌(518—527)十年,僧十件,尼二十件;
武泰至北魏灭亡的永熙年间(528—534),僧四件,尼六件。在宣
武帝时,宗室女亦多有出家为尼者。后来灵太后临朝,笃信佛教,
对推动女性信仰活动起了相当大的作用。还值得注意的是,这时
的尼刻里出现五处观音;而相对照之下,僧刻则只有一处。尼刻
的具体情况是:

---

① 《金楼子》卷二《后妃》,《金楼子校笺》上册第 379—380 页。

僧达所刻弥勒、观音、药师	孝昌元年（525）	老龙洞附近
法起所刻观音	孝昌二年	魏字洞
道慧、法盛所刻观音	普泰元年（531）	第十四洞
法光所刻观音、释迦	普泰二年	宾阳洞
德相所刻观音	永熙（532—534）？	药方洞

僧刻一件为静度刻释迦、两观音、小观音，普泰二年刻，在莲花洞①。这些事例，显示佛教在女性中传播逐渐扩展的形势，女性信徒显然对于观音怀抱特别的亲近感。

唐代以后，女性信徒更进一步增多了。特别是简易的净土法门流行，佛教广泛普及到家庭生活，观音造像的发愿者中更多女性。这从龙门石窟的情况可以看得很清楚：观音像有许多是贵族或士大夫家庭所造，同样也有不少出自平民妇女。这种状况又和祈愿内容的变化相关联：祈求家庭和人身平安占了更重要的地位。具有典型意义的有敦煌遗物中乾德六年（即开宝元年，968）曹元忠（？—967）妻所绘观音像。曹本为河西地方政权首领、归义军节度使，画像是为其子延瑞妇难月做功德而造，其上有供养人像四，其中女像三，男像一。据考男像为延瑞，女像则为元忠妻和子妇。就是说，当时作为家主的元忠已不在供养人之列②。这一情况明确地体现女性信仰者的地位。中国古代社会传统上重男轻女，但在观音信仰里，女性包括普通平民女性却争得了更重要的位置。中国佛教在发展中关于女性的观念发生显著变化，这是值得注意的现象。佛教一位主要神明观音被改造为女性，正是这一变化的体现，也是结果。这也显示中国佛教性格弘通开放的一面。中国佛教里

---

① 以上资料和统计数字具参阅塚本善隆《支那仏教史研究　北魏篇》。
② 参阅王国维《曹夫人绘观音菩萨象跋》，《观堂集林》卷二〇，第4册第1003—1005页；姜亮夫《莫高窟年表》第562—565页。

女性地位大幅度提高,在宗教史上是一件了不起的事。

　　另外,在中土本来有流传久远并具有巨大潜在势力的女神信仰(如女娲、西王母等,特别是道教里女神很多)传统。这也给创造新的女神以启发,也是把观音重塑为女性的重要条件。

　　在中土什么时候出现女相观音?这是很久以来引人关注并争论不绝的问题。大体有两种看法。比较谨慎的看法把时间确定在唐代以后,如胡应麟(1551—1602)说:

> 今塑画观音像无不作妇人者,盖菩萨相端妍靓丽,文殊、普贤悉尔,不特观世音也。至冠饰以妇人之服,则前此未闻。考《宣和画谱》,唐、宋名手写观音像极多,俱不云妇人服,李廌、董逌《画跋》所载诸观音像亦然,则妇人之像当自近代始。盖因大士有化身之说而闺阁多崇奉者,辗转流传,遂至称谓皆讹。若塑像势不能久,前代无从证订,然《太平广记》载一仕宦妻为神摄,因作观音像,其妻寻梦一僧救之得甦,则唐以前塑像故不作妇人也。[①]

另一种看法把时间提前,至有提到六朝的。如赵翼(1727—1814)认为"六朝时观音已作女像"[②]。从现存文字资料和实物分析,观音由男相转变为女相有个过程,这个过程应是从六朝后期开始,唐代观音在逐渐向女相转变,到宋代则定型并普及了。这中间经过几百年的过渡期[③]。

　　观音作女相的迹象已见于有关六朝时期的历史记载。《北史》卷七八《张謇卷附徐之才传》上说:

> (齐)武成(帝)酒色过度,恍惚不恒,曾发病。自云见空中

[①]《少室山房笔丛》卷四〇《庄岳委谈上》,第412页,上海书店出版社,2001年。
[②]《陔余丛考》卷三四,第706页,栾保群、吕宗力校点,河北人民出版社,2003年。
[③]关于女相观音的辨证,重要的还有张鼎思《琅邪代醉编》、俞樾《癸巳类稿》卷一五《观世音菩萨传略跋》等。

有五色物,稍近,变成一美妇人,去地数丈,亭亭而立,食顷,变为观世音。①

《南史·后主沈皇后传》又记载,沈后性端静,寡嗜欲,"尝遇岁旱,自暴而诵佛经,应时雨降",国亡入隋,炀帝被杀后,"自广陵过江,于毗陵天静寺为尼,名观音"②。这起码表明在当时人的观念里,观音已和女性联系起来了。同样的事例亦见于唐初,时有尼慈和,是奉佛世家、宰相萧瑀的孙女,"世莫之识,知微通神,见色无碍,时人谓之观音菩萨"③。这是把女性直接称作观音。从有关绘画的记载看,中唐时周昉以画水月观音著名,而这位画家又是"传写妇女,则为古今之冠"④的。现存唐、五代敦煌绢画水月观音像貌似女像,推测周昉所画模样当与之相似。还有舞乐的情况:《资治通鉴》上记载"(上元元年,760)九月,甲申,天平地成节,上于三殿置道场,以宫人为佛菩萨,武士为金刚神王"⑤。这些菩萨里当然有观音,却是宫女装扮的。小说《广异记》里有一个故事,说杭州别驾朱敖等人路经少室山,遇雷雨所见:"……久之,有异光,与日月殊状。忽于光中遍是松林,见天女数人持一舞筵,周竟数里,施为松林上,有天女数十人,状若天仙,对舞筵上,兼有诸神若观世音,终其两舞……"⑥这里写的在舞筵上作舞的"若观音"的"诸神"也应是女相的。唐人文字里描写观音也有仿佛女相的,如皎然(720—804)所谓"慈为雨兮惠为风,洒芳襟兮袭轻佩"⑦,于邵(713?—793?)所谓

---

① 《北齐书》卷三三《徐之才传》,第 446 页。
② 《南史》卷一二《后主沈皇后传》,第 346—347 页。
③ 杨休烈《大唐济度寺故大德比丘尼惠源和尚神空志铭》,《全唐文》卷三九六,第 4044 页。
④ 《宣和画谱》卷六《人物二》,第 126 页。
⑤ 《资治通鉴》卷二二二《唐纪三八·肃宗上元元年》,第 7115—7116 页。
⑥ 《广异记》第 90—91 页,《冥报记 广异记》。
⑦ 《画救苦观世音菩萨赞》,《全唐文》卷九一七,第 9356 页。

"天衣若飞,杨柳疑拂"①,等等,都用女人形貌服饰形容观音。唐人小说还记载一雅谑,是太宗时事:

> 唐管国公任瓌酷怕妻。太宗以功赐二侍子,瓌拜谢,不敢以归。太宗召其妻,赐酒,谓之曰:"妇人妒忌,合当七出。若能改行无妒,则无饮此酒;不尔,可饮之。"曰:"妾不能改妒,请饮酒。"遂饮之。比醉归,与其家死诀。其实非鸩也,既不死。它日,杜正伦讥弄瓌,瓌曰:"妇当怕者三:初娶之时,端居若菩萨,岂有人不怕菩萨耶?既长生男女,如养儿大虫,岂有人不怕大虫耶?年老面皱,如鸠盘荼鬼,岂有人不怕鬼耶?以此怕妇,又何怪焉?"闻者欢喜。②

这里的比喻,也曲折地反映当时人把观音视为女性了。

又从造像看,龙门石窟万佛洞外龛南壁狮子浮雕上方有一观音龛,有永隆二年(681)题记,知为一比丘尼所造,像高八十五厘米,脸庞丰满圆润,体态丰腴健美,俨然一温顺、善良的少妇③。敦煌莫高窟壁画也替观音转化为女相提供了实物证据。早期观音主要表现在《法华经变》里,如隋第四百二十号窟、第三百三十号窟,都是描绘《普门品》观音三十三现身的,已有现女相的;盛唐时期第四十五号窟南壁西侧《商人遇盗》仅描绘救难一个情节,作男相;但晚唐第十四号窟南壁西侧的单体观音则已作女相了。今莫高窟、东千佛洞、安西榆林窟等处壁画尚存五代、宋和西夏时期的水月观音像计二十七幅,又斯坦因、伯希和从藏经洞劫走的纸、绢佛画里

---

①《观世音菩萨画像赞》,《全唐文》卷四二九,第4370页。
②《太平广记》卷二四八《任瓌》,第5册第1924页,中华书局,1961年。
③敦煌文物研究所编《中国石窟·敦煌莫高窟》第2卷,第210页图版说明,文物出版社,1984年;王惠民《敦煌水月观音像》,《敦煌研究》,1987年第1期;吴焯《佛教东传与中国佛教艺术》第354—358页,浙江人民出版社,1991年;宫大中《龙门石窟艺术》第155—156页。

也有不少水月观音像。这些画像的女性特征都已经相当明显。

到宋代，观音作女相已经定型，在造像、绘画里被表现为自少女至老妇各种各样的女相形貌。南宋时期的《夷坚志》所记载的传说里，不少观音现身为穿白衣的女子，即是"白衣观音"的造型。

身为女相的观音，更能体现这位菩萨慈爱、善良、温柔的母性性格，也更容易被人们亲近，特别是容易被女性信徒所接受和欢迎。这也进一步促进他在民众间和家庭中流通，并推动他向中土"俗神"的方向演变。

六

观音在中土的演变中，越来越脱卸他作为佛教菩萨的本来面貌，又和中土民间信仰的一般俗神相类似了。这是和道教诸神的情况类似的。造成这种局面的一个重要原因是，自宋明理学兴起并巩固其在思想意识领域的统治地位以来，传统形态的佛、道二教衰败不振，适应民众的信仰需求，众多民间教派形成并兴盛起来。其中不少教派，如出于白莲教系统的，本来与佛教有渊源上的关系，还有许多在信仰内容上或活动方式上有意识地模仿佛教，这就促成民间佛教活动与这些民间宗教逐步融合①。在这种情况下，佛教的一些神明在民间逐渐被"俗神化"，或者被直接纳入民间信仰或民间宗教的神谱之中。特别是观音，经过长期的发展过程，已被赋予浓厚的民俗性格，进一步演化，就和太上老君、王母娘娘、关帝、吕祖以至土地、城隍、灶王等一样，成为赐福与乐、消灾解难、治

---

①道教发展的情况与佛教不同。宋、金以来，各新教派全真道兴起，这是具有浓厚的"三教调和"性质的"新道教"，形成与佛教发展不同的另一种局面。

病善生、保佑平安的善神、福神、个人和家庭守护神了。蒲松龄
(1640—1715)说：

> 故佛道中唯观自在，仙道中唯纯阳子，神道中唯伏魔帝，
> 此三圣愿力宏大，欲普度三千世界，拔尽一切苦恼，以是故祥
> 云宝马，常杂处人间，与人最近。①

这典型地反映了当时人的观念："纯阳子"即"八仙"中的吕洞宾，
"伏魔帝"即被尊奉为"战神"的关帝。前者是道教里的神仙，后者
是典型的民间俗神。在这段话里，观音被与他们等量齐观了。

观音被"俗神化"，表现在这一神格的信仰内容上，也表现在供
养形式上。

从信仰内容说，在民众的一般观念里，纯宗教的追求如往生净
土等等当然还占有一定位置，但观音主要是被当作"有求必应"、全
知全能的救济之神。这当中，最能体现中土特色的，是"送子"信
仰。《普门品》里救苦观音能够让人"求男得男，求女得女"即所谓
"满二求"。本来在印度佛教里有诃犁帝母，意为鬼子母神，见失译
《鬼子母经》②、吉迦夜共昙曜译《杂宝藏经》③、不空译《大药叉女欢
喜母并爱子成就法》④等秘密部经典，义净记载南海诸国为之设斋，
本缘如下：

> ……其母先身，因事发愿，食王舍城所有儿子。因其邪
> 愿，舍身遂生药叉之内，生五百儿，日日每餐王舍城男女。诸
> 人白佛，佛遂藏其稚子，名曰爱儿。触处觅之，佛边方得。世
> 尊告曰："汝怜爱儿乎？汝子五百，一尚见怜，况复余人一二而
> 已。"佛因化之，令受五戒，为邬波斯迦。因请佛曰："我儿五

①《聊斋文集》卷二《关帝庙碑记》。
②《出三藏记集》卷三《新集安公失译经录第二》，第 104 页。
③《杂宝藏经》卷四《鬼子母失子缘》，《大正藏》第 4 卷第 491 页下。
④《大正藏》第 21 卷 286 页中—289 页上。

百,今何食焉?"佛言:"苾刍(比丘)等住处寺家,日日每设祭
食,令汝等充餐。"故西方诸寺每于门屋处,或在食厨边,塑画
母形,抱一儿子于其膝下,或五或三,以表其像。每日于前盛
陈供食。其母乃是四天王`之众,大丰势力,其有疾病无儿息
者,飨食荐之,咸皆遂愿。广缘如律,此陈大意耳。神州先有
名鬼子母焉。①

这位诃梨帝母有治疗小儿疾病、赐人儿息的功德,又有他作为观音
化身之说(或以为这一神格是接受了基督教圣母观念的产物)。有
一种看法以为原来的"满二求"观念的形成或与这个诃梨帝母有
关。这样的功德正可以满足中国宗法制度下重视传宗接代的观
念。不过佛教初传的早期,人们主要还是祈求观音救苦。在前面
介绍的三部灵验故事集里,还没有涉及这方面内容。随着观音
信仰逐渐更广泛地传播到广大妇女和家庭之中,基于中土注重子
嗣的传统观念,本土化的"送子"信仰从而形成,观音也就被赋予"养
育神"的品格。本来世界众多宗教里都有求丰饶、保养育的信仰。但
佛教视人世如苦海,追求从六道轮回中"解脱"出来,因而要出家修
行,断绝现世情缘。可是在中土,"送子"成了观音的主要功德,这也
是佛教信仰"中国化"的典型表现。和送子功德相关联的,还有观音
能够保佑产妇安产和幼儿成长,则又成了生育和儿童守护神了。

关于"送子观音"最早的传说是刘宋时代的:

宋孙道德,益州人也。奉道祭酒,年过五十,未有子息。
居近精舍。景平中,沙门谓德:"必愿有儿,当至心礼诵《观世
音经》,此可冀也。"德遂罢不事道,单心投诚,归观世音;少日
之中而有梦应,妇即有孕,遂以产男也。

宋居士卞悦之,济阴人也。作朝请,居在潮沟。行年五

───────────────

①《南海寄归内法传校注》卷一《受斋轨则》,第50页,王邦维校注,中华书局,
　1995年。

十,未有子息,妇为娶妾,复积载不孕。将乞求继嗣,千遍转
《观世音经》;其数垂竟,妾便有娠,遂生一男。时元嘉二十八
年(451)乙丑岁也云云。①

前一例"祭酒"是道教里道官名称,故事与佛、道斗争有关。两个例
子都是讲诵《观音经》得到子嗣的。不过在当时众多灵验传说里这
样的故事还是个案。又山西省万荣县博物馆存有一件隋仁寿三年
(603)的观音造像,体高二十七厘米,立于莲基之上,左手垂握净
瓶,瓶上立一裸体童子,右手持莲子长柄,莲子上盘坐一幼童,表示
"莲(连)生贵子"②。这是表明观音"送子"观念在当时已经流行的
实物。隋代以后则出现更多的观音送子传说,其中涉及僧侣的尤
多,这当然体现他们神化自身的意图。如隋代著名三阶教创始人
信行,据传"初,其母无子,久以为忧。有沙门过之,劝念观世音菩
萨。母日夜祈念,顿之有娠,生信行"③;初唐时西明寺僧静之,"父
母念善,绝无息胤,祈求遍至,而无所果。遂念观音,旬内有娠,能
令母氏厌恶欲染,辛腥永绝。诞育之后,年七八岁乐阿弥陀观,依
文修学,随位并成,行见美境,骨观明净,性乐出家"④;唐释道丕,
"母许氏为求其息,常持《观音普门品》,忽梦神光烛身,因而妊
焉"⑤;等等。涉及宋代的,有大通善本、天台遵式、明五台观衡、蕅
益智旭等著名僧人的类似传闻。宋代民间流传更多观音送子故
事,如:

　　京师人翟楫居湖州四安县,年五十无子,绘观世音像,恳
祷甚至。其妻方娠,梦白衣妇人以槃擎一儿,甚韶秀。妻大

①《冥祥记》,《鲁迅辑录古籍丛编》第 1 卷第 370、391 页。"元嘉二十八年"非
　"乙丑"乃"辛卯"。
②杨炎德、王泽庆《隋仁寿三年观世音菩萨石雕》,《文物》1981 年第 4 期。
③唐临《冥报记》第 3 页,《冥报记　广异记》。
④《续高僧传》卷二一《唐京师西明寺释静之传》,中册第 791 页。
⑤《宋高僧传》卷一七《周洛京福先寺道丕传》,上册第 432 页。

喜,欲抱取之,一牛横陈其中,竟不可得。既而生男子,弥月不育,又祷请如初。有闻其梦者,告楫曰:"子酷嗜牛肉,岂谓是欤?"楫竦然,即誓阖家不复食,遂复梦前妇人送儿至,抱得之,妻遂生子为成人。(周阶说。)①

这里又是把送子和佛教的戒杀观念结合在一起了。又法明"每游州邑聚落间,遇孕妇垂产,危难莫测之际,师入其家,为讲《药草喻品》或《安乐行品》,即获无恙举之。如掇于无子之家,讲《普门品》或《普贤劝发品》,所求即遂,且具德慧之相"②。观音在这个传说里不只是"送子",还有保佑安产并具有保证产儿"德慧之相"的神通。司送子的更有形象美丽的"白衣观音",她又被奉为专职的"送子观音":

> 饶州安国寺方丈中,有观音塑像一龛。民俗祈请,多有神应。庆元二年(1196)七月,寓士许洄妻孙氏,怀妊临产,乳医守视,自夜半至平旦,乃泰然如常。又两月,复拟就蓐,将产之际,危痛万状。孙默祷观音,乞垂哀护。令其子持净油一盏,点照像前。家素贫,不能广施愿力。所居迩丈室,长老了祥,日夕闻其呻吟之声,深为不忍。因其油至,命童行灭宿灯而然所施者。自为焚香启白曰……祝罢,许子还。孙正困卧榻蹬上,恍惚如梦间,见白氅妇人,往来其前,凡三返。矍然兴念,是必观音菩萨来救我也。最后抱一金色木空,呼而与之。孙氏接受,惊寤。才顷刻,生男,遂采梦兆名之曰"龙孙"。此儿盖辰生属龙云。(洄说。)③

另有许多关于观音医治幼儿残疾(如聋哑、不能行走等)、保佑幼儿健康的传说。观音救治病患是他本来的功德,但特别强调治疗婴

①《夷坚乙志》卷一七,《夷坚志》第1册第325页。
②《补续高僧传》卷一九《黑漆光菩萨传》,《续藏经》第77卷第502页上、中。
③《夷坚支癸》卷一〇,《夷坚志》第3册第1300—1301页。

幼儿疾患,则体现中土重后嗣的意识。

　　送子功能又进一步促进观音被定型为女相。在下面将要讲到的各种中土变形观音里,怀抱婴儿的"送子观音"是最受欢迎的一位。后来女相送子观音信仰成为观音信仰的主要形态之一。各地形成多种多样相关这一信仰的供养形式和风俗习惯,在宗教史和社会史上提供许多有趣的事例。

　　从宋、元以来流传的有关传说看,观音最为人们重视的还另有两项功德,一是治病,二是求雨。老、病是人生中不可避免又时常遇到的患难;干旱是中土自然环境中重大、常见的天灾。解除这些患难本来又是传统观音信仰允诺过的。其他被宣扬的观音功德还有托梦、预言、瑞应等,则类同于传统方术了。观音托梦,如宋坦禅师事:

　　……天衣怀住兴教,师为第一座。及天衣受他请,欲闻州乞师继住,时刁景纯学士守宛陵,恐刁涉外议,乃于观音前祝曰:"若坦首座道眼明白,堪任住持,愿示梦于刁学士。"刁是夜梦牛在兴教法座上……①

坦禅师本姓牛,又属牛,托梦是指示牛姓应继任为寺院的首座。预言,如宋真净事:

　　先是,净因疾,昼寝,梦白衣大士持金瓶水灌其口曰:"汝勿忧,非久自愈矣。"叩以未来休咎,示云:"汝却后二年当避喧大树之下。"觉疾果差。窃疑避喧树下非入灭之谶耶? 及乎澄举住上竺,至,见寝堂西有大树,堂匾曰"静处",始悟梦之所示。②

____

①《补续高僧传》卷八《宣州兴教坦禅师》,《续藏经》第 77 卷第 420 页中。
②《大明高僧传》卷一《杭州上天竺寺沙门释真净传》,《大正藏》第 50 卷第 903 页中—下。

关于瑞应,典型例子是观音"放光"。《观无量寿经》形容观音身相为"紫金色";而在本土传说里他的造像"放光"成为祥瑞,如:

> 杭州南山法师,慧才解行,入四明法智尊者之室。每持《大悲咒》,必百八遍而后止。尝梦观世音菩萨脱袈裟以衣之。至是春三月,为灵芝元照及道俗千人授菩萨大戒于雷峰。方羯磨,观音像放光明,初贯宝焰,渐散,讲堂灯炬、月光皆为映夺。净慈法真禅师守一作《证戒光记》,米芾书,龙井辨才法师元净立石。①

又元净,"或祷大士求放光,光随现"②。这类灵验又是道教或民间宗教大力宣扬的。

从供养形式看,唐代开始流行树立经幢,绣观音像,行"大悲忏""观音忏",举办观音香会等,都是外来经轨里所不见,完全是"中国式"的;又如到观音道场进香、点"莲灯",在观音像前求子,祈求保佑安产,生子后到观音像前还愿、"寄名"等,更是反映民间观念的纯粹"民族化"的风俗。寺院与民间还创造、流行许多简易通俗的观音咒。翻译佛典的观音咒一般采用梵语音译。这在译经里属于"五种不翻"之一的"秘密故"③,即为了保持文字神秘色彩而采取音译办法。持诵这些经咒往往又要遵循一定仪轨。而中土传统的"诅咒"习俗却简单得多。适应民众需要,不同时期陆续制作出许多简单的观音咒。前面介绍过的六朝伪经中如《十句观音经》就是按中土风俗习惯制作的简单经咒。这类经咒唐、宋以后的制作更为普遍,流通也更为广泛。具有特定的救济内容是这类经咒的特征之一。例如宋代有据传是观音示现留下的可以治病的咒:

---

① 《释氏稽古略》卷四《宋神宗》,《大正藏》第 49 卷第 873 页下。
② 《补续高僧传》卷二《元净传》,《续藏经》第 77 卷第 376 页下。
③ 周敦义《翻译名义集序》,《大正藏》第 54 卷第 1055 页上。

> 大智发于心，于心无所寻。成就一切义，无古亦无今。①

又《观音洗眼咒》，则是专门治眼病的：

> 救苦观世音，施我大安乐，赐我大方便，灭我愚痴暗。除
> 却诸障碍，无明诸罪恶，出我眼识中，使我视物光。我今说是
> 偈，洗忏眼识罪，普放净光明，愿睹微妙相。②

这样的咒语及其持咒方法已全然和中国传统咒术没有什么不同。
有趣的是，还有传说讲到观音赐给人医治白内障的药方，其中不但
有十七品中草药名称，还有剂量（如熊胆一分，黄连、密蒙花、羌活
一两半等等）。这可能是眼医为自神其术的臆造，但也从侧面反映
当时观音信仰"民俗化"的实态。

这样，从观音信仰内容到修习实践方式以至所宣扬的救济功
效，已全然"通俗化""民俗化"的了。

塚本善隆曾指出："通俗化虽然使佛教得以弘扬并更加普及，
但一转会招致教义的堕落，并使之失去独立性，逐渐又失去统治阶
层的支持，以至丧失了作为时代精神界指导的地位。"③正是这样，
观音的"俗神化"也使得信仰淡化了不可思议的神秘色彩。加之随
着观音在民众的生活和感情中更加亲近与普及，从负面说又培养
起人们对他的欣赏态度，从而他很大程度上被当作"利用"和"鉴
赏"的对象了。在这一过程中，人们的信仰心也随之趋于淡薄。这
也体现了明清以来中土民众宗教信仰的总体发展趋势。

---

①《夷坚甲志》卷一《观音偈》，《夷坚志》第 1 册第 5 页。
②《夷坚志补》卷一四，《夷坚志》第 4 册第 1681 页。
③《塚本善隆著作集》第 4 卷第 502—503 页。

第八章　汉传佛教里的变形观音

一

前面已经指出，唐代密教的兴盛主要得力于朝廷的提倡，几位密宗大师活动基本不出两京。密宗在民众间一直没有发挥大的影响。宋室初建，改变后周毁佛方针，派遣僧人西行求法，重开译经院，新译典籍包括不少密教观音经典，如《圣观自在菩萨不空王秘密心陀罗尼经》《圣观自在菩萨功德赞》等。但这类典籍后来流传与影响也都有限。在中国佛教整体上走向衰微、信仰潮流向民众日常生活倾斜的形势下，观音信仰在日趋"通俗化""民俗化"并在民众间普及，成为佛教信仰的主导潮流。在这个潮流中，一批具有鲜明的民间风格、民间特色的变形观音被创造出来。这也是观音信仰进一步"中国化"的结果，也是它的重要体现。

《普门品》和后出《楞严经》里讲观音三十三现身或三十二应身，是大乘佛教佛身观里应化身观念的具体发挥。如前所述"三十三"或"三十二"只是举出例子，实则表明观音的应化身是无限的。正是这种观念"应许"观音显化多种多样的"人物"，在现实世界里发挥法力无边的救济功德。

在中土佛教里，天台宗有"六观音"之说，即：

> 大悲观世音破地狱道三障，此道苦重，宜用大悲；大慈观世音破饿鬼道三障，此道饥渴，宜用大慈；师子无畏观世音破畜生道三障，兽王威猛，宜用无畏也；大光普照观世音破阿修罗道三障，其道猜忌嫉疑，偏宜用普照也；天人丈夫观世音破人道三障，人道有事理，事伏骄慢称天人，理则见佛性故称丈夫；大梵深远观世音破天道三障，梵是天主，标主得臣也。广六观世音即是二十五三昧：大悲即是无垢三昧，大慈即是心乐三昧，师子即是不退三昧，大光即是欢喜三昧，丈夫即是如幻等四三昧，大梵即是不动等十七三昧。①

天台宗是提倡观音崇拜的。不过根据天台教理，这里拟名为"六观音"的实际体现为六种禅定境界，并非有形有相的六种观音。这种说法可视为中土变形观音观念的滥觞。

前面已经介绍过，南北朝以来输入古密教变形观音，如十一面观音、如意轮观音，他们按仪轨都有一定的特异面貌。唐代输入新一代金刚密教，其中包括更多观音。据长安青龙寺东塔院沙门阿啰他捺哩荼（义操）所集《胎藏金刚教法名号》，属于观音的名号（其中有的没有明确标出"观音"，但在后来包含在中土的变形观音之中）有"观自在菩萨（号法金刚）""马头明王（迅速金刚亦名噉食金刚）""不动尊菩萨（常住金刚）""圣观自在菩萨（持钩金刚）""不空钩菩萨（化现金刚）""千手观自在菩萨（大悲金刚）""一髻罗刹王菩萨（雷电金刚）""十一面观世音菩萨（变异金刚）""多罗尊菩萨（悲生金刚）""毗俱胝菩萨（降伏金刚）""如意轮菩萨（持宝金刚）""不空羂索菩萨（等引金刚）""白身观世音菩萨（普化金刚）""披叶衣菩萨（异行金刚）""俱胝佛母（最胜金刚）""侍者观自在菩萨（清净金

---

① 《摩诃止观》卷二，《大正藏》第46卷第15页中。

刚)"①等。在密教曼荼罗里,这些观音都有一定相貌和位置。密教
观音中的七位:即圣观音、千手千眼观音、马头观音、如意轮观音、
十一面观音、准提观音、不空羂索观音等在中土流行,构成"七观
音"。密教这些观音给中土人士制作多种多样的变形观音提供了
启发。其中有些或被按中土观念加以改造,或直接被纳入中土变
形观音的行列之中。如千手千眼观音和如意轮观音更得到广泛传
播与普遍欢迎,前面已有详细说明。

　　中土民众创造变形观音主要通过两个途径:一类是先流传有
相关传说,再据以确定名号;另一类是先有造像和绘画,再定型赋
予专门名称。这两种办法都和造像与绘画有关系。

　　本来礼拜观音像乃是《普门品》所宣扬的供养观音的主要方式
之一。但如前面已经指出的,在南北朝时期三部观音灵验故事集
所述救济传说里,观音基本没有作为现实的"人"的形象出现。而
在中土固有宗教观念里神灵是有形有相的。殷周以来中国又已形
成兴盛发达的造型艺术传统,给创作佛画和制作造像提供了条件。
《四十二章经》已经记载"孝明皇帝梦见神人"的佛教输入因缘,又
说"时于洛阳城西雍门外起佛寺……又于南宫清凉台及开阳城门
上做佛像。明帝存时预修造寿陵,陵曰'显节',亦于其上作佛图
像"②。这些说法不能证实,但考古确已发现不少东汉时期的佛陀
造像遗物。至于佛教造像的纪录,有稍后"泰始二年(266)的,侍中
荀勖(? —289)于洛阳造金像佛、菩萨十二身,放大光明,都人竞集
瞻礼"③。"菩萨十二身",其中应当有观音像。明确记载造观音像
的,晋安帝隆安五年(401)著名画家戴颙(377—441)曾受人之托造

①《大正藏》第 18 卷第 203 中—204 页下。
②《牟子丛残新编》第 15 页。
③《佛祖统纪》卷三六《法运通塞志第十七之三》,《大正藏》第 49 卷第 338
　页中。

观音像,未成①。在早期流传的灵验故事里多有说到携带、顶礼观音像的,应当是小型造像。这些都表明,南北朝时期雕造和绘画观音乃是佛教艺术的主要题材之一。

在《观无量寿经》等经典里,有关于观音形貌的具体描绘,给雕造或描绘观音像提供了依据。这就是后来的所谓"正观音"像,是妙好端严的一面二臂像,或坐或立,璎珞被体,头戴宝冠,冠上有化佛。但中土人士又往往按自己的理解和审美观念来"创作"观音像。例如前面提到的"佛装"观音、双体观音以至"莲生贵子"那样的造像。特别是隋、唐以后,众多的专业艺术家雕造或绘画观音像,更多进行艺术想象,赋予欣赏的内涵,从而创造出具有独特形貌的多样的观音形象。如上所述,这中间密教变形观音的输入对中土制作变形观音提供了刺激,也成为参考。

现存隋唐造像,包括敦煌壁画、绢画等所绘观音像,创作者对观音形貌已多做大胆发挥。前述女相观音的出现即是重要现象。迤逦到宋代,陆续出现各种各样本土形貌的变形观音。如在重庆大足石门山第六号窟雕造的"西方三圣"和"十圣观音"像,后者为宋绍兴十一年(1141)造,十圣观音是:净瓶观音、宝篮手观音、宝经手观音、宝扇手观音、杨柳观音、宝珠手观音、宝镜手观音、莲花手观音、如意轮观音、数珠手观音等②;北山佛湾第一百八十号龛有政和六年(1116)所造《观音变相图》,图像已残缺,存玉印观音等③。这些是中土变形观音及其有意识的组合,显示已出现更多变形观音,并已在民众信仰实践中取得重要位置。

明、清民间流传许多集合观音的绘本。根据于君方的记录,早期的有明代丁云鹏(1547—1628?)的五身观音像,都是女相;又国

①《佛祖统纪》卷三六《法运通塞志第十七之三》,《大正藏》第49卷第341页中。
②《大足石刻内容总录》第320—321页。
③《大足石刻内容总录》第79—80页。

内外公私收藏的三十二身观音图像，如今所知有四套。其中一套是名画家仇英（1498？—1552）作，一套是活跃在明万历年间的女画家邢慈静作。根据《普门品》观音三十三身衍化出中土三十三变形观音，完整地加以描绘的有清代卓峰之的《观音应化图》三十三幅，这"三十三观音"即杨柳观音（又称药王观音）、龙头观音、持经观音、圆光观音、游戏观音、白衣观音、莲卧观音、泷见观音、施药观音、鱼篮观音、德王观音、水月观音（又称水吉祥观音）、一叶观音、青颈观音、威德观音、延命观音、众宝观音、岩户观音、能静观音、阿耨观音、阿么提观音（又称无畏观音、宽广观音）、叶衣观音、琉璃观音（即高王观音）、多罗尊观音、蛤蜊观音（又称救度母观音）、六时观音、普悲观音、马郎妇观音、合掌观音、一如观音、不二观音、持莲观音、洒水观音。这幅图画创作年代不详。日本学者岩本裕认为这种"三十三观音"的集合出在日本[1]。唐、宋以来中国民众创造的变形观音远传至汉传佛教兴行的日本、三韩等地，在那里流传并加以发展。日本真言宗曾把天台"六观音"和密教"六观音"（"七观音"中除去不空羂索观音）相配合，发展了显、密结合的观音信仰。在日本江户时代，中国流传的变形观音广为流传。不论这"三十三观音"最初是否在日本结集而成，它的图像的整体风格是中国的，其中主要的杨柳观音、白衣观音、水月观音、鱼篮观音、马郎妇观音等都是中土的创造，广泛在中国传播，是中国民众佛教信仰的成果。

　　又美国哈佛大学赛克勒博物馆藏一套《观音慈容五十三现》，是 17 世纪清代木板印刷画册，描绘五十三种观音，汇集了当时流传于民间的各式观音形象[2]。《慈容五十三现》的名称和画面中的

---

①岩本裕《仏教説話研究》第三卷《仏教説話の傳承と信仰》第三章《三十三觀音》认为"三十三观音"最早出现于俳人菊冈沾凉（1680—1747）的《續江户抄子》一书，第 191—206 页，东京开明书院，1978 年。
②《观音——菩萨中国化的演变》第 98—99 页。

童子拜诣情景,表明这种画册与《华严经·入法界品》"善财五十三
参"的密切关系。作为中土变形观音图谱,这些图像绘刻精工,线
条流畅,配景适宜,动静有致,堪称佛画艺术的精品。其中描绘的
女相观音,典雅高洁,柔慈倩丽,婀娜多姿,体现东方女性的优美,
具有相当高的欣赏价值。后来清光绪刊《芥子园画传》,收录了其
中的十九幅。

在流行的《图画普门品》《佛教图绘》等佛教宣传品和民间流行
的善书里,描绘本土变形观音形象,增添了阅览者的兴趣,也扩大了
他们的影响。宋代以来,有名画家或无名画匠往往随意创造新的观
音形象,远不止三十三种,也有归纳为"二十八观音"或"四十观音"
的。如宋李廌《画品》记载三幅观音变相,一幅是"补陀观音像":

> 蜀匀龙爽所作。具天人种种殊相,宝珠缨络,铢衣绀髻,
> 使人瞻之,敬心自起。笔气清润,意通幻妙,所居补陀伽山,在
> 海岸孤绝处,烟峦蒙密,佳气蔼然。予尝与德麟雨后望襄阳凤
> 林诸山,气象略相似,颇恨是中无此大士也。①

这一幅显然是传统风格的。又一幅是"被发观音变相":

> 在水中石上,袭衣宝络、被发按剑而坐。非近时所能为,
> 必五代或晚唐名辈所作。笔细而有力,似吴道玄,独设色太
> 重,衣上花文不类吴笔。或云朱繇,疑或是也。观世音闻声以
> 示现,今此形相,世所罕作。吾弗知其为何等身得度,故现此
> 身而为说法也。②

还有李公麟(1049—1106)曾作"长带观音"和"石上卧观音"像:

> 长带观音:龙眠居士李伯时所作……今观此像,固非世俗
> 可以仿佛,而绅带特长一身有半,盖出奇立异,使世俗惊惑而

---

① 《德隅斋画品》,《宋人画评》第262页。
② 《德隅斋画品》,《宋人画评》第265页。

> 不失其胜绝处也。比见伯时为延安吕观文吉甫作《石上卧观
> 音像》，前此未闻有此样，亦出奇也。①

这些名家作品，更多体现艺术创作意图，以其独特的构思和精美的笔墨，创造出具有高度艺术欣赏价值的精品。民间工匠的作品同样有无数艺术水平很高的。如今存宋代重庆大足石刻中有"笑面观音""日月观音"等，还有四川峨眉白龙洞和杭州飞来峰的"数珠观音"②。又《夷坚志》里屡屡说到"入定观音"③；流传于传说中的有"十生观音"④"涟水观音"⑤"时山观音"⑥等，也都会有具体形象。而如上所述"送子观音"，更是中国艺术家或民间艺人常用的创作素材，各种画像、雕像、塑像流传十分广泛。雕塑的材料多种多样，有些作品就以材料命名，如"杏壳观音""木纹观音"等。又据邓之诚记载，杭州银山门外皋塘乡辨利禅院，为宋时古刹，所藏观音像为寺中珍藏，同治年间（1862—1874）尚存五六十枚，如冠九（姓赫舍里氏，字冠九，满洲镶蓝旗人，曾官浙江按察使）官浙时，加以访求，合之旧藏，得百六十余帧，中有吴道子、唐六如（唐寅，1470—1524，号"六如居士"）等名笔，直到民国八年（1919）改建狼山观音院时，仍以百余帧张之四壁⑦。这批观音像远超过三十三幅，其中

---

①《德隅斋画品》，《宋人画评》第 268 页。

②《大足石刻内容总录》；姜亮夫《莫高窟年表》；骆坤琪《峨眉山佛教文化》，《世界宗教研究》1992 年第 2 期。

③《夷坚支景》卷三《观音二赞》，《夷坚志》第 2 册第 904 页；《夷坚支丁》卷一《王百娘》，《夷坚志》第 3 册第 969 页；《夷坚支丁》卷七《余干谭家蚕》，《夷坚志》第 3 册第 1023 页；等条。

④释觉范《十世观音应身传》，《石门文字禅》卷三〇，《嘉兴藏》第 23 册第 728 页上。

⑤释觉范《涟水观音像赞》，《石门文字禅》卷一八，《嘉兴藏》第 23 册第 659 页中。

⑥周紫芝《时山观音神像》，《太仓稀米集》卷六〇。

⑦《骨董琐记》卷六，第 187 页。

当然有各种变形观音像。不知道这些图画如今是否存世。

中土陆续创造出的这样一大批独特的变形观音作品,不断充实了汉传观音信仰的内容,推动这一信仰的发展,有意无意间又留下一批珍贵的艺术遗产。

二

"三十三观音"是拼凑起来的,他们取名方式不一,来源更不一致。其中只白衣观音、青颈观音等几位有经轨依据,有梵名。就是说,他们本是外来密教菩萨。而如"白衣观音",则又完全"本土化"了,下面还将讨论。其余多是中国信仰的产物。在民间广泛流传、广有影响的主要是后一类。因为他们更多反映民众的愿望与感情,体现鲜明的民族特色和浓厚的生活情趣。他们往往伴有相关传说,有的是民间创作的,也有文人根据民间传说改编的。这些传说有些是具有相当艺术水准的文学作品。下面勉强分成几类,作简单的介绍。

第一类是主要依据形貌取名的。

杨柳观音。这是最早出现的中土变形观音之一。《请观世音菩萨消伏毒害陀罗尼咒经》已经记载"毗舍离人即具杨枝净水授与观世音菩萨"①。《出三藏记集·法苑杂录原始集目录》所录《法宝集》卷下也有《咒用杨枝净水缘记》②。天台大师智颛在《请观音经疏》里疏释"杨枝":"杨枝又二义:一拂除,即对上消义;二拂打,即对上伏义。"③灌顶编纂的《国清百录》里的《请观世音忏法》规定:

①《请观世音菩萨消伏毒害陀罗尼咒经》卷一,《大正藏》第 20 卷第 34 页下。
②《出三藏记集》卷一二,第 480 页。
③《请观音经疏》卷一,《大正藏》第 39 卷第 973 页上。

"经云:三七日七七日,悉应六斋建。首当严饰道场,香泥涂地,悬诸幡盖,安佛像,南向观世音像,别东向日,别杨枝净水,烧香散华。"①密教强调杨枝的疗病功能。《大悲心陀罗尼》中观音手印之一是杨柳枝手,说"若为身上种种病难者,当于杨柳枝手"②。所谓"杨枝"或"杨柳枝",不是指一般的柳树,而是指柽柳(Tamarisk),俗称"观音柳",是适于沙漠干旱地区生长的树种。在比较宗教史上,诸多古代文明里都有赋予植物枝条或绿叶以咒术意义的习俗,如希腊的迪奥尼索斯手持葡萄枝,埃及的欧阿西斯手持无花果枝等。而柽柳生长在中亚一带特别干旱的环境中,具有强大的生命力,也被赋予同样的咒术意义。有的学者如日本的岩本裕即断定杨柳观音出自中亚宗教信仰。在中国早期佛教里,杨枝也已被赋予治病功效。如著名的"神僧"佛图澄,石虎子"暴病而亡",已经过两天,他"取杨枝咒之,须臾能起,有顷平复"③;又《耆域传》载:

> ……时衡阳太守南阳滕永文在洛,寄住满水寺。得病经年不差,两脚挛屈,不能起行。域往看之,曰:"君欲得病疾差不?"因取净水一杯,杨柳一枝,便以杨枝拂水,举手向永文而咒,如此者三。因以手搦永文膝令起,即起行步如故。④

这些是表明杨柳发挥咒术作用的典型例子。南北朝时期的金铜观音造像多有持莲枝的。到唐代,手持杨柳枝和净瓶的观音造像开始流行。浙江普陀山存明代杨柳观音碑,据传系根据唐代名画家阎立本所绘镌刻,没有可靠依据。其形象是左手托净瓶,右手持柳枝,面庞丰满,袒胸跣足,身披锦袍,还是男相的。前引中唐时的于

---

① 《国清百录》卷一,《大正藏》第 46 卷第 795 页中。
② 不空译《千手千眼观世音菩萨大悲心陀罗尼》,《大正藏》第 20 卷第 117 页中。
③ 《高僧传》卷九《晋邺中竺佛图澄传》,第 348 页。
④ 《高僧传》卷九《晋洛城耆域传》,第 365 页。

邵《观世音菩萨画像赞》里已有"天衣若飞,杨柳疑拂"说法。宋代以后民间所传杨柳观音像都是女相,并附有真言。杨柳观音又被称为"药王观音"。宋代有传说:

> 嘉兴令陶象,有子得疾甚异,形色语笑非复平日。象患之,聘谒巫祝,厌胜百方,终莫能治。会天竺辩才法师元净适以事至秀,净传天台教,特善咒水,疾病者饮之辄愈,吴人尊事之。象素闻其名,即诣谒……净许诺,杖策从至其家,除地为坛,设观世音菩萨像,取杨枝沾水洒而咒之,三绕坛而去。是夜,儿寝安然……秦少游记此事。①

应当指出,这篇故事虽是小说家言,但出自著名文人秦观(1049—1110)手笔,可见所反映观念流行程度②。

水月观音。这也是早期出现的变形观音之一。中唐时期的著名画家周昉"画士女,为古今冠绝"。他又在长安"画水月观自在菩萨"③,张彦远(815—907)称赞说"菩萨端严,妙创水月之体"④,指出妙好端严的水月观音的形象是周昉创造的。这当是中国绘画史上的杰作,不过作品实物不可能见到了。周昉以仕女画闻名,从今存传为他的真迹的仕女画可以推想他所画观音的风貌。白居易有《画水月菩萨赞》:"净渌水上,虚白光中,一睹其相,万缘皆空。弟子居易,誓心归依,生生劫劫,长为我师。"⑤这一幅是他家藏的画像。又在敦煌发现多种水月观音图,有纸画,也有着色的绢画。有

---

① 《夷坚丙志》卷一六《陶象子》,《夷坚志》第 2 册第 498—499 页。
② 或以为杨柳观音的起源和杨枝有关:据义净《南海寄归内法传》,西域风俗每日以杨枝剃齿,称齿木;当地有礼节,向贵宾赠齿木和净水,有祝愿健康和恳请之意。所以请佛、菩萨也用杨枝、净水,逐渐发展为观音手中的法器,进而形成杨柳观音信仰。
③ 朱景玄《唐朝名画录》第 6 页,温肇桐注,四川美术出版社,1985 年。
④ 《历代名画记》卷八。
⑤ 《白居易集笺校》卷三九,第 5 册第 2647 页。

一幅附有后晋天福八年(943)纪年的,大体可确定是晚唐到五代时期的作品。这些图画有的即应当是根据周昉的画法和风格制作的。后世相传水月观音形貌各种各样:有的描绘他站在浮于水面的莲花上眺望月亮,有的描绘他在以月亮为背景的海边岩石上结跏趺坐,等等。总之都是把他的形象和水与月组合到一起。关于其起源,有的学者认为是胎藏界曼荼罗中的水吉祥菩萨的变形,还有人认为来自中亚高原地带对于水的信仰。但就前一种看法说,民间信仰的神祇有可能从密教菩萨得到启发,但很难说二者本为一体;后一种看法则只是笼统地揣测信仰的一种背景,难以考实。从具体宗教意义上,似应注意到其与大乘佛教"般若十喻"(大乘佛教说明般若性"空"的十个比喻,即如幻、如炎、如水中月、如虚空、如响、如犍闼婆城、如梦、如影、如镜中像、如化)的"如水中月"一喻的关系。这"十喻"本是用来说明"法性空"的"实相"的,借用来比喻观音菩萨的精神实质。又"一月升天,影现百水"亦被用来说明"法身圆应"的①教理。在出自禅门、署名永嘉玄觉的《永嘉证道歌》里,有"一性圆通一切性,一法遍含一切法,一月普现一切水,一切水月一月摄"②的说法。这在后世禅门是一篇相当流行的作品。"三十三观音"中的"一如观音""不二观音"等命名都有类似教理上的意义。而"水"和"月"两个语词指示的形象和它们带给人的联想极富艺术美感,又容易利用图绘表现出来,也就特别受到艺术家的欢迎。历史上知名和无名的艺术家们通过艺术想象创造出许多水月观音像。这大量艺术作品无疑又是推动这一独特的观音信仰传播的助力,水月观音从而也成为最富艺术表现情趣的观音之一。

　　白衣观音。这是宋代以后在中土流传很广的一种变形观音。

---

①《注维摩诘经》,《大正藏》第38卷第333页中。
②《永嘉证道歌》,《大正藏》第48卷第396页中。关于今本《永嘉证道歌》形成时代,应考察处甚多。其中显然包含着中唐以后的思想,因此一般认为定型于晚唐时期。

如上所述,他本是密教观音之一,不过完全"本土化"了。明谢肇淛(1567—1624)说:"大士变相不一,而世所崇奉者白衣为多,亦有《白衣观音经》,云专主祈嗣生育之事。"①民间又把观音称为"白衣大士""白衣老姆"等。白衣观音像是普通的二臂像,其特征是身着白衣,立在莲花座上;一般是左手持莲花,右手作与愿印;也有的手持杨柳枝、宝剑或经箧等物。那身着飘逸白衣的秀美的女性形象,成为以后中土观音的主要造型之一。宋人邓春《画继》里记录"太常少卿何(麒)子应家　吴道子《白衣观音图》"②,不知是否真迹。前面已经提到过苏轼诗《雨中游天竺灵感观音院》里所谓"白衣仙人坐高堂"句,宋代杭州上天竺供奉的观音就是白衣观音。又如前所述,称观音为"仙人",反映当时人已把观音等同于"神仙"了。在《观无量寿经》里,观音本是"紫金色"③的。菩萨应作官宦士人装,璎珞被体,不应穿简单的白衣。可是在佛教观念里,白色表纯净,善行称为"白业"。给观音穿上白衣,象征他纯净的菩提济度之心;莲花同样也是纯净的象征。未详撰者附梁录的《陀罗尼杂集》里的《观世音菩萨说烧华应现得愿陀罗尼》项下记载:"行此陀罗尼法,应以白净甄若细布,用作观世音像,身着白衣,坐莲华上,一手捉莲华,一手捉澡瓶。"④在密教胎藏部曼荼罗里,有观音名"半拏罗嚩悉领"。《大毗卢遮那成佛经疏》说:"译云'白处',以此尊常在白莲花中,故以为名。亦戴天发髻冠,袭纯素衣,左手持开敷莲花,从此最白净处出生普眼,故此三昧名为莲花部母也。"⑤其密号"白处菩萨

①《五杂组》卷一五《事部三》,第304页,上海书店出版社,2001年。
②《画继》卷八《铭心绝品》,《图画见闻志·画继》第402页,米田水译注,湖南美术出版社,2000年。
③《大正藏》第12卷第344页上。
④《陀罗尼杂集》卷六,《大正藏》第21卷第612页中。
⑤一行《大毗卢遮那成佛经疏》卷五《入漫荼罗具缘品之余》,《大正藏》第39卷第632页下。

离垢金刚"①，又意译为"白衣观音菩萨"，形象作"以莲花鬘庄严身，用宝缯角络被，右手持真多摩尼宝，左手施愿，坐莲花上"②，汉译又称"白衣观自在母"③"大白衣观音"④。《不空羂索经》里说莲花曼茶罗内院里"北面，白衣观世音菩萨手执莲华，结加趺坐"⑤。从宋代直到今天在中土流行《白衣观音（大士）神咒》，俗称《白衣观音经》或《白衣观音咒》，内容是：

　　　　南无大慈大悲救苦救难广大灵感观世音菩萨摩诃萨（三称三拜）

　　　　南无佛，南无法，南无僧，南无救苦救难观世音菩萨。怛垤哆，唵。伽啰伐哆，伽啰伐哆；伽诃伐哆；啰伽伐哆，啰伽伐哆，娑婆诃。天罗神，地罗神，人离难，难离身，一切灾殃化为尘。南无摩诃般若波罗蜜。⑥

此咒往往与前面已经介绍的《观音十句经》合并在一起，有《观音梦授经》《观音保生经》《观音救生经》等名称。据说此咒是白衣观音传授给虔诚弟子的，持诵则白衣观音现身，见者心无畏怖，随其所欲，求愿悉得，消除各种痛苦而得解脱⑦。宋代文献里多有白衣观

---

① 义操集《胎藏金刚教法名号》，《大正藏》第 18 卷第 204 页上。

② 辩山集《顶轮王大曼茶罗灌顶仪轨》，《大正藏》第 19 卷第 328 页上。

③ 不空译《阿唎多罗陀罗尼噜力经》，《大正藏》第 20 卷第 25 页上。

④ 一行《宿曜仪轨》，《大正藏》第 21 卷第 423 页中。

⑤ 菩提流志译《不空羂索神变真言经》卷一五《最上神变解脱坛品第二十四》，《大正藏》第 20 卷第 301 页下。

⑥ 此咒系根据道世《法苑珠林》卷六〇《咒术篇》"观世音菩萨说《随愿陀罗尼咒》"（《法苑珠林校注》第 4 册第 1800 页，周叔迦、苏晋仁校注，中华书局，2003 年）敷衍而成，具体所出不详，至今仍广泛流传在寺院所施善书中。

⑦ 邓之诚《骨董续记》卷二《白衣观音》条引宋龚明之《中吴纪闻》卷四"慧感夫人"事及精严寺"木纹观音"事，里面称白衣观音为"圣姑"，又提到"众圣"，谓"皆非佛徒所宜有，故世有疑为圣母玛利亚者，谓景教经禁后，尚传于民间也。"可备一解。

音救济传说：

　　观音医臂：湖州有村媪，患臂久不愈，夜梦白衣女子来谒曰："我亦苦此，尔能医我臂，我亦医尔臂。"媪曰："娘子居何地？"曰："我寄崇宁寺西廊。"媪既寤，即入城，至崇宁寺，以所梦白西舍僧忠道者。道者思之曰："必观音也。吾室有白衣像，因葺舍误伤其臂。"引至室中瞻礼，果一臂损。媪遂命工修之。佛臂既全，媪病随愈。湖人吴价说。①

　　法慧燃目：绍兴五年（1135）夏大旱，朝廷遍祷山川祠庙，不应……苦行头陀潘法慧者，默祷于佛，乞焚右目以施……香焰才起，行云满空，大雨倾注，阖境沾足。法慧眼既枯……殊自喜也。后三日，梦白衣女子来，欲借一隔珠，拒不许。二僧在旁曰："与伊不妨，伊自令六六送还。"既觉，不晓所谓。至七月二十一日，又梦二僧来，请赴六通斋，白衣女亦至，在前引导……稍前进，则山林蔚然，百果皆熟，纷纷而坠。慧就地拾果食之，觉心地清凉，非常日比。又俯首欲拾间，女子忽回面掷一弹，正中所燃目，失声大呼而寤，枯眶内已有物若鹅眼，瞻视如初，渐大，复旧。数其再明之时，恰三十六日，始悟六六送还之兆。②

　　观音如此现身"白衣女""白氅妇人"等，正如有关经文所允诺。而其形貌本身即突显其纯净慈爱的善良之心。

　　还有另外一些相当流行的观音形象，没被列入"三十三观音"之列，如"南海观音"。汉地佛寺正殿佛陀造像背面，一般都装銮一幅或画或塑的南海观音变相，基本是按《华严经》里所述光明山西阿、南海边上为观音道场构图。具体图像是观音或坐或立在海边山岩上，左右下方是童男、童女；男童是善财，女童是龙女。善财是

①《夷坚甲志》卷一〇，《夷坚志》第1册第88页。
②《夷坚乙志》卷一三，《夷坚志》第1册第292—293页。

《华严经》里遵从普贤指示参访五十三位善知识的童子。他的名称汉译字面就有善良美好、多财多福的意义，这应是他受到中土人士特别喜爱的重要原因；龙女出佛书，和他搭配，是构图的需要。明憨山德清作《南海观音大士赞》：

> 碧海苍崖，黄花翠竹，鱼鳖蛟龙，夜叉鬼窟。随类现形，沿流出没，如空在地，无处不足。此是观音自在身，不枉称为过去佛。①

民间有传说叙述南海观音成道和收下善财、龙女故事。有一部章回小说《南海观音全传》，四卷二十五回，又名《南海观世音菩萨出身修行传》《观音出身南游记传》等，有明刻本，题"南州西大午辰走人订著，羊城冲怀朱鼎臣编辑"，显系伪托。前半所述大体类似香山观音得道情节，后半叙述观音及善财、龙女收伏青狮白象故事。又有《善财龙女宝卷》等民间作品，它们大体情节荒诞，表达浅俗，但在民间流传，颇有影响。中国的一些滨海供奉观音的庙宇往往被当作南海观音道场，如前述著名的舟山普陀山即是。

　　另外还有"自在观音"，其形象是一足盘膝，一足下垂，现安然自由的样子；身旁有一净瓶，插一柳枝，表示以净瓶里的甘露遍洒人间；又"入定观音"，也有相应传说：

> 余干谭家蚕：余干润陂民谭、曾二家，每岁育蚕百箔。绍熙元年（1190）四月，其妻夜起喂叶，忽见箔内一蚕，长大与它异，几至数倍。而逐节为一色，青红黑白，皎然不杂。当中如黄金，透彻腹背。妻知为佳祥，取香合捧承，别锉细叶铺藉，置诸佛堂。旦起揭视，则已生两耳，明日，又生尾。俄而众足皆隐，徐生四足，能立，全如马形，时时勃跳作戏。凡七昼夜，马不见。忽得小佛相，似入定观音，蒙头趺坐。外间传说求瞻睹

①《憨山老人梦游集》卷三三，《续藏经》第73卷第706页下。

者,骈肩叠迹。谭氏畏有他变,乃并合瘗之于桑下。是岁所得丝絮,倍于常年;至于小蚕寒蚕,亦皆遂意。二年三年皆然。及四年癸丑,春夏所育犹昔,了无一茧成就。甲寅乙卯岁亦如之。其村邻有以女为张思顺婢,说此事,盖亲见之。①

又:

> 吉州民家有画入定观音像,供事谨甚。一日,像忽开目。其家初疑儿童为戏。明日视之,闭复如初。方大惊异。复数日,其家一仆忽自经于佛堂。黄知县童士季说。②

这种"入定观音"应是蒙头闭目的禅定形象。

以上所述是基本依据形貌命名的变形观音(如上所述,"白衣观音"有仪轨依据)。描绘他们的造像和绘画很多。他们特别以造型的优美生动感发人心,也成为文艺创作的常见题材。到明清时期,更多取材这类观音的艺术作品(文学创作,特别是戏曲、曲艺和民间文学作品;美术作品,有绘画、雕塑、刺绣等)被创作出来,其中不少具有超出信仰意义的艺术价值。

三

另有一类变形观音是先有故事传说,又根据传说构想出形象,确定名号。如前面说到的"送子观音"就属于这一类。送子观音也不在"三十三观音"之列。民间流行的"白衣大士送子观音像",观音作怀抱婴儿状。社会上流行的传说本是信仰的产物,也是艺术

①《夷坚支丁》卷七,《夷坚志》第 3 册第 1023 页。
②郭象《暌车志》卷四。

想象的产物,两者结合为创造出多种多样的观音形象提供了资源。这一类变形观音基本没有经轨上的根据,形象的构想更为自由,民俗色彩也更为浓厚。

蛤蜊观音。观音像在蛤中。唐代长安大兴善寺有左顾蛤像,造像依据相关传说。晚唐段成式记载:

> 旧传云:隋帝嗜蛤,所食必兼蛤味,数逾数千万矣。忽有一蛤,椎击如旧,帝异之。置诸几上,一夜有光。及明,肉自脱,中有一佛、二菩萨像。帝悲悔,誓不食蛤。非陈宣帝。[①]

这里说到"旧传",表明传说已相当久远;又结尾处指出另有相似的陈宣帝传说。故事里只说佛、菩萨,没有具体指为观音。大体同一时期的苏鹗记载唐文宗事:

> 上好食蛤蜊。一日,左右方盈盘而进,中有擘之不裂者。上疑其异,乃焚香祝之。俄顷自开,中有二人,形眉端秀,体质悉备,螺髻璎珞,足履菡萏,谓之菩萨。上遂置之于金粟檀香盒,以玉屑复之,赐兴善寺令致敬礼。至会昌中毁佛舍,遂不知所在。[②]

下有注云"传之泾洲从事陈讷"。宋钱易《南部新书》戊卷记载同一故事,可见流传之广。此事又见于《宋高僧传·恒政传》,其中明确说到终南山恒政对文宗说这是观音"现此身而为说法",文宗遂"敕天下寺院各立观音像,以答殊休"[③]。同是兴善寺传说,被归属到不同帝王身上,是常见的传说异词现象。故事的含义简单明确,只是一般的"戒杀"说教,又宣扬观音灵验。宋人洪迈的《夷坚志》里又

---

① 《酉阳杂俎续集》卷五《寺塔记上》,《酉阳杂俎笺校》第四册第 1760 页。
② 《杜阳杂编》卷中,《松窗杂录　杜阳杂编　桂苑丛谈》第 43 页,中华书局上海编辑所,1958 年。
③ 《宋高僧传》卷一一《唐京师圣寿寺恒政传》,上册第 263 页。

记载新的故事对旧有传说加以验证：

> 蚌中观音：溧水人俞集，宣和中，赴泰州兴化尉，挈家舟
> 行。淮上多蚌蛤，舟人日买以食，集见必辍买，放诸江。他日，
> 得一篮，甚重，众欲烹食，倍价偿之，坚不可，遂置诸釜中。忽
> 大声从釜起，光焰相属，舟人大恐，熟视之，一大蚌裂开，现观
> 世音像于壳间，旁有竹两竿，挺挺如生。菩萨相好端严，冠衣
> 璎珞，及竹叶枝干，皆细珍珠缀成者。集令舟中人皆诵佛悔
> 罪，而取其壳以归。《传灯录》载唐文宗视蛤蜊，亦睹佛像之
> 异，但此又有双竹为奇耳。宋贶益谦说。①

又同书《楚阳龙窝》条讲到楚州海边盐场有龙窝，为龙出入处，郑伯膺为监时曾见到平地一巨穴，"满穴皆龟鳖螺蚌。或于蚌内作观音像，姿相端严，珠琲缨络，杨枝净瓶，无不备具"②。这是同一传说母题在流传中演变的例子。

锁骨观音。即马郎妇观音，在"三十三观音"中被一分为二了。其形象是手提鱼篮的女相观音。探寻这一观音的缘起，有一系列很富戏剧性的传说。中唐时期李复言《续玄怪录》里有"延州妇人"事：

> 昔延州有妇女，白皙颇有姿貌。年可二十四五，孤行城
> 市，年少之子，悉与之游。狎昵荐枕，一无所却。数年而没，州
> 人莫不悲惜，共醵丧具为之葬焉。以其无家，瘗于道左。大历
> 中，忽有人自西域来，见墓，遂趺坐具，敬礼焚香，围绕赞叹数
> 日。人见谓曰："此一淫纵女子，人尽夫也，以其无属，故瘗于
> 此，和尚何敬耶？"僧曰："非檀越所知，斯乃大圣，慈悲喜舍，世
> 俗之欲，无不徇焉。此即锁骨菩萨，顺缘已尽，圣者云耳。不

①《夷坚乙志》卷一三，《夷坚志》第1册第293页。
②《夷坚支景》卷六，《夷坚志》第1册第931页。

信即启而验之。"众人即开墓,视遍身之骨,钩结皆如锁状,果如僧言。州人异之,为设大斋,起塔焉。①

在《长阿含经》里,佛陀年轻在俗时父王请仙人观相,一一历数到"八者钩锁骨,骨节相钩,犹如锁连"②。"锁骨"又是菩萨"大人相"之一。又《维摩经》里说维摩居士"入诸淫舍,示欲之过"③。新罗圆测(613—696)《仁王经疏》上又说:"魔自在方便者,接引方便也,非道行佛道者,即《维摩》云'或现作淫女,引诸好色者,先以欲钩牵,后令入佛道'也。"④这是设想菩萨示现为淫女的典据。周一良论密宗,提到《续玄怪录》里的这个传说,认为是受到密宗提倡的男女双修信仰的影响⑤。在中土六朝志怪里有许多神女降临、与凡人交通的故事。如《搜神记》里天上玉女成公知琼下嫁弦超、杜兰香被西王母遣配张硕等。后来的道教传说里这些女子被说成是谪降人世的女仙。这类故事也给构造菩萨化身女人降临人间男子的情节以启发。又晚唐张读《宣室志》里有关于锁骨菩萨的另一个传说:

> 有商居士者,三河县人。年七岁,能读佛氏书,里人异之。后庐于三河县西田中,有佛书数百篇,手卷目阅,未尝废一日。从而师者,且百辈。往往独游城邑,偕其行者,闻居士每运肢体,珑然若戛玉之音。听者奇之。或曰:"居士之骨,真锁骨也。夫锁骨连络如蔓,故动摇肢体,则有清越之声,固其然矣。

①《续玄怪录补遗》,《玄怪录　续玄怪录》第195页,程毅中点校,中华书局,1982年。

②《长阿含经》卷一《大本经第一》,《大正藏》第1卷第5页中。该经说"三十二相"与一般所说不同。

③《维摩诘所说经》卷上《方便品第二》,《大正藏》第14卷第539页上。

④圆测《仁王经疏》卷下《受持品第七》,《大正藏》第33卷第418页上。

⑤《中国密宗》附录十八,《周一良集》第3卷《佛教史与敦煌学》第138—142页。

昔闻佛氏书言,佛身有舍利骨,菩萨之身有锁骨,今商居士者,岂非菩萨乎?"然愚俗之人,固不可辨也。居士后年九十余,一日汤沐,具冠带,悉召门弟子会食,因告之曰:"吾年九十矣,今旦暮且死,汝当以火焚吾尸,慎无违逆吾旨。"门弟子泣曰:"谨听命。"是夕,端坐而逝。后三日,弟子焚居士于野。及视其骨,果锁骨也。支体连贯,若缀络之状,风一拂则纤韵徐引。于是里人竞施金钱,建一塔,以居士锁骨瘗于塔中。①

这个故事只讲"锁骨",未关涉女性人物,没提鱼篮,也没指为观音化身。这些细节后世逐渐添加,形成如宋叶庭珪《海录碎事》记载的更完整的《马郎妇》故事:

释氏书,昔有贤女马郎妇,于金沙滩上施一切人淫。凡与交者,永绝其淫。死葬后,一梵僧来云求我侣。掘开,乃锁子骨。梵僧以杖挑起,升云而去。②

对这个故事,钱锺书说"后来释书复益增华润色"③。马郎妇传说宋代广泛流传僧俗。黄庭坚《观世音赞》中说:

设欲真见观世音,金沙滩头马郎妇。④

这已经是用有关传说做典故了。黄庭坚还有《戏答陈季常寄黄州山中连理松枝二首》其二诗说:

金沙滩头锁子骨,不妨随俗暂婵娟。⑤

禅宗灯录又记载,有僧问风穴延沼:"如何是清净法身?"答说:"金

①《宣室志》卷七,《笔记小说大观》第1册第126页。
②《海录碎事》卷一三上《鬼神道释部》。
③《管锥编》第2册第686页。
④《豫章黄先生文集》卷一四。
⑤《豫章黄先生文集》卷五。

沙滩头马郎妇。"①风穴延沼(896—973)是五代宋初人,为临济派禅师。不过这个公案不见《景德传灯录》,见南宋的《五灯会元》,有可能是后来附会的。到元念常(1282—1341)的《佛祖历代通载》把传说情节再加改编,略曰:

> 马郎妇,不知出处。方唐隆盛,佛教大行,而陕右俗习骑射,人性沉鸷,乐于格斗,蔑闻三宝之名,不识为善仪则。妇怜其憨,乃之其所。人见少妇单子,风韵超然,资貌都雅,幸其无侍卫,无羁属,欲求为眷。曰:"我无父母,又鲜兄弟,亦欲有归,然不好世财,但有聪明贤善男子,能诵得我所持经,则吾愿事之。"男子众争求观之。妇授以《普门品》,曰:"能一夕通此,则归之。"至明,发诵彻者二十余辈。妇曰:"女子一身,家世贞洁,岂以一人而配若等耶?可更别诵。"因授以《金刚般若》,所约如故。至旦,通者犹十数。妇更授以《法华经》七轴,约三日通彻此者,定配之。至期,独马氏子得通。妇曰:"君既能过众人,可白汝父母,具媒妁聘礼,然后可以姻。盖生人之大节,岂同猥巷不检者乎!"马氏如约,具礼迎之。方至,而妇谓曰:"适以应接,体中不佳,且别室俟少安。"马氏子喜,顿之他房,客未散,而妇命终。已而坏烂,顾无如之何,遂卜地葬之。未数日,有老僧,紫伽黎,资貌古野,仗锡来仪,自谓向女子之亲。诣马氏,问其所由。马氏引至葬所,随观者众。僧以锡拨开,见其尸已化,唯金锁子骨。僧就河浴之,挑于锡上,谓众曰:"此圣者,悯汝等障重缠爱故,垂方便化汝。宜思善因,免堕苦海。"忽然飞空而去。众见,悲泣瞻拜,自是陕右奉佛者众,由妇之化也。②

这显然是强加上宣扬戒律的道德说教,变成纯粹的菩萨方便教化

①《古尊宿语录》卷七《风穴延沼语录》,《续藏经》第68卷第44页上。
②《佛祖历代通载》卷一五《唐》,《大正藏》第49卷第621页下—622页上。

故事了。这个"马郎妇"传说后来频频被文人当作典故入诗。如宋吴文英(1200? —1260)《高阳台·落梅》上半阕:"宫粉雕痕,仙云堕影,无人野水荒湾。古石埋香,金沙锁骨连环。南楼不恨吹横笛,恨晓风,千里关山。半飘零,庭上黄昏,月冷阑干。"①清吴伟业(1609—1672)《王郎曲》有云:"锁骨观音变现身,反腰贴地莲花吐。"②等等。马郎妇传说就这样被当作浪漫故事传诵了。

　　鱼篮观音。宋濂(1310—1381)有《鱼篮观音像赞》,故事情节与上述马郎妇事略同,只是前面说"陕右金沙滩上,有美艳女子,挈篮鬻鱼,人竞欲室之",后面又说到"乌伤刘某命括人吴福用金碧画成一灯,月旦十五日展而谒焉,请予序其事。序以系之,赞曰:惟我大士,慈悯众生,耽着五欲,不求解脱。乃化女子,端严姝丽,因其所慕,导入善门"③云云④。

　　明清时期的画录如《珊瑚网》⑤《佩文斋书画谱》⑥等著录有"吴道子鱼篮观音像"。传出不明,应非真迹。不过相传北宋寿涯禅师曾作《咏鱼篮观音》词:

　　　　杨用修《词品》记寿涯禅师《咏鱼篮观音》云:"深愿弘慈无缝罅,乘时走入众生界。窈窕丰姿都没赛。提鱼卖,堪笑马郎来纳败。　　清泠露湿金襴坏,茜裙不把珠璎盖。特地掀来呈捏怪。牵人爱,还尽许多菩萨债。"据此,则宋、元间观音像亦有作妇人者,然是变相,未必如近时称谓可笑也。今世女子

①《梦窗集》乙稿卷二。

②《梅村记》卷五。

③《宋学士文集》卷五一。

④一说鱼篮观音即"竹漉篱观音",显化为唐元和年间著名的禅者庞蕴之女灵照,她家境贫穷,织作竹漉篱,贩卖为生。后来传说中"竹漉篱"转化为鱼篮。

⑤《珊瑚网》卷四六:"明金阊都南濠家藏:吴道子鱼篮观音像。"

⑥《御定佩文斋书画谱》卷九八《历代鉴藏八·画》,明都穆《寓意编》卷四:"予家自高祖南山翁以来好蓄名画,闻之家君云,妙品有吴道子鱼篮观音像。"

多崇事鱼篮观音,盖前代已有此像矣。①

据佛教方面资料,宋代周敦颐(1017—1073)的《易》学传自寿涯,大体可确定他的年代。宋僧朋有《咏鱼篮观音》绝句:

> 徒整春风两鬓垂,子规啼遍落花枝。龙门上客家家是,锦鲤提来卖与谁。②

明徐应秋的《玉芝堂谈荟》里说到观音造型作女相:

> 观世音:观音大士像,饰以妇人服,前此未闻。考《宣和画谱》、唐宋名手写像,俱不作妇人,盖自近代始耳。凡《法苑珠林》《宣验》《冥祥》等记,观世音显迹六朝至众,其相或沙门,或菩萨,或道流,无作妇人者。惟宋寿涯禅师《咏鱼篮观音》有"清泠露湿金襕坏,茜裙不把珠璎盖"之句,然亦其变相耳。后世讹为女像,又讹为妙庄王女,尤为可笑。③

明代北京慈寿寺塔下碑亭有碑两方,右面一方上面刻有"鱼篮观音像"④。明钱子义有《题鱼篮观音》诗:

> 一个金鳞个样鲜,何人能买不论钱。九莲花里归来夜,鱼在筠篮月在天。⑤

从这些题咏,可见鱼篮观音绘画流传之广。手提鱼篮的美妇人形象让人感到亲近。民间又有把鱼篮观音附会到盂兰盆传说上去的。俞樾(1821—1907)《癸巳类稿》卷一五《〈观世音菩萨传略〉跋》记载:"鱼篮观音则又俗人讹传:佛说七月十五日救面然、饿鬼。面然者,观音变相,以附目连。"目连救母故事把佛教轮回报应之说与中国传统伦

①《少室山房笔丛》卷四〇《庄岳委谈上》,第 412 页。
②《宋诗纪事》卷九三。
③《玉芝堂谈荟》卷一六,《笔记小说大观》第 5 册第 575 页。
④《钦定日下旧闻考》卷九七。
⑤《三华集》卷一〇。

理的孝道结合起来,有关观音的灵验传说体现同样的思想倾向。

鸡卵观音。这一名目也不在"三十三观音"之中。据传:

> (唐敬宗时)诏中外,罢缁徒说佛经义(指罢"俗讲"),又斥其不修教者。诏命将行,会尚书厨吏修御膳,以鼎烹鸡卵。方措火于其下,忽闻鼎中有声极微,如人言者。迫而听之,乃群卵呼观世音菩萨也。声甚凄咽,似有所诉。尚食吏异之,具其事上闻。文宗命左右验之,如尚食所奏。文宗叹曰:"吾不知浮屠氏之力乃如是耶!"翌日,敕尚食吏勿以鸡卵为膳,因颁诏郡国,各于精舍塑观世音菩萨之像,以彰感应。[1]

这个故事和蛤蜊观音传说情节略似,而主人公不同。一个是文宗,一个是敬宗,都是晚唐皇帝,应是同一个传说衍化的,宣扬的同是一般的慈悲戒杀观念,附会到帝王身上起到强化效果的作用。后来有类似传闻:

> 鸡卵异:《奇闻录》载,唐询家庖妾携鸡卵数枚,忽一坠地。中有观音像,坐莲花,旁列善财、龙女,净瓶、柳枝皆具。举家惊异,取以供奉。遂弃其余不食。[2]

大体同样的情节,被组织到不同的人物、传说之中,是民间口头传说的特征。多种多样的同类故事在民间流传,被文人记录在笔记杂纂之类作品中;人们在一定意义上又是以欣赏的态度来对待这些传闻的。

四

前面已介绍过密教变形观音千手千眼观音和如意轮观音,并

---

[1]《宣室志》卷七,《笔记小说大观》第 1 册第 126 页。
[2] 褚人获纂辑《坚瓠余集》卷四,《笔记小说大观》第 7 册第 972 页。

指出在中国,他们的造像已经按中土观念被"通俗化""艺术化"了。密教里的多种多样观音有各自的名号(密号)、形象和仪轨,但这些在中国民众间并没能流行。这和密教在中国流传的一般状况类似。密教在唐代中晚期兴盛一时,作为宗派后来基本湮没无闻,但密教的一些变形观音却以其神秘诡异的性格与形象,保持相当的魅力,在民众中持续发挥影响。其中有些被纳入"三十三观音"之中。

前面介绍的白衣观音,现身胎藏曼荼罗观音院,本是莲花部度母(救度佛母,三世诸佛之母),密号"离垢金刚"。他是密教观音在中国"民俗化""艺术化"深入的典型。

青颈观音。本来是婆罗门教主神湿婆的名号之一。在印度史诗《摩诃婆罗多》里有一个"搅拌乳海"神话,讲的是印度教主神湿婆的故事。说远古时代,诸神为了得到甘露,拔出曼达拉山做棒,把龙王拧在它上面,系成一扣,拉他的头尾来搅拌乳海;龙王愤怒,喷出毒液,成为大河,流遍大地,毒素将毁灭所有神、人与动物;湿婆将毒液吞下,挽救世界免于毁灭,他的喉咙却被烧青了,身上也被烧出半圈火痕。这个传说本是说明湿婆形象来由的。青颈观音即由传说中湿婆这个形象演化而来。他和许多密教观音一样,体现婆罗门教对观音信仰的影响。青颈观音的特征在其舍己救人精神,因此他的神通也主要体现在解脱恐怖厄难、使人免除横祸和疫病方面。

多罗尊观音。一名"多罗尊"。"多罗"即"度母"的异译,又称为"救度母观音",密号"行愿金刚"或"悲生金刚",本是密教曼荼罗中观音院里的一尊,莲花部之部母。他与下面将讲到的俱胝观音相对应。观音有定、慧二德,俱胝主慧德,多罗主定德。《大毗卢遮那成佛神变加持经》上说:

> 彼右大名称,圣者多罗尊,青白色相杂,中年女人状。合

掌持青莲,圆光靡不遍,晖发犹净金,微笑鲜白衣。①

这里具体描绘了他的具体形貌。多罗本义为"眼",谓从观音如来眼生;又以其慈爱一切如母,称"世间母"。《赞扬圣德多罗菩萨一百八名经》上说:"圣多罗菩萨,与千明妃等……誓愿之所生,为诸世间母。"②

叶衣观音。婆罗门教有女神 Parnasabari,被密教吸收,成为胎藏界曼荼罗里的一尊观音。古代在印度东南部居住着一个名为夏帕拉的种族,以树叶 Parna 为衣。这是住在山岳地带的原始状态的居民,其神秘性让人敬畏,被赋予神格而成为村落守护神。就这样,一种以树叶为衣的远古习俗被赋予咒术意味,据以创造出叶衣观音。这种植物崇拜信仰和上面讲过的杨柳观音的形成情形有类似的地方。

阿耨观音。佛教传说中有阿耨达池(Anotatta),"阿耨"是它的略语。据传池在瞻部洲中心香山之南,大雪山之北,八地菩萨以愿力故,化为龙王居之,中有潜宅,出清冷之水,以供瞻部洲(佛教宇宙观有四大部洲,即南瞻部洲、东胜神洲,西牛贺洲、北俱卢洲。南瞻部洲亦称"阎浮""阎浮提",位处须弥山南咸海中,为人类所居之处)。《大唐西域记》卷一有云:"则瞻部洲之中地者,阿那婆答多池也。"下有注曰:"唐言无热恼。旧译阿耨达池,讹也。"③阿耨观音名称即由此而来。后来中土的香山观音也与这一联想有关,前面曾经讲到。

这些出自密教的观音带着特有的神秘性,其所出因缘传说不为中土民众所熟悉,因而流传有限。另有一个不在"三十三观音"

---

①一行《大毗卢遮那成佛神变加持经》卷一《入真言门住心品第一》,《大正藏》第 18 卷第 7 页上。
②天息灾译《赞扬圣德多罗菩萨一百八名经》,《大正藏》第 20 卷第 474 页下。
③《大唐西域记校注》第 39 页。

之中的准提观音或称"准胝观音"的,被列入为密教"六观音"之一,一时在中土赢得信仰。

准提观音,又称"七俱胝佛母准提"。密教认为此菩萨为过去无量诸佛之母。"俱胝"意为千万,指数量极其众多。此观音常在世间,能摧毁众生一切惑业,增进福德智慧,消灾延寿;特别是念诵准提陀罗尼真言,可以使夫妻和睦,得子,止小儿啼哭,治愈诸病。这种信仰带有浓厚的民俗色彩,特别受到广大妇女的欢迎。准提观音的形象,经轨记载各有不同,有二臂、十二臂、十八臂、三十二臂、八十臂等多种,而以三目、十八臂的最为常见。唐宋时期供养准提观音比较普遍。明代张岱作有《准提观音赞》:

> 佛现神通,一十八臂。既得器用,还为器制。闲着双手,反得如意。结印在空,如月印地。大地山河,两手握住。①

据彭际清《居士传》,清代袁了凡(卷四五)、陆玉受(卷四七)、徐成民(卷五一)等居士都持《准提咒》,表明到明、清时代这一信仰仍在延续。

"三十三观音"里最能体现中土信仰特色的,当然是中国人自己创造的变形观音。他们虽然仍保有观音作为佛教救济之神的基本性格,但从外在形象到信仰内涵都体现出强烈的中土特色,已经是真正的中国神明了,因此才能够赢得社会各阶层,特别是底层民众的广泛信仰。

如上指出,这多种多样变形观音的创造,反映了民众间观音信仰的普及和深入,另一方面这些观音造像连带着相关传说,又具有一定审美情趣,成为艺术表现的素材。就是说,人们在创造和流传这些故事或制作这些图像、塑像的时候,宗教的热诚与艺术欣赏意味结合在一起了。信仰已更深入地扩展到审美领域,审美情趣又

---

① 《琅嬛文集》卷五。

给信仰增添了新的内容。随着观音信仰向着审美方向演化,以观
音为题材的文学艺术创作,特别是民众喜闻乐见的各种民间文艺
创作繁荣起来。

第九章　明清时期的观音信仰

一

如前所述，五代北宋以降，中国两大传统宗教佛教与道教日趋衰败。尽管历代朝廷继续执行"三教并立"的传统方针，佛教和道教在社会上仍保有相当声势，也发挥一定作用，教内外也一直不无精英分子为振兴佛教与道教做出努力，两大宗教也仍保有相当数量的信众，但总体趋势已不可逆转。在这种局面下，佛、道二教都在发生带有根本性质的转变，把活动的重心向民间转移。道教方面，金、元时期兴起的新道教，以全真道为代表，是与唐宋时期活动在社会上层"御用道教"不同的革新教派。陈垣指出："全真之初兴，不过'苟全性命于乱世，不求闻达于诸侯'之一隐修会而已。世以其非儒非释，漫以道教目之，其实彼固名全真也，若必以为道教，亦道教中改革派耳。"①此教派反对金丹，不重符箓，以澄心遣欲为真功，以明心见性为首务，走简易适俗的民间路线，受到民众的欢

①陈垣《南宋初河北新道教考》,《明季滇黔佛教考（外宗教史论著八种）》下册第 577 页,河北教育出版社,2000 年。

迎。佛教同样,进一步加速"通俗化""民俗化"的步伐,延续"禅净合一"形态,檀施供养、吃斋念佛、祈福消灾、利生送死成为主导潮流。

宗教转变的另一种趋势是儒、释、道三教进一步合流。所谓三教"同归于善"之说成为社会各阶层的共同观念,扬善抑恶、教人向善成为各宗教的共同任务。全真道把儒家的正心诚意、尽心知性,佛教的心性本净、明心见性纳入传统道教的内丹养炼之中,注重性命之理和养生之道。而佛教当年善导的净土法门,除提倡念佛"正行"之外,又劝导奉行世间诸善的"杂行"。宋元以后,佛教把戒规概括为"诸恶莫作,众善奉行"八个字,而所谓"善""恶"兼具教理的和世俗的意义。教理的内容基本是"五戒十善"("五戒"指杀生、偷盗、邪淫、妄语、饮酒;"十善"指"身三",即不杀、不盗、不淫;"口四",即不两舌、不恶口、不妄言、不绮语;"意三",即不贪、不嗔、不痴。"五戒"制恶,"十善"行善):世俗的内容则是传统儒家的忠孝仁爱伦理,简单易行的扬善制恶取代了佛法艰难繁琐的修持。

又佛、道二教的活动形式也发生了根本变化。全真道基本活动在民间。直到唐、宋,佛教活动基本以京城和通都大邑的大寺为中心。这些寺院由学养深厚的高僧、学僧住持,得到朝廷和世家大族支持,又是地方的文化中心,思想、学术中心。宋、元以降,继续得到统治阶层护持,一些大寺的仪容依旧,如"四大名山"那样的大寺更持续繁盛,但它们活动的学术、文化内涵变得十分淡薄了。大型寺院主要是宗教经济实体。而真正支持佛教生存的,主要是民间信仰活动,各地大小佛寺则基本是民众礼佛斋僧、烧香上供、祈福还愿的地方。当然,维持佛教在思想、文化领域的影响,官僚士大夫居士仍在发挥相当的作用,但民众和民间游僧已成为佛教活动的主体。

佛教生存状态的巨大转变,归根结底,是中国社会由"中世"到"近世"转变的结果。专制皇权强化,理学兴盛,宗教不能不边缘化而把活动重心转向民间。在这种形势下,具有广泛坚实的群众基础的净土信仰和观音信仰继续得以在民间保持兴旺发达的势头,成为民众信仰的主要内容,也是佛教活动的主要形态。结果观音道场遍布全国各地,大小寺院一般都设立专有供奉观音的殿堂,城乡居民家庭也普遍设立观音龛位。影响到民间宗教教派,也创建许多观音龛、堂。以下根据文献记载和实地考察,列举明清时期各地有规模的观音道场。知见有限,缺略必多,举例而已①。

普陀山,前面已经介绍过,做些补充。宋代以来一直是观音信仰的根本道场,被称为"海天佛国"。宋代这里还相当荒僻。张邦基有一段记载,生动记述了当时普陀山及其观音信仰状况,不避冗长,引录如下:

普陀山观音洞

予在四明市舶局日,同官司户王操粹昭,郡檄往昌国县普陀山观音洞祷雨,归,为予言:

普陀山去昌国两潮,山不甚高峻,山下居民百许家,以鱼盐为业,亦有耕稼。有一寺,僧五六十人。佛殿上有频伽鸟二枚,营窠梁栋间,大如鸭颊,毛羽绀翠,其声清越如击玉,每岁生子必引去,不知所之。

山有洞,其深罔测,莫得而入。洞中水声如考数百面鼓,语不相闻。其上复有洞穴,日光所射,可见数十步外,菩萨每现像于其中。粹昭既致州郡之命,因密祷,愿有所睹。

须臾,见栏楯数尺,皆碧玉也。有刻镂之文为毵路,如世间宫殿所造者。已而,复现纹如珊瑚者亦数尺,去人不远,极

_____

①以下记述资料,有些经笔者考察,另外的除注明者,均取自各种地方志,并多引用书目文献出版社 1989—1995 年出版的《中国地方志民俗资料汇编》。该书邀集各地众多专家,将资料分大区编选整理,对于相关学术研究贡献良多。本书引用避繁从简,不一一注出卷次页码。谨在此对编著者、出版者表示谢意。

昭然也。久之,于深远处见菩萨像,但见下身,如腰而上即晦矣。白衣璎珞,了了可数,但不见其首。寺僧云:"顷有见其面者,乃作红赤色。"今于山上作塑像,正作此色,乃当时所现者。东望三韩、外国诸山在杳冥间,海舶至此,必有所祷。寺有钟磬铜物,皆鸡林商贾所施者,多刻彼国之年号。亦有外国人留题,颇有文彩者。僧云:"祷于洞者,所现之相有不同,有见净瓶者,有见璎络者、善财者、桥梁者,亦有无所睹者。"洞前大石下,有白玉晶莹,谓之菩萨石。

粹昭平生倔强,至是颇信向云。①

到元代,据《补陀洛迦山传》,岛上寺庙还只有宝陀寺、潮音洞等几处。明洪武十九年(1386)和嘉靖三十二年(1553)为避海寇骚扰,普济寺曾两度内迁。自明万历到清康熙、乾隆年间,明清朝廷屡次拨款大加修葺,寺院骤增,"海天佛国"遂振兴繁盛起来,清代民初,这里成为以三大寺(普济、法雨、慧济)为首、寺庵达百许的供奉观音的一大佛教中心。

明清时期北京城内(包括宫廷内)寺庙供养观音处甚多。据乾隆年间统计,观音寺达一百零六座。潭柘寺观音殿据传是元忽必烈的女儿所建;清乾隆年间所建颐和园万寿山顶智慧海也是供奉观音的;具有鲜明特色的有西城区官菜园的两座观音院,原有过街楼相通,清代这里香火相当兴盛;南城陶然亭慈悲庵始建于元,庵内有清康熙三十四年工部郎中江藻所建陶然亭,成为京城名士游憩之地,近代又成为爱国者和革命家活动场所,庵内有观音殿、准提殿等建筑;丰台区大井村有明代万历元年(1573)始建的万福延寿寺遗址,当初具有相当规模,在大悲阁废迹处仍留有通高八米的二十四臂(存四臂)千手千眼菩萨铜造像;西山八大处的第七处宝珠洞在平坡山顶,乾隆四十六年(1781)始建,正殿一座,供奉观音;

---

① 《墨庄漫录》卷五。

等等。北京城大寺众多,一般都有供奉观音的殿堂。

天津蓟州区独乐寺始建于唐,其山门和观音阁为辽代所建,阁内供奉泥塑十一面观音,高十六米,为我国最大的泥塑观音像。

河北石家庄市正定县隆兴寺是隋代古寺,其主体建筑大悲阁又名佛香阁,高三十三米,建于宋开宝年间(968—976),阁内供奉通高二十二米的四十二臂大悲观音造像,是我国最高的铜铸观音像;摩尼殿后有悬塑的彩色背坐观音像,为明代创作的不可多得的艺术精品。

河北保定市内大悲阁供奉观音像,本为元建,屡经兴废,现存是清乾隆年间重修的,名真觉禅寺,阁高三十一米,有"市阁凌霄"的美誉,居"保定八景"之首。阁内供奉通高十米的观音像。

河北承德外八庙之一的普宁寺别名大佛寺,是清乾隆年间纪念平定准噶尔达瓦齐部叛乱建造,取名"广大臣民安居乐山,永永普宁"之意。其主殿"大悲之阁"供奉国内最大的木雕千手千眼观音像。外八庙是清廷为了接待少数民族王公贵族兴建的,普宁寺观音也反映当时少数民族的观音信仰。

山西太原市内崇善寺本是唐代古寺,明初扩建城池,划入城内,大加兴建。其大悲殿供奉观音和文殊、普贤三巨像。千手千眼十一面观音立像通高八米三,造型奇特,比例匀称,金箔覆身,金光熠熠。同治三年(1864)殿堂火灾,佛像仍保存完好。

山西五台山著名的金阁寺是以大悲阁为主体的建筑群。阁身二层,内塑观音像通高十七米,是五台山众多寺庙中主要供奉观音的道场。

山西长治市西南郊五公里的观音堂为万历十年(1582)所建,观音殿内供奉观音、文殊、普贤"三大士"并有众多塑像。

山西大同市西郊八公里的佛字湾有古观音寺,据寺内万历三十五年(1607)所立碑文说:"云中城以西十五里之遥有观音古刹,流传原地名蛤蟆石湾,怪物扰害其间,民用不宁,道路阻塞。辽重熙六年(1037)六月又九日,忽大士现丈六金身,偕左右菩萨、明王,从万佛洞飞往水门顶山头,从此妖魔降灭……"①由于有这样的灵迹,所以建造了寺庙,后明、清屡次重建。

河南宝丰县东十五公里的大、小龙山之间的香山寺,相传建于唐,为前面介绍传说中的香山大悲成道之所。宋代以来屡经修缮,是著名观音道场。今仍存北宋熙宁八年(1075)所建大悲观音塔和传为蔡京所书《大悲观音菩萨得道证果史话碑》,为镇寺之宝。

河南汝南县南关外南湖小南海大士寺,建于明,后屡次重修。寺仿普陀规制建于水中,因称"小南海",寺中前后两殿,均供奉观音大士。

湖北鄂城市北门外长江中龙蟠矶龙蟠寺,又名观音阁,曾是重要的观音道场。始建于元,明代屡次兴修,清道光时焚毁,今存殿舍是同治年间(1862—1874)重建的。

山东泰安市泰山观音寺供奉观音、文殊、普贤"三大士"。

山东梁山县北三十公里处的菩萨庙,建于明,清乾隆年间重修,是专门供奉观音的。

江苏南京燕子矶观音阁为明初所建,为当时南京名刹。正统元年(1436)就阁建寺,改称"弘济",现只存石刻若干,包括传为吴道子所画石刻观音像碑。碑高二米,涂黑,白线勾勒观音像,黑白分明,清晰流畅。

江苏扬州市西北观音山传为隋炀帝迷楼遗址,元大德年间(1297—1307)开山建寺,取名功德山。建有观音阁,供奉观音,故称"观音山"。

福建厦门市五老山下南普陀,本是唐代始建古寺普照寺,历代屡经兴废。清康熙年间(1662—1722)重建,大悲殿供奉观音四尊,大雄宝殿供奉三宝千手观音像。以在普陀山之南,故名南普

———————————
①郭晓民《观音堂》,《五台山研究》2010年第3期。

陀寺。

浙江湖州市西铁佛寺又名铁观音院,本是梁天监年间(502—519)所建开元寺。有北宋乾兴初(铁观音基座盆铭作天圣三年,1025)僧鉴真所铸通高二米的铁观音像,置于原开元寺东南隅(即开元寺东廊),号铁观音院。元末(1368年)毁于兵乱,仅存铁观音像。明洪武二年(1369)移于今址,改名为铁佛禅寺。"文化大革命"时期寺内释迦牟尼等三尊佛像被焚毁,铁观音像幸存。

浙江雁荡山灵峰寺始建于宋天圣元年(1023),为雁荡十八古刹之一,屡经兴废,清代重修,已非旧观。旁边的观音洞为雁荡第一大洞,顶层是观音殿,供奉观音和十八罗汉。

福建福州市内的大士殿本为宋嘉福院遗址,康熙五十二年(1737)改为万寿亭。乾隆二年(1737)改名大士殿,供奉观音。殿内存乾隆所作《御题大士出山图》碑刻,叙述观音出山和"由男变女"故事。

福建晋江市安海镇北龙山寺始建于隋末,清康熙二十三年(1684)重修。寺正殿内供奉高二米九五的榕木千手千眼观音,一千零八只手作扇状排列,雕镂繁复,层次清晰,俗称"安海观音"。

江西九江庐山栖贤谷观音寺,建于宋代,明代重修。旁有石砌单孔二十米长的观音桥,是当地名胜。

陕西汉中市南郑区南约三十五公里丛山中的小南海,据"南海观音"取名。所建观音殿模仿普陀山普济寺格局,为当地观音道场。

四川新津县北永兴镇九莲山观音寺本是北宋宰相、著名居士张商英(1043—1121)故宅,始建于南宋,元末毁于战火,今存建筑是明代重建的,留有观音、毗卢两殿。观音殿主尊是乘独角兽观音像,两旁为文殊、普贤,为明成化年间(1465—1487)建殿时遗物。

广西合浦县城东八十公里山口乡永安村大士阁,明万历四年

(1576)建,原在永安古城中央,为亭阁式建筑,以供奉观音得名。

云南昆明市滇池北的大观楼,清康熙年间在这里创建观音寺,始成名胜,现已成为游览胜地。

云南昆明市南郊滇池南岸有观音山,上有观音寺,内有成化十年(1474)所铸铜钟一口,寺应建于此前。根据寺中所留明隆庆年间(1567—1572)碑刻所述,以湖上波涛汹涌,舟楫艰于往来,山上遂建观音殿,遂名观音山,至此加以增修。

云南昆明市西南十五公里处西山太华寺建于元大德十年(1306),明、清屡次增修。大雄宝殿供奉明代铜铸十二圆觉和密教观音像,其缥缈楼为原来的大悲阁。

云南大理市南圣应峰麓的观音堂本是佛庵,清嘉庆以来不断重修,其中有观音阁供奉观音。

云南永胜县城东八公里处的壶山,宋代建寺,明清时期达于极盛,寺庙林立,以观音阁为主,是当地著名观音道场。阁后壁镌有一观音像,旁注"唐吴道子笔",显系伪托,但造型优美,不失为佳作。

广东广州市内六榕寺,南朝梁建,名宝庄严寺,为岭南著名古刹。北宋初毁于火,端拱二年(989)重建,名净慧寺;元符三年(1100)苏轼来游,题"六榕"二字,遂以名寺。今存主要建筑为观音殿、六祖堂等。

海南万宁市东东山岭的潮音寺建于明,现存建筑是清代的。本是祭祀抗金将领李纲等人的,后改为奉祀观音了。

台湾台北市西南淡水河畔的龙山寺始建于乾隆三年(1738),作为福建泉州龙山寺分支,近年仍在增建,主尊为观音。据说本为泉州府晋江县安海镇龙山寺所供奉,所以也称"安海观音"。

台湾桃园市观音村石观音寺,以清咸丰年间(1851—1861)村民在溪流里拣得石形观音供奉而建,初名福龙山寺,光绪十二年(1886)改今名。

台湾新竹县竹莲里的竹莲寺正殿也是供奉观音的。

内蒙古、青海、西藏地区的藏传佛教寺院众多，基本都有供奉观音的殿堂，详细情况从略。应当特别提及的是拉萨市的布达拉宫，是一座合寺院、宫殿、灵塔为一的巨型建筑群。布达拉即"补陀洛迦"另一译名，是藏传佛教的观音道场。观音在藏传佛教里占有特殊地位，相关内容十分复杂，此不具述。

以上所列举的，是专门或主要供奉观音、有一定规模、有一定特点或保有古迹遗物的寺庙或殿堂，不包括石窟寺。这些寺院兴建年代迟早不一，有些是前朝兴建，明、清重建、扩建的，有些是明、清创建的；现存情形不一，一些仍是香火旺盛的观音道场，另一些则已经衰败或仅存遗址。有些未经考察。作为观音道场，这些寺院或殿堂在明清时期乃是地域观音信仰中心。

还应指出，除了这类专门或主要供奉观音的观音道场之外，明、清以来一般寺院大都建有供奉观音的大悲阁或观音殿。著名的如杭州的灵隐寺，大雄宝殿金装释迦像后影壁塑有观音立像；宁波东太白山麓的天童寺，主殿三世佛坐像背壁之后是以观音为主的海岛群塑；天台山国清寺大雄宝殿六米七高的佛陀坐像背壁后面是以观音为中心的慈航普渡群塑；九华山最大的寺院祇园寺大雄宝殿里供奉三佛，同时供奉海岛观音；河南相国寺为北齐创建的古寺，屡经修葺，今存的建筑基本是清乾隆年间的，其罗汉殿供奉乾隆时所造高七米的木雕四面千手千眼观音像；广州市内六榕寺，观音殿供奉的观音为康熙年间所铸，高四米，重五吨；等等。广大民众，特别是妇女到寺庙进香、许愿、还愿，大多会专门去朝拜观音。这类殿堂也是整个寺庙香火旺盛的地方。

明清时期观音作为家庭守护神的性格越来越显著。观音普遍地被许多家庭供奉。居家设观音龛，与供奉灶神等民间俗神一样，成为风俗。观音崇拜已渗透到家庭和个人生活之中了。

二

明永乐皇帝朱棣在为《千手经》所写的序里说：

> 夫观世音誓愿弘深，发大悲心，以济度群生。朕君临天
> 下，闵众情之昏瞀，堕五浊而不知，以此经咒，用是方便，觉悟
> 提撕，俾一切庶类，皆超佛域。①

这里十分清楚地表明统治者明确意识到发展到明清时期的观音信
仰已完全与儒家伦理并行不悖，可以发挥辅助朝廷统治民众的作
用。清朝尊崇藏传佛教领袖，乾隆皇帝作《喇嘛说》，指出："我朝惟
康熙年间衹封一章嘉国师，相袭至今。"自注谓："我朝虽兴黄教，而
并无加崇帝师封号者。惟康熙四十五年，敕封章嘉呼土克图为灌
顶国师。示寂后，雍正十二年，仍照前袭号为国师。"后面又说："盖
中外黄教，总司以此二人，各部蒙古一心归之。兴黄教即所以安蒙
古，所系非小，故不可以不保护之，而非若元朝之曲庇谄敬番僧
也。"②这些话无关观音信仰，但可以看出清廷利用佛教的基本策
略。还有一个文件，也颇能说明朝廷在有意识地利用观音信仰。
明清时期民间秘密宗教流行，如上所述，这些宗教相当一部分具有
反统治体制倾向。例如罗教，有所谓"五部六册"（下面还将介绍），
明末万历年间敕命禁止流通、销毁经版时朝廷有告示说：

> 今后僧俗善信有志茹素捧诵者，自有钦定颁刻大藏尊经，
> 如《观音》《弥陀》等经；若真思孝顺父母，宜持诵《大方便佛报

---

① 《大悲总持经咒序》，《中国佛教经论序跋记集》第 3 册第 1301 页。
② 《御制喇嘛说》，《御制文集》三集卷四。

恩经》可也。①

一方面禁毁民间教派经典,另一方面提倡群众诵读《观音经》等,也是因为后一类经典有助"教化"的缘故。

宋代以来,除了元朝宫廷尊信藏传佛教,历朝礼重、加护佛教基本重在利用,作为"以教辅政"、教化民众的手段。这是与皇权强化、对宗教加强管束的整体策略相一致的。但是另一方面,统治者也不能免除宗教赐福消灾、抚慰人心的诱惑,所以明、清两代朝廷又屡次兴修普陀山观音道场,在宫廷里的"内道场"供奉观音,皇帝往往亲自上香礼拜,等等。特别是在后宫,后妃、宫人和宦官中更多有虔诚信徒。周绍良先生曾介绍几种明皇室印施的佛经。其中有《出相观世音菩萨普门品经》一种,末有龙牌一,附文云:

> 当今皇帝谨发诚心印造《出相观世音菩萨普门品经》一藏计五千四十八卷,专为保佑圣体万万安,增延万万寿,消灾保安,凡向日中,吉祥如意。大明万历壬寅年(三十年,1602)二月吉日印施。

又有同为万历时期的《佛说观世音菩萨救苦经》附《佛说消灾吉祥陀罗尼经》等三种,龙牌中也写明"大明皇贵妃郑发心印施"②。周绍良先生指出,这种印施佛经方式,与当时一般市民所做无异。于君方在台北故宫博物院发现两件佛经抄本。一件《白衣大悲五印陀罗尼》,明董其昌(1555—1636)抄,其中有释迦牟尼、阿弥陀佛、观音、白衣观音名号和一段十三句的陀罗尼并董其昌写的赞词,上有乾隆、嘉庆御览钤印;另一件抄本三卷,经名分别是《佛顶心观世音菩萨大陀罗尼经》《佛顶心观世音菩萨疗病救产方大陀罗尼经》《佛顶心观世音菩萨救难神验大陀罗尼经》,据考也可能是清宫的

---

①《烧毁无为教五部六册批》,《南宫署牍》卷四。
②《明代皇帝、贵妃、公主印施的几本佛经》,《文物》1987年第7期。

收藏①。这都是宫廷崇信观音的实证。

　　明宫内廷观音信仰情况,皇姑寺是个典型例子。本来明孝宗朱祐樘建立的北京皇姑寺有二,都供奉观音,一在宫内,一在西山。明世宗朱厚熜(孝宗之侄)好道,不信佛教,曾拟把宫内皇姑寺拆毁,将尼众移居外皇姑寺。慈寿太后(皇伯母)联合世宗生母蒋氏加以阻止,两座皇姑寺才得以保存下来。这已充分反映宫廷中后妃们对佛教以及观音的虔诚信仰。到神宗朱翊钧万历皇帝即位,其生母李贵妃晋封为慈圣皇太后,也是虔诚的佛教信徒,造《佛说大慈至圣九莲菩萨化身度世尊经》,在宫中做九莲台,供奉"九莲菩萨",曾赐给皇姑寺铜钟。其时正值民间教派大乘教兴起的时候,皇姑寺成了这一教派活动的基地(有关这一教派的情况下面还将讲到)。这所寺庙作为太后的"香火院",太后也就成了教派支持者。皇姑寺的尼姑们迎合李太后旨意,宣扬九莲菩萨神话,并说太后即是观音菩萨。皇姑寺从而得到宫廷、亲贵、太监、宫人加护。

　　在人所共知的清代宫廷逸闻里,慈禧太后称"老佛爷",并留有装扮成观音的照片,也是晚清宫廷观音信仰的轶事。

　　明清时期文人士大夫家庭信仰观音的也相当普遍。

　　明胡应麟是一位博学多才的作家,他说到母亲和近邻妇女的观音信仰:

　　　　余母宋宜人素善病,中虽虔精奉大士,每困迫辄梦大士化身,辄愈。又余邑叶氏妇病不知人数日,亦梦大士救之而愈……此皆余所目击,其他显化灵异往往闻之四方。余尝欲因长公本纪,而汇集诸经中大士言行散见者,及六朝以还诸杂记、小说中大士应迹较著者,合为一编,盖余母志云。②

胡应麟的母亲不仅虔信观音,而且督促他以苏东坡(长公)的护法

────────

① 《观音——菩萨中国化的演变》第 104 页。
② 《少室山房笔丛》卷四〇《庄岳委谈上》,第 411—412 页。

文字为基础编辑有关观音灵验传说成书。从中可以知道这个家庭里观音信仰的气氛。

明末清初的张岱(1597—1679)以优美散文著称于世。他身处乱世,在佛教中寻求精神寄托,写过不少释氏文字。他的母亲也是观音信仰者,年轻时为祈求子嗣,发愿念《白衣观音经》三万六千卷。他为此写了《白衣观音赞》,中有云:

> 胞里闻经,八十一祀。一闻母声,一见我母。振海潮音,如雷灌耳。①

他母亲的信仰影响他的一生。士大夫家庭里的这种宗教传统在延续和发展观音信仰上起着相当重要的作用。

同是处身乱世的钱谦益,陷在改朝换代矛盾冲突的漩涡中,也要到佛教里求取慰藉。柳如是是他的风尘知己。他有《造大悲观世音像赞》:

> 女弟子河东柳氏,名如是,以多病故,发愿舍财,造大悲观世音菩萨一躯,长三尺六寸,四十余臂,相好庄严,具慈愍性。奉安于我闻室中。崇祯癸未(十六年,1643)中秋,大悲弟子谦益,焚香合掌,跪唱赞曰:
>
> 有善女人,青莲淤泥,示一切空。疾病盖缠,非鬼非食,壮而相攻。归命大士,造大悲像,瞻礼慈容。我观斯像,黄金涂饰,旃檀斫砻……我闻之室,香花布地,宝炬昼红。楼阁涌现,千手千眼,鉴影重重。疾苦蠲除,是无是有,如杨柳风。稽首说赞,共发誓愿,木鱼鼓钟。劫劫生生,亲近供养,大慈镜中。②

柳如是因病发愿造观音像。她的名字就取自佛典首句"如是我

① 《琅嬛文集》卷五。
② 《造大悲观世音像赞》,《牧斋初学集》卷八二,下册第1745页,上海古籍出版社,1985年。

闻"，"奉安"观音像的"我闻室"是钱谦益和她同居的私室，赞文描写在家庭供养观音的情境是具有相当典型意义的。

宋代已有传说，说有一个任饶、信二州都巡检的罗生，因避水灾携家眷寄居在城里王氏家。有一婢名来喜，"目障交蔽"，梦一僧对她说："贺汝有缘，苟不至此，终身定成废疾，我故携药救汝。"她问僧："大师是何处僧？"答说："不须问我，我住汝家久矣。我闻汝声音之苦，誓心相救。"天亮后眼睛果然好了。罗生母夫人说："是吾家观音也。吾家敬奉之，有疑则卜，厥响如应。"①这样的传说反映当时已经有观音作为家庭守护神的观念。在以后的发展中，这一观念更加强化。观音作为守护家庭平安的神明，当然要在每个家庭里接受供养。以家庭为主体的供奉观音形式，也给信仰持久的生命力得以保障。

三

观音信仰更加深入普通人的家庭生活中，随之一步步地"俗神化"，逐渐演变成具有鲜明民族特色的"善神""福神"。在中土多种宗教、多神信仰的环境中，他的性格逐渐被等同于一般的民间俗神了。

前面已提到过，作为佛教菩萨的观音在传播中土过程中，逐渐带上了浓厚的道教神仙色彩。早在六朝时期，道教已把观音纳入自己的仙谱之中②。至宋代，在普及民间的信仰活动里，佛、道二教的神明已经和儒家的圣人一起被供奉。典型的表现就是各地兴建

---

①《夷坚三志辛》卷七，《夷坚志》第 3 册第 1441 页。
②在后来道教法事道场里，"观音经忏"也是内容之一。

不少同时供奉三教造像的寺庙和窟龛。大足石窟群始造于唐末，在到南宋末的四百年间大肆兴建，在今重庆市大足区、潼南区、铜梁区、璧山区七十多处存佛像十万余躯。其中多数雕造在北宋元丰到南宋乾道(1078—1173)近百年间，其中有三教同堂造像；山西浑源县南五公里处恒山金龙峡西侧翠屏峰的悬空寺，是始建于北魏的古寺，在背西面东的峭壁上，分三层建筑殿堂，上中层是如来殿、太乙殿、关帝殿等，下层是三官殿、纯阳宫、观音殿、释迦殿、老子殿、孔子殿等，大小殿堂四十多间。这些殿堂是后代陆续兴建的。在悬空寺千手观音殿下石壁上，嵌有两块金代石碑，碑文赞颂儒、释、道"三教"创始人的出身与业绩，据此判断悬空寺这些供奉"三教"偶像的殿堂是从金代开始兴建的(有不同看法把修建的时间提前，但今存殿堂为金、元以来陆续兴建是可以肯定的)。时代往后的具有代表性的"三教同堂"寺庙有山西右玉县城关镇宝宁寺，建于明成化年间(1465—1487)，清康熙重修，现存山门、中殿和后殿。中殿原有水陆画一堂(现已移藏山西省博物馆)，儒、释、道各教人物齐集一堂；山西长治市梁家庄观音堂，始建于万历十年(1582)，有造像七百余躯，下层坛上为佛像，中层梁架上有老子、孔子、释迦三祖师像，南墙及正面南部第四层以上为道教造像数十尊。这样的情况，如果从观音信仰角度看，观音已经和儒、释、道各路尊神被同等对待了。三教融合的潮流受到明清时期声势盛大的民间宗教的推动。这些民间宗教教派均主多神信仰，崇拜对象有佛教的如来、弥陀、弥勒，道教的老君、玉帝天尊，儒家的孔圣人等，观音则是其中重要一位。而且直到今天，在民间一些佛寺、道观和海外华侨兴建的庙宇里，多有把佛、道二教神祇以及诸多民间俗神等一起供奉的。明、清以后，在民众的观念里，也往往把观音和道教的玉皇大帝、太上老君、民间俗神如关帝、灶王以至古代神话里的西王母等同样看待了。

　　观音的"俗神化"，也是"三教融合"另一方面的表现，是他被明清时期兴盛的许多民间宗教所吸收。观音被民间教派纳入自己的神仙谱系之中，又反过来进一步推进了他的"俗神化"进程。民间宗教借助历来受到民众崇拜的观音来争取信众，观音随之进一步扩大影响。有些教派首领甚至直接自称是观音化身或观音"转世"降临救世的。宋、元以来主要的民间宗教多出自白莲教一系。白莲教是南宋时期在净土结社基础上发展起来的新教门。白莲教忏堂里依例供奉弥陀、观音、势至。明清时期从白莲教分化出罗教、黄天教、弘阳教、闻香教、圆顿教以及众多的教派分支如无为教、大乘教、长生教、天理教、清茶门、观音教等等①，其中有些明显具有反社会统治体制的性格，受到禁限、镇压，分合聚散，此起彼伏。这些民间教派形成于民众之中，采取适合民众信仰的内容和形式，往往形成相当大的声势，在社会上发挥持久、深远的影响。它们大多又崇拜观音，创造出各种各样的礼拜观音的仪式。

从各教派具体情况看，如罗教供奉观音、念《观音经》、建观音教堂、观音斋堂等，观音是这个教派供奉的主神之一②。根据该教的劫变观念，教主罗祖（罗清，1442—1527，字梦鸿，号思孚、无为，山东即墨人，民间宗教罗教的创始人，被尊之为"罗祖""无为老祖"。后出的一些民间教派和帮派如青帮亦奉之为祖师）就是观音化身来超度世人的。明代兴起的黄天教形成于今河北地区，直到清代流传在江西、福建、浙江一带，有长生教、老官斋教、大乘教等名目，也供奉观音、三官（三官大帝：天官、地官和水官）、关帝诸神，并广建观音斋堂。明嘉靖年间兴起的江南斋教就直接称作"观音教"，供奉观音、如来，劝人行善修身，明心见性。明万历（1573—1620）末年兴起的长生教，流传于江南一带，教徒吃斋念佛，供奉白瓷观音菩萨，祈求却病延年。在该教派的《众喜宝卷》里列出所尊

---

①喻松青《明清白莲教研究》第1—116页，四川人民出版社，1987年。
②马西沙、韩秉方《中国民间宗教史》第四章《佛教净土信仰的演进与白莲教》，
   第102—164页，上海人民出版社，1992年。

奉的经典中,《高王经》包括在内,而其"长生"观念显然又是承自道
教的。大乘教有经咒二十八句,开头一句就是:"一心只念本师阿
弥陀佛、救苦救难观世音。"①西大乘教创立于嘉靖年间(1522—
1566),创始者是京西黄村皇姑寺的吕牛,被尊奉为吕菩萨。皇姑
寺本来是宫廷的观音道场,前面已经说过。这一派宣扬观音即是
无生老祖,而吕祖则是观音下凡。有一部《普度新声救苦宝卷》,讲
的就是无生老母化观音、观音化吕祖、吕祖化疯婆,劝阻正统皇帝
北征的故事。这样就把无生老母和观音合而为一了。后来这一派
的教首归圆制作《销释大乘宝卷》等经卷,大力提倡尊奉观音。另
有一部宝卷《清源妙道显化真君二郎宝卷》中叙述教派历史说:

> 观音母,来落凡,脱化吕祖。在口北,送圣饭,救主回京。
> 景泰(指明代宗)崩(1457),天顺爷(指明英宗),又登宝位。封
> 吕祖,御皇姑,送上黄村。与老祖,盖寺院,安身养老。普天
> 下,男共女,来见无生……②

西大乘教得到了宫廷中以李太后为主的后妃、贵族的支持,经卷得
以在京城印行、流布,文献里不见这个教派受到镇压的记载。清茶
门是由闻香教分化出来的,自明末至清中叶二百年间,广泛流传于
今河北、山西、河南、湖北、安徽、江苏等地区,主要供奉弥勒佛,也
有供奉观音的。该教派和许多教派一样崇拜关帝,所诵有《护国佑
民伏魔宝卷》,前半依《三国演义》铺叙成文,后半说道:"佛曰:吾观
火帝真君下生,一十八劫已尽,即差南海观音菩萨,家为师罗,度他
还愿。"③在明末清初的圆顿教里,观音和无生母、古世尊、无量寿佛
等都是蟠桃会上的"朝源圣表证金身"。清康熙二十年(1681)张保

---

①《闽浙总督喀尔吉善等折(乾隆十三年六月廿六日)》,故宫博物院文献馆《史
　料旬刊》第二十九期;《直隶总督琦善折(道光十八年正月廿六日)》,《宫中档》。
②《宝卷初集》第 14 册,山西人民出版社,1994 年。
③《宝卷初集》第 5 册。

太在云南鸡足山创大乘教，又称无为教，吃斋念佛，烧香礼拜，所提倡教义混合佛、道、儒，三教合一。这个教派也念《观音经》，供观音像，所作斋会有的就叫"观音会"，在会上悬佛幡、念经，烧香摆供，将入会者名单书写在表文上焚烧，表示上达天听。这类"观音会"一时间相当流行。清雍正五年(1727)查禁的衢州西安县杨村洲的一处斋房，上面供大士像，下为斋公卧房①。明万历年间兴起的弘阳教把《普门品经》作为本教派经卷之一。该教供奉飘高老祖，据《混元红阳临凡飘高经》，说番天母、遮天母等老无生和骊山观音一同临凡，拯救世人。该教派在观音和如来、地藏诞辰、飘高祖生辰、忌日或在办丧事聚众做佛事时，念诵经卷中包括《普门品经》。它的分支清道光年间(1820—1850)流传在直隶的弘阳教有咒语说："弟子磕头求药王、药圣、十大名医、达摩老祖、灵丹华佗老祖、妙药观音大士，圣水留在坛中，下在茶中，百病皆好，万痛根绝，保佑病好，离床日久，与考祖报效。"乾隆十三年(1748)，清廷在福建查禁各种教派斋堂，建宁县有二处，长汀县有十四处，宁化县有十三处，清流县有十三处，归化县有十三处，连城县有二处，武平县有六处，霞浦县有一处，建安县有四处，松溪县有一处，崇安县有一处，台湾罗县(嘉义)有二处等，每处斋堂有在堂吃斋者二三人至十人不等，这些斋堂有相当部分是专门供奉观音的。弘阳教的一支白阳教清中叶流传于华北地区，尊奉南无天元太宝阿弥陀佛和南无无量圣佛救苦观音，宣传劫变观念，称白阳当兴，未来白阳弥勒掌教。嘉庆二十年(1815)江南圆教起义中，有一女首领李玉莲，自称"开创圣母"，又作"皇极真命主，隐居石观音"的谶言，自称为观音临凡。咸丰(1851—1861)、光绪(1875—1908)年间流行于江西的真空教，创始人是廖帝聘，他作《首本宝卷》等经卷，宣扬三教合流，观音和无极圣祖、真空祖师、释迦、达摩、孔子、老子等被同样崇拜。道光

---

①《永德折》,《史料旬刊》第十三期《浙江长生教案》。

十五年(1835)山西赵城先天教的咒语是:"观音老母造法船,□在婆娑海岸边。船板船底沉香木,鲁般带去做桅杆。若问法船有多大? 听我从头说根源:东至东洋东大海,南至普陀落伽山,西至古佛雷音寺,北至老龙游马滩。王母娘娘位上坐,十六罗汉列两边。金童玉女分左右,二十八宿来护船。有朝一日船开了,想上法船难上难。"①清初产生、直到民国时期仍有广大信徒的在理教(又称"理门""理善会""白衣道""八方道",俗称"在家理")是从罗教衍化出来的,在清末民初兴盛一时。这个教派主张"三教归一",不重偶像崇拜,广泛在各地活动,教义、戒条、仪节差异很大,但崇拜观音则是共同的。入教时由传道师传授"五字真言",就是"观世音菩萨"。这五字真言平时只许默念,不许出口。据说遇到大灾大难时面向东南高喊三声,即可逢凶化吉。教会的基层组织叫作"公所",公所里供奉圣宗像及羊祖、尹祖像;所谓"圣宗"即是观音。信徒在家里也供奉圣宗像,每天参拜五十三次,并默念真言或《白衣观音神咒》。该教派的宗旨在戒恶从善,救贫济难,其组织松散,宗教意识比较淡薄,观音崇拜是用来团结信众的手段。观音信仰亦普及到"准宗教"的结社组织,例如 19 世纪广东缫丝女工的行会组织"姐妹会"就供奉观音②。观音成为团结这类群众组织的信仰核心。

明清时期民间宗教的势力是相当强大的,对于社会生活、民众的精神面貌有着巨大、普遍的影响。如清颜元所指出:"红巾、白莲始自元、明季世,焚香惑众,种种异名,旋禁旋出,至今日若'皇天',若'九门''十门'等会,莫可穷诘。家有不梵刹之寺庵,人成不削发之僧尼,宅不奉无父无君之妖鬼者鲜矣,口不诵无父无君之邪号者

①《鄂顺安等镇压山西赵城先天教之有关文书》,故宫博物院第一档案馆藏军机处录副奏折,农民运动类,编号 2281,道光十五年。
②欧大年《中国民间宗教教派研究》第 84 页,刘心勇等译,上海古籍出版社,1993 年。

鲜矣。"①如上所述,这些教门里有相当一部分具有反抗现实体制的性质。值得提及的如清初顺治五年(1648)江苏如皋民在草观音堂和杜家观音堂先后分别聚集二百余人和五百余人,结拜为兄弟,提出"大明中兴"的口号②,带有明显的民族斗争性质。清乾隆五十一年(1786)直隶大名府的八卦会曾杀官劫狱,震动朝廷,教内流传有《护身咒》:"金刚灵佛紧随身,镇住鬼神不敢侵。威镇天门听敕令,佛封四大天王神。遮罗神,遮罗神,正封南海观世音。"据说诵咒可以刀枪不入③。明、清两代朝廷对民间宗教屡屡禁止、查抄,但不能奏效,反映了民众间潜在的反抗活动的巨大能量。民间宗教本来是适应民众的需求创建、兴盛起来的。它们利用观音信仰作为组织、动员群众的手段,观音信仰从而也得到进一步普及的动力。它们所宣扬的观音,已经由佛教菩萨演化为具有鲜明三教合流色彩的民间"俗神"了。当然,民间"俗神"观音仍保留着佛教菩萨作为救济神明的基本品格。

民间宗教活动在社会基层,深入家庭之中,吸引众多女性信徒,女性从而成为民间宗教活动的重要力量。本来观音转变为女相与女性佛教信徒势力的扩展有直接关系。女相观音也特别受到妇女的崇拜。早自宋代起,观音就是白莲教所崇拜的主要神明。明代的民间教派又创造出一位特殊的尊神"无生老母"。她在早期罗教经卷里已经出现,以后地位变得越来越崇高,被描写成具有创世主和救世主品格的最高神,世界宗教史上鲜有其例的女性上帝。民间教派创造出许多关于她的传说,其中说到她化为观音,下临凡世,超度世人。这就把无生老母信仰和观音信仰合一了。由无生

①《存人编》卷四《辟念佛堂说》,《四存编》第162页,王星贤标点,古籍出版社1957年。
②秦宝琦:《中国地下社会(清前期秘密社会卷)》第75—76页,学苑出版社,1994年。
③《中国地下社会(清前期秘密社会卷)》第179页。

老母又衍化出另外许多老母，观音老母也是其中之一（如《龙华经》）。这种女神信仰又进一步强化了民间观音信仰的号召力和影响力。

四

明清时期历史上一些传统的观音崇拜形式仍被延续下来。从总的趋势看，供养方式更趋简易、方便了。唐宋时期盛行的施财造像，特别是凿造大型龛、像已经少见；绣像比较繁难费时，也不大流行；印施经咒需要相当的经济条件，不是一般百姓可承担的。在一般贫苦民众间，特别是在没有文化、层次较低的、家境贫穷的妇女间，普遍采取家庭或个人的供养方式。这些方式是：

诵《观音经》。这是传统的方式。诵《普门品》仍广泛流行，包括上述民间教派里也多有持诵者；值得注意的是这一时期民间流行读诵不断创作出来的伪《观音经》、观音咒。它们在各地寺院大量印施，广为流通。

持观音咒。《大悲咒》《准提咒》等经咒广泛地在僧俗间流行。敦煌写本里有《观世音菩萨符咒》等三个观音符咒集，利用这些符咒驱魔镇邪、消灾治病是唐宋以来流传下来的民间习俗。中土制作的《白衣大士咒》之类简易咒文记诵容易。民间教派中也流传一些经咒，如收元教有《观音祖师咒》，后期罗教中流传的《五公尊经》（五公指志公、宝公、唐公、化公、朗公）里，也有假托观音大士的偈言等。

称观世音名号。除了传统的遇到危难时呼叫观音救济，流行每天念观世音名号若干遍做功德的习俗。这是借鉴了净土念佛法门的行法（如每天念"阿弥陀佛"名号多少遍，有至万遍的）。前面提到在家理教门就以诵"观世音菩萨"五字真言为主要供奉形式。

供观音像。这一时期,适合家庭或个人供奉观音的需求,除了铜铸、石雕、泥塑,还利用多种材质如竹、木、玉、象牙等制作的小观音像或绘画、刺绣的图像,而白瓷观音像特别流行。在家里专设观音龛供奉相当普遍,有的则在住宅中堂"天地君亲师"牌位旁边供奉观音、老君、财神等。另外也多有在家门外、桥头、路隅等处建小型观音龛、供观音像的。

吃观音斋。吃斋是佛教戒律素食的变通办法。观音斋的日期可以选择。一般在二、六、九月,具体日期有正月初八,二月初七、初九、十九(观音圣诞),三月初三、初六、十三、十九,四月初八、二十二,五月初三、十七,六月十六、十八、十九(观音成道)、二十三,七月十三,八月十六,九月十九(观音涅槃)、二十三,十月初二,十一月十九、二十四,十二月初八、二十四、二十五等,这都是佛教里有特殊意义的日子。也有六月整月或每月十九吃斋的。

抽观音签:这是把本土的抽签打卦方术用在观音信仰上了。关于观音签,宋代的宗鉴在《释门正统》里记载:

> (天竺观音)又有菩萨一百签,及越之圆通一百三十签,以决群迷。吉凶祸福,祷之诚者,纤毫不差。叙其事者,谓是菩萨化身所撰,理或然也。或依仿而作,则多名目。但以菩萨迹示等觉、正遍知、不思议神力挟之,则或验,或不验。[1]

这表明"观音签"宋代已经流行。这种做法显然与佛教教理毫无干系,宗鉴的记述已流露怀疑态度。同样,中土方术的杯珓、抽符等也在某些观音道场流行。

观音"私祭"。逢元旦、清明、端午、中元、中秋、重阳、冬至、除夕等节祭日或节气,以至家庭忌日等,在家里上供、祭拜观音。

————————————

[1]《释门正统》卷三《塔庙志》,《续藏经》第 75 卷第 298 页中。

结"香社"。僧、俗结合的群众性佛教结社早在唐代已经出现。唐中宗、睿宗时，受到华严法藏影响，"雍、洛闾阎，争趋梵筵，普缔香社"①。这种佛教结社形式在明清时期延续下来，盛行民众到寺庙"进香"的结社，有各种各样名目。其中有专门供奉观音的，直到今天在某些地方仍被延续下来。

施印《观音经》。这当然要有相当经济条件的官宦人家才能做到。印制《普门品》《高王经》那样流传的经典，更多是简单的如《十句经》那样的经咒，还有古代的或后世的观音灵验故事，有些还配以插图。这种做法一直流传到晚近。鲁迅就曾代替母亲施印佛经。

举办、参加香会。明清时期形成的供奉观音民俗中，遍行于各地的、以观音道场为核心的群众性香会规模盛大、影响广远。晚明顾起元(1565—1628)形容当时僧、道所设"迎接观音等会""倾街动市，奔走如狂"②。寺院多在二月十九观音圣诞、六月十九观音成道、九月十九日观音涅槃这几个观音祭日(在不同地方的传说中具体日期不完全相同)举办。远近民众，包括平日难得外出的社会上层的妇女，到观音道场进香，许愿还愿，为婴儿"寄名"(为避免小儿得病，请和尚为他取"法名"，表示已施舍给观音)或"脱白"(一般"寄名"的孩子到十二岁时"脱离"寺庙，要具香烛、白鸡等到那里为孩子换掉原来衣服，表示已"逐出山门")、放生，祈求菩萨治病、保佑平安等。这些香会商侣群聚，热闹非凡，往往有戏曲和民间曲艺表演娱乐群众，又是商贸交易场所。时间短则一天、三天，有的长达十几天的。香会这种活动成为以信仰为核心，兼有宗教、文化、经济等综合性的民间社会活动形式，充分体现观音信仰渗透到民众生活的深广程度。

---

① 崔致远《唐大荐福寺故寺主翻经大德法藏和尚传》，《大正藏》第50卷第284页中。
② 顾起元《客座赘语》卷二《尼庵》。

前面已提到过普陀山和浙江上天竺寺的香会。明清时期普陀山二月香会十分盛大。百姓结社前往,乘坐"香船"。香船分两层,上层乘善男,下层乘信女,有"香头"(多由寺庙里的和尚充任)带领①。明末日本海盗骚扰,朝海艰难,普陀进香曾一时沉寂。清代结社进香之风再兴。一般从初七、初八起,来自远近各地的香客陆续上山,至十七、十八、十九三天已人潮如涌。一般香客要沿妙庄严路到普济寺的大圆通殿进香,再登佛顶山礼佛。十八、十九两天,普陀山各寺庙都举行盛大法会,礼佛诵经。

杭州本是游览胜地,这里的灵隐寺等寺庙的观音香会更富游艺色彩。在明代普陀进香路阻时期,远近香客群趋杭州,三天竺香火尤其兴盛。杭州以六月十九日为观音圣诞,香会也以这一天为主。自前一天夜里,游人即出涌金门,奔赴三天竺寺等各寺庙。晚间在西湖放灯更是一道特殊景致。

各地类似的活动所在多有。如钱谦益描述当时的苏州寒山报恩寺:

> 吴郡寒山,相传为支公道场。赵征君凡夫结隐于此。疏泉剔石,蔚为名区。凡夫殁,改为僧庐。凝远上人杖锡至止,发愿建大悲殿,摄净信人,修"大悲忏"。此山之麓有观音殿,灵响殊胜。春时士女焚香膜拜,项背相望。以故寒山俗号为观音山。今于此地启建忏场,仗托因缘,弘法利生。甚盛举也。②

又顾铁卿记载苏州风俗:

> 观音生日:(二月)十九日为观音诞辰,士女骈集殿庭烓香。或施佛前长明灯油,以保安康;或供长幡,云求子得子。既生小儿,则于观音座下,皈依寄名,可保长寿。僧、尼建观音

①《琅嬛文集》卷二《海志》。
②《寒山报恩寺募建大悲殿疏》,《牧斋有学集补》卷一。

会,庄严道场,香花供养。妇女自二月朔持斋,自是日止,俗呼"观音素"。六月九月朔至十九日皆如之。

　　观音山香市:观音诞日,有至支硎山朝拜者。望前后,已联缀于途。马铺桥迤西,乃到山路也,人多赁坐竹舆,资以代步,不帷不盖,两人肩之以行,俗呼"观音山籇子"。

　　案:《府志》云:"府西二十五里,有支硎山,以山之东趾有观音寺,故又名观音山。"长、元、吴《志》皆云:'二月十九日为观音诞,支硎山士女连袂进香。'"徐崧、张大纯《百城烟水》云:"支硎山,俗称观音山,三春香市最盛。"黄省曾《吴风录》云:"二、三月,郡中士女浑聚至支硎观音殿,供香不绝。"沈朝初《忆江南》词云:"苏州好,二月到支硎。大士焚香开宝座,小姑联袂斗芳,放鹤半山亭。"①

清人写描扬州情形相似:

　　平山堂与观音山两寺,相望咫尺,各擅其胜,皆扬州古迹。逢三月、六月、九月,进观音香者,远近趾错。平山堂之游人,亦借以盛。②

以上两地,可以代表江南繁华之地的观音香会的一般情形。

　　一些较偏僻地区的局面不如苏州、扬州那样盛大,但民众热忱类似。边陲地区云南大理传说三月十五日至二十日观音降临,举行盛大的观音市。又如清代四川德阳县:

　　二月十九日为"观音会",在县北之仙女洞。先是,洞中多宿流丐,僧因塞之。邑令黄河清以古迹不可湮没,复令重开。僧于土中获观音石像,以为灵异,于是远近闻风,争来膜拜。至日,进香者联络数十里,游人杂沓,喧哗鼎沸。凡饮食之物,

───────────

①顾铁卿《清嘉录》卷二,《笔记小说大观》第11册第493页。

②百一居士《壶天录》卷下,《笔记小说大观》第11册第165页。

戏玩之具，填溢衢路，虽锦城蚕市未之过也。①

同是四川的合川县：

二月中旬，抬观音像于东水门外河坝，设坛诵经，烧香还愿者甚众。经毕撤坛，搭台演戏，城中妇女无老无少，至坝之左右随喜，至十九日止。观音历祀东城，城边民房因假此地诵经演戏，故呼其地为观音坝。②

四川雅安的香会日期不同：

"娘娘会"凡三：治东慕义场白衣庵正月十五日，市农器；城内惠泽宫三月越十日，东城外惠泽宫三月二十二日，均迎神演戏，岁率为常。

"观音会"即蒙山香会，六月一日始，都人士女朝山礼佛，登降不绝，越观音诞而止。入夜，深岩绝壑，时见灯光数点，参差不定，无异瓦屋圣灯。向晨观日出，云霞灿烂，洵属奇景。③

贵州平坝县：

二月十九日、六月十九日、九月十九日，相传为观音会，人家妇女或在家中举行，或参加寺庙举行（妇女中信奉观音者极多）。妇女中有食素者，期在二月、六月、九月（此种食素妇女约占百分之一十；食初一、十五素者，约占百分之八十；食长素之斋乃较少；未嫁者则一概不食）。④

---

①道光十六年刻本《德阳县新志》，《中国地方志民俗资料汇编·西南卷·上卷》第 122 页，书目文献出版社，1991 年。
②民国十年刻本《合川县志》，《中国地方志民俗资料汇编·西南卷·上卷》第 206 页。
③民国十七年印本《雅安县志》，《中国地方志民俗资料汇编·西南卷·上卷》第 356 页。
④民国二十一年印本《平坝县志》，《中国地方志民俗资料汇编·西南卷·下卷》第 562 页。

这是西南边远地区的几个例子，全国各地情形大同小异。

　　各地还形成礼拜观音的独特习俗。例如吉林白山四月二十八日有庙会，"求嗣者诣观音阁，赂庙祝，于莲座下窃取纸糊童子，归家后置褥底，俗谓梦熊可操左券"①。江苏以二月十九观音圣诞，"士女骈集殿庭炷香，或施佛前长明油灯，以保安康；或供长幡，云求子得子。既生小儿，则于观音座下，皈依寄名，可保长寿"②。又上海市嘉定区黄渡镇有祖师堂，供养送子观音，"妇女之无子者……烧香告祷，并暗中将送子观音之绣花鞋偷一只，即云能生子。惟生子以后，须寄给与送子观音为干儿子"③。类似风俗各地还有很多，有些延续至今。如前所述，观音送子育儿信仰特别受到欢迎，流传也十分普及。

　　马克斯·韦伯(1864—1920)在论述中国近代民众间的宗教信仰时指出："近代，村庙里所供奉的通常是受大众欢迎的神祇之一，例如关帝(战神)、北帝(商业神)、文昌(学业神)、龙王(雨神)、土地(非古典的神，一旦有人死亡，就必须向他告知，以确定死者在冥府里的品阶)，以及其他诸神。至于庙里供奉的究竟是哪位神祇，显然无关紧要。就像在西方的古典时代，庙宇的'宗教的'意义仅只限于一些仪式的进行，以及个人偶尔的祈祷。除此之外，庙宇的意义在于其世俗的社会与法律作用。"④他的这段话没有提到观音。如就"受大众欢迎"说，观音是更具代表性的神祇，在中国人的宗教活动和宗教观念里更具典型性。明、清以来流行的供奉观音的仪式、风俗里，信仰确已融入群众的日常生活和民间习俗之中，深浸社会生活和民众心理的深层，一定程度上也确实能够发挥"世俗的

①胡朴安编《中华全国风俗志》下篇卷一《吉林》，第104页，上海文艺出版社据上海大达图书供应社1936年第2版影印本，1988年。
②《中华全国风俗志》下篇卷三《江苏·吴中岁时杂记》，第45页。
③《中华全国风俗志》下篇卷五《江苏》，第116—117页。
④韦伯《儒教与道教》第111页，洪天富译，江苏人民出版社，1995年。

社会和法律作用"。

　　不过,当观音演变成为和关帝、龙王、土地、灶王等同类的民间俗神,信仰活动已经与民众的娱乐、商贸活动相交织,它的虔诚程度也就大为淡化了。在中国重理性、重现世的文化传统中,又是在佛教总体衰败的形势下,这也是观音信仰发展的必然趋势和结果。

第十章　明清观音传说和文学创作

一

中国佛教发展与文学艺术密切交流，相互影响：佛教以文学艺术作为重要的弘法宣教手段，文学艺术从佛教汲取创作灵感与资源。二者相互影响的直接产物即是佛教文学艺术作品。涉及观音和观音信仰的，艺术方面，包括造像、绘画、寺庙洞窟建筑等。明、清以前的，本书前面在关涉之处已有介绍；明清时期的，随着佛教衰落，佛教艺术成就总体上已不再显著，优秀作品不多，介绍就从略了。文学创作，历史上纯属以观音和观音信仰为题材的作品本来不多，可是随着佛教的"通俗化""民俗化"，到明清时期，各体民间文学体裁如民间故事传说和宝卷、说书、鼓词等讲唱文艺，相关题材的创作却相当繁荣。僧尼在寺庙和民间传播，民众带有娱乐心情欣赏。这一时期的不少作品已经和早期那些宣扬观音灵验作品的主题单一、情节简单而程式化不同，内容更多样化，形式更丰富多彩，表达上也更为自由活泼。这和这一时期民间佛教信仰与活动能够超脱正规教理、戒规的束缚有直接关系。周一良曾介绍金元时期的一部《观音偈赞》，说它是"金元之际佛教通俗文学作品"①。从形式看,这篇作品虽名为"偈",但面貌已和佛典里的偈颂截然不同,更类似元明时代的散曲套数,体现明显的曲艺化风格。明清时期观音和观音信仰题材的民间文学创作正是沿着这样的趋势发展的。

按一般文学体裁分类,民间传说或称"民间故事传说",可分为传说和故事两大类。传说又可划分为人物传说、史事传说和地方风物传说等;故事可分为童话、动物故事、世俗故事、寓言、笑话等。除童话和动物故事较少直接描写观音的作品之外,各种体裁的传说、故事里都有许多观音题材或宣扬观音信仰的。明、清人陆续编出一些观音灵验故事集,流传相当广泛。如今容易见到的有弘赞(1611—1685)《观音慈林集》三卷、周克复《观音经持验记》二卷等。这类书多数以宣教为宗旨,辑录古今观音"灵验"故事,基本是单一的救苦救难主题,按一定程式重复一些陈旧情节,还是沿袭南北朝应验故事的写法。有一定思想和艺术价值的是流传各地的民间故事,其中不少主题新鲜、内容新颖、富于风趣、耐人欣赏。近年有罗伟国《话说观音》(上海书店出版社,1992年)、徐建华、宋仲玲选编《中国佛话》(上海文艺出版社,1994年)、李森编著《观音菩萨宝卷》(吉林人民出版社,1995年)等,辑录这一类作品,颇多比较精彩的。下面所引述有些即取自这几部书。

属于观音题材的"人物传说",除了各种变形观音故事外,还包括附属于观音故事的善财、龙女传说,与观音有关的韦驮、龙王、土地等"人物"以及观音的"持物"如杨柳枝、净瓶、脚踏的鳌鱼(在"海岛观音"图画里)、所骑的坐骑(在"三大士"造像里,文殊骑狮,普贤骑象,观音骑犼,又名"望天吼""金光仙")等题材的传说。这类传说相当多,同一故事在不同地区往往情节有多多少少的不同。如前述香山观音、蛤蜊观音故事,在明、清仍广泛在各地流传,情节大

---

① 《跋〈观音偈赞〉》,《周一良集》第3卷《佛教史与敦煌学》第257—258页。

体类似但细节上多有变化。例如清修《香山志》所载香山大悲传说如下：

> 大悲菩萨，相传为楚庄王第三女也，讳曰妙善。天性贞洁，孝事父母，常指香山曰："彼可居也。"后庄王病笃，百治不效，公主侍药甚谨。有神医曰："必得亲人手眼，方可以瘳。"公主遂割手眼，送父为食。病即获痊。公主亦就此坐化。医曰："此大悲菩萨也。"言讫不见。该仙人来验公主之孝耳。庄王即封为大悲菩萨，且命建寺香山，塑像千手千眼。或曰庄王命塑全手全眼，宦官误听，传为"千手千眼"。俗传如此，不知何据。①

这里的情节和宋代以来流传的香山大悲传说已略有不同。而浙江流传的《千手观音》传说，又把观音说成是灶王的女儿，在救父疾后被玉皇封为"抽手观音"，因为值殿金神错传圣旨，说成"千手观音"。《赤脚观音》传说是解释观音造像为什么是赤足的。本来传自热带印度的佛、菩萨造像是赤足的，但对于观音赤足，传说者却要另加"解释"：说普陀山观音洗澡时，有青龙为她喷水，被她用一只鞋打瞎了眼睛，后来发觉是自己错怪了，又把另一只鞋抛向莲花洋超度青龙上天，所以如今的观音像都没有鞋穿，是赤脚的。又有《倒坐观音》传说，是解释北京颐和园后山云会寺"倒坐观音殿"缘起的。这是关系具体地方的传说，在观音传说里占相当部分。

　　前面已指出过，一般的"白衣观音"或"海岛观音"造像或图画，在观音脚下有善财和龙女。前面说过，在《华严经·入法界品》里，善财童子"五十三参"，观音是他参访的"善知识"之一。而在中土民间就善财与观音的关系演绎出各种传说。如说当初善财打算渡海参访观音，观音化身渔夫，起大风浪，试验他的诚心；善财毫不动

---

①《古今图书集成·博物编·神异典》卷七九《佛菩萨部》，第60664页，中华书局、巴蜀书社，1984年。

摇,终于来到补陀洛迦山。又如在《西游记》里,善财被说成是铁扇公主和牛魔王的儿子、火云洞圣婴大王红孩儿,他几次设计捉拿唐僧,想吃唐僧肉,终于被观音收伏,成了他的胁侍善财童子。吴承恩写这段故事,可能有民间传说作依据。民间又把善财理解为善于理财,赋予他"招财进宝"的神通,因此又把他当作"招财童子""送财童子"来礼拜;他又被看作理想的童子,所以妇女又祈求他投胎而生贵子,这又和"送子观音"观念相关联了。龙女在经典里本是护法天娑竭罗神龙王的女儿。在《法华经》里,文殊师利说他到龙宫宣说《法华经》,教化龙女,龙女忽现于前,说偈赞叹,时舍利弗说女人身有五障,问龙女如何以女身速得成佛,时"龙女忽然之间变成男子,具菩萨行"①。在中土传说中,拿龙女和善财相配,一男一女,恰好满足了人们"求男得男,求女得女"的愿望。

韦驮本是护法天神,其造像多作童子状,一般设在天王殿弥勒佛之后,面对寺庙主殿的佛陀。他本来和观音没有什么关系。但在普陀山普济寺,他被安置在观音的对面。因此当地有传说讲,当初泉州府洛阳江流水湍急,渡过艰险,观音化作美貌渔家女,前来帮助造桥。她坐在船上,让老艄公把船摆到江中间,答应谁能用银子击中自己就嫁给谁。当然没有什么人能击中,几天中却收了足够的银子。韦驮本是住在洛阳江边的年轻后生,是一位能工巧匠,立志造桥,在江边观看。吕洞宾和观音开玩笑,让观音一个闪失,被韦驮击中,观音只好现出原形,说明原委,并让韦驮来帮助造桥,就这样建成宏伟的洛阳桥,观音也把韦驮带回普陀山,让他修成正果,成了保护观音的"韦驮天尊",被安置在观音对面。因为有这样一段姻缘,所以两座尊像又被戏称为"对面夫妻"。

关于观音的净瓶,《西游记》里也穿插一个传说。第二十六回《孙悟空三岛求方,观世音甘泉活树》里说,唐僧师徒四人西天取经

①《妙法莲华经》卷四《提婆达多品第十二》,《大正藏》第9卷第35页下。

途中,孙悟空偷吃了人参果,推倒了人参果树,惹怒了元始天尊,他袍袖一展,将西行求法的四僧、一马并行李全都收走了,逼他们救活人参果树;孙悟空向三星、九老求救,却拿不到救树的仙方,只好到南海洛迦山请观音帮忙;观音来到树下,用杨柳枝蘸取净瓶里的甘露在孙悟空手中画了一个起死回生的符字,放在树根,树下立即出现一泓清泉,泉水救活了树,原来的人参果也悉数回到树上。这样的传说,在具体描述上,吴承恩应当有所发挥,但基本情节应是取自民间的。

　　史事传说把所说故事当作曾经发生的事实或把虚构的情节安放在史事框架里讲述。古代那些观音应验传说即属于这一类。这类传说极多,多数是表现观音灵验的,本书前面已举出一些。有特点、有趣味的是表现各地方供奉的观音或观音像的灵迹的。虽然各类传说主要意在宣扬信仰,且多数情节简单、幼稚,但颇能反映民众信仰的真实心态。如:

　　　　鸡卵异:《奇闻录》载:唐询家庖妾携鸡卵数枚,忽一堕地,中有观音像,坐莲花,旁列善财、龙女,净瓶、柳枝皆具。举家惊异,取以供奉,遂弃其余不食。①

　　　　圆鱼大士像:闽人何玉长璧,客杭,适金中丞家招宴。庖人烹圆鱼,既熟,剖之,见一肉观世音,首戴巾帔,象白衣妆饰,眉目衣褶皆如画,右手下垂,左手中按,足踏芙蕖一朵。座客无不惊愕。遂命复羹。②

上面两则故事乃是古老的蛤蜊观音传说的变形。又如:

　　　　明刑科李清字心水,广陵人。初有一子,痘殇。母姜夫人追悼不已,日诵《白衣观音经》,为子祈嗣。未几,心水查盘绍

①《坚瓠余集》卷四,《笔记小说大观》第 7 册第 972 页。
②厉鹗《东城杂记》卷上,《笔记小说大观》第 8 册第 613—614 页。

兴,梦一妇人抱儿入室,面带痘痂,似将愈而落者,语心水云:
"如云如月。"觉而异之。晨起,适某生以绣观音赠,抱儿如梦,
上题一诗,起有"彩云香绕海天朝",末有"还来丹桂月中飘"之
句,恰应"云""月"二字。时夫人甫孕,果生子。①

这表现的也是传统的"送子"主题,不过情节有所改动。有些作品
主题是陈旧的,但题材是现实的。如下面的故事:

> 明刘谷贤,黄州人,隶虎贲左卫军,尝从太监郑和使海外
> 诸番国。舟经大海洋,刘忽失脚坠水。时风帆迅驶,不可救
> 援。和令人升桅杆望之,遥见一人隐隐出没波涛中,相去数十
> 里,咸谓无复生理。须臾,刘追及舟。舟人大喜,速以物引上。
> 见大鱼长丈余,悠然而去。人皆异之。刘曰:"此鱼载我至此。
> 将没者数次,鱼辄以负起,故水不入口。"舟中人问:"尔生平有
> 何善果,致得此报?"刘云:"但念《观音经》耳。"②

这是传统的"设入大水,水不能漂"的救难功德,但被安置在"郑和
下西洋"的史事情节之中。下面的传说则是结合现实创作的:

> 粤东省城内有观音山,地近将军署,空阔无民居,军装、火
> 药库在焉。道光辛丑(1841)、壬寅(1842)间,英夷滋事,登四
> 方炮台,向城内放火箭,直射山址,意欲燃火药以轰击之。见
> 空中有白旗数十,拨箭落隙,不独火药无损,并无一箭着民屋
> 者。咸颂大士慈悲及皇威赫濯焉。山上有石洞数十,相传昔
> 年阴雨兼旬,雷电交至,河中水突涨十余丈,而上游无滴雨。
> 放晴后,乃知此山出蛟数十,由空中飞行入水。城中数千万生
> 灵安居如故。群感佛力呵护,香火日盛,迄今不衰。③

---

① 《古今图书集成·博物编·神异典》卷一○六《佛经部》,第 60940 页。
② 《古今图书集成·博物编·神异典》卷一○六《佛经部》,第 60945 页。
③ 采蘅子纂《虫鸣漫录》卷二,《笔记小说大观》第 11 册第 373 页。

这是鸦片战争时期创作的新传说，其现实意义很明显。像这种富于积极政治意义的作品，在观音传说里并不多见。

明、清活跃在民间的僧尼往往利用这类史事传说来说教，不断地制作、传说出新的故事。如晚近净土大师印光法师（1861—1940），就经常向信众讲说这类"事实"，如：

> ……锡周居士……夫人胡氏，宿有信心，礼佛诵经，寒暑疾病，修持不懈。年三十余，长子不育，行善益力。不久复有娠，将及诞期，乃得大病，二十九日不进饮食，不能言语，不能转侧。身瘦如柴，体热如火，名医束手，殆无生理。一夕，夫人梦一老媪，手持数茎莲花，谓曰："汝由宿业，膺此恶疾，幸植善根深，以故我从南海来安慰汝。"随以莲花周身拂拭，曰："拂汝业障，好生嘉儿。"遂觉身心清凉，爽快莫喻。因即苏醒，通身流汗，而热退身安，颜色温和，直与好人，等无有异。次日即生一子，适为三月三日上巳嘉辰。经此烧热饥饿二十九日，而儿体丰满庞厚，与无病者所生无异，今年此子已十岁矣。①

这是他随手举例，说明"菩萨不思议利生之事"。许多类似传说就是如此产生的。如有人笔之于书，就流传得更为广远、持久。

地方风物传说说明地方风物的由来，往往构想奇妙，富于风趣。例如普陀山有莲花港，附近洋面叫莲花洋。有传说曰：

> 宋倭使入贡船，泊补陀洋，见观音灵异，欲载入本国。临行，风浪大作，满洋开铁莲花，船不能前，倭惧而还之，故名莲花港。

又：

> 中官王贵等，奉旨赍送华幡、宝香诣山。性窃自疑云："汪

---

① 《普陀海岸道头创建水泥牌坊重修回澜亭碑记》，《印光法师文钞》卷四，1927年著者施印本。

洋巨浸中菩萨安在？昔人自妄信耳。"方解维，满海生铁莲华，风涛汹涌，舟不能行。从人望山号呼，叩头，风浪稍平，辄有白牛隔山浮至，尽食其华，舟始可移。已而牛返水际，化一白石，至今存焉。故莲华洋亦名石牛港。[1]

又关于"舟山"名称的由来，则有《泼水淹蓬莱》传说，说普陀山东大海里的蓬莱岛被贪婪的海大王霸占，他对民众十分暴虐，化为渔妇的观音和海大王手下的傻将军斗法，傻将军端起金漆脚盆，结果一盆水淹没了蓬莱，金漆脚盆化作一条大帆船，救起了百姓，来到普陀山附近住下，因此那里就叫作"舟山"。再如《卖油老婆婆》是说"定海"及其附近"放娘尖"名称的由来，说古时候有个地方叫东京城，那里的人又懒又馋，奸淫掳掠，只有一个孝子豆腐郎善良诚实，观音发大水淹没了东京地方，预先告诉豆腐郎，他背着母亲逃脱，歇息的地方就被叫作"定海"，母亲坐的地方就被叫作"放娘尖"。天台山国清寺观音殿里有一组慈航普渡群塑，两侧是元代雕刻的楠木十八罗汉坐像，当地有一个传说，说当初隋炀帝杨广赐给国清寺许多田地，寺里方丈雇了十八个长工耕种，有一位白发老婆婆给他们做饭。十八个长工争强好胜，一再捉弄老婆婆：把她的柴草弄湿，往米里掺沙子，藏起做饭的米等等，但是都失败了，最后被观音收作护持寺院的十八罗汉。

有关观音的口头传说在思想上和艺术上有价值的是世俗故事一类。它们的题材、表现方法多样，带有更多的艺术创作意味，比起史事传说的灵验传闻来内容更丰富，境界开阔得多。它们中的许多作品当然也是意在宣扬观音崇拜的，但所反映内容的客观意义往往超出宣教目的，通过颂扬观音的赐福行善、解危扶困、惩治为富不仁等等功德，或曲折、或鲜明地反映社会生活实况，表现民众的理想和愿望，艺术表现上也更富情趣。如四川流行一个传说，

---

[1]《古今图书集成·博物编·神异典》卷七九《佛菩萨部》，第 60664 页。

讲当初在华蓥山修庙的时候,观音化成一个老婆婆为工匠们做饭,当方土地则化作担水的老人帮忙,后来土地对工匠们透露了真情。观音为了惩罚他,就用扫帚把他扫到五里坡脚下,所以华蓥山修庙后,十五里内没有土地庙。这个故事风趣地颂扬观音对贫苦人的慈爱。浙江有故事说,原来潮音洞和普陀山间本是一片滩涂,有一个叫得财的人用舢板摆渡进香人谋利,在船头上供奉观音欺骗香客,有一次观音化作村姑乘船,发现他的敲诈行为,从手提的竹篮里抓起一把金沙洒向海涂,成了今天的飞沙岙,进香的人从此不必乘船渡海了。这又有意讽刺和惩治贪婪与欺骗。还有许多故事描写观音替人治病、造桥、筑路、降雨救灾、驯服野兽等等。这些故事夸张、谐谑,表现观音的慈悲、善良和对普通人的体贴、关怀,塑造一位民间"善神"形象,具有较强的社会意义。

　　民间笑话也有不少是描绘观音的。笑话这一体裁表达幽默,立意多在嘲讽讥刺,这种体裁描写观音态度往往不恭,有些甚至是揶揄、嘲笑,体现民众间对待观音信仰的一种心态,实际也是佛教信仰淡化的体现。如:

　　　　念佛:鄱阳何梅谷英老妻好事佛,晨夕口念观音千遍。梅
　　谷止之,弗听。一日呼妻,至再至三,随应随呼不辍。妻怒曰:
　　"何聒噪若是耶?"梅谷徐答曰:"呼仅二三,汝即我怒;观音一
　　日被你呼千万遍,安得不汝怒耶?"妻悟而止。[1]

这显然是讽刺念观音名号的。还有一个故事说"两乡各祀观音大士,大乡者语小乡者曰:'我大乡观音应称姑,汝小乡观音者应称侄女。'真堪绝倒"。这不只是嘲笑"乡愚好胜无知"[2],也在讥讽祭祀行为本身。还有《观音触霉头》的笑话,是说观音挂出了招牌:"酒色财气都不爱",但有个游方和尚却给他另贴了一张纸条:"酒色财

────────────

[1] 独逸窝退士编《笑笑录》卷三,《笔记小说大观》第 11 册第 574 页。
[2] 陆长春《香饮楼宾谈》卷一,《笔记小说大观》第 9 册第 378 页。

气样样全。"两人进行辩论，和尚指出他喜酒、爱色、爱财、骗钱样样
都是事实，他只好服输。这个故事在幽默中寄寓了对世情的讥讽。
还有一个笑话说某大官人总是夸说夫人如何美貌，一次宴客，酒醉
后问客人："拙荆何如观音？"一客答说："尊夫人双足绝似观音。"观
音造像本是"天足"，在妇女缠足的当时这样讽刺夫人脚大，借观音
大开玩笑，这样的笑话让观音的神圣、威望扫地以尽。

　　这样，明、清以来各类民间故事传说以观音为题材的相当流
行，内容、风格多种多样。总体上看，它们描绘的观音已经与经、
律、论仪轨里的观音无关，也不再带有多少神圣感和神秘感，表达
也缺少对神明应有的敬畏心和虔诚心。这也反映民众信仰的一般
趋势。然而正是这些作品里的活跃在民众间的观音，感应人们的
喜怒哀乐，慈祥、亲切、善恶分明、助人为乐，成为人们可以信赖、依
靠的俗神、善神、福神。

二

　　明清时期的宝卷是典型的民间"宗教文艺"体裁，对民间曲艺
的发展影响巨大。不少宝卷演说佛教故事，包括观音题材的故事。

　　根据近人研究，宝卷这种曲艺体裁是作为民间宗教宣教工具
形成的①。后来得以兴盛、传播也得力于明中叶以来民间宗教的流
行。而作为民间曲艺形式，它又是中国历史上源远流长的说唱文
艺发展传统中的一个重要环节。不过宝卷体裁渊源来历、形成途
径学术界有不同看法。按照郑振铎的说法，宝卷本是变文的嫡系
子孙，是宋话本里"说经"（宋代市井"说话"的四家，即"小说""说

①向达《明清之际之宝卷文学与白莲教》，《唐代长安与西域文明》第600—616
　页，三联书店，1957年；马西沙、韩秉方《中国民间宗教史》第653—675页。

经""讲史"和"合生")一系的别名①。早期宝卷有多种称谓,如"卷"
"科仪""经""宣传(zhuàn)"等。它们语言通俗易懂,形式说唱结
合,取材贴近现实生活,演绎人间祸福、轮回报应、劝人除恶行善、
改恶从善之类故事,受到民众特别是妇女的欢迎。民间教派用于
宣教,也被佛、道二教僧道利用。前面说过,明清时期民间佛教与
民间教派无论是形态还是内容已多相类似,教派活动主持者与佛
教僧尼在身份上往往相混淆。有些宝卷的内容,往往难以划清是
属于民间教派的还是民间佛教的。又无论是民间教派的还是活动
在民间的僧尼大多没有多少文化,他们宣讲宝卷的对象又多是文
化程度不高的妇女,场所多在小型集会或家庭中。他们利用浅俗
的语言来演说故事,所表现内容更接近民众真实生活,再辅以生动
的表演、歌唱,颇能够迎合民众的欣赏趣味,因而受到欢迎。不过
大多数作品内容终究浅薄,又多做浅俗的说教,情节驳杂,形容失
度,表达又严重程式化,涉及社会和历史知识又往往谬误百出,这
也成为宝卷这种艺术形式终于衰败的内在原因。当然,民间宗教
受到朝廷压制,宣卷遭到禁限,也是一个重要原因。

　　教派宝卷的制作,类似佛教的伪经。明中叶嘉靖年间(1522—
1566)一个重要民间教派罗教或称无为教教主罗清(1442—1527)
编撰"五部六册"(《苦功晤道卷》《叹世无为卷》、《破邪显正钥匙卷》
二册、《正信除疑无修证自在宝卷》《巍巍不动泰山深根结果宝
卷》),是早期宝卷的代表作,在宝卷发展历史上是具有标志意义的
事件。它作为教派经典,描绘自身作为教主的形象,系统地宣扬教
派教义,规模相当宏大,又成熟地利用了当时流行的说唱形式。后
起的各教派相继效仿,制作宝卷,成为这些教派的新"经典",又作
为一种宗教文艺形式在民间流行开来。它被活跃在民间的佛教僧
尼利用,又成为佛教通俗宣传的手段。

---

①郑振铎《中国俗文学史》下册第 306—307 页,作家出版社,1954 年。

民间教派宝卷之外的作品可大致分为两大类：一类是佛、道题材的，这一类具体作品的内容是属于佛教、道教还是民间教派往往混淆，难以划分清楚；另一类则基本和宗教无关。这后一类被称为"杂卷"，清代中晚期逐渐流行起来，多数是利用当时流行的戏曲、小说的情节加以改编的，不在本书讨论范围之内。从总体发展趋势看，宣卷作为说唱文艺形式在流行过程中不断充实以社会生活内容，从而由宗教宣传工具逐渐演变为普通曲艺形式，进入一般曲艺演出场所，随之表演者中出现一批专业艺人。这样，宝卷作为"宗教文艺""宗教文学"的独特作用也就逐渐淡化，至清末民初，它也就被艺术性更高的曲艺形式如说书、鼓词等所取代了。如今只在甘肃、浙江农村等个别地方仍有残存、流行。

小说《金瓶梅》里多处细致生动地描写宣卷场景，从中可以看出当时宝卷创作和流行的大体情形：宣卷的主要是活动在民间、没有多少文化教养的尼姑；没有固定的宣卷场所，多在有一定经济条件的家庭里；听宣讲的主要是家庭妇女。宝卷这样的表演者和接受者也就决定了其一般的思想内容和艺术水平。其中佛教题材的作品，中心内容无非是善恶报应之类通俗浅显的说教，常常利用一些程式化的情节如主人公受苦受难、念佛得救、遍游地狱、报应不爽之类的"事实"拼凑情节，语言和表现方法都欠琢磨修饰，表达"教义"则儒、佛、道相混杂。但是，它们又确实有一般文人创作所不具的特点：一方面，作品内容更贴近一般民众的生活和情感，特别是有关家庭纠葛，如妇姑勃谿、子媳被虐待、后母凌虐前妻子女、岳家嫌贫爱富等当时社会上经常见到的家庭矛盾，还有体现一定社会批判意义的如官吏贪赃枉法、豪强施暴、为富不仁、陷害无辜等社会问题，这些都容易引起受轻贱的家庭妇女特别是身处社会下层的人的共鸣。在艺术上，尽管这类作品水准不高，情节不尽合理，夸诞有失尺度，但一般听众并不追求艺术表现的典雅精致，夸张的情节和煽情的语言往往能够取得激动人心的效果。借助兴盛的民间教派活动的声势,这种说唱艺术形式也就能够流行民间达数百年之久。

以观音为主人公的宝卷,流传最广的当数《香山宝卷》。其情节大体和前面介绍的香山观音传说相同。这部宝卷又称《观世音菩萨本行经简集》,原题"宋天竺普明禅师编集",据传是普明禅师在宋崇宁二年(1103)于武林上天竺夏坐期满,从一老僧闻知独修无上正真之道非能普济,因此为广救中下群情而编撰与此土有缘的观世音菩萨行状,后宝峰定禅师在庐山隐栖中接受一位名为妙恺的女大士之命而加以流通。这一说法显然是为了提高作品地位而由后人杜撰的。因为在宋代还没有宝卷这种艺术形式。早期罗教经典《巍巍不动泰山深根结果宝卷》有正德四年(1509)题记,其中已有《香山宝卷》名目;明末四高僧之一的云栖袾宏在所著《正讹集》里的《观音香山卷》条也说:"卷中称观音是妙庄王女,出家成道而号观音,此讹也。"①可见这部宝卷确是早期作品,在明中叶已经流传。这部宝卷对原来传说做了进一步发挥,例如说到国王放火烧寺,增加了妙善刺口喷血、落下满天红雨灭火的情节;说到妙善还魂,有太白星出来指点,去到惠州澄心县,骑虎与猿、鸟为伍,修行九年,现观世音菩萨法身;等等。这后一个情节当与惠州地方信仰有关。香山所在的汝州在南宋时已沦于金人统治之下,当地居民大量流落南方。可能是他们把传说中千手观音生缘与南方的惠州联系起来了。这篇作品结局又是成佛与成仙合而为一,把佛教的离欲出家和儒家的孝道伦理更紧密结合在一起,创造出一个理想的修道少女的典型。加之这篇作品在相关传说长时期流传的基础上创作出来,在宝卷类作品里也就达到了比较高的艺术水准。和香山观音同样题材的宝卷还有不同异文,如《观音济度本愿真经》,情节和《香山宝卷》大体相同。此外,《十二圆觉宝卷》又名《圆

①《云栖法汇》,《嘉兴藏》第33册第76页上。

觉经》《圆觉志经》,讲观音大士受佛陀之嘱,下凡化度十二圆觉、五百五十罗汉和十大菩萨。大致情节讲长安城里刘都堂女刘素贞和陈知府子陈天德定下婚约,观音化为乞食婆授以三归五戒;素贞不顾家庭阻拦,和天德先后出家,在光相寺修行;二人又化为乞食婆与道士到各地劝化善男信女;九年后素贞、天德等成为十大菩萨,弟子五百五十人成为罗汉,全都进入极乐世界。这部作品的宗教意味更为单纯。

宣扬观音信仰的宝卷,有《普陀宝卷》,叙说王有金、有银兄弟二人,有金虔信佛教,有银则和他相反;观音带领善财、龙女化身佛僧前来化缘修建普陀山观音殿;有金卖掉家产,典儿卖女,集资十万两银子修殿,夫妇以卖竹为生;有银不加反省,观音化作他本人形象,设计将他赶出家门,他只好去普陀山乞食;最后有金卖掉的儿子中了状元,女儿被立为皇后,几年后一家均得往生;有银夫妇亦发心念佛,落发普陀山。这个故事很明显是宣扬普陀观音信仰、劝助募化施舍的。又《立愿宝卷》的主人公是常州李宝山,从十八到五十二岁参访名山,修斋行道,但家业衰落,长男病死,妻子卧病,心中不平;后来遵观音指示,参诣普陀山,登山时空中忽然出现白发道人,向他宣讲十二善愿的《立愿宝卷》;这十二善愿有孝行、兄弟和睦直到敬惜字纸、五谷,不食牛、犬肉等,基本是世俗伦理的善行;他给观音进香,听老僧说法,然后下山,精勤持戒,宣扬、刊布这一宝卷,终于妻子病愈,家业隆兴,次子产三孙,五十二岁又得一子,状元及第,宝山夫妇享尽荣华富贵。这篇宝卷宣扬世俗伦理的善行,而对宝卷这种体裁又做了宣传,当是出于宣卷人或贩卖宝卷的人的意思。

更多的宝卷利用观音拯济或灵验情节来构造故事,如《目连宝卷》。目连救母故事六朝时期已经形成,唐代有《目连救母变文》,宋代有目连戏。宝卷利用原来情节加以生发,又在原有故事后面,加上长安城里肉店老板贺昌经观音指点发心修行,觉悟自己本是

目连转生情节①。又《雷峰宝卷》讲的是民间流行的白蛇传传说，不
过宝卷里说成许仙本是受观音之命下凡的，整个故事又是观音为
了惩治经过一千七百年修炼的白蛇设计的。《洛阳桥宝卷》是在关
于著名能工巧匠鲁班的民间传说的基础上再创作的。故事说一位
新及第状元游阴司，见到不信佛法的父亲的亡魂，借用冥府钱赎
罪；返阳后，经地藏菩萨点化造洛阳桥还债，超度阴魂，选鲁班仙师
等天下名匠施工，最终三十六个桥洞由观音大士帮助造成。这个
故事是表现所谓"受生债"观念的，所以又叫《受生宝卷》。某些世
俗题材的宝卷也有把观音组织到情节之中的。如《杏花宝卷》的主
人公杏花是财主周凤家婢女，她发心修行，三年间在厨房拣得三斗
三升白米，托邻居的仆人来兴请观音菩萨像；可是来兴欺骗她，用
纸包猪骨做成观音像交给她；受周家虐待的杏花在厨房私下礼拜
这假"观音"被发现，主人大怒，要在院子的莲花池里把她溺死；杏
花一心祈祷观音，观音显神通，池中莲花盛开，九块猪骨化作莲花，
杏花在莲花上端坐升天；受玄天上帝之命，雷霆把来兴击死；周氏
一家看到奇瑞报应，回心向善，改宅为寺，九年祀祷观音，念佛修
行；已成正果的杏花看到旧主人已改恶从善，祈请观音，周氏全家
升天，周凤化为善财，夫人化为龙女，随侍观音。这篇作品当然意
在宣扬观音崇拜，生硬拼凑起来的情节不合情理，又宣扬逆来顺受
的消极观念，不过观音在作品里站在贫苦无告的婢女一边，被表现
为善良人的救助者，内容还是有一定的社会批判意义的。又《惜谷
宝卷》讲给周员外做厨娘的王老婆，二十五岁时不堪婆婆凌辱，曾
溺死女儿；后来悔罪，三十多年爱惜五谷；她随从主人朝拜普陀，山
上大和尚受到观音梦示，不接受主人的白银、白米，却接受了王婆
拣得的三斗米；周员外愤慨下山，把她留在山上，但观音化为渔妇，
帮助王婆回家；主人怒气不消，继续虐待王婆，玉帝得知，命雷部把

---

① 赵景深《目连故事的演变》，《读曲小记》，中华书局，1959 年。

他击死；王婆后来每日烧香念佛行善，年寿百岁，往生西方。这篇
作品的立意显然也是同情厨娘王婆而诅咒为富不仁的周员外；又
尽管王婆曾经溺婴，但真诚修道却能弥补罪过，这也为那些不得已
触犯当时刑法或道德的不幸者做了开脱；末尾又说《惜谷宝卷》宣
诵已毕，大众同声念佛；此外尚有惜谷灭灾新闻奇事并立愿惜谷、
建醮奏表集会故事，且留续卷再宣。这又有爱惜粮食的意思，也是
劳苦大众朴素伦理观念的体现。这类宝卷的宣卷人拼凑现实生活
中常见世相加以铺衍、讲唱，容易引起人们的的兴趣。作品里的主
人公常常是无权无势的弱女子或贫困、弱小者，往往又体现惩治罪
恶、救济善良的意义。观音在这类作品里施与救助的多不是水火
刀兵等大灾大难，而是善良弱小者在现实生活中所受的凌虐欺压。
尽管在故事中加入观音救济情节显得十分勉强，但观音作为受欺
凌、受迫害的人的救助者出现，也就会赢得人们的赞赏和欢迎。

　　在教派宝卷里，也有一些以观音为题材的。如《销释白衣观音
菩萨送婴儿下生宝卷》是明末弘阳教制作的，叙说西京河南府常进
礼一家观音送子事。直到清代嘉庆二十二年（1817）查抄弘阳教十
二辈刘和时发现的经卷里，仍有《佛说白衣菩萨送子宝卷》上下两
卷。嘉庆二十一年在直隶石佛口查得罗教的《观世音菩萨普度授
记皈家宝卷》，内容不得其详，从题目看显然是宣扬观音信仰的。
又《普度新声救苦宝卷》，叙述西大乘教教主吕祖灵迹，其中宣扬民
间教派的最高神无生老母即是观音，临凡化身为创教祖师吕祖。
在另一部同一教派的《护国威灵西王母宝卷》里，则是王母娘娘、观
音、无生老母三位一体，降化为吕祖。又《千手千眼菩萨报恩宝
卷》，叙述报忠、报孝两兄弟同母、妻往香山还愿，路遇无生老母，用
白牛驾车，命他们坐车到天河仙水洞见到千手千眼佛故事。有些
经卷具体属于哪一教派情况不明。19世纪后期山东流传《五女宝
卷》，内容说有一男子为求不死而出外云游，独自夜行，虎狼之声不
绝于耳，遂祈求观音菩萨保护；遇到观音和另外四位女菩萨告以宝

卷的含义并赐给他一杯清茶，这种茶能使病人复康，转凡成圣，积有功德的人饮了可以永远年轻，长生不老。这部宝卷的情节又与清初五荤道收元教的《五女传道》大致一致①。这类作品借助观音来宣扬民间教派，对于推动社会上的观音信仰也起到一定作用。

郑振铎从俗文学发展角度对宝卷给予较高评价，他说："像《香山宝卷》《刘香女宝卷》《妙英宝卷》等都是同类的东西，描写一个女子坚心向道，历经苦难，百折不回，具有殉教的最崇高的精神。虽然文字写得不怎么高明，但是像这样的题材，在我们的文学里却是很罕见的。"②这是指出宝卷在思想和艺术上独具价值与意义的可宝贵的一面。从另一方面说，如上面介绍的例子可以表明，宝卷的思想观念一般相当驳杂、低俗，艺术表现上大多相当粗糙、幼稚，作为社会底层流行的民间文艺体裁，创作、传播受到创作者、宣讲者和接受者主客观条件的限制，始终没有提升到更高的艺术层次，整体的思想和艺术价值也就有很大局限了。

三

与佛教整体"通俗化""民俗化"的形势相一致，明清时期佛教内容的文人创作主要是更适应民众需求和趣味的戏曲、小说和笔记小说等体裁。表现观音和观音信仰的也主要是这些体裁的作品。

历史上佛教内容的作品一向良莠不齐，这和作者队伍直接有关系。文人作品一般艺术上会多做修饰，民间的和民间僧尼的作

---

① 《中国地下社会（清前期秘密社会卷）》第79—80页。
② 《中国俗文学史》下册第327页。

品则大体表达上较粗糙。明、清小说、戏曲往往是在民间创作的基础上由文人加工完成的,艺术表现大多达到一定水准。不过受到题材的限制,思想内容和艺术表现兼胜的精品不多。观音题材的创作也是如此。

明、清以前,包含观音内容的作品,散文样式的宋代有《大唐三藏取经诗话》、元代有(或迟至明初)《西游记平话》(已佚)。戏曲里的元曲,宗教内容成就突出的主要是神仙道化剧,涉及观音题材的杂剧有《月明三度临歧柳》①,写观音净瓶里的杨柳枝偶染微尘,罚住人间,为杭州名伎柳翠,三十年后月明尊者下降点化,复还本元。这个故事暗示流落风尘的妓女和观音净瓶里的杨柳枝本是一体,构想显然有维护沦落风尘的妇女人格尊严的意味。

明代戏曲、小说创作直接宣扬观音信仰的,流传最广也最具典型意义的也是敷衍香山观音传说的一系列作品。戏曲里最著名的是传奇《观世音修道香山记》三十出。《曲海总目提要》记载作者为罗懋登,创作于万历年间(1573—1620),郑振铎主持编辑的《古本戏曲丛刊》二集影印明富春堂刊本。这部传奇集中整合了宋、元以来有关香山观音传说的情节,相当丰满地塑造了主人公妙善作为虔诚信徒和忠贞孝女的形象。反映时代的思想潮流,这部作品无论是取材还是所表达的观念,三教调和色彩都更为浓厚:妙善在剧中全文宣演《普门品》,这是传统的救苦观音信仰,但她又被称为"仙姑",她的母亲最后又被封为"圣母",并宣扬白日升天、常生不老等观念,还加入了土地、鬼判等"人物",内容和思想都相当驳杂。又清初张宣彝,一名大复,号寒山子,曾住寒山寺,作传奇《海潮音》两卷二十八出,情节与《香山记》略同。后来京剧的《大香山》也是同样内容。长篇章回小说里表现同一题材的有《南海观音全传》。情节与戏曲相似,主人公妙善最后被封为"大慈大悲救苦救难南无

————————

① 《元曲选》里亦作《月明和尚度柳翠》。

灵感观世音菩萨”，"永作南海普陀岩道场之主"。这显然与普陀信仰兴盛有关。长篇小说有可能添加更多情节。例如在写妙善舍手眼救父疾之后，增添了西方如来山门石刻青狮、白象兴妖作怪，摄去妙庄王二位公主及国王、王后、大臣，国家被篡夺，靠善财领兵平乱，她借了南海龙王的父子兵，又去求救于红孩儿，红孩儿用牛魔王的铁扇煽起五昧真火帮助收妖，这是掺杂了《西游记》里的人物和故事。如此拼凑情节，显然意在增添故事性以吸引读者；而添加争夺王位的内容，则在宣扬妙善的"孝道"之外，又表现"忠君"观念。忠孝双全才更符合当时社会的伦理观念。

　　宋、元以来创作出一系列以唐三藏取经为题材的作品。后来结集成著名的章回小说《西游记》，观音是其中一个重要"人物"。《西游记》不愧是章回小说经典，比较起来，其中描写的观音形象算是十分成功的。西行取经的真实人物玄奘本来是观音信仰的热心宣扬者。在《大唐西域记》里，玄奘一再述说西行所见观音形象及其灵迹〔例如在迦毕试国，见到"石室西二三里大山岭上，有观自在菩萨像。有人志诚愿见者，菩萨从其像中出妙色身，安慰行者"（卷一）；在乌仗那国，曾见"有阿缚卢枳底湿伐罗菩萨像，威灵潜被，神迹昭明，法俗相趋，供养无替"（卷三）；等等〕①。在他的弟子慧立、彦悰所撰《大慈恩寺三藏法师传》里，更一再写到他西行求法途中祷念观音、得观音救护的灵迹。例如度玉门关时曾遇到胡人，就以诵经、念观音菩萨而脱险；在莫贺延碛中，"四夜五日无一滴沾喉，口腹干焦，几将陨绝，不复能进，遂卧沙中默念观音，虽困不舍"②，以此得救云云。不过在宋人所撰《大唐三藏取经诗话》里，观音还没有充分地从正面加以表现。只是在上卷《入香山寺第四》里，写到取经师徒路过香山寺这一"千手千眼菩萨之地，又是文殊菩萨修

①《大唐西域记校注》第143、288页。
②《大慈恩寺三藏法师传》第14、17页。

行之所";结尾处写到香林寺定光佛授以《心经》:"此经上达天宫,
下管地府,阴阳莫测,慎勿轻传。"作品中人物遇难,往往"大叫天
王",并没有写观音救济。有元杂剧《西天取经》,题元吴昌龄作,已
佚,今存曲二首,情节不详。到元末明初杨景贤作杂剧《西游记》,
观音的作用才被特别强调出来。其中观音已被描写为整个求法活
动的主持者和求法队伍的组织者,同时又是求法过程的保护者。
在开头第一出中出现的观音,乃是"南海普陀洛迦山七珍八宝寺紫
竹旃檀林居住西海我佛座下上足徒弟",是他让西天毗卢迦尊者托
化于中国海州弘农县陈光蕊家为子,长大出家,往西天取经,并宣
传法旨让沿海龙王随所保护;后来玄奘长大,又为说因缘,命去西
天取经,而在取经的十方保官里,首位就是观音;正是观音救出行
雨差迟当斩的火龙三太子,化为驮经白马,并遣木叉长者售马;又
降服了通天大圣,压在花果山下,并用紧箍咒将它牢牢控制,让他
作玄奘侍者;后来孙行者在刘太庄胜三绝洞妖魔,收了沙和尚。观
音又遣二郎神收猪八戒;以至韦驮行者奉观音之命护法,观音遣水部
神通灭火,帮助取经队伍战胜了重重灾难;等等。这样,观音在这个
剧本里,作为情节结构的关键人物,实际成为情节组织中的主导因
素。在元代(至迟到明初)还出现过一部《西游记平话》,其书今佚,据
残存资料考证,其故事情节已大体与今传吴承恩《西游记》相同①。
著名长篇小说《西游记》在这些平话、戏曲的基础上重新结撰,进而
把取经求法这一传统题材的创作提高到一个全新的水平。小说利
用取经这个传统素材,着力刻画出以孙悟空为中心的取经师徒一
行不畏艰辛、斩妖除怪的英雄行为和他们义勇双全、积极乐观的精
神风貌,表现了作为中华民族传统伦理精神体现的为正义事业坚

---

①在时间相当于元代的朝鲜高丽时代《朴通事谚解》一书中,提到当时高丽人在
中国购书,有《唐三藏西游记》。这是一部已佚的取经故事作品。从其所叙述
的一些情节,可知当时故事轮廓已经定型。参阅陈高华《从〈考乞大〉、〈朴通
事〉看元与高丽的经济文化交流》,《历史研究》1995年第3期,第59—60页。

韧不拔、奋进不屈的品格。作品既然利用了宗教传说框架,宗教观念也就是作品的一个重要因素。观音在这部作品里虽然不再是活跃在前台的核心人物,但在主题和情节发展上仍占有十分突出的地位。他作为取经的组织者和支持者,在全部故事情节中乃是幕后的主导。是他现身经坛,指示玄奘往西天求取大乘真经,并支持他组织起一支能够完成这一重任的取经队伍。他不断地试炼、教育这个队伍的成员,坚定他们的取经意志,必要的时候又亲自出面帮助他们克服困难。例如过流沙河之后,经一庄园,遇母女四人,欲招赘玄奘师徒为婿,八戒色心不退被捆绑;过平顶山,观音借来老君看炉童子,化为金角、银角二妖前来阻拦,如此等等磨难,都是观音为锻炼取经队伍设计的;观音经过深谋远虑,给唐三藏一个紧箍儿和紧箍咒,使孙悟空随师西行再无退悔,也使性格懦弱的玄奘得以驾驭整个队伍,保证了取经人员意志和行动的坚定和统一。书里写取经九九八十一难,共计是四十一个故事。在这些除妖破难的故事里,成为小说核心人物的孙悟空起了关键作用,突出显示了他的英雄行为;可是在许多情况下,又是观音帮助孙悟空,控制了局面。如取经队伍遇见红孩儿,三藏遇难,孙悟空、猪八戒屡为所败,得到观音救助才收伏红孩儿,成为善财童子;过通天河;孙悟空更不得不直接请观音来帮助收妖;等等。最后师徒东归,观音查看三藏所经磨难,只克服八十难,又再生一难,终于凑足九九八十一之数。这样,在这部作品的全部情节发展中和思想内容的表达上,观音都起着关键作用。《西游记》中的观音形象内涵丰富饱满,一方面具有菩萨神格的传统特征:作为佛与人世的中介,体现佛法的威力,他慈悲、灵应、法力无边;而他作为整个作品中的有机组成部分,又适应主题要求,体现世俗伦理和道义①。这样,经过民众与

---

① 张锦池《宗教光环下的尘俗治平求索——论世本〈西游记〉的文化特征》,《文学评论》1996 年第 6 期。

文人长期的再创造过程,终于形成《西游记》里这一特色鲜明、性格
突出的观音形象。《西游记》里的不少描写观音的情节,后来作为
独立故事广泛流传民间,成为口头传说中具有吸引力的部分。

　　明代还有一部神魔小说《天妃济世出身传》,题"南州散人吴还
初编",是写中国沿海、台湾地区以及东南亚华人间流传广泛的天
妃故事的。天妃即妈祖,本是保护航海的民间俗神,元代加封"天
妃"号,清代加封为"天后"。这一神格被与观音联系起来,一个重
要根据是中土女神信仰传统所具有的内在一致性。这在宗教史上
是具有相当典型意义的现象。《天妃传》叙述北天妙极星君之女玄
真,立志收伏猴、鳄二妖,求观音授艺,得观音指点,艺成后游于中
界,托生福建兴化府莆田县林长者家;长大后唯礼拜观音,奉侍父
母,坚拒婚配,一心向道,白日化身,飞往湄州;时猴精助西番王入
侵中国,林长者子、玄真之兄二郎应荐迎敌,至湄州庙中求祷玄真;
二郎得玄真之助,在两军争战里玄真又得南海观音之助,终获二
妖;汉帝封玄真为护国庇民天妃林氏娘娘,林长者为诞圣公,安人
为育圣母,二郎为靖国法师护教圣兄;南海观音奏明上帝,林长者、
安人、二郎俱白日升天。从思想内容看,故事本与佛教无关,但如
不乐婚配等情节显然是因袭香山观音传说的,作品中观音又被描
写成天妃的支持者。关于天妃还有另外的传说,说她就是观音显
化。不过总体看,观音在这部《天妃传》的描写里并不见佛教教理
内容。观音乃是作为天上最高神的代表、正义和权威的化身,成就
了天妃和她一家修道升仙①。

　　在世俗题材小说里,观音也往往以各种方式在结构和情节上
起重要作用。"公案小说"里的观音往往作为道义与法律的化身出
现。《龙图公案》第二则《观音菩萨托梦》,写和尚性惠骗奸邓氏,并

----

①平木康平《媽祖と観音》,《大阪府立大學紀要(人文・社会科學)》1984年第
　3期。

把她的丈夫扣在钟下,是观音托梦给包公,使得邓氏夫妇得救。《海公案》(《海刚峰先生居官公案传》)第三十二回《大士庵僧》,写大士庵和尚见赵秦多金,起谋杀之心,将赵囚于室内,赵祷告,大士托梦给富翁陶兴,引其入庵,赵得以不死,从而案破。观音在这类故事里是救善惩恶的神秘力量,是代表民众理想的清官的协助者。又在"世情小说"里,观音往往玉成人间好事,是帮助人们实现美好愿望的善神。清代小说《雷峰塔传奇》是根据广泛流传民间的传说改编的。其中有情节表现端午节白氏饮雄黄酒、许仙惊死后,白氏上瑶池,吐珠伤了白猿童,瑶池圣母收白氏欲斩,是观音出来说情,并告以白蛇与许仙有宿缘;白氏又经菩萨指点,乞紫微宫鹿童求南极仙翁赐仙草,命小青煎药救夫还魂,夫妇终于和好如初。这部小说的情节虽被说成本是宿命,但观音起了直接作用。在白蛇和许仙的爱情悲剧里,观音的态度与作为佛教代表的法海显然有所不同。他虽然没能玉成有情人终成好事,但总算表现出一定的理解和同情。又有清初王㟲特的《孤山再梦》,写的是和《雷峰塔传奇》相关联的故事:书生钱雨林与万宵娘恋爱,被万父所阻,钱生抑郁成疾,家中伪以程氏女冒替给他成亲;万宵娘悲愤病危,观音大士托梦,说她是小青后身,终将还魂与钱生结合,请死后勿葬,遂寄枢虎丘观音庵内;后来宵娘终于再生,与钱生结成眷属。在这部作品里观音帮助至死不渝的有情人实现了爱情理想。拟话本《拍案惊奇》第二十四卷《盐官邑老魔魅色,会稽山大士诛邪》,写妖道摄取仇氏女夜珠入山中逼婚,夜珠抵死不从,口中常默念观音菩萨,家中也祈请观音援救,观音终于显灵诛灭了妖怪,夜珠及被房妇女悉数被救出。观音在这里是孤苦无援的弱者的救助者。在不少类似作品里,观音身上寄托着人们的愿望和幻想。他善良、慈悲,惩恶助善,威力无边,助人实现人力难以达成的愿望,破除人力无法抵御的患难,软弱无助的人在他的身上看到了救援的希望。顺便指出,堕落僧尼在明清时期不少作品里作为被抨击、被讥讽的反面人物出现,反映当时佛教衰落窳败的一面,恰和观音一直受到崇拜形成对比。

作为本土变形观音的鱼篮观音在绘画里作美丽渔妇状,受到民众的喜爱。戏曲作品,在前面介绍的马郎妇观音传说之外,明初戏文《观音鱼篮记》两卷三十二出描述另一个故事,创造出另一种形象。这部戏在《古本戏曲丛刊》二集里有影印明文林阁刊本,大致情节是秀才张琼、金宠二家指腹为婚,后张家生下张真,被招至金府读书,伪装成金家小姐金牡丹的瑶池金线鲤鱼精将他诱惑摄去;金家找回张真,但却真假难分;后请来包公断案也断问不清,城隍亦无能为力;结果是玉皇派出神兵出战,打败了鲤鱼精统帅的虾兵蟹将,把它收入鱼篮之中;这鱼精即被玉皇封为鱼篮观音。这个渔篮观音本缘故事,用的是中国才子佳人小说的程式,又加上了清官断案的情节,艺术欣赏的意味更浓重了。《龙图公案》里有《金鲤》篇,叙说碧油潭金鲤诱刘真事,也是根据同样情节加以铺衍的。但其结尾是龙王追鱼精至南海,被观音所救,则主旨不是说渔篮观音的缘起了。《西湖二集》卷一四《邢君瑞五载幽期》一篇,又是以这个鱼篮观音故事做引子。清代传奇还有范希哲《鱼篮记》,署李渔(1611—1680)圈定,自序称旧有弋阳腔,演普门大士收鱼精事,辞旨俚鄙,今特存其名,另作昆腔《鱼篮记》,与原剧内容不同。今京剧有名的折子戏《追鱼》就是根据《鱼篮记》戏文改编的。还有与前述传奇同名的明杂剧《观音菩萨鱼篮记》,收入《孤本元明杂剧》,同样是以鱼篮观音为主人公,写他化为渔妇点化张无尽(即北宋著名官僚居士张商英),张不悟,反将渔妇凌虐;后文殊、普贤化为渔妇之兄,布袋和尚又请韦驮现形警醒,张终于皈依佛法,共见如来。这是一部宣扬佛法的戏。又取材与渔篮观音有关的,明杂剧有《鱼儿佛》,全名《金翁正果鱼儿佛》,湛然和尚作,写会稽金婴以钓鱼为业,其妻钟氏,每劝夫念佛,且戒勿杀生,婴悔悟从其言,但时有断续;观音幻化为妇人,以鱼篮为缘,先度其妻;婴信心未坚,因之堕入地狱,目睹杀生恶报,始证善果。这是佛教僧侣的宣教作品。宝卷里的《鱼篮宝卷》叙说同一故事。

　　就这样,在明清时期繁荣的小说、戏曲创作里,观音以多种多样的面貌出现。故事情节基本上没有经典的典据而出于艺术想象。这类作品显然具有更多艺术情趣和娱乐欣赏价值,其发展状态也是和佛教整体趋势相一致的。

四

　　明、清文人的笔记小说里包含一些观音故事,不少应取材民间流行的传说。有些经过文人加工,特别是如蒲松龄那样大手笔加以修饰或再创作,成为思想、艺术均相当出色的作品。

　　蒲松龄的《聊斋志异》谈妖说鬼,其成就这里毋庸详述。他写作多取材民间,其中涉及佛教内容的,宣扬轮回报应、解脱出世之类观念。有的故事观音构思仍采取传统的救苦救难程式,如卷二《张诚》,写主人公被后母凌虐至死,在阴间遇到了"菩萨以杨柳枝遍洒甘露,其细如尘",及身得活,不但找到了被虎叼走的弟弟,又遇到离乱中走失的兄长①。卷三《汤公》写靠观音威力得以复生,宣扬菩萨的法力无边:手断杨柳,倾净瓶水,合净土为泥,即可使人复活②。但另有些却能够生发积极的思想意义,写法和寓意就新鲜而深刻多了。卷三《鲁公女》是一篇痴情的恋爱故事,写张于旦迷恋一个鲁公女的亡灵,以咏观音咒,得以和托生卢家的鲁公女完婚谐

---

①《全本新注聊斋志异》上册第243—248页,朱其铠主编,人民文学出版社,1989年。

②《全本新注聊斋志异》上册第322—325页。

好。在这篇故事里,坚贞的爱情凭借观音咒威力冲破了阴阳阻隔①。卷六《菱角》写一个名叫胡大成的人,幼年读书,过观音祠必入叩,后得观音现身,帮助他和幼年结好的菱角团聚成婚,并使母子团圆,以此持观音咒益虔。这样,观音就成了协助有情人终成眷属的喜神了②。卷一《瞳人语》描写一个浮浪子弟以戏污观音而得恶报,因而醒悟从善,其中这样描写观音:

> 清明前一日,偶步郊郭,见一小车,朱茀绣幰,青衣数辈,款段以从。内一婢,乘小驷,容光艳美。稍稍近觇之,见车幔洞开,内坐二八女郎,红妆艳丽,尤生平所未睹……③

这全然是世间理想美少女形象。卷六《江城》是个悍妇故事,公婆以虔诵观音咒,感得老僧以清水一盂噀射女面,使她改变了性情,作者发感概说:

> ……每见天下贤妇十之一,悍妇十之九,亦以见世人之能修善业者少也。观自在愿力宏大,何不将盂中水洒大千世界也?④

这是对世情的讽刺,幽默情趣盎然。再有卷五《上仙》写狐仙假托观音为人治病⑤;卷九《小梅》则是老狐报恩故事,其中狐仙借主人公夫人好仙而附以神道,派女儿小仙化作女子为之生育子女,持家富足,写出了一个知恩图报的老狐形象⑥。这类故事把观音组织到流传民间的鬼狐故事之中,大抵与信仰没有多少关系。上述这些作品,都巧妙地把观音纳入构想之中,创作出另有寄托的新故事,充分显示作者的识见与才能。

---

①《全本新注聊斋志异》上册第 284—289 页。
②《全本新注聊斋志异》中册第 817—820 页。
③《全本新注聊斋志异》上册第 11 页。
④《全本新注聊斋志异》中册第 856 页。
⑤《全本新注聊斋志异》中册第 686—687 页。
⑥《全本新注聊斋志异》下册第 1206—1212 页。

　　袁枚(1716—1798)《子不语》取孔子"不语怪、力、乱、神"立意，多写"游心骇耳之事"①。其中也有几则观音故事。卷一《观音堂》写友人句容令赵天爵下乡验尸，老妇托梦请修观音堂，后夫人有孕梦其送子，这是传统的观音送子故事②。卷二〇《扫螺蛳》写观音大士做媒嫁女事③。在后期观音信仰里，往往特别突出他作为家庭守护神的性格。在这样的故事里观音玉成了人间爱情，成了帮助人们克服礼法束缚的力量。卷七《狐仙冒充观音三年》、卷一九《观音作别》④、卷二〇《移观音像》⑤等描写的则是妖怪假托观音为祟事。又卷七《狐仙冒充观音三年》：

　　　　杭州周生，从张天师过保定旅店，见美妇人跪阶下，若有所祈。生问天师，天师曰："此狐也，向我求人间香火耳"……三年后，生下第出都，过苏州，闻上方山某庵观音极著灵异，特往祷焉。至山下，同祷者教以步行，曰："此山观音甚灵，凡肩舆上山者，中道必仆。"生不信，肩舆上山，未十数武，杠果折，生坠地……生必欲启视，果极妖冶，不类它处观音。谛视之，颇似曾相识者。良久，恍然是旅店中妇人。生大怒，指之数之曰……语未毕，像忽扑地碎。僧大骇，亦无可奈何，俟生去，为之纠金重塑，而灵响从此寂然。⑥

妖怪假托观音的构想，显然另有讽世的寓意。邪恶冒充神圣，而人们却盲目地崇信，这类事实古往今来并不鲜见。这样的作品有提示人对神明、权威保持理性、怀疑态度的意义。

　　纪昀(1724—1805)的《阅微草堂笔记》是另一部多写神怪的著

①《子不语·序》第 1 页，申孟、甘林点校，上海古籍出版社，1998 年。
②《子不语》卷一，第 17—18 页。
③《子不语》卷二〇，第 393 页。
④《子不语》卷一九，第 370 页。
⑤《子不语》卷二〇，第 384 页。
⑥《子不语》卷七，第 139—140 页。

名笔记小说集,以"俶诡奇谲,无所不载"①著称。不过在所记载的两千余条故事里,以观音为中心的只有少数几条。纪昀本是一代文坛耆宿、大学问家,他的态度也反映当时多数士大夫对观音信仰的冷漠。卷九《如是我闻三》里说到一个奴仆李福之妇悍戾虐待翁姑,虽持观音斋、念观音咒亦无益,终得恶报②。这和六朝时期的感应故事立意已截然相反,观音在中土伦理面前已无能为力了。这种故事的寓意是具有相当典型的意味的。卷四《滦阳消夏录四》里的一条写道:

> 沧州插花庙尼,姓董氏。遇大士诞辰,治供具将毕,忽觉微倦,倚几暂憩。恍惚梦大士语之曰:"尔不献供,我亦不忍饥;尔即献供,我亦不加饱。寺门外有流民四五辈,乞食不得,困饿将殆。尔辍供具以饭之,功德胜供我十倍也。"霍然惊醒,启门出视,故不谬。自尔每年供具献毕,皆以施丐者,曰此菩萨意也。③

这种作品与其说是在宣扬观音信仰,不如说是对愚僧所做献供的否定,是借观音题材来讲儒家救济饥贫的仁爱之道。《阅微草堂笔记》里记录不少涉及佛、道二教的故事,多做轮回报应之类说教,所重主要却不在持斋念佛等宗教修持功德,而把儒家的忠孝仁义当作福报的依据。就是说,在纪昀这样文人笔下,佛教的福报已经转化以儒家伦理为归依了。

宣鼎《夜雨秋灯录》的《先觉僧》条,写浙人陆姓太守,恭人好佛,供奉一玉观音像,中年得一子,自幼心厌凡尘,逃离家庭到天台山出家,法名"先觉"。父母双亡,他回家和已聘女子完婚,使她也皈依佛法;后携玉观音出走,来到京城,曾被保举为万寿寺方丈;但

①盛时彦《阅微草堂笔记序》,纪昀《阅微草堂笔记》第561页,天津古籍出版社,1994年。
②《阅微草堂笔记》卷九《如是我闻三》,第187页。
③《阅微草堂笔记》卷四《滦阳消夏录四》,第60页。

他不乐"势力地",四处游方,曾到西域,最后至终南山,遍拜诸寺,在深山里遇一"古衣冠道人",自称为秦时人,饮之以石髓;先觉"哀求超度,其人曰:'道不同,不相为谋。我非汝师,汝必欲度,不见前山有人来耶?'先觉回首间,一阵清风,绝尘人去,手中仅留青蓝布一握,其人不知何往。乃以布裹所携之玉大士像。自饮石髓后,身体益轻健,不食不饮,日行四五百里。遂出终南,游山左,不复返。或曰:在青、莱之间,山深不知处矣"①。在这个故事里,佛教信仰又和道教神仙观念混淆在一起了。

慵讷居士《咫闻录》的《偷嫁观音》条,写越人有一妻一妾,仍欲再娶一女,被媒婆欺骗前去抢亲,抢得的是白面木头观音;后访察观音乃某庵所失,送回去时又被发现,罚银百元了事。作者说记录此事是"以为好色者戒"②。这里的观音已没有任何灵性,只作为故事的"道具"出现。

明清大量的笔记小说里写到的观音故事不胜枚举,以上仅举出具有代表性的一些例子,从中可以看出所表现的不同的思想倾向。从总体看,在佛教"通俗化""世俗化"的潮流中,观音也在逐渐失去其作为佛教大菩萨的本质特征,被赋予更多民间"俗神"的性格。无论是作者的主观创作意图,还是读者、传播者接受的心理与态度,观音作为艺术欣赏对象的意义基本是大于信仰的意义了。

而从明、清"佛教文学"总体形势看,尽管民间文艺领域成就可观,但衰败趋势明显,对整个文学领域的影响也有限了。这是客观时势使然:社会上流行的"禅净合一"的佛教基本失去了思想、文化的创新能力,也就没有力量对于社会主流文化施加重要影响,作为中国古代文学重要构成部分、曾经取得重大成就的"佛教文学"的形势也就无力振起了。

---

①宣鼎《夜雨秋灯录》三集卷一《先觉僧》,《笔记小说大观》第 11 册第 232 页。
②慵讷居士《咫闻录》卷六《偷嫁观音》,《笔记小说大观》第 12 册第 316—
　 317 页。

结　语

　　本书开头说过,观音和观音信仰在中国宗教里、在中国文化中是具有典型意义的现象,要了解中国宗教,了解中国人的宗教信仰,了解中国的文化传统,需要了解观音。本书以上分十章对中国历史上的观音和观音信仰状况做了描述。归纳起来,内容大致是:

　　印度佛教三个观音系统——《普门品》观音(救苦观音)、净土观音、密教观音输入中国的情况,包括相关经典介绍。

　　中国在不同历史时期接受观音和观音信仰的情况,在佛教“中国化”进程中观音和观音信仰的演变,包括伪《观音经》制作与流通,本土变形观音的形成及信仰情形。

　　历史上不同时期、不同社会阶层观音信仰的不同形态,包括历代朝廷采取的策略、方针,社会上层(历朝皇族亲贵、晋宋以来的士族、唐宋以来的官僚士大夫)和底层民众信仰的情况。

　　观音和观音信仰与儒家与道教相互影响的关系,观音和观音信仰在中国的发展中逐渐调和“三教”的情形。

　　观音和观音信仰的思想内涵,观音作为大乘佛教教理载体,对中国思想发展的影响。

　　观音和观音信仰对文化诸领域的影响,特别是对于文学艺术创作的贡献。

　　以上是本书的主要内容。作者有意提供一份关于中国历史上观音和观音信仰尽可能全面的描述。但篇幅有限,更主要的是作者学识、知见有限,所提供的描述肯定是不完整的,错误也在所难免。

众所周知,中国传统学术对于宗教的研究一向疏略。到今天,在众多人文社会科学研究中宗教学仍是相对薄弱的学科。而社会上、学术界对于有关宗教的各种问题意见分歧又特别严重。一般民众对宗教的认识更多相当肤浅。拿观音说,民众中虽然仍有不少信众,各地观音道场的香火也相当旺盛,但真正虔信的人并不多,真正有所了解的人也很少。希望本书的描述能够对于认识观音和观音信仰有所助益。

宗教研究包括佛教研究是亟待加强的工作。本书介绍观音和观音信仰,也是想给相关研究提供一个具体个案。这种个案的描述是全部宗教研究的基础性工作。做好这种工作,会有助于宗教研究整体水准的提升。

关于佛教的观音和观音信仰对中国文化发展的贡献是本书描述的一个重点。

佛教是个信仰体系,又是文化体系。佛教输入中国,实现了中国和南亚、中亚诸民族间时间悠久、规模巨大的文化交流。这是世界文化史上鲜见其例的壮举,双方都从中获益匪浅。观音和观音信仰本是外来文化的载体,在中国的发展中被逐步赋予本土文化内涵,对于文化诸领域发挥了重大影响。

佛教在两汉之际输入中国,初期传布范围有限。经过约三个世纪,到东晋,被主流社会积极地接受,开始广泛影响思想、文化诸领域。当时的中国已经是文化积累丰厚、文化传统强固的国度。佛教作为外来文化载体,其文化内涵特别受到中国人的重视。可以说,比起对于佛教的信仰来,中国历史上更多人,特别是知识精英阶层更为关注、重视、赞赏佛教文化,并积极地从中汲取滋养,并在本土传统的文化土壤上加以借鉴和发展。这是中国思维传统重理性、重实践的特性决定的,也是外来佛教必须也必然"中国化"的重要体现。

　　正因此，中国人接受观音和观音信仰，也就特别注重汲取其文化内涵。影响特别重大、成果最为突出的是两个层面：一个层面是伦理。观音是集中体现佛陀大慈大悲救世本怀的神明，所体现的救济观念与实践成为对于中国儒家仁爱伦理的重要补充。中国传统的仁爱是依据家族血缘关系区分亲疏远近等级的爱，而"普门"救济的慈悲则是普遍的、没有条件的。相比较之下，观音的慈悲又明显向受苦受难的弱势群体倾斜。观音和观音信仰对中国伦理体系的这种补充是具有重大、积极意义的。另一个层面是文学艺术。观音和观音信仰给中国各体文学、艺术创作提供了丰富内容，历代僧俗创造出许多具有思想和艺术价值的作品。其中艺术创作包括绘画、雕塑、窟龛、寺院、建筑等成就尤为突出，留下许多优秀成果，在整个美术史上占有重要地位。这也成为中国佛教文学、佛教艺术的重要构成部分，对历代世俗创作发挥了重大影响，大量宝贵遗产留存至今，具有重大的借鉴意义和欣赏价值。

　　恩格斯论基督教曾指出：

　　　　对于一种征服罗马世界帝国、统治文明人类的绝大多数达一千八百年之久的宗教，简单地说它是骗子手凑集而成的无稽之谈，是不能解决问题的。[①]

这个判断是站在西方立场上做出的，谈的是基督教。它同样适用于世界上几个主要的组织化、制度化的传播性宗教。佛教是其中之一，本书描述的观音和观音信仰也证明了这一点。

　　几个传播性宗教，佛教、基督教、伊斯兰教在兴起的时候，都是作为社会和思想的革新势力出现的。后来某些宗教内部的革新，例如佛教的禅宗、基督教的新教，也无不如此。费尔巴哈在他的宗

[①] 恩格斯《布鲁诺·鲍威尔和早期基督教》，《马克思恩格斯全集》第19卷第328页，人民出版社，1963年。

教学名著《基督教的本质》的《1841年初版序言》里曾指出："基督教也曾有其古典时代；只有真的东西、伟大的东西、古典的东西，才是值得思维的。"①所谓"古典时代"，指创教初的一段时期。创教形成经典，而宗教经典具有神圣性质，其中阐扬的教义、教理必然具有严重的凝固性。当社会发展到一定阶段，这些经典及其中的教义、教理某些原本具有进步意义的内容就会落后于形势而蜕变了。拿佛教的观音信仰说，它的一个核心内容是"他力救济"，即主张面向所有人的"普门"救济。这体现大乘佛教"世尊心平等，悉无有高下，极贱卑下人，及高胜帝释"②的人性平等观念。这种观念相对中国固有的"性三品"的等级人性论，无疑是具有重大进步意义的。又"他力信仰"允诺所有人得到救济，也就意味着人的命运是可以改变的，这又是对中国传统的"我生不有命在天"③的"天命"观的冲击和否定。这样，观音信仰的"他力救济"观念在其输入中国后相当长一段时期是进步的思想，事实上也发挥了相当积极的作用。但是当社会演进到一定阶段，人的主体意识发展到一定程度，人们就会觉悟到改造社会、解放自己必须依靠人自身的力量，不应当仰仗"他力"，迷信神明，祈求有形的或无形的权威来施救，对他顶礼膜拜。这时候再鼓吹"他力救济"，就是盲目、荒谬的了。再有，当宗教传播、发展到一定程度，融入主流文化之中，必然会被"政治化"，宗教无论是作为社会组织还是精神力量的独立性都会受到侵蚀乃至剥夺。特别是在中国古代专制政治体制的环境中，这种演变情况就更为严重。观音和观音信仰在中国也是如此。结果皇室御用的佛教，就成为统治阶级利用来"辅助教化""愚弄民众"的工具。这就是费尔巴哈讨论基督教历史所指出的不可避免的"异化"现象。考察观音和观音信仰在历史上发展、演变的情形，这种"异

①费尔巴哈《基督教的本质》第4页，荣震华译，商务印书馆，1984年。
②《大庄严论经》卷一一，《大正藏》第4卷第3198页中。
③《尚书正义》卷九《西伯戡黎》，《十三经注疏》上册第177页。

化"的脉络十分清晰。

　　因而，考察中国历史上的观音和观音信仰，也应当发掘其"古典时代"的"真的东西、伟大的东西、古典的东西"。这是作为佛教留下的宝贵遗产的部分，是值得批判地继承的部分，也是本书描述观音和观音信仰所遵循的基本原则。

　　近代启蒙运动兴起，科学、民主两大思潮传播于社会，大大压缩了宗教活动的空间。在现代科学、民主思想昌明，人的主体意识强化的环境下，观音信仰的虚幻不实，"他力救济"的不可依恃，已被人们相当普遍地觉悟到。不管当下还有多少观音道场，不管那些道场香火多么旺盛，也不可否认怀抱诚挚信仰心的仍大有人在，但改变不了观音信仰总体没落的趋势。而且，无可否认的事实是，如今即使是那些观音膜拜者，内心的诚挚程度也已经相当淡薄了。

　　关于中国人的宗教信仰，中外学者有各种各样的议论。有关现实中的宗教问题，也引起越来越多的人关注。至于如今社会生活中表现的"信仰"的缺失，更让人们相当普遍地感到焦虑。如果讲学术研究的现实意义，中国宗教的研究，包括佛教现状的研究，着实是具有十分重大的意义的。从这样的角度说，对观音和观音信仰这样具有典型意义的宗教现象的研究是值得重视的。

　　本书写作立意在对中国历史上的观音和观音信仰进行"描述"，也是因为作者清楚意识到没有能力对相关的复杂现象，进行更深入的评论并做出判断。因而本书对有关观音和观音信仰的许多理论和现实层面的问题很少触及。相关学术领域有待开拓的课题很多。希望这本粗疏浅陋的书能够破砖引玉，学界时贤和新秀能够更多投入精力，从事深入研究，不断取得优秀的学术成果。

　　当初作者受周绍良先生嘱托写这本书，心怀忐忑，对于是否能够完成任务没有把握。如今成果拿出来付梓，呈献给读者，心里同样不安。真诚期待得到批评教正。